Martin Lipp · Examens-Repetitorium Erbrecht

UNIREP JURA

Herausgegeben von Prof. Dr. Mathias Habersack

Examens-Repetitorium Erbrecht

von

Dr. Martin Lipp

weil. o. Professor an der Universität Gießen

4., neu bearbeitete Auflage

C.F. Müller

Martin Lipp, Jahrgang 1950, Studium der Rechtswissenschaften in Augsburg, Assessorexamen 1978 in Augsburg, wissenschaftlicher Assistent ebendort, Promotion 1979, Habilitation 1986. Professor an der Ruhr-Universität Bochum, seit 1992 an der Technischen Universität Dresden, seit 1996 Inhaber des Lehrstuhls für Deutsche Rechtsgeschichte, Neuere Privatrechtsgeschichte und Bürgerliches Recht an der Justus-Liebig-Universität Gießen; Richter am OLG Dresden a.D.; seit 2016 als Rechtsanwalt tätig.

Wichtige Veröffentlichungen: Die Bedeutung des Naturrechts für die Ausbildung der Allgemeinen Lehren des deutschen Privatrechts (1980); Die nichteheliche Lebensgemeinschaft und das bürgerliche Recht AcP 180 (1980); Die eherechtlichen Pflichten und ihre Verletzung (1988); Das neue Kindschaftsrecht (1999) in Zusammenarbeit mit Thomas Wagenitz; Kommentierung der §§ 1353 ff. BGB in Soergel, Kommentar zum BGB, 13. Aufl. (2013) und von Teilbereichen der §§ 1587 ff. BGB a. F., ebendort (2000); Examens-Repetitorium Familienrecht, 4. Aufl. (2013).

Bibliografische Information der Deutschen Nationalbibliothek
Die Deutsche Nationalbibliothek verzeichnet diese Publikation in der Deutschen Nationalbibliografie; detaillierte bibliografische Daten sind im Internet über http://dnb.d-nb.de abrufbar.

ISBN 978-3-8114-4569-7

E-Mail: kundenservice@cfmueller.de
Telefon: +49 89 2183 7923
Telefax: +49 89 2183 7620

www.cfmueller.de
www.cfmueller-campus.de

Satz: Gottemeyer, Rot
Druck: Kessler Druck + Medien, Bobingen

Vorwort

Die vierte Auflage des Buches gab mir Gelegenheit, den Text durchgängig zu überarbeiten, zu ergänzen und auf den neuesten Stand von Rechtsprechung und Gesetzgebung zu bringen. Zu berücksichtigen waren etwa neue höchstrichterliche Judikate des EGMR (zum NEhelG) oder des BGH (zur Frage der Vererblichkeit von Geldentschädigungen bei schweren Persönlichkeitsverletzungen), Gesetzesänderungen (Neufassung der Art. 25, 26 EGBGB mit Wirkung vom 17. August 2015) oder neue erbrechtliche Problemfelder wie die Behandlung des so genannten digitalen Nachlasses. Die Gesamtkonzeption, Stoffauswahl und Zielsetzung des Bandes sind unverändert geblieben.

Die Neuauflage befindet sich auf dem Stand vom 1. Juli 2017. Herzlich bedanke ich mich bei meiner ehemaligen Sekretärin, *Frau Ingrid Marx*, für die wie immer vorbildliche Erstellung des Manuskriptes.

Günzburg, im Juli 2017 *Martin Lipp*

Aus dem Vorwort zur 1. Auflage

Das Buch ist aus meiner Vertiefungsveranstaltung im Erbrecht an der Universität Gießen hervorgegangen. Angesprochen sind damit Studentinnen und Studenten, die die Grundzüge des Erbrechts bereits gehört haben. Ihnen will es als gezielte Vorbereitung für das erste juristische Examen dienen. Diesem Ziel folgen stoffliche Auswahl und Konzeption der Darstellung. Im Vordergrund stehen die Teile des Erbrechts, die nach den Vorschriften der Justizausbildungsgesetze regelmäßig den Pflichtstoff im Staatsexamen bilden. Thematisch geht es hier insbesondere um die gesetzliche und gewillkürte Erbfolge, die rechtliche Stellung des Erben, Testament und Erbvertrag sowie das Pflichtteilsrecht. Dabei habe ich versucht, diese Themen vor allem anhand neuerer Entscheidungen der Rechtspraxis, die erfahrungsgemäß über kürzer oder länger in der einen oder anderen Fallgestaltung in den Klausurenfundus der Justizprüfungsämter eingehen, darzustellen. Es kam mir aber auch darauf an, den erbrechtlich vorgebildeten Leserinnen und Lesern systematische Orientierung zu geben und wichtige Verbindungen zu den anderen Teilen des BGB deutlich werden zu lassen. Beispiel dafür ist etwa die vorgezogene Abgrenzung zwischen Verfügungen von Todes wegen und Rechtsgeschäften unter Lebenden, die als nicht einfache erbrechtliche Materie ihren Standort regelmäßig am Ende der Lehrdarstellungen findet.

In Anlage und Konzeption folgt die Darstellung der Reihe Unirep Jura. Sie bietet eine inhaltlich auf den Examensstoff konzentrierte, systematische Darstellung des Erbrechts, verfolgt und geleitet anhand von Fällen, die größtenteils der höchstrichterlichen Judikatur entnommen sind. Nachweise aus Schrifttum und Rechtsprechung sind im Sinne des Anliegens dieses Buches bewusst beschränkt worden.

Gießen, im März 2006 *Martin Lipp*

Inhaltsverzeichnis

	Rdnr.	Seite
Vorwort		V
Aus dem Vorwort zur 1. Auflage		VI
Abkürzungsverzeichnis		XVIII
Verzeichnis des abgekürzt zitierten Schrifttums		XXII

Erster Teil
Grundlagen

	Rdnr.	Seite
§ 1 Zum System des Erbrechts	1	1
I. Die Eigenständigkeit des Erbrechts im System des BGB	1	1
II. Das objektive Recht	3	2
III. Das subjektive Recht	4	3
1. Kein subjektives Recht des Erben vor Erbfall	4	3
2. Anwartschaftsrecht des Nacherben	5	4
3. Abgrenzungen	6	4
a) Erbschaftskauf	7	4
b) Erbverzicht	8	4
c) Rechtsstellung des Vertragserben	9	5
d) Erbschaftsvertrag	10	5
§ 2 Verfassungsrechtliche Implikationen	12	6
I. Die erbrechtliche Institutsgarantie	13	6
1. Privaterbfolge	13	6
2. Testierfreiheit	15	7
3. Familienerbfolge	17	8
II. Die erbrechtliche Individualgarantie	20	9
1. Recht des Erblassers	20	9
2. Recht des Erben	21	9
§ 3 Grundbegriffe des Erbrechts	22	10
I. Erbfall	23	10
II. Erbschaft	29	12
1. Persönlichkeitsrechte	30	12
a) Totenfürsorge	31	12
b) Leichnam	33	13
c) Persönlichkeitsverletzungen zu Lebzeiten des Erblassers und postmortaler Persönlichkeitsschutz	36	14
2. Immaterialgüterrechte	43	17
3. Familienrechte	44	17
4. Vermögensrechte	46	18

III. Erbe ... 47 18
1. Erbfähigkeit ... 47 18
2. Erbfähigkeit des Menschen ... 50 19
IV. Übergang des Vermögens ... 55 21
1. Gesamtrechtsnachfolge (Universalsukzession) ... 55 21
a) Gesamtrechtsnachfolge, Erbanteile, Teilungsanordnung ... 56 21
b) Erbenbesitz ... 57 22
2. Sonderrechtsnachfolge bei Personengesellschaften ... 58 22
a) Gesellschaftsrechtliche Voraussetzung: Vererblichkeit des Anteils durch gesellschaftsvertragliche Nachfolgeklausel ... 59 23
b) Erbrechtliche Voraussetzung: Erbenstellung des vorgesehenen Nachfolgers ... 60 23
c) Keine Erbengemeinschaft als Gesellschaftsmitglied – Singularsukzession ... 62 24
d) „Qualifizierte Nachfolgeklausel" ... 63 24
3. Weitere Fälle von Sonderrechtsnachfolge ... 65 25

Zweiter Teil
Gesetzliche Erbfolge

§ 4 Gesetzliches Erbrecht der Verwandten ... 67 26
I. Gesetzliche Erbfolge und letztwillige Verfügungen ... 67 26
II. „Verwandtschaft" als Anknüpfung der gesetzlichen Erbfolge ... 69 26
1. Verwandtschaft kraft ehezeitlicher Geburt ... 71 27
2. Verwandtschaft durch Annahme als Kind ... 72 27
3. Nicht in eine Ehe geborene Kinder ... 75 28
III. Erbrechtsprinzipien innerhalb der Verwandtenerbfolge ... 77 28
1. Ordnungsprinzip ... 78 28
2. Linienprinzip ... 81 29
3. Gradualprinzip ... 82 30
IV. Erbfolge innerhalb der ersten Ordnung ... 83 30
1. Erben erster Ordnung ... 84 30
2. Repräsentationsprinzip und Eintrittsrecht ... 86 31
V. Erbfolge innerhalb der zweiten Ordnung ... 89 32
1. Regelfall ... 89 32
2. Sonderfall: Erbfolge und Adoptivverwandtschaft ... 93 33
a) Keine Erbfolge nach leiblicher Verwandtschaft in der zweiten Ordnung ... 95 34
b) Erbfolge nach Adoptivverwandtschaft ... 96 34
VI. Erbfolge innerhalb der dritten Ordnung ... 97 35
VII. Erbfolge innerhalb der vierten und weiterer Ordnungen ... 98 35
VIII. Erbfolge bei mehrfacher Verwandtschaft – besonderer Erbteil ... 102 36
1. Mehrfache Verwandtschaft ... 102 36
2. Erhöhung des Erbteils ... 104 37

§ 5 Gesetzliches Erbrecht des Ehegatten und Lebenspartners 106 37

I. Gesetzliches Erbrecht des Ehegatten 107 38
1. Ausschluss bei fehlendem Eheband 107 38
2. Ausschluss bei bestehender Ehe 108 38
3. Rechtslage bei Todeserklärung eines Ehegatten 110 39
II. Umfang des Ehegattenerbrechts 111 39
1. Ehegatte als Alleinerbe 112 39
2. Ehegatte neben Erben der ersten und zweiten Ordnung 113 39
3. Ehegatte neben Großeltern des Erblassers 114 40
4. Ehegatte als Verwandter 116 40
III. Auswirkungen des Güterrechts 118 41
1. Zugewinngemeinschaft 118 41
a) Erbrechtsverstärkung (§ 1371 Abs. 1) 118 41
b) Ausbildungsanspruch von Stiefabkömmlingen (§ 1371 Abs. 4) 122 42
2. Gütertrennung 123 42
3. Gütergemeinschaft 124 43
IV. Voraus des Ehegatten 126 43
V. Abgrenzung: Dreißigster und Unterhaltsanspruch der werdenden Mutter 128 44
1. Dreißigster 128 44
2. Unterhalt der werdenden Mutter 129 44
VI. Gesetzliches Erbrecht des Lebenspartners 130 44
1. Ausschluss des Lebenspartnererbrechts 131 44
2. Lebenspartner als Verwandter 136 45
3. Umfang des Lebenspartnererbrechts 137 45
4. Einwirkung des Güterstandes 138 46
5. Voraus des Lebenspartners 143 46

§ 6 Ausschluss der Erbfolge und Erbunwürdigkeit 144 47

I. Enterbung 144 47
II. Erbverzicht 145 47
1. Wirksames Verpflichtungsgeschäft 148 49
2. Wirksamer Verzichtsvertrag 150 49
III. Erbunwürdigkeit 153 52

Dritter Teil

Verfügungen von Todes wegen

§ 7 Begriff und Abgrenzungen 155 54

I. Verfügungen von Todes wegen 155 54
II. Zuwendung durch Verfügung von Todes wegen, Zuwendung unter Lebenden auf den Todesfall, Schenkungsversprechen von Todes wegen 160 55

1. Zuwendung durch Verfügung von Todes wegen 160 55
2. Zuwendung unter Lebenden 161 55
3. Schenkungsversprechen von Todes wegen 162 56
III. Schenkung unter Lebenden auf den Todesfall 163 56
1. Vollzug der Schenkung nach dem Tode des Schenkers 163 56
2. Lebzeitiger Schenkungsvertrag nach dem Tode des Schenkers 164 57
a) Einschaltung eines Mittlers 164 57
b) Erbenstellung zwischen Abgabe und Zugang der Willenserklärung 166 57
IV. Schenkungsversprechen von Todes wegen. 168 58
1. Aufschiebend bedingtes Schenkungsversprechen 168 58
a) Aufschiebende Überlebensbedingung. 169 58
b) Aufschiebende Befristung. 172 59
2. Vollzug der Schenkung 173 59
a) „Sofortige und unmittelbare“ Vermögensminderung 174 60
b) Einschaltung eines Mittlers auf Zuwenderseite 178 61
c) Bewusstes Tätigwerden des Mittlers nach dem Tod des Erblassers 179 61
d) Mittler auf Seiten des Zuwendungsempfängers. 182 62
e) Vollmachterteilung 184 63
3. Die „Vorschriften über Verfügungen von Todes wegen“; Umdeutung 186 63
V. Vertrag zugunsten Dritter auf den Todesfall 189 64
1. Deckungsverhältnis – Charakter, Form 190 64
a) Charakter 192 65
b) Form 193 65
2. Valutaverhältnis. 194 65
a) Erbrechtlicher Erwerbsgrund 196 66
b) Schenkungsrechtlicher Erwerbsgrund 198 66

§ 8 Errichtung und Aufhebung des Einzeltestaments 200 67
I. Testamentsarten – Übersicht 200 67
II. Testierfähigkeit 202 68
1. Testierfähige und testierunfähige Personen 203 68
2. Zeitpunkt der Testierunfähigkeit 206 69
III. Persönliche Errichtung 209 70
1. Höchstpersönliche Errichtung 209 70
2. Keine Geltungsbestimmung durch Dritte 210 70
3. Keine Inhaltsbestimmung durch Dritte 212 71
a) Person des Zuwendungsempfängers 213 72
b) Gegenstand der Zuwendung 218 74
c) Ausnahmen, kautelarjuristische Gestaltungen 219 74
d) Alternative Erbeinsetzung, Losentscheid 220 74

IV. Form des privatschriftlichen Testaments 222 76
1. Testamentserrichtungswille 223 76
2. Eigenhändigkeit 225 77
3. Handschriftlichkeit 228 78
4. Unterschrift 229 78
5. Sukzessive Errichtung, Nachträge, Verweisungen 232 80
a) Kein einheitlicher Errichtungsakt 233 80
b) Nachträgliche Ergänzungen 234 80
c) Verweisungen 235 81
V. Aufhebung des Testaments (Testamentswiderruf) 236 81
1. Widerruf durch Testament 237 82
a) Widerrufstestament (§ 2254) 238 82
b) Widerruf durch späteres Testament (§ 2258) 240 82
2. Widerruf der Aufhebung 242 83
3. Testamentsrücknahme, Widerruf durch Vernichtung oder Veränderung 243 83
a) Rücknahme aus amtlicher Verwahrung 244 83
b) Vernichtung oder Veränderung 245 84
c) Widerruf des Widerrufs 252 85
d) Irrtümlicher Widerruf 252 85

§ 9 Auslegung und Anfechtung des Testaments 253 85

I. Grundlagen 253 85
1. Stufen der Auslegung 253 85
2. Auslegung vor Anfechtung 256 86
II. Auslegung und Form 257 86
1. Erläuternde Auslegung 258 87
2. Ergänzende Auslegung 260 87
3. Formgerechte Erklärung des Willens 261 88
III. Wohlwollende Auslegung 264 89
1. Anwendungsbereich 264 89
2. Regelung des § 2084 .... 266 89
IV. Umdeutung (Konversion) 267 90
V. Anfechtung 269 91
1. Sondervorschriften 270 91
2. Anfechtungsgründe 271 92
a) Inhalts- und Erklärungsirrtum 271 92
b) Motivirrtum 274 92
c) Widerrechtliche Drohung 277 93
d) Übergehung eines Pflichtteilsberechtigten 278 93
3. Durchführung der Anfechtung 281 94
a) Anfechtungsberechtigung 281 94
b) Anfechtungserklärung 282 95
c) Anfechtungsfrist 283 95
4. Rechtsfolgen der Anfechtung 284 95

§ 10 Bestimmung zum Erben 285 95

I. Erbeinsetzung 285 95
1. Die Auslegungsregel des § 2087 .... 286 96
a) § 2087 als Auslegungsregel 286 96
b) Inhalt und Rechtsgedanke des § 2087 .... 288 97
2. Erbeinsetzung auf Bruchteile 291 98
3. Anwachsung 292 98
4. Ersatzerbschaft 297 99
a) Wegfall eines Erben, Anwachsung, Ersatzerbschaft 299 100
b) Die Auslegungsregel des § 2069 .... 300 100
II. Vor- und Nacherbschaft 303 101
1. Begriff 303 101
2. Erbenstellung von Vor- und Nacherben 304 101
a) Vorerbschaft und Nießbrauchvermächtnis 305 102
b) Beschränkungen des Vorerben 307 102
c) Auslegungsregeln 308 103
3. Rechtsstellung des Vorerben 313 104
a) Verfügungsbeschränkungen 314 104
b) Verpflichtungen 322 107
c) Eintritt des Nacherbfalles 323 107
4. Rechtsstellung des Nacherben 326 108
a) Nacherbenanwartschaft 326 108
b) Aufschiebend bedingte Nacherbschaft 328 109
c) Verfügung über die Nacherbenanwartschaft 329 110
d) Ersatz von Aufwendungen 330 110

§ 11 Beschwerungen und Beschränkungen des Erben (Vermächtnis, Auflage, Testamentsvollstreckung) 334 111

I. Vermächtnis 336 111
1. Vermächtnisnehmer 336 111
a) Teilungsanordnung, Anordnung unterschiedlicher Erbquoten und Vorausvermächtnis 337 112
b) Noch nicht gezeugter, unbestimmter, aufschiebend bedingter Vermächtnisnehmer 343 113
2. Vermögensvorteil 344 114
3. Gesetzliches Schuldverhältnis 345 114
II. Auflage 348 115
III. Testamentsvollstreckung 353 117
1. Aufgaben des Testamentsvollstreckers 353 117
2. Anordnung und Ernennung des Testamentsvollstreckers, Beginn und Ende des Amtes 354 117
a) Anordnung und Ernennung des Testamentsvollstreckers 354 117
b) Beginn und Ende des Amtes 355 117
3. Rechtsstellung des Testamentsvollstreckers 356 118
a) Rechtsnatur des Amtes 356 118

b) Verfügungen ... 357 118
aa) Verfügungsmacht des Testamentsvollstreckers ... 357 118
bb) Missbrauch der Verfügungsmacht ... 359 119
cc) Fehlende Verfügungsmacht ... 360 119
c) Verpflichtungen ... 363 121
4. Rechtsstellung des Erben ... 366 122
a) Verfügungen des Erben ... 367 122
b) Gläubiger des Erben ... 368 122

§ 12 Grenzen der Testierfreiheit ... 369 123

I. Grundsatz der Testierfreiheit ... 369 123
II. Bewusstes Abweichen von Wille und Erklärung ... 371 123
1. Geheimer Vorbehalt ... 371 123
2. Scheinerklärung ... 372 124
3. Mangelnde Ernstlichkeit ... 373 124
III. Verstoß gegen ein gesetzliches Verbot ... 374 124
IV. Verstoß gegen die guten Sitten ... 382 126
1. Grundsatz ... 383 126
2. Sittenwidrige Verfügungen ... 384 126
3. Einzelfälle ... 386 127
a) So genanntes Behindertentestament ... 386 127
b) Erbunfähigkeitsklauseln ... 394 131
4. Beurteilungszeitpunkt ... 397 132

§ 13 Gemeinschaftliches Ehegattentestament ... 400 133

I. Errichtung ... 400 133
II. Inhalt ... 403 134
1. Übersicht ... 403 134
2. Berliner Testament ... 404 134
a) Trennungsprinzip ... 405 135
b) Einheitsprinzip ... 406 135
c) Auslegungsregel des § 2269 Abs. 1 ... 407 136
d) Pflichtteilsrechte, Sanktionsklauseln ... 408 136
3. Wiederverheiratungsklauseln ... 410 137
a) Trennungsprinzip ... 411 138
b) Einheitsprinzip ... 413 138
c) Auswirkungen auf wechselbezügliche Verfügungen ... 417 139
4. Wechselbezügliche Verfügungen ... 420 140
a) Wechselbezüglichkeit ... 420 140
b) Auslegungsregel des § 2270 Abs. 2 ... 422 141
c) Nichtigkeit und Widerruf ... 424 142
d) Bindung und Zuwendungsverzicht ... 426 143
e) Änderungsvorbehalt ... 426a 144
f) Verfügungen unter Lebenden ... 427 144

§ 14 Erbvertrag ... 428 145

I. Inhalt, Abschluss, Verwahrung ... 428 145
1. Inhalt ... 428 145
a) Einseitige und vertragsmäßige Verfügungen ... 428 145
b) Rechtsfolgen ... 429 145
c) Arten des Erbvertrages – Übersicht ... 430 145
2. Abschluss ... 431 146
3. Verwahrung ... 432 146
II. Vertragsmäßige Bindung ... 433 147
1. Vertragsmäßigkeit ... 433 147
2. Bindungswirkung ... 435 147
a) Beeinträchtigung des Bedachten ... 436 148
b) Zustimmung des Bedachten ... 437 148
3. Gegenseitigkeit (Wechselbezüglichkeit) ... 438 149
a) Vermutung des § 2298 Abs. 1, Abs. 2 ... 439 149
b) Gegenseitigkeitsbindung, Rechtsfolgen ... 440 149
4. Entgeltlicher Erbvertrag ... 444 150
a) Verpflichtung des Bedachten ... 445 151
b) Gegenseitiger Vertrag ... 446 151
c) Erbrechtliche Sonderregeln ... 447 152
d) Leistungen des Bedachten ... 450 153
5. Beseitigung der Bindungswirkung ... 451 153
a) Aufhebung ... 452 153
b) Rücktritt ... 453 153
c) Anfechtung ... 455 154
III. Rechtsgeschäfte unter Lebenden ... 457 154
1. Wirksamkeit lebzeitiger Verfügungen ... 457 154
2. Beeinträchtigende Schenkungen ... 458 154
a) Schenkung des Erblassers ... 461 155
b) „Beeinträchtigungsabsicht" ... 462 156
c) Rechtsfolge ... 463 157

Vierter Teil
Rechtsstellung des Erben

§ 15 Anfall und Ausschlagung der Erbschaft ... 464 158

I. Anfall, Annahme und Ausschlagung der Erbschaft ... 464 158
II. Annahme der Erbschaft ... 467 158
III. Ausschlagung der Erbschaft ... 472 159
IV. Anfechtung von Annahme und Ausschlagung ... 477 161
1. Erbrechtliche Sonderregeln ... 477 161
2. Anfechtungsgründe ... 479 161
3. Anfechtungsfolgen ... 481 163

V. Rechtsstellung des vorläufigen Erben	483	163
1. Haftung gegenüber Nachlassgläubigern	484	163
2. Rechtsverhältnis zwischen vorläufigem und endgültigem Erben	485	163
3. Rechtsverhältnis zwischen Dritten und endgültigem Erben	486	164
a) Verfügungen	487	164
b) Verpflichtungen	488	165
c) Leistung an den vorläufigen Erben und einseitige Rechtsgeschäfte	489	165
§ 16 Erbschaftsanspruch	490	166
I. Bedeutung	490	166
II. Herausgabepflicht und Haftung des Erbschaftsbesitzers	494	167
1. Herausgabepflicht des Erbschaftsbesitzers	494	167
a) Nachlassgegenstände	494	167
b) Dingliche Surrogation	495	167
c) Nutzungen	496	167
2. Haftung des Erbschaftsbesitzers	497	167
a) Haftung bei Gutgläubigkeit	498	167
b) Haftung bei Rechtshängigkeit und Bösgläubigkeit	499	168
c) Haftung nach Deliktsrecht	501	168
d) Haftung bei Einzelansprüchen des Erben	502	168
3. Verwendungsanspruch des Erbschaftsbesitzers	507	170
§ 17 Legitimation des Erben (Erbschein)	508	170
I. Zweck des Erbscheins	508	170
II. Inhalt, Erteilung und Einziehung des Erbscheins	509	171
1. Inhalt des Erbscheins	509	171
2. Erteilung und Einziehung des Erbscheins	511	171
III. Öffentlicher Glaube des Erbscheins	513	171
1. Vermutung der Richtigkeit und öffentlicher Glaube	513	171
2. Umfang des öffentlichen Glaubens	514	172
3. Grundstücksverfügungen	515	173
a) Sachenrechtlicher und erbrechtlicher Gutglaubenserwerb	515	173
b) Subjektive Voraussetzungen	516	173
4. Leistungen an den Scheinerben	518	174
§ 18 Erbenhaftung	520	174
I. Grundlinien der Erbenhaftung	520	174
1. Interessenlage	520	174
2. Unbeschränkte, aber beschränkbare Erbenhaftung	522	175
3. Nachlassverbindlichkeiten	523	175
II. Ausschluss von Nachlassgläubigern (Aufgebot)	524	176
III. Beschränkung der Erbenhaftung	528	177
1. Nachlassverwaltung	529	177

a) Anordnung der Nachlassverwaltung 529 177
b) Bisherige Verwaltung des Erben 532 178
c) Abgelehnte Nachlassverwaltung 533 178
2. Nachlassinsolvenz 535 178

§ 19 Erbengemeinschaft 539 179

I. Rechtsnatur 539 179
1. Erbengemeinschaft als Gesamthandsgemeinschaft 539 179
2. Erbengemeinschaft als Liquidationsgemeinschaft 541 180
II. Verwaltung des Nachlasses 544 181
1. Nachlassverwaltung 544 181
a) Begriff 544 181
b) Wahrnehmung (Innenverhältnis) 545 182
c) Außenverhältnis (Vertretungsmacht) 546 182
2. Verfügungen 547 182
a) Die Problematik 547 182
b) Begriff 548 183
c) Verwaltung und Verfügung 549 183
3. Nachlassforderungen 550 184
III. Auseinandersetzung 551 184
1. Art und Formen der Auseinandersetzung 551 184
2. Auseinandersetzungsanspruch 553 185
a) Anspruch auf Auseinandersetzung 553 185
b) Gesetzliche Bestimmung des schuldrechtlichen Auseinandersetzungsvertrages 555 185
c) Ausgleichungspflicht unter Abkömmlingen 558 186
aa) Ausgleichungspflichtige Vorempfänge 559 186
bb) Durchführung der Ausgleichung 560 187
IV. Haftung der Miterben 561 187
1. Gesetzliche Systematik und Regelungsanliegen 561 187
2. Haftungsgrundsätze 562 188
a) Haftung vor Nachlassteilung 563 188
aa) Gesamthandsklage 563 188
bb) Gesamtschuldklage 564 188
b) Haftung nach Nachlassteilung 567 189

Fünfter Teil
Pflichtteilsrecht

§ 20 Verwandtenpflichtteil 569 190

I. Grundlagen 569 190
1. Funktion des Pflichtteilsrechts 569 190
2. Verfassungsrechtliche Gewährleistung 571 190

II. Die Pflichtteilsberechtigung 572 191
1. Pflichtteilsberechtigte 572 191
2. Ausschluss durch letztwillige Verfügung 573 191
3. Entferntere Abkömmlinge und Eltern 577 192
4. Pflichtteilsrecht des Vermächtnisnehmers 580 194
III. Entstehung und Ausschluss des Pflichtteilsanspruchs 581 194
1. Entstehung des Anspruchs 581 194
2. Ausschluss des Anspruchs 584 194
a) Entziehungsgründe 586 195
b) Form, Vorsatz, Schuld 591 196
IV. Höhe und Berechnung des Pflichtteilsanspruchs 596 198
1. Feststellung der Pflichtteilsquote 596 198
2. Berechnung des Pflichtteils 597 199
3. Anrechnung und Ausgleichung 598 199
a) Rechnerischer Gesamtnachlass 599 200
b) Ausgleichung 600 200
c) Anrechnung 601 200
V. Pflichtteilslast 603 200
1. Außenverhältnis 603 200
2. Innenverhältnis 604 201
a) Grundsatz 604 201
b) Modifikationen 605 201

§ 21 Ehegattenpflichtteil 610 202

I. Ehegatte als Erbe oder Vermächtnisnehmer 611 202
II. Ehegatte ist weder Erbe noch Vermächtnisnehmer 613 203
III. Ehegatte schlägt aus 614 203

§ 22 Zusatzpflichtteil und Pflichtteilsergänzungsanspruch 615 204

I. Überblick 615 204
II. Zusatzpflichtteil 616 205
1. Annahme der Erbschaft und Zusatzpflichtteil 617 205
2. Unabhängigkeit von Pflichtteil und Zusatzpflichtteil 619 206
3. Ehegattenpflichtteil 620 206
III. Pflichtteilsergänzungsanspruch 621 207
1. Pflichtteilsergänzung 622 207
2. Drittschenkung 624 208
3. Schenkung an Pflichtteilsberechtigte 626 209
4. Ehegattenzuwendungen 627 209
5. Durchführung der Ergänzung 632 211
6. Schuldner des Anspruchs 633 211

Sachverzeichnis 213

Abkürzungsverzeichnis

a. A.	anderer Ansicht
a. a. O.	am angegebenen Ort
Abs.	Absatz
AcP	Archiv für die civilistische Praxis
a. E.	am Ende
a. F.	alte(r) Fassung
AGG	Allgemeines Gleichbehandlungsgesetz
allg. A.	allgemeine Ansicht
ALR	Allgemeines Landrecht für die preußischen Staaten
Alt.	Alternative
Amt.	Amtlich
Art.	Artikel
ausf.	ausführlich
bay	bayerisch(e)
BayObLG	Bayerisches Oberstes Landesgericht
BayObLGZ	Entscheidungen des Bayerischen Obersten Landesgerichts in Zivilsachen
Bd.	Band
Bekanntm.	Bekanntmachung
BestV	Bestattungsverordnung
BeurkG	Beurkundungsgesetz
BGB	Bürgerliches Gesetzbuch
BGBl.	Bundesgesetzblatt
BGH	Bundesgerichtshof
BGHZ	Entscheidungen des Bundesgerichtshofs in Zivilsachen
BSG	Bundessozialgericht
BT-Drucks.	Bundestags-Drucksache
BVerfG	Bundesverfassungsgericht
BVerfGE	Entscheidungen des Bundesverfassungsgerichts
bzw.	beziehungsweise
d.	durch
DesignG	Designgesetz
d. h.	das heißt
Diss. iur.	(juristische) Dissertation
DNotZ	Deutsche Notar-Zeitschrift
dt.	deutsch
EGBGB	Einführungsgesetz zum Bürgerlichen Gesetzbuch
EGMR	Europäischer Gerichtshof für Menschenrechte
Einf.	Einführung
Einl.	Einleitung
ErbGleichG	Erbrechtsgleichstellungsgesetz
ErbVerjRÄndG	Gesetz zur Änderung des Erb- und Verjährungsrechts
ESchG	Embryonenschutzgesetz
etc.	et cetera
EuErbVO	Europäische Erbrechtsverordnung
evtl.	eventuell(e)

f., ff.	folgend(e)
FamFG	Gesetz über das Verfahren in Familiensachen und in den Angelegenheiten der freiwilligen Gerichtsbarkeit
FamRZ	Zeitschrift für das gesamte Familienrecht
Festschr.	Festschrift
FeuerbestG	Feuerbestattungsgesetz
FGPrax	Praxis der Freiwilligen Gerichtsbarkeit
frz.	französisch
Fußn.	Fußnote
G	Gesetz
GBO	Grundbuchordnung
GbR	Gesellschaft des bürgerlichen Rechts
geänd.	geändert
GebrMG	Gebrauchsmustergesetz
gem.	gemäß
GG	Grundgesetz
grdlg.	grundlegend
GrdstVG	Grundstücksverkehrsgesetz
GVG	Gerichtsverfassungsgesetz
h. A.	herrschende Ansicht
Halbs.	Halbsatz
HeimG	Heimgesetz
HGB	Handelsgesetzbuch
h. L.	herrschende Lehre
h. M.	herrschende Meinung
HöfeO	Höfeordnung
i. d. F.	in der Fassung
i. E.	im Ergebnis; im Einzelnen
insb.	insbesondere
InsO	Insolvenzordnung
i. S. d.	im Sinne des
i. V. m.	in Verbindung mit
i. Zshg. m.	im Zusammenhang mit
JA	Juristische Arbeitsblätter
Jh.	Jahrhundert
JherJb	Jherings Jahrbücher der Dogmatik des bürgerlichen Rechts
JuS	Juristische Schulung
KG	Kammergericht; Kommanditgesellschaft
KindRG	Kindschaftsrechtsreformgesetz
KRG	Kontrollratsgesetz
KUG	Kunsturhebergesetz
L	Leitsatz
lat.	lateinisch
LFGG	Landesgesetz über die freiwillige Gerichtsbarkeit
LG	Landgericht
li. Sp.	linke Spalte

LM	Nachschlagewerk des Bundesgerichtshofs, herausgegeben von Lindenmaier und Möhring
LPartG	Lebenspartnerschaftsgesetz
MarkenG	Markengesetz
MünchKomm	Münchener Kommentar zum BGB
m. W. v.	mit Wirkung vom
n. Chr.	nach Christus
NEheLG	Gesetz über die rechtliche Gleichstellung der nichtehelichen Kinder
Neudr.	Neudruck
NJOZ	Neue Juristische Online-Zeitschrift
NJW	Neue Juristische Wochenschrift
NJW-RR	NJW-Rechtsprechungs-Report
Nr.	Nummer
OHG	Offene Handelsgesellschaft
OLG	Oberlandesgericht
PatG	Patentgesetz
ProstG	Prostitutionsgesetz
PStG	Personenstandsgesetz
PStV	Verordnung zur Ausführung des Personenstandsgesetzes
RdL	Recht der Landwirtschaft
Rdnr.	Randnummer
Rechtspr.	Rechtsprechung
re. Sp.	rechte Spalte
RG	Reichsgericht
RGBl.	Reichsgesetzblatt
RGZ	Entscheidungen des Reichsgerichts in Zivilsachen
Rpfleger	Der Rechtspfleger
S.	Seite; Satz (i. Zshg. m. §§-Zitat)
s.	siehe
sc.	scilicet
SGB	Sozialgesetzbuch
st.	ständig; ständige
StGB	Strafgesetzbuch
str.	strittig
TPG	Transplantationsgesetz
Tz.	Textziffer
u.	und
u. a.	unter anderem; und anderes
UrhG	Urhebergesetz
v.	vor; vom
VerlG	Gesetz über das Verlagsrecht
VersAusglG	Versorgungsausgleichsgesetz
VerschG	Verschollenheitsgesetz
vgl.	vergleiche

VO	Verordnung
Vorbem.	Vorbemerkung(en)
weit.	weitere(n)
WM	Wertpapiermitteilungen – Zeitschrift für Wirtschafts- und Bankrecht
WRV	Verfassung des Deutschen Reichs (Weimarer Reichsverfassung)
z. B.	zum Beispiel
ZEV	Zeitschrift für Erbrecht und Vermögensnachfolge
ZPO	Zivilprozessordnung
zsfd.	zusammenfassend
z. T.	zum Teil
ZVG	Zwangsversteigerungsgesetz
ZwErbGleichG	Zweites Gesetz zur erbrechtlichen Gleichstellung nichtehelicher Kinder, zur Änderung der Zivilprozessordnung und der Abgabenordnung

Verzeichnis des abgekürzt zitierten Schrifttums

Brox/Walker, Erbrecht, 27. Aufl. 2016
Erman, BGB-Kommentar, Band 2 (§§ 795–2385), 14. Aufl. 2014 (zitiert: Erman-*Bearbeiter*)
Jauernig, BGB-Kommentar, 16. Aufl. 2015 (zitiert: Jauernig-Bearbeiter)
Leipold, Erbrecht, 21. Aufl. 2016
Lipp, Examens-Repetitorium Familienrecht, 4. Aufl. 2013
Münchener Kommentar zum BGB, Band 10 (Erbrecht), 7. Aufl. 2017 (zitiert: MünchKomm-*Bearbeiter*)
Olzen/Looschelders, Erbrecht, 5. Aufl. 2017
Palandt, BGB-Kommentar, 76. Aufl. 2017 (zitiert: Palandt-*Bearbeiter*)
Soergel, BGB-Kommentar, Band 21 (Erbrecht 1), 13. Aufl. 2001, Band 22 (Erbrecht 2), 13. Aufl. 2003, Band 23 (Erbrecht 3), 13. Aufl. 2002 (zitiert: Soergel-*Bearbeiter*)

Erster Teil

Grundlagen

§ 1 Zum System des Erbrechts

I. Die Eigenständigkeit des Erbrechts im System des BGB

Das Erbrecht folgt in seiner Fassung als fünftes Buch des BGB – ebenso wie das Familienrecht – einem anderen Systemkriterium als Schuld- und Sachenrecht. Während sich Schuld- und Sachenrecht an formaljuristischen Strukturen **(Rechtswirkungen)** ausrichten, nämlich den relativen Ansprüchen gegen eine Person aus Verpflichtungen und den absoluten Herrschaftsrechten an einer Sache[1], nehmen Familien- und Erbrecht bestimmte **soziale Tatsachen** (als rechtliche Tatbestände) zum Ausgangspunkt und regeln die von diesen Tatbeständen ausgelösten Rechtsfragen ohne Rücksicht auf die dogmatische Qualität der einzelnen Rechtsfolge. Man hat deshalb zu Recht von einer „Kreuzeinteilung“ gesprochen (*Ernst Zitelmann*, 1852–1923), die dem Fünf-Bücher-System des BGB, dem so genannten Pandektensystem, zugrunde liegt[2]. Für das Erbrecht ist dieser Systemgedanke eines bestimmten Lebensvorganges mit fast nahtloser Konsequenz durchgeführt. Das fünfte Buch fasst die Vorschriften zusammen, die sich mit den unmittelbaren und mittelbaren (privatrechtlichen) Folgen des **Todes eines Menschen** beschäftigen. Der **Todesfall** wird als **„Erbfall“** (vgl. § 1922 Abs. 1) zum systematischen Brennspiegel des Erbrechts. Nur die Entscheidung, ob bestimmte Rechtspositionen und Rechtslagen vererblich sein sollen beziehungsweise wie der Todesfall auf sie einwirkt, trifft das BGB außerhalb des Erbrechts im Zusammenhang mit der Darstellung dieser Rechte, so beispielsweise für Willenserklärungen in den §§ 130 Abs. 2, 153, für den Besitz in den §§ 857, 858 Abs. 2 S. 2 oder für den Nießbrauch in § 1061[3]. 1

Die systematische Ausrichtung des Erbrechts am Lebenssachverhalt des Todes einer Person und die dadurch erreichte **Eigenständigkeit** der erbrechtlichen Vorschriften sind nicht selbstverständlich. Sie haben sich erst spät in der deutschen Privatrechtswissenschaft als ein Ergebnis des späteren Naturrechtszeitalters herausgebildet[4]. Abweichend von der bis dahin herrschenden romanistischen Doktrin des Institutionensystems[5], in dem das Erbrecht als ein Eigentums- 2

1 Dieses Systemelement hat das BGB dem römischen Aktionensystem (Klagensystem) entnommen, das streng unterschieden hat zwischen Klagen (lat. *actiones*), die sich nur gegen ganz bestimmte Personen richten konnten *(actio in personam)*, und Klagen, die sich aus der Herrschaftsmacht über eine Sache grundsätzlich jedem anderen gegenüber ergeben konnten *(actio in rem)*.

2 Zum System des BGB und seiner Herkunft immer noch lesenswert der Überblick bei *G. Boehmer*, Einführung in das Bürgerliche Recht, ²1965, S. 70 ff., und speziell zum Erbrecht Staudinger-*Boehmer* ¹¹1954, Einl. Erbrecht Rdnr. 1 ff.

3 Vgl. ferner etwa für das Mietverhältnis § 563, für das Dienstverhältnis § 613, für den Auftrag §§ 672, 673 oder für die Forderung auf Zugewinnausgleich § 1378 Abs. 3 S. 1; näher dazu unten § 3 Rdnr. 29 ff.

4 Erstmals bei *Chr. Wolff* (1679–1754), Institutiones juris naturae et gentium, 1750, dt. 1754.

5 Gegliedert nach den Institutionen des römischen Juristen *Gaius* (2. Jh. n. Chr.) in die Abschnitte *personae, res, actiones*.

erwerbsgrund unter den „Sachen“ abgehandelt wurde[6], sah das Naturrecht das Gesamtgebiet des Rechts systematisch in zwei große Bereiche geteilt: die Rechtsstellung des Individuums als Einzelperson und die Rechtsstellung des Individuums als Mitglied sozialer Verbände, wie Ehe, Familie, Handelsgesellschaften, Kirche, Staat[7]. Diese veränderte Sichtweise führte zunächst zu einer Verselbstständigung des Familienrechts (bisher nach dem Institutionenschema unter „*personae*“ eingereiht) und schließlich zur Herausbildung eines eigenständigen Erbrechts – das der Gesetzgeber des ALR zunächst typischerweise in Fortführung des familiären Verbandscharakters auf das gesetzliche Familienerbrecht beschränkt hatte[8]. Mit der Einführung des so genannten Pandektensystems (Fünf-Bücher-System) im frühen 19. Jahrhundert etablierte sich dann ein umfassendes „Erbrecht“ als eigenständiges Rechtsgebiet[9]. – Die systematische Konstituierung unseres Erbrechts ist nicht nur von historischem Interesse. Auch aktuelle Diskussionen, wie die derzeit heftig umstrittene Frage, wann ein „Erbfall“ im Sinne des § 1922 Abs. 1, d. h. der Tod eines Menschen vorliegt, werden hinlänglich verständlich nur, wenn man sich bewusst ist, dass das Erbrecht in diesem Punkt auf einen biologischen Lebenssachverhalt abstellt. Andere systematische Anknüpfungspunkte können hier Lösungen eröffnen, ohne die medizinisch-naturwissenschaftliche Auseinandersetzung um den Eintritt des Todes im Bereich des Privatrechts ausfechten zu müssen[10].

II. Das objektive Recht

3 Das Erbrecht im **objektiven** Sinn umfasst alle Vorschriften über die unmittelbaren und mittelbaren **vermögensrechtlichen** Folgen des **Todes** einer **natürlichen** Person (§ 1922 Abs. 1)[11]. Es wurde schon darauf hingewiesen[12], dass das fünfte Buch des BGB diesen Gedanken in fast äußerster Konsequenz durchführt, so dass sich außerhalb des „Erbrechts“ nur wenige erbrechtliche Regelungen finden. Zu denken ist dabei vor allem an die gesetzgeberischen Entscheidungen, ob bestimmte (persönlichkeitsbezogene) Rechte und Rechtslagen als „Vermögen“ (vgl. § 1922 Abs. 1) vererblich sein sollen. Außer den im BGB selbst entschiedenen Fällen[13] sind insbesondere die Regelungen über die **Immaterialgüterrechte** zu nennen, wie § 28 UrhG, § 15 Abs. 1 S. 1 PatG, § 22 Abs. 1 S. 1 GebrMG, § 27 Abs. 1 MarkenG oder § 29 Abs. 1 DesignG. Wesentliche erbrechtliche Vorschriften finden sich auf der Ebene des **Bundesrechts** ferner im **LPartG**[14], in der **HöfeO**[15], im **GrdstVG**[16], für die Beurkundung von Verfügungen von Todes we-

6 So in Anlehnung an das Institutionensystem auch der frz. Code civil (1804), der das Erbrecht im 3. Buch (Des différentes manières dont on acquiert la propriété) darstellt.

7 Seinen klassischen gesetzgeberischen Niederschlag hat dieses naturrechtliche System im Preußischen Allgemeinen Landrecht (ALR) von 1794 mit seinen zwei Teilen gefunden.

8 ALR II 2 §§ 300 ff., §§ 378 ff., §§ 489 ff. Das Testamentsrecht blieb dem Rechtsbereich der Einzelperson unter dem Gesichtspunkt eines Eigentumserwerbsgrundes zugeschlagen, ALR I 12 §§ 1 ff.

9 Seit *A. Heise* Grundriß eines Systems des gemeinen Civilrechts zum Behuf von Pandecten-Vorlesungen, 1807.

10 Zur Frage selbst näher § 3 Rdnr. 23 ff.

11 **Juristische Personen** werden nicht beerbt. Erlöschen sie, werden sie vermögensrechtlich **liquidiert**; näher unter § 3 Rdnr. 23.

12 Vgl. oben Rdnr. 1.

13 Vgl. oben Rdnr. 1 i. V. m. Fußn. 3.

14 § 10 LPartG.

15 Durch Art. XI KRG 45 erlassene Ordnung für die ehemals Britische Zone, heute als Bundesrecht in den dortigen Gebieten fortgeltend (Art. 125 Nr. 1, 74 Nr. 1 GG). – Geregelt wird die (Sonder-)Erbfolge in land- und forstwirtschaftliche Betriebe.

16 §§ 13 ff. GrdstVG (Zuweisung eines in gesetzlicher Erbengemeinschaft stehenden landwirtschaftlichen Betriebes).

gen im **BeurkG**[17] und für das Verfahren der Nachlassgerichte, soweit das BGB keine Regelung trifft, im **FamFG**[18]. Auf **landesrechtlicher** Ebene haben heute Bedeutung im Wesentlichen nur noch einzelne **landwirtschaftliche Anerbenrechte**[19].

Für Erbfälle mit **Auslandsberührung** sind **Art. 25, 26 EGBGB** zu beachten. Diese Vorschriften wurden mit Wirkung vom **17.8.2015** völlig neu gefasst. Seitdem wird auch das **internationale Erbrecht** durch die für die Mitgliedstaaten der **Europäischen Union** maßgebliche Europäische Erbrechtsverordnung **(EuErbVO)**[20] bestimmt; Art. 20 ff. EuErbVO. Neue Funktion des Art. 25 EGBGB ist die sachliche Erstreckung der EuErbVO auch auf die Sachverhalte, die zwar nach bisherigem deutschen internationalen Privatrecht als erbrechtlich zu qualifizieren waren, aber nicht dem Geltungsbereich der EuErbVO unterfielen. Die neue Regelung gilt für Erbfälle, in denen der Erblasser am oder nach dem **17.8.2015** verstorben ist (Art. 83 Abs. 1 EuErbVO). Für Erbfälle vor diesem Datum gelten Art. 25, 26 EGBGB a.F. weiter. Der wesentlichste Punkt der Neuregelung ist eine **Änderung des Erbrechtsstatus**. Während **Art. 25 Abs. 1 EGBGB** a.F. an der Staatsangehörigkeit des Erblassers anknüpfte, verweist die **EuErbVO** auf das **Recht am letzten gewöhnlichen Aufenthalt** des Erblassers (Art. 21 Abs. 1 EuErbVO)[21].

Fragen im Zusammenhang mit der **deutschen Wiedervereinigung** regelt **Art. 235 EGBGB**.

III. Das subjektive Recht

1. Kein subjektives Recht des Erben vor Erbfall

Vor dem **Erbfall** gibt es weder für den testamentarisch eingesetzten noch für den gesetzlichen Erben ein irgendwie geartetes subjektives Erbrecht. Für beide Erbanwärter besteht **lediglich** eine **Aussicht**, Erbe zu werden; eine Hoffnung, die der Erblasser zu jeder Zeit ohne Begründung und ohne Mitteilungspflicht durch die Errichtung eines (neuen) Testaments (§§ 1937, 2229 ff.) oder durch Testamentswiderruf (§§ 2253 ff.) zunichte machen kann. Weil es an einer gesicherten Rechtsposition fehlt, gibt es für Erbanwärter auch **kein „Anwartschaftsrecht"**. Erst mit dem Erbfall (§ 1922 Abs. 1) und dem damit *uno actu* einhergehenden **Anfall der Erbschaft** (§ 1942 Abs. 1) im Wege einer Gesamtrechtsnachfolge (Universalsukzession) erwirbt der Erbe ein **subjektives Erbrecht**[22]. 4

17 §§ 27 ff. BeurkG (Verfügungen von Todes wegen).
18 §§ 342 ff. FamFG (Nachlass- und Teilungssachen).
19 Landesrechtliche Regelungen der (Sonder-) Erbfolge in forst- und landwirtschaftliche Betriebe.
20 VO Nr. 650/2012 über die Zuständigkeit, das anzuwendende Recht […] v. 4.7.2012 (EuErbVO, in Kraft getreten am 16.8.2012 – Abl EU L 201/107.
21 Zum Anwendungsbereich und Inhalt der EuErbVO vgl. *Döbereiner* NJW 2015, 2449 ff.; *Simon/Buschbaum* NJW 2012, 2393 ff.; *Dutta* FamRZ 2013, 4 ff.; speziell zu Erbverträgen und zum gemeinschaftlichen Testament *Lechner* NJW 2013, 26 ff.
22 Das schließt nicht aus, dass sich ein Erbprätendent gegenüber **staatlichen Maßnahmen** (Art. 14 Abs. 1 S. 2 GG) unter Umständen schon vor Erbfall auf sein Erbrecht berufen kann; näher unten § 2 Rdnr. 21.

2. Anwartschaftsrecht des Nacherben

5 Eine Besonderheit gilt für den **Nacherben** (§ 2100) in der Zeit **zwischen Vor-** und **Nacherbfall**. Auch dem Nacherben fällt der Nachlass erst mit Eintritt der Nacherbfolge zu (§ 2139). Aber als Erbe nach dem bereits verstorbenen Erblasser (nicht nach dem Vorerben) hat er schon vorher eine eigene, **unentziehbare Rechtsstellung**, die in aller Regel **übertragbar** (§§ 413, 398) und **vererblich** ist (§ 2108 Abs. 2 S. 1). Das rechtfertigt es, dem Nacherben nach Eintritt des (Vor-)Erbfalles ein selbstständiges, von der Erbschaft unterschiedenes **Anwartschaftsrecht** zuzuerkennen[23].

3. Abgrenzungen

6 Vor dem Erbfall gibt es für einen testamentarischen oder gesetzlichen Erbanwärter keine subjektive Rechtsposition, die verkauft oder über die verfügt werden könnte. Gleichwohl kennt das Gesetz bestimmte erbrechtliche oder doch erbrechtsbezogene Verpflichtungs- und Verfügungsgeschäfte, an denen auch bloße Erbanwärter beteiligt sein können. Was Gegenstand dieser Rechtsgeschäfte – in Abgrenzung zum Anwartschaftsrecht des Nacherben – ist, zeigt

Fall 1: Der verwitwete E hat zwei Söhne (S 1 und S 2), von denen er S 1 erbvertraglich bindend zu seinem Alleinerben bestimmt hat. S 1 trägt sich mit Auswanderungsgedanken und möchte angesichts ungewisser Zukunft die „Erbangelegenheiten" nach seinem Vater endgültig erledigen. Er bietet deshalb seinem Bruder an, ihm gegen eine bestimmte Abfindung „sein Erbrecht" zu verkaufen.

a) Erbschaftskauf

7 Gegenstand des **Erbschaftskaufs** (§ 2371) ist die **„angefallene Erbschaft"**. Hier verkauft der Erbe nach dem Tod des Erblassers das Nachlassvermögen; in **Fall 1** liegt aber noch gar kein Erbfall vor.

b) Erbverzicht

8 Denkbar wäre, dass S 1 sein Erbrecht gegen Bezahlung einer Abfindung zugunsten seines Bruders durch **Erbverzicht** aufgeben will (§§ 2346, 2350; § 2352)[24]. Der Erbverzicht ist die einzige gesetzlich zugelassene Verfügung des **Erbanwärters** über seine **vor** dem **Erbfall** bestehende Rechtsposition mit einer **rein negativen Wirkung**. Auch Gegenstand des Erbverzichts ist kein „Recht" des Erbanwärters, sondern der **Ausschluss des Anfalls** des Nachlasses (§ 1942 Abs. 1) im Augenblick des späteren Erbfalls. Ein Erbverzicht kann also niemals eine (positive) „Rechtsübertragung" beinhalten und muss notwendig mit dem Erblasser selbst (§ 2346 Abs. 1 S. 1) abgeschlossen werden.

Der Erbverzicht bezieht sich nur auf das **gesetzliche Erbrecht** (§ 2346 Abs. 1 S. 1). Den Verzicht auf **testamentarische** oder **erbvertragliche Zuwendungen** regelt **§ 2352**. Danach könnte in **Fall 1** Sohn S 1 unter keinen Umständen (gegenüber seinem Vater) auf seine erbvertragliche

23 BGHZ 87, 367, 369; NJW 2000, 3359 li. Sp./re. Sp; davon **abzugrenzen** ist die Rechtsstellung (Anwartschaftsrecht) des **Vertragserben** und des **Schlusserben** beim gemeinschaftlichen Ehegattentestament, vgl. unten Rdnr. 9.

24 Dazu näher unten § 6 Rdnr. 145 ff.

Zuwendung „verzichten". Denn dies gestattet **§ 2352 S. 2** nur einem „Dritten". Die Vertragschließenden selbst sind auf die Aufhebungstatbestände der §§ 2290 ff. verwiesen. – Wesentliche Bedeutung kann einem Erbverzichtsvertrag im Sinne des § 2352 zukommen, wenn es für den Erblasser darum geht, sich von **bindenden Bestimmungen** eines **Erbvertrages** (§§ 2274, 2289) oder eines **gemeinschaftlichen Ehegattentestaments** (§§ 2265, 2271 Abs. 2) zu befreien[25].

c) Rechtsstellung des Vertragserben

9 Durch den Erbvertrag tritt eine Bindung des Erblassers an seine vertragsmäßigen Verfügungen ein[26]. Eine spätere, inhaltlich widersprechende Verfügung von Todes wegen ist unwirksam (§ 2289 Abs. 1 S. 2). In **Fall 1** kann der Erblasser deshalb keine andere Person mehr als den eingesetzten S 1 zu seinem Erben bestimmen. Der Vertragserbe erhält also eine gesicherte, durch den Erblasser einseitig nicht mehr entziehbare Position, über die er – ähnlich wie der Nacherbe über sein Anwartschaftsrecht – verfügungsberechtigt sein könnte. Höchstrichterliche Rechtsprechung und Teile des Schrifttums tendieren zur Annahme beziehungsweise bejahen eine **Anwartschaft**[27] auch für den vertragsmäßig eingesetzten **Erben**, sofern dieser **selbst Vertragspartei** ist[28]. Allerdings ist diese Anwartschaft **weder übertragbar noch vererblich**. Die Vorschrift des **§ 311b Abs. 4 S. 1** erklärt Verträge über den Nachlass eines noch lebenden Dritten für nichtig. § 311b Abs. 4 S. 1 betrifft zwar nur schuldrechtliche Verträge, die sich auf den Nachlass selbst beziehen. Das Gleiche muss aber auch für eine Anwartschaft gelten, und es gilt – selbstverständlich – auch für eine Übertragung (Verfügung) dieser Position. Das BGB hat dies, weil es eine Verfügung über den Nachlass eines noch lebenden Dritten für schlechthin undenkbar hält, auch nicht ausdrücklich geregelt. In **Fall 1** scheitert deshalb die Übertragung einer etwaigen erbrechtlichen Anwartschaft des S 1 an seinen Bruder jedenfalls an § 311b Abs. 4[29] (anders im Falle des Nacherbenanwartschaftsrechts, denn dort geht es um den Nachlass eines bereits Verstorbenen).

d) Erbschaftsvertrag

10 Eine **Ausnahme** von der Nichtigkeitsfolge des § 311b Abs. 4 macht **§ 311b Abs. 5** für einen Vertrag „unter künftigen gesetzlichen Erben" über ihren gesetzlichen Erbteil. Man spricht von einem so genannten **Erbschaftsvertrag**. Der Gesetzgeber wollte damit für gesetzliche Erben die Möglichkeit schaffen, sich innerhalb der Familie – z. B. in Auswanderungsfällen – bereits zu Lebzeiten des Erblassers über die spätere Beteiligung am Nachlass zu verständigen. Der Erbschaftsvertrag hat aber lediglich **schuldrechtliche Wirkungen**. Erst nach dem Erbfall kann und muss die Erfüllung des Vertrages, die Übertragung des Anteils nach § 2033 Abs. 1, erfolgen. Einen solchen Erbschaftsvertrag abzuschließen, steht in **Fall 1** den Brüdern S 1 und S 2 als Abkömm-

25 Zu diesem Problem beim gemeinschaftlichen Ehegattentestament unten § 13 Rdnr. 426 und zum Erbverzicht allgemein unten § 6 Rdnr. 145 ff.

26 Zum Erbvertrag vgl. unten § 14 Rdnr. 433 ff.

27 Etwas anderes gilt für die erbvertragliche Zuwendung eines Vermächtnisses, BGHZ 12, 115 ff.

28 BGHZ 37, 319, 322; Soergel-*Wolf* Vor § 2274 Rdnr. 9. – Die **h.A. verneint** ein Anwartschaftsrecht unter Hinweis auf § 2286, z. B. MünchKomm-*Musielak* § 2286 Rdnr. 3; Palandt-*Weidlich* § 1941 Rdnr. 6.

29 Dasselbe gilt, sofern man sie bejaht, für die Anwartschaft des Schlusserben im gemeinschaftlichen Ehegattentestament nach dem Tode des Erstversterbenden und der Annahme der Erbschaft durch den überlebenden Gatten, BGHZ 37, 319, 323 ff.

lingen des E (§ 1924) offen. Dieser Vertrag bedarf der notariellen Beurkundung (§ 311b Abs. 5 S. 2).

11 Dass S 1 erbvertraglich als Alleinerbe eingesetzt ist, steht der Anwendung des § 311b Abs. 5 nicht entgegen, der von einem Vertrag der „**gesetzlichen** Erben über den **gesetzlichen** Erbteil" spricht. Die am Vertrag Beteiligten müssen lediglich zum Personenkreis der gesetzlichen Erben gem. §§ 1924 ff. gehören. Dass S 1 durch letztwillige Verfügung Alleinerbe werden wird, schadet nicht. Auch dass der Gegenstand des Vertrags ein durch Verfügung von Todes wegen vermachter Erbteil ist, hindert die Anwendung der Vorschrift nicht. Der BGH beschränkt allerdings den Umfang der Verpflichtungsmöglichkeit quantitativ auf den gesetzlichen Erbteil[30]. Der „gesetzliche Erbteil" stellt also die Obergrenze dessen dar, worüber künftige gesetzliche Erben gem. § 311b Abs. 5 Verträge schließen können. In **Fall 1** kann sich S 1 deshalb verpflichten, seinem Bruder die Hälfte des künftigen Nachlasses zu übertragen (vgl. § 1924 Abs. 4).

§ 2 Verfassungsrechtliche Implikationen

12 **Art. 14 Abs. 1 S. 1 GG** schützt neben dem Eigentum auch das **Erbrecht**. Die enge Verbindung zwischen Eigentums- und Erbrechtsgarantie bringt eine sozial- und rechtsgeschichtliche Entwicklung zum Ausdruck, die im **Privateigentum** auch die Möglichkeit des Einzelnen gewährleistet sieht, in privatautonomer Entscheidung (Testierfreiheit) die Zuordnung seines Vermögens über den Tod hinaus zu steuern. Das Grundgesetz sorgt damit dafür, dass das Privateigentum mit dem Tode des Erblassers nicht untergeht, sondern über das Erbrecht weiterhin aufrecht erhalten bleibt. Eigentums- und Erbrechtsgarantie bilden so die Grundlagen für die **private Vermögensordnung** des Grundgesetzes[1]. Der verfassungsrechtliche Schutz verwirklicht sich durch eine **objektive** erbrechtliche **Institutsgarantie** einerseits **und** ein **subjektives Erbrecht** des Einzelnen andererseits[2]. In beiderlei Hinsicht unterliegt die Gewährleistung der inhaltlichen Konkretisierung und Beschränkung durch den positiven Gesetzgeber (Art. 14 Abs. 1 S. 2 GG).

I. Die erbrechtliche Institutsgarantie

1. Privaterbfolge

13 Die erbrechtliche Einrichtungsgarantie gewährleistet nach allgemeiner Auffassung das Institut der **Privaterbfolge**, also den Übergang des Vermögens von privater Hand in private Hand[3]. Mit dem Grundgesetz unvereinbar wäre deshalb die Einführung

30 BGHZ 104, 279, 282 ff. = JuS 1989, 61 f.

1 BVerfGE 93, 165, 173 f.; NJW 2011, 366, 367 Tz. 17; zu den historischen Begründungsversuchen *F. Wegmann*, Die Begründung des Erbrechts im 19. Jahrhundert, Diss. iur. Münster 1969, S. 8 ff., 126 f.

2 BVerfGE 67, 329, 340.

3 BVerfGE 67, 329, 430; 93, 165, 173. Zum Teil wird es für überflüssig erachtet, die Privaterbfolge neben Testierfreiheit und Familiengebundenheit des Vermögens (dazu im Folgenden) als besonderen Inhalt der Erbrechtsgarantie herauszustellen. Denn der grundsätzliche Übergang des Vermögens auf den Staat würde das Erbrecht als solches abschaffen, vgl. Staudinger-*Otte* 2017, Einl. Erbrecht Rdnr. 50a, 62.

eines prinzipiellen Staatserbrechts (Heimfallrecht) – selbst wenn bedürftigen Hinterbliebenen etwa ein Unterhaltsanspruch eingeräumt würde. Ein solches Gesetz verstieße gegen die Wesensgehaltsgarantie des Art. 19 Abs. 2 GG[4]. Nicht unter diese Garantie fällt die konkrete Ausgestaltung der Privaterbfolge durch das BGB im Sinne einer unbeschränkten Familienerbfolge (vgl. § 1936)[5].

Die Garantie des Privaterbrechts setzt auch dem **steuerrechtlichen Zugriff** Grenzen[6]. Eine „erdrosselnde" Erbschaftssteuer, die den Nachlass weitgehend aufzehrt und damit *de facto* ein Staatserbrecht schafft, würde Sinn und Funktion der institutionellen Erbrechtsgarantie – Fortbestand des Privateigentums im Wege der Rechtsnachfolge – zunichte machen[7]. Aber auch die vom institutionellen Schutz umfasste Testierfreiheit (dazu sogleich) würde verfassungsrechtlich tangiert, wenn sie durch eine nur an den Erben gerichtete Erbschaftssteuer ausgehöhlt würde[8]. Diese Grenze sieht das BVerfG erreicht, wo die Steuerbelastung den erbrechtlichen Vermögenswert „grundlegend beeinträchtigt" und der Erbgang vom Standpunkt eines wirtschaftlich denkenden Eigentümers aus als „ökonomisch sinnlos" erscheint[9]. 14

2. Testierfreiheit

Die **Testierfreiheit** ermöglicht dem Erblasser, ohne Rücksicht auf die Regelungen des gesetzlichen Erbrechts in freier Selbstbestimmung über die Zuordnung seines Vermögens für die Zeit nach seinem Tod zu verfügen. Auch nächste Angehörige (Ehegatte und Kinder) kann der Erblasser ohne Begründung enterben. Ihnen bleibt kraft Gesetzes der Pflichtteil (§ 2303)[10]. Diese rechtsgeschäftliche Gestaltungsfreiheit des Einzelnen ist ein **bestimmendes Element** der erbrechtlichen Einrichtungsgarantie[11]. 15

Die Einschränkbarkeit der Testierfreiheit durch „die Gesetze" (Art. 14 Abs. 1 S. 2 GG) gestattet nicht, andere Wertentscheidungen des Grundgesetzes, insbesondere das Diskriminierungsverbot des Art. 3 Abs. 3 GG, als eine unmittelbar anzuwendende Verbotsnorm gegenüber letztwilligen Verfügungen heranzuziehen (§ 134). Die Grundrechte wirken in ihrem Verbotscharakter unmittelbar nur gegenüber der staatlichen Gewalt (Art. 1 Abs. 3 GG). Im Rahmen des **Privatrechtsverkehrs** entfalten sie ihre Wirkung **mittelbar** über die wertausfüllungsbedürftigen **Generalklauseln** des bürgerlichen Rechts (§ 138)[12]. 16

4 Vgl. dazu insbes. *G. Boehmer* Erbrecht, in: Neumann/Nipperdey/Scheuner, Die Grundrechte Bd. 2, ²1968, S. 401 ff., 410, der die Lehre von der erbrechtlichen Institutsgarantie für die Verfassungsdogmatik des Art. 154 WRV begründet hat, in: *Nipperdey* Die Grundrechte und Grundpflichten der Reichsverfassung, Kommentar zum 2. Teil der Reichsverfassung Bd. 3, 1930, S. 253 ff.

5 Näher dazu unten Rdnr. 17 ff.

6 Insoweit wirkt zugleich ein durch Art. 14 Abs. 1 S. 1 GG geschütztes subjektives Recht des Erben; dazu näher unten Rdnr. 21.

7 BVerfGE 63, 312, 327 mit weit. Nachweisen.

8 BVerfG NJW 2011, 366 f.

9 BVerfGE 93, 165, 172; nach der Rechtspr. des BVerfG ergibt sich daraus für die Steuerpflicht von Familienangehörigen der Steuerklasse I, dass „jedem dieser Steuerpflichtigen der jeweils auf ihn überkommene Nachlaß [...] zumindest zum deutlich überwiegenden Teil oder, bei kleineren Vermögen, völlig steuerfrei zugute kommt", a. a. O., S. 174 f.

10 Zum Pflichtteilsrecht näher unten §§ 20 ff.

11 BVerfGE 91, 346, 358; 99, 341, 350 = JuS 2000, 288 ff.; NJW 2011, 366, 367 Tz. 17.

12 Lehre von der **mittelbaren Drittwirkung** der Grundrechte, z. B. BVerfGE 73, 261; 70, 313, 324 f. – Zu den Grenzen der Testierfreiheit deshalb näher unten § 12 Rdnr. 388.

3. Familienerbfolge

17 Die Institutsgarantie des Erbrechts umfasst nach allgemeiner Auffassung auch eine gewisse **Familiengebundenheit** des Vermögens, die in der **gesetzlichen Verwandten- und Familienerbfolge** zum Ausdruck kommt (§§ 1924 ff., 1931)[13]. Einigkeit herrscht freilich darüber, dass die konkrete Ausgestaltung des gesetzlichen Erbrechts im Sinne einer unbeschränkten Verwandtenerbfolge, wie sie das BGB anordnet (vgl. § 1936 S. 1), von der institutionellen Gewährleistung des Art. 14 Abs. 1 S. 1 GG nicht gefordert wird[14]. So wäre der Gesetzgeber nicht gehindert, die gesetzliche Erbfolge auf einen deutlich engeren Personenkreis zu beschränken (Art. 14 Abs. 1 S. 2 GG)[15].

18 Nach richtiger Auffassung ist die erbrechtliche Familiengebundenheit des Vermögens **Inhalt der Erbrechtsgarantie** nach Art. 14 Abs. 1 S. 1 und folgt nicht nur aus Art. 6 Abs. 1 GG. Dafür spricht einmal, dass die Gewährleistung des „Erbrechts" durch Art. 14 Abs. 1 S. 1 GG anderenfalls kaum einen originären Aussagewert hätte. Denn Privaterbrecht und Testierfreiheit müssten nach allgemeiner Ansicht auch schon aus der Eigentumsgarantie gefolgert werden. Die inhaltliche Reduzierung des Art. 14 Abs. 1 S. 1 GG auf diese beiden Elemente der Erbrechtsgarantie beließe der Vorschrift deshalb keinen eigenständigen Normbereich[16]. Vor allem aber würde die Einordnung der Familiengebundenheit des Vermögens allein in Art. 6 Abs. 1 GG nicht erklären können, weshalb dem Eigentümer zwar bei Rechtsgeschäften unter Lebenden eine so gut wie unbeschränkte Verfügungsfreiheit eingeräumt ist, seiner Testierfreiheit hingegen durch das Prinzip der Familiengebundenheit Schranken gesetzt sein sollen.

19 Umstritten ist jedoch die Reichweite dieses Grundsatzes und dabei insbesondere, ob den nächsten Angehörigen (Kindern, Ehegatten) in jedem Fall ein **unentziehbarer** (wirtschaftlicher) **Anteil** am Vermögen des Erblassers auch gegen dessen erklärten Willen verbleiben muss. Lange Zeit sah man diesen Anteil durch die Regelung des **Pflichtteilsrechts** gewährleistet (§§ 2303 ff.) – als einen verfassungskonformen Ausgleich des Spannungsverhältnisses zwischen unbeschränkter Testierfreiheit auf der einen und Familiengebundenheit des Vermögens auf der anderen Seite[17]. Berechtigung und Notwendigkeit des Pflichtteilsrechts sind gegenwärtig stark in die Diskussion geraten mit Vorschlägen bis hin zu dessen Abschaffung[18]. Das **BVerfG** hat die Frage inzwischen dahin entschieden, dass **nächsten Angehörigen** eine **unentziehbare Teilhabe** am Vermögen des Erblassers verbleiben **muss**. Eine Pflichtteilsregelung sei deshalb nicht nur verfassungsgemäß, sondern von Art. 14 Abs. 1 S. 1 in Verbindung mit Art. 6 Abs. 1 GG auch gefordert[19]. Dies entspricht auch den Grundlagen der bisher fundierten **familienrechtlichen Vermögensverfassung** insgesamt. Darauf hat bereits *Gustav Boehmer* in grundsätzlicher Weise

13 **Ausdrücklich** nunmehr **BVerfGE 93, 165, 173**; ferner Staudinger-*Otte* 2017, Einl. Erbrecht Rdnr. 78 ff. mit weit. Nachweisen; zweifelnd Soergel-*Stein* Einl. Erbrecht Rdnr. 7 – offen gelassen noch in BVerfGE 67, 329, 341.

14 Staudinger-*Otte* 2017, Einl. Erbrecht Rdnr. 80.

15 Statt aller Staudinger-*Otte* 2017, Einl. Erbrecht Rdnr. 80; schon in den Gesetzgebungskommissionen zum BGB war die Reichweite der gesetzlichen Familienerbfolge umstritten.

16 Hierzu Staudinger-*Otte* 2017, Einl. Erbrecht Rdnr. 78 f. (abnehmende Bedeutung der Frage).

17 Vgl. etwa BVerfGE 91, 346, 359 f.; BGHZ 123, 368, 371; grdlg. *G. Boehmer*, oben Fußn. 4, S. 410 ff., 425 ff., der jedenfalls das Pflichtteilsrecht des Ehegatten und der Abkömmlinge zum institutionellen Wesensgehalt der Erbrechtsgewährleistung rechnet (S. 417); ferner Staudinger-*Otte* 2017, Einl. Erbrecht Rdnr. 83.

18 Zum Stand der Diskussion vgl. *Otte* AcP 202 (2002), S. 317 ff.

19 **BVerfGE 112, 332 ff.**; dazu unten § 20 Rdnr. 571.

hingewiesen (das Pflichtteilsrecht als Kehrseite der familiären Unterhaltsverpflichtung)[20]. Die starke Betonung des BVerfG von einer institutionell verankerten (Art. 14 Abs. 1 S. 1 in Verbindung mit Art. 6 Abs. 1 GG), grundsätzlich „**unentziehbaren** und **bedarfsunabhängigen** wirtschaftlichen Mindestbeteiligung der Kinder des Erblassers an dessen Nachlass"[21] schließt es aus, diese Teilhabe etwa in Form eines (bedarfsabhängigen) Unterhaltsanspruchs zu realisieren.

II. Die erbrechtliche Individualgarantie

1. Recht des Erblassers

Als Individualgrundrecht schützt Art. 14 Abs. 1 S. 1 GG die **Freiheit des Erblassers**, 20
sein Vermögen nach eigenem Willen und ohne Rücksicht auf die gesetzliche Erbfolge zu vererben **(Testierfreiheit)**. Wegen des engen Zusammenhangs mit dem grundrechtlichen Eigentums- und Freiheitsschutz misst das BVerfG der Testierfreiheit eine zentrale Bedeutung zu („bestimmendes Element der Erbrechtsgarantie"), die der Gesetzgeber im Rahmen seiner Befugnis zur Schrankenbestimmung im Sinne des Art. 14 Abs. 1 S. 2 GG besonders zu beachten hat[22]. Gestützt auf das Recht der Testierfreiheit hat das BVerfG etwa die Vorschriften der §§ 2232, 2233 a. F. und des § 31 BeurkG a. F. insoweit für verfassungswidrig erklärt, als durch sie testierfähige, aber schreib- und sprachunfähige Personen (im konkreten Fall durch Schlaganfall), generell von der Errichtung eines Testaments ausgeschlossen waren[23]. Auch für die Testierfreiheit gelten die allgemeinen zivilrechtlichen Grenzen (§§ 134, 138), die allerdings unter Berücksichtigung der Wertentscheidung des Grundgesetzes für die Testierfreiheit auszulegen sind[24].

2. Recht des Erben

Art. 14 Abs. 1 S. 1 GG schützt auch das Recht des **Erben**, kraft **Erbfolge zu erwerben** 21
und geht insoweit über den grundrechtlichen Eigentumsschutz (des Erben) hinaus. Denn dieser gewahrt keinen Schutz, Eigentum zu erwerben, sondern knüpft an die erworbene Rechtsstellung an. Der erbrechtliche Schutz der Verfassung würde ohne ein Erwerbsrecht des Erben mit dem Tode des Erblassers enden und die Erbrechtsgarantie damit weitgehend ausgehöhlt. Ein subjektives Recht steht dem Erben „jedenfalls vom Eintritt des Erbfalls an" zu[25]. Das Erwerbsrecht des Erben leitet sich aus der Testierfreiheit des Erblassers ab. Der grundrechtlich gewährte Schutz des Erben entfaltet sich nur **im Rahmen der** vom Erblasser ausgeübten Testierfreiheit[26]. Umstritten ist, ob bereits die vor dem Erbfall bestehende bloße Erbaussicht verfassungsrechtlichen Schutz genießt[27]. Dass der Erblasser durch Verfügung von Todes wegen Erbaussichten jederzeit zerstören kann, spricht nicht gegen ein dem Staat gegenüber

20 Vgl. oben Fußn. 17.
21 BVerfGE 112, 332, 348 (349, 350, 351, 353); Hervorhebungen nur hier.
22 BVerfGE 67, 329, 341.
23 BVerfGE 99, 341 ff. = JuS 2000, 288 ff.
24 Dazu im Einzelnen unten § 12 Rdnr. 369 ff.
25 BVerfGE 93, 165, 174.
26 BVerfG FamRZ 2009, 1039, 1041 li. Sp.
27 Offen gelassen in BVerfGE 99, 341, 349 = JuS 2000, 288 ff.

bestehendes Recht des Erbanwärters. So wird man beispielsweise dort, wo es um eine staatliche Begrenzung der gesetzlichen Erbfolge geht (Beschränkung der Erbfähigkeit), auch zugunsten von Erbanwärtern von einer Individualgarantie ausgehen müssen[28].

§ 3 Grundbegriffe des Erbrechts

22 Gemäß **§ 1922 Abs. 1** geht „mit dem Tode einer Person **(Erbfall)** [...] deren Vermögen **(Erbschaft)** als **Ganzes** auf eine oder mehrere andere Personen **(Erben)** über". Damit benennt das Gesetz vier grundlegende Begriffe des Erbrechts. Zunächst: den **Zeitpunkt**, den **Gegenstand** und den **Adressaten** eines Erbrechts im subjektiven Sinne, also im Sinne der dem (oder den) Erben zukommenden Rechtsmacht[1]. Sodann die **rechtliche Art** des Erbschaftserwerbs: „als Ganzes" (Prinzip der Universalsukzession). Alle vier Begriffe beziehungsweise Prinzipien bedürfen einer näheren Erklärung.

I. Erbfall

23 Mit dem Tode einer Person **endet** deren **Rechtsfähigkeit**, d. h. der Mensch hört auf, Zurechnungssubjekt von Rechten und Pflichten zu sein. Ein Erbfall im Sinne des § 1922 Abs. 1 kann nur beim Tode eines Menschen, also einer **natürlichen Person** eintreten. Erlöschen juristische Personen, so endet zwar ebenfalls deren Eigenschaft als Rechtssubjekt. Die vermögensrechtliche Abwicklung und Auseinandersetzung ist in diesem Fall aber, weil es hier nicht um einen „Tod" geht, keine Angelegenheit des Erbrechts, sondern der Liquidation eines Vermögens (für den Verein vgl. §§ 45 ff.[2]).

24 Im Augenblick des **Erbfalls** treten an die Stelle des Verstorbenen (des Erblassers) dessen Erben als die neuen Träger der vom Erblasser stammenden Rechte und Pflichten. Anders als den Beginn der Rechtsfähigkeit (vgl. § 1: Vollendung der Geburt) hat der Gesetzgeber deren Ende (Tod einer Person) nicht näher umschrieben. Vor allem die Fortschritte der Intensivmedizin haben Zweifel darüber aufkommen lassen, **wann** ein Mensch tot sei und damit ein **Erbfall** vorliege. Die Problematik zeigt folgender **Fall 2**.

Fall 2: Der Unternehmer U wird nach einem Verkehrsunfall auf die Intensivstation einer Klinik gebracht. Herz- und Kreislauffunktionen können über Geräte weiterhin aufrecht erhalten werden. Dagegen ist nach dem medizinischen Befund vom irreversiblen Ausfall der Gehirntätigkeit des U auszugehen. In dieser Situation beantragt K, einziges Kind des U (aus erster Ehe; seine Mutter und erste Ehefrau des U ist vorverstorben), einen Erbschein, der es

28 Ebenso Soergel-*Stein* Einl. Erbrecht Rdnr. 5.

1 Zum Begriff des Erbrechts im objektiven und im subjektiven Sinne vgl. oben § 1 Rdnr. 3, 4 ff.

2 Der Verweis auf das gesetzliche Erbrecht des Fiskus in § 46 S. 1 zeigt, dass diese Rechtsfolge (vermögensrechtliche Gesamtnachfolge) allein durch die Auflösung des Vereins nicht ausgelöst wird.

als gesetzlichen Erben nach seinem Vater ausweist. Bevor die weitere ärztliche Behandlung abgebrochen wird, verstirbt die jetzige (zweite) Ehefrau des U. Wie ist die gesetzliche Erbfolge, wenn nur noch K und die Eltern der zweiten Ehefrau leben?

Welcher **Zeitpunkt** für den Tod eines Menschen und damit für den Eintritt eines Erbfalls maßgeblich ist, ist **umstritten**. Ein Großteil des Schrifttums und der Rechtsprechung hält dafür den Zeitpunkt des so genannten **Hirntodes** für maßgeblich, also den unumkehrbaren Ausfall der Gehirnfunktionen eines Menschen[3]. Stellt man darauf ab, so trat in **Fall 2** der Tod (Erbfall) zu Lebzeiten von K und der (zweiten) Ehefrau des U ein. Beide wären dann gesetzliche Erben nach U geworden (§§ 1924 Abs. 1, 1931 Abs. 1). Nach anderer Auffassung soll der endgültige Stillstand von **Herz-** und **Kreislauf** entscheidend sein (klinischer Tod)[4]. In diesem Fall wäre in **Fall 2** K Alleinerbe geworden. Für den Zeitpunkt des Gehirntodes spricht, dass im Falle einer geglückten Wiederbelebung der zunächst mit dem festgestellten Herz- und Kreislaufstillstand eingetretene Tod *ex post* negiert oder nun doch auf den Hirntod abgestellt werden müsste. Vor allem aber würde durch den Einsatz medizinischer Reanimationstechniken und die Möglichkeit einer künstlichen Aufrechterhaltung von Herz- und Kreislauftätigkeit der Eintritt des Erbfalls manipulierbar (vgl. **Fall 2**). Für die Maßgeblichkeit des Hirntodes spricht schließlich auch ein rechtlicher Gleichklang des Zivilrechts mit den Vorschriften des Transplantationsgesetzes (TPG)[5] und mit der für das Ende des Lebens geltenden arzt- und strafrechtlichen Bewertung[6]. Danach ist in **Fall 2** der Tod des U bereits zu Lebzeiten seiner zweiten Ehefrau eingetreten; sie und K wurden Erben je zur Hälfte (§ 1931 Abs. 1 S. 1, Abs. 3, § 1371 Abs. 1; § 1924 Abs. 1). Die Hälfte der Ehefrau ging nach deren Ableben als ihr Nachlassvermögen auf ihre Eltern jeweils zu ½ über (§ 1925 Abs. 1, Abs. 2). **25**

Richtig ist, dass in der Mehrzahl der Todesfälle keine Feststellung des Hirntodes erfolgt. Dem lässt sich durch eine medizinisch gesicherte Sterbezeit begegnen, nach der im Anschluss an den Stillstand des Kreislaufes der Hirntod eintritt[7]. Kommt es darauf an, so sollte für die Personen, deren „Sterbezeit" sich zum Teil überdecken, die Vermutung des gleichzeitigen Todes gelten (§ 11 VerschG)[8]. Eine Entscheidung zugunsten des Hirntodes leugnet nicht die Würde des klinisch (über Apparate) noch am Leben gehaltenen, im Sterbeprozess begriffenen Menschen. Entscheidend für die **erbrechtliche** Bewertung ist die **rechtliche** Bedeutung des Menschen als **26**

3 Z. B. *Brox/Walker* Rdnr. 4; Soergel-*Stein* § 1922 Rdnr. 3; Palandt-*Weidlich* § 1922 Rdnr. 2; OLG Frankfurt a.M. NJW 1997, 3099, 3100 re. Sp.

4 Grundsätzlich für diesen Zeitpunkt MünchKomm-*Leipold* § 1922 Rdnr. 12, einschränkend (Hirntod bei Intensivtherapie) Rdnr. 13; *Schmidt-Jortzig* Wann ist der Mensch tot?, 1999.

5 Gesetz über die Spende, Entnahme und Übertragung von Organen und Gewebe (Transplantationsgesetz – TPG) v. 5.11.1997 i. d. F. der Bekanntm. v. 4.9.2007 (BGBl. I S. 2206), zuletzt geänd. d. Gesetz v. 21.11.2016 (BGBl. I S. 2623). Nach § 3 Abs. 1 Nr. 2 TPG ist eine Organ- oder Gewebeentnahme nur zulässig, wenn „der Tod des Organ- oder Gewebespenders [...] festgestellt ist [...]"; davon ist nach § 3 Abs. 2 Nr. 2 TPG auszugehen, wenn „[...] der endgültige, nicht behebbare Ausfall der Gesamtfunktion des Großhirns, des Kleinhirns und des Hirnstammes [...] festgestellt ist."

6 Dazu *Schönke/Schröder/Eser/Sternberg-Lieben* StGB-Kommentar ^{29}2014, Vorbem. zu §§ 211 ff. Rdnr. 16 ff.

7 Näher dazu Soergel-*Stein* § 1922 Rdnr. 4.

8 Soergel-*Stein* § 1922 Rdnr. 4; OLG Köln FamRZ 1992, 860, 862; zu den einschlägigen Regelungen sogleich unter Rdnr. 27. Kritisch zur generellen Anwendung des § 11 VerschG in diesen Fällen OLG Hamm NJW-RR 1996, 70 re. Sp.

Person (als Zurechnungssubjekt von Rechten und Pflichten). Insoweit tritt die Differenzierung zwischen dem (leiblichen) „Menschen" *(homo)* und der (rechtlichen) „Person" *(persona)* hervor[9].

27 Dem Tod gleichgestellt ist die widerlegliche Todesvermutung aufgrund einer **Todeserklärung** nach **§ 9 VerschG**. Im VerschG ist auch die Frage geregelt, was gilt, wenn beim **Tode mehrerer Personen** oder mehrerer für tot erklärter Menschen nicht bewiesen werden kann, welche Person die andere überlebt hat (Verkehrsunfall, Flugzeugabsturz). Nach **§ 11 VerschG** wird dann der **gleichzeitige** Tod dieser Personen vermutet **(Kommorientenvermutung)**.

28 Die Darlegungs- und Beweislast für den Tod des Erblassers trägt, wer die Erbschaft für sich in Anspruch nimmt. Der Beweis wird entweder durch eine Sterbeurkunde (vgl. §§ 60, 55 Abs. 1 Nr. 5, 54 Abs. 2, Abs. 1, 3 Abs. 1 Nr. 4, 31 PStG) oder eine Todeserklärung (§ 9 VerschG, § 33 PStG) geführt.

II. Erbschaft

29 Den Gegenstand der erbrechtlichen Nachfolge bildet die **Erbschaft**, d. h. das **Vermögen des Erblassers** (§ 1922 Abs. 1). Grundsätzlich **nicht** den Regeln des **Erbrechts** unterliegen deshalb Befugnisse und Rechte des Erblassers, die nicht in der Vermögens-, sondern der **Persönlichkeitssphäre** ihre Wurzeln finden.

1. Persönlichkeitsrechte

30 **Fall 3 Alt. 1:** Nach dem Tode des E möchte seine Witwe eine Feuerbestattung im engsten Familienkreis, sein Sohn und Alleinerbe S besteht auf einer Erdbestattung im Familiengrab und einer Begräbnisfeier, die dem ehemals öffentlichen Wirken seines Vaters angemessen sei; E selbst hat sich über die Form seiner Beerdigung nie geäußert.

Alt. 2: E, bei einem Autounfall schwerstens verletzt, wird auf der Intensivstation reanimiert; Herz- und Kreislauffunktionen werden stabilisiert und künstlich aufrechterhalten. Das Gesamthirn zeigt keine Funktionen mehr. Auf Nachfrage der Ärzte erklärt sich Witwe W mit einer Organentnahme zum Zwecke einer Organspende einverstanden; S spricht sich dagegen aus.

Alt. 3: Wie ist die Rechtslage, wenn später von W – gegen den Willen des S – eine Obduktion gefordert wird?

a) Totenfürsorge

31 Die Totenfürsorge (Begräbnis, Grabpflege etc.) ist nicht Ausdruck einer erbrechtlich, vermögensbezogenen Dispositionsbefugnis, sondern trifft Anordnungen im Bereich der Persönlichkeitssphäre des Verstorbenen und ist als Pflicht zur Bestattung Teil des **öffentlichen Rechts**[10]. Demgemäß finden sich im Erbrecht keine näheren Bestimmungen darüber, wer die Totenfürsorge wahrzunehmen hat und in welcher Form sie auszuüben ist. Das Erbrecht legt in **§ 1968** lediglich fest, **wer** die **Kosten** der **Beerdigung** des Erblassers zu tragen hat – nämlich der Erbe.

9 EGMR NJW 2005, 727 ff.; näher dazu *H. Hetterich* Mensch und „Person" – Probleme einer allgemeinen Rechtsfähigkeit, 2016.

10 BVerwGE, 11, 68; 17, 119 f.

32 Inhaltlich sind – Konsequenz der **persönlichkeitsrechtlichen** Qualität – zunächst die **Anordnungen des Erblassers** selbst maßgebend. Erben und nächste Angehörige haben sich den Wünschen des Verstorbenen über die Art seiner Bestattung zu fügen, sofern allgemeine Rechtsvorschriften nicht entgegenstehen[11]. Das Totenfürsorgerecht kann auf Dritte, die nicht Angehörige sind, übertragen werden[12]. Hat sich der Erblasser insoweit nicht mitgeteilt, fällt das Bestimmungsrecht nach herrschender Ansicht in Anlehnung an das **FeuerbestG** (und die entsprechenden Friedhofs- und Bestattungsgesetze der Länder; für Bayern etwa §§ 17 Abs. 3, 1 Abs. 1 S. 2 Nr. 1 BestV) gewohnheitsrechtlich den **nächsten Hinterbliebenen** zu[13]. In Analogie zu § 2 Abs. 2, 3 FeuerbestG[14], der die Bestimmung der Bestattungsart den Angehörigen und dem Verlobten des Verstorbenen zuspricht, hat sich folgende Rangfolge entwickelt: **Ehegatte/Lebenspartner**, auch bei Getrenntleben[15], **Kinder**, **Eltern**, **Geschwister**[16]. In **Fall 3 (1. Alt.)** steht das Recht, über Bestattung und Grabpflege zu bestimmen, der Witwe des E, nicht seinem Erben S, zu.

b) Leichnam

33 Der Leichnam des Erblassers ist als Rückstand seiner Persönlichkeit Gegenstand der Totenfürsorge[17]. Umstritten ist, ob und inwieweit ihm daneben die Eigenschaft einer **Sache** im Sinne des **§ 90** zukommt. Auch die Vertreter einer Sachnatur der Leiche verneinen aber einen Eigentumserwerb des Erben nach § 1922 Abs. 1, denn schon zu Lebzeiten habe der Erblasser an seinem Körper kein Eigentumsrecht besessen, in das der Erbe nachfolgen könnte. Vielmehr handele es sich beim Körper um ein dem Individuum zugewiesenes Rechtsgut. Eine (analoge) Anwendung des § 1922 Abs. 1 scheidet deshalb nach allgemeiner Überzeugung aus[18]. Die Frage nach der rechtlich adäquaten Erfassung des Leichnams hängt insbesondere mit der Befugnis der Angehörigen zusammen, im Falle fehlender Erblasserbestimmungen über **Obduktion** und **Organspenden** zu entscheiden. Im Ergebnis weichen die unterschiedlichen Meinungen aber kaum von einander ab.

34 Nach einer Auffassung sind die genannten Eingriffe angesichts des postmortalen Persönlichkeitsschutzes[19] nur durch ein – personell beschränktes – **Aneignungsrecht der Angehörigen** am Leichnam des Verstorbenen begründbar **(§ 958)**. Die Reihenfolge der Aneignungsberechtigten schließe sich grundsätzlich den Trägern und der Rangfolge der zur Totenfürsorge Berechtigten an[20]. Demgegenüber sieht die **herrschende Meinung** die Leiche zwar als **Sache** gem. § 90 an. Sie sei dem **Rechtsverkehr** aber **entzogen** und unterfalle ausschließlich dem **Totenfürsorgerecht**.

---

11 Etwa OLG Zweibrücken FamRZ 2006, 65.
12 LG Lübeck FamRZ 2015, 1752 (Umbettung); dort auch zum Rechtsweg (Zivilrechtsweg) und den Anforderungen an das Beweismaß (§ 286 ZPO).
13 BGH FamRZ 1992, 657 li. Sp.
14 Gesetz über die Feuerbestattung v. 15.5.1934, RGBl. I S. 380. Das ehemalige Reichsgesetz wird teilweise in Bundesländern als Landesrecht fortgeführt (Art. 70 GG).
15 LG Leipzig FamRZ 2005, 1124 re. Sp.
16 Vor Geschwistern z.T. Großeltern und Enkelkinder, so § 1 Abs. 1 S. 2 Nr. 1 bay BestV. – Gegen eine Analogie zu § 2 FeuerbestG Soergel-*Stein* § 1922 Rdnr. 19, der testamentarisch eingesetzten Erben – als Willensäußerung des Erblassers – den Vorrang einräumen will.
17 Vgl. oben Rdnr. 31 f.
18 Soergel-*Stein* § 1922 Rdnr. 16.
19 Dazu anschließend unten Rdnr. 39 ff.
20 Soergel-*Stein* § 1922 Rdnr. 17 f.

Dies schließe ein Aneignungsrecht aus[21]. Zum Teil wird der Sachcharakter ganz verneint und der Leichnam **ausschließlich** der (fortwirkenden) **Persönlichkeitssphäre** des Erblassers zugeordnet[22]. Die besseren Gründe sprechen für die Annahme eines nicht der Erbfolge unterworfenen, dem Personenkreis nach beschränkten Aneignungsrechts, denn die den Angehörigen zugestandenen Eingriffe und Befugnisse lassen sich ohne erkennbaren Erblasserwillen aus der Wahrnehmung der Totenfürsorge kaum herleiten. Auch künstliche Körperteile, die nicht ohne Eingriff in die körperliche Integrität des Toten abgetrennt werden können (z. B. Herzschrittmacher), unterfallen diesen Regeln. Erfolgt tatsächlich eine Trennung, sind sie als Sachen Gegenstände des Nachlasses.

35 In **Fall 3 (Alt. 2)** ergibt sich die Freigabe der Entnahme von Organen zur Transplantation aus der alleinigen Zustimmung der W (§§ 4 Abs. 1 S. 2, 1a Nr. 5a TPG). Der Widerspruch des S ist nicht beachtlich (vgl. § 4 Abs. 2 S. 3 TPG), da er gegenüber W nachrangig ist (vgl. § 1a Nr. 5b TPG). In **Alt. 3** wird man der Witwe des E ein Aneignungsrecht am Leichnam zusprechen müssen (§ 958), das ihr gestattet, eine Obduktion vornehmen zu lassen.

c) Persönlichkeitsverletzungen zu Lebzeiten des Erblassers und postmortaler Persönlichkeitsschutz

36 Mit dem Tode eines Menschen werden die ihm zugewiesenen **Rechtsgüter** (§ 823 Abs. 1: Körper, Leben, Freiheit, Gesundheit etc.) grundsätzlich hinfällig; mangels eines gegenwärtigen Rechtsträgers sind Eingriffe in solche Rechtsgüter des ehemals Lebenden nicht mehr möglich. Das Gleiche gilt aufgrund der untrennbaren Verbindung mit der ehemals lebenden Person auch für das **allgemeine Persönlichkeitsrecht** des Erblassers und seine einzelnen Bestandteile, wie das Namensrecht (§ 12)[23]. Diese **immateriellen, höchstpersönlichen** Schutzgüter sind als solche nicht vererblich. Für die erbrechtliche Bewertung von Verletzungen des allgemeinen Persönlichkeitsrechts des Erblassers (und anderer Rechtsgüter) sind aber **zwei** grundsätzlich **verschiedene Fragestellungen** zu unterscheiden. **Erstens:** Was geschieht mit Ansprüchen, die aus Verletzungen dieser Rechtsgüter **zu Lebzeiten** des Erblassers resultieren? **Zweitens:** Wirkt das Persönlichkeitsrecht eines Menschen **über** dessen Tod **hinaus** mit der Folge, dass postmortale Eingriffe (etwa durch Verunglimpfung oder Entstellung) gegenüber einem Verstorbenen denkbar sind – **postmortaler Persönlichkeitsschutz**?

37 Ansprüche auf **Beseitigung** oder **Unterlassung** von Beeinträchtigungen des immateriellen Gehalts des allgemeinen Persönlichkeitsrechts, die bereits **zu Lebzeiten** des Erblassers entstanden sind (§§ 823 Abs. 1, 1004 entsprechend), gehen **nicht** auf den Erben über. Sie sind, da sie der Entfaltung der Persönlichkeit eines nicht mehr lebenden Menschen gedient haben, nicht vererblich[24].

38 Etwas **anderes** gilt für die Beeinträchtigung von **vermögenswerten Bestandteilen** des allgemeinen Persönlichkeitsrechts (z.B. unerlaubte kommerzielle Verwertung von Name, Stimme oder Bild). Hier handelt es sich um übertragbare und vererbliche Er-

21 Soergel-*Marly* [13]2000, § 90 Rdnr. 10, 12.
22 MünchKomm-*Leipold* § 1922 Rdnr. 139.
23 BGHZ 169, 193 Tz. 8.
24 BGHZ 50, 133, 137 (Mephisto).

satzansprüche, die in den Nachlass fallen. – **Gleiches** gilt für den Anspruch auf **Schmerzensgeld** (§ 253 Abs. 2). Auch er ist ohne Einschränkung übertragbar und vererblich[25].

Umstritten war die erbrechtliche Behandlung einer **Entschädigung in Geld** bei schwerwiegenden Verletzungen des **allgemeinen Persönlichkeitsrechts**. Der **BGH** hat nun die Vererblichkeit eines solchen Anspruchs **verneint**: Der **Genugtuungsgedanke** stehe bei dieser Geldentschädigung derart im **Vordergrund**, dass er vom immateriellen Schutzgut über den Tod des Verletzten hinaus nicht getrennt werden könne[26].

Schwierig zu beantworten ist auch die Frage nach einem **postmortalen Persönlichkeitsschutz** bei Eingriffen, die erst **nach** dem **Tode** erfolgen. Trotz des unbestritten höchstpersönlichen Charakters des allgemeinen Persönlichkeitsrechts bejahen Rechtsprechung und überwiegende Lehre unter Hinweis auf Art. 1 Abs. 1 GG einen postmortalen, **ideellen** Persönlichkeitsschutz gegen **Verfälschungen** des **Lebensbildes** eines Verstorbenen oder dessen künstlerischen Gesamtwerks und gegen eine **Verunglimpfung** seines Andenkens[27]; insoweit kann sich auch aus einer postmortalen **Namensbeeinträchtigung** ein Schutzanspruch ergeben. 39

Das hat der BGH im Anschluss an eine Entscheidung des BVerfG („Esra")[28] für den Fall einer literarischen Verarbeitung eines zeitgenössischen Stoffes (Bühnenstück „Ehrensache") näher konkretisiert[29]. Abzustellen sei auf die Spezifika der gewählten Kunstform. Dazu gehöre bei der Verarbeitung eines zeitgenössischen Gegenstandes die Anknüpfung in der Realität. Für die Frage der Verletzung des postmortalen Persönlichkeitsrechts sei entscheidender Faktor, ob und inwieweit sich die stoffliche Verbindung zur Realität (Personen) im Gesamtkunstwerk – zur Darstellung allgemeiner gesellschaftlicher Probleme und Fragen – verselbständige und deshalb mit den agierenden Figuren kein „Faktizitätsanspruch" erhoben werde, diese vielmehr objektiviert und als Fiktion erscheinen. Von einem Verstoß gegen das postmortale Persönlichkeitsrecht könne in diesem Fall auch dann nicht gesprochen werden, wenn hinter jener Fiktion („Abbild") eine reale Person („Urbild") erkennbar werde[30].

Die Intensität dieses Persönlichkeitsschutzes hängt von der Bedeutung, Stellung und dem Lebenswerk des Verstorbenen einerseits und vom zunehmenden zeitlichen Abstand zu seinem lebzeitigen Wirken andererseits ab[31]. Rechtswidrigen Beeinträchtigungen kann durch eine zivilrechtliche Beseitigungs- und Unterlassungsklage begegnet werden, die geltend zu machen die nächsten Angehörigen als **Wahrnehmungsbefugte** berechtigt sind[32]. Zu einem Anspruch auf **Geldentschädigung** führt eine

25 Zweifelhaft war dies für das Schmerzensgeld, nachdem im Jahre 1990 bestimmte Voraussetzungen für die Vererblichkeit (Rechtshängigkeit oder vertragliche Anerkennung des Anspruchs) wegfielen: Kann ein Anspruch auf Schmerzensgeld als Konsequenz einer Verletzung höchstpersönlicher Rechte bestehen, wenn der Verletzte vor seinem Tod keine darauf gerichtete Willensbekundung abgegeben hatte? Der BGH hat dies ausdrücklich bejaht; bestätigend BGH NJW 2011, 2296, 2298 Tz. 34.

26 **BGHZ 201, 45, 51 Tz. 17, 18;** offen gelassen hat der BGH, ob Gleiches gilt, wenn der Anspruch beim Tod des verletzten Erblassers bereits rechtshängig war (ebenda, S. 54 Tz. 25).

27 **BVerfGE 30, 173, 194, 196** (Mephisto); ferner etwa BVerfG NJW 2006, 1657 L; BGH NJW 2014, 3786, 3788 Tz. 31; Palandt-*Sprau* § 823 Rdnr. 89 mit weit. Nachweisen.

28 BVerfGE 119, 1 ff.

29 BGH NJW 2009, 751 ff.

30 BGH NJW 2009, 751, 752 re. Sp.

31 BGH NJW 1990, 1986, 1988 li. Sp.

32 BGH NJW 1990, 1986, 1987 li. Sp.

Verletzung des postmortalen Persönlichkeitsrechts jedoch **grundsätzlich nicht**[33]. Der Schutz der ideellen Bestandteile des postmortalen Persönlichkeitsrechts endet nicht mit Ablauf der Schutzfrist für die vermögenswerten Bestandteile (vgl. Rdnr. 42).

40 Nicht leicht fällt die dogmatische Begründung eines so verstandenen (zivilrechtlich) fortwirkenden Persönlichkeitsschutzes, der zwar als eine allgemeine Rechtspflicht formuliert wird, als Anspruch aber einem Rechtssubjekt nicht zugeordnet werden kann. Nach herrschender Ansicht und insbesondere nach höchstrichterlicher Rechtsprechung scheidet als Anspruchsgrund das aus Art. 2 Abs. 1 GG in Verbindung mit Art. 1 Abs. 1 GG entwickelte allgemeine Persönlichkeitsrecht aus, da Träger dieses Rechts nur eine lebende Person sein könne[34]. Grundlage des Persönlichkeitsschutzes ist **allein Art. 1 Abs. 1 GG** (Unverletzlichkeit der Menschenwürde) und die darin niedergelegte Verpflichtung des Staates zum Schutz aller Menschen vor Angriffen auf ihre Menschenwürde[35]. Wenig befriedigend ist schließlich, dass dieser postmortale Persönlichkeitsschutz davon abhängt, wie die Angehörigen des Verstorbenen dessen Persönlichkeit würdigen und ob sie gegen Eingriffe vorzugehen bereit sind.

41 Eine Mindermeinung wertet deshalb den postmortalen Persönlichkeitsschutz seinem Kern nach als **Recht** der **hinterbliebenen Angehörigen**, in ihrer persönlichen Verbundenheit mit dem Erblasser nicht durch verunglimpfende und beleidigende Äußerungen und Darstellungen beeinträchtigt zu werden[36] – mit der Möglichkeit einer Beseitigungs- und Unterlassungsklage (Art. 1 Abs. 1 GG; §§ 823 Abs. 1, 1004 entsprechend) zur Wahrung eigener Rechte.

42 Möglich sind auch **postmortale** Eingriffe in die **vermögenswerten Bestandteile** des allgemeinen Persönlichkeitsrechts. Es handelt sich dabei um das ausschließliche Entscheidungsrecht einer Person über die kommerzielle Verwertung ihres Namens (§ 12), ihres Bildes (§§ 22 ff. KUG) und anderer Merkmale ihrer Persönlichkeit (z. B. Stimme). Anders als die höchstpersönlichen, ideellen Bestandteile des Persönlichkeitsrechts, die nicht vererblich sind und im Falle eines postmortalen Eingriffs nur von den Angehörigen oder anderen **Wahrnehmungsberechtigten** geltend gemacht werden können, sind die **vermögenswerten Teile** des Persönlichkeitsrechts **vererblich**[37]. Eine Verletzung dieser Sphäre kann deshalb **Schadensersatzansprüche** der **Erben** begründen (§ 823 Abs. 1). Weil sich der vermögenswerte Teil des Persönlichkeitsrechts vom Erblasser ableitet, liegt ein Eingriff nur vor, wenn die postmortale Verwertung gegen den ausdrücklichen oder mutmaßlichen Willen des Erblassers geschieht. Die **Schutzdauer** der kommerziellen Teile des Persönlichkeitsrechts endet (anders als die der ideellen) nach der Rechtsprechung des BGH in entsprechender Anwendung des § 22 S. 3 KUG **10 Jahre nach dem Tod** des Betroffenen[38].

33 **BGHZ 165, 203 ff.**
34 BVerfG NJW 2001, 2957, 2958 re. Sp. f.
35 BVerfG NJW 2001, 2957, 2958, re. Sp.
36 MünchKomm-*Leipold* § 1922 Rdnr. 125 f.; Soergel-*Stein* § 1922 Rdnr. 25 f.
37 **Grundlegend BGHZ 143, 214 ff. = JuS 2000, 1222 f.** (Marlene Dietrich); diese richterliche Rechtsfortbildung ist verfassungsgemäß, BVerfG NJW 2006, 3409 ff.
38 BGHZ 169, 193 Tz. 16-18; offen gelassen noch in BGHZ 143, 214, 227 f.

2. Immaterialgüterrechte

Trotz des Persönlichkeitsbezugs der Immaterialgüterrechte – etwa als Urheber eines Werks zu gelten und über dessen Verbreitung und Verwertung entscheiden zu dürfen[39] – steht das **vermögensmäßige Interesse** an der **kommerziellen Nutzung** dieser Rechte für die Frage der Zugehörigkeit zum Nachlass im Vordergrund. Die Immaterialgüterrechte sind **vererblich**[40], und zwar ohne – wie das beim allgemeinen Persönlichkeitsrecht geschieht[41] – zwischen den persönlichkeitsrechtlichen Teilen zugunsten von Angehörigen und den vermögensmäßigen Bestandteile zugunsten der Erben zu unterscheiden. In beiden Komponenten fallen sie den **Erben** an. **43**

Umstritten ist die erbrechtliche Bewertung des erst in jüngster Zeit näher in den Blick geratenen so genannten **digitalen Nachlasses**. Darunter versteht man die Gesamtheit des digital gespeicherten Datenfundus des Erblassers (heimischer PC, Zugang zum World Wide Web, Clouds, Blogs, soziale Netzwerke, Internet-Vertragsverhältnisse etc.). Ein Teil der Literatur[42] betont den persönlichkeitsgeprägten Charakter dieser Daten und möchte den Erben die Zugangsdaten nur dann zugestehen, wenn dies vom Erblasser bestimmt wurde oder doch seinem mutmaßlichen Willen entspricht; es sei denn, es geht um ausschließlich vermögensrechtliche Datensätze. Demgegenüber wird die praktische Schwierigkeit einer solchen Abgrenzung betont und ein Erwerb des gesamten Datenvermögens durch die Erben gem. § 1922 Abs. 1 angenommen[43]. **43a**

Das **KG** hat den Zugriff von Eltern auf den Facebook-Account ihres verstorbenen Kindes **abgelehnt**[44], dabei aber die entscheidende erbrechtliche Frage, nämlich die Nachfolge (§ 1922) dahingestellt sein lassen. Jedenfalls seien, so das Gericht, die Daten durch das Fernmeldegeheimnis (Art. 10 GG) geschützt und deshalb den Erben ein Zugriff verwehrt. – Das vermag letztlich nicht zu überzeugen. Eine Frage ist, was mit diesem Vermögen (Vertragsbeziehung) erbrechtlich überhaupt geschieht; das BGB kennt keine ruhende Erbschaft. Sodann gibt das BGB selbst Hinweise auf die Universalsukzession auch höchstpersönlicher Unterlagen (§§ 2047 Abs. 2, 2373 S. 2), und schließlich sollte der Persönlichkeitsschutz (erst) im Anschluss an den erbrechtlichen Erwerb (Verbreitung der Daten) eingreifen[45].

3. Familienrechte

Rechtsstellungen, die aus Ehe und Verwandtschaft erwachsen, sind, weil Ausdruck höchstpersönlicher, personenrechtlicher Bindung, grundsätzlich nicht vererblich[46]. Dagegen rechnen vermögenswerte Rechte und Pflichten (z. B. Anspruch auf Zugewinnausgleich, § 1378 Abs. 3 S. 1) zum Nachlass. **44**

39 Urheberpersönlichkeitsrecht, vgl. §§ 12-14 UrhG.
40 Vgl. § 15 PatG, § 28 UrhG, § 34 VerlG, § 27 MarkenG, § 7 DesignG.
41 Vgl. oben Rdnr. 39, 42.
42 *Martini* JZ 2012, 1145 ff.
43 *Herzog* NJW 2013, 3745 ff.
44 KG FamRZ 2017, 1348 ff.
45 In diesem Sinne und zur Übersicht über die Problematik MünchKomm-*Leipold* § 1922 Rdnr. 24 ff.
46 Instruktives Beispiel BayObLG FamRZ 1995, 1604 ff. (kein Rücknahmerecht des Erben hinsichtlich eines Adoptionsantrages des vor Durchführung der Adoption verstorbenen Erblassers, vgl. § 1753 Abs. 2).

45 Ansprüche auf **Verwandtenunterhalt** sind ebenfalls grundsätzlich nicht vererblich. Sie erlöschen beim Tod des Berechtigten wie des Verpflichteten, soweit es nicht um Leistungen für die Vergangenheit geht oder um solche Leistungen, die bereits im Zeitpunkt des Todes des Berechtigten oder des Verpflichteten fällig und im Voraus zu bewirken waren (§ 1615 Abs. 1). – Für **nacheheliche** Unterhaltsansprüche gelten **§ 1586 Abs. 1**, **§ 1586b Abs. 1**: Sie **erlöschen** mit dem Tod des **Berechtigten**, beim Tod des **Verpflichteten** gehen sie auf den Erben als Nachlassverbindlichkeit über (beschränkt auf die Höhe des Pflichtteils, der dem Berechtigten zugestanden hätte, wäre die Ehe nicht geschieden worden)[47].

4. Vermögensrechte

46 Dingliche Vermögensrechte gehen ebenso wie schuldrechtliche Ansprüche und Verpflichtungen auf die Erben über. **Ausnahmen** gibt es aber auch auf diesen Gebieten, wenn die einzelne Rechtsstellung stark **personengebunden** ist. So sind Nießbrauch und beschränkt persönliche Dienstbarkeit nicht vererblich (§ 1061 S. 1, § 1090 Abs. 2). Ebenso wenig sind schuldrechtliche Positionen höchstpersönlichen Inhalts vererblich, auch wenn besondere gesetzliche Vorschriften[48] oder vertragliche Vereinbarungen fehlen. Höchstpersönlichkeit in diesem Sinne ist anzunehmen, wenn für die rechtliche Verbindung besondere Fähigkeiten oder Kenntnisse des Erblassers oder ein besonderes Vertrauensverhältnis zwischen den Parteien ausschlaggebend war.

III. Erbe

1. Erbfähigkeit

47 Die Erbschaft geht mit dem Erbfall auf **den** oder **die Erben** über (§ 1922 Abs. 1). Die Fähigkeit, Erbe sein zu können, ist eine Ausprägung der **Rechtsfähigkeit** und steht deshalb allen **natürlichen** und **juristischen Personen** zu[49]. Von Bedeutung wird die Frage nach dem Erben vor allem dann, wenn der Erblasser durch eine letztwillige Verfügung sein Vermögen Institutionen zuwendet, die keine eigene Rechtsfähigkeit besitzen, oder wenn der Nachlass für bestimmte Zwecke eingesetzt werden soll, der Erblasser aber einen untauglichen „Erben" (Tiere, Gegenstände) benannt hat.

Fall 4: Rechtsanwalt E hat sein Vermögen testamentarisch **Alt. 1** „seiner ehemaligen Rechtsfakultät G", **Alt. 2** dem „Schachclub S", **Alt. 3** „seinem Kater K", **Alt. 4** dem „Schloss Sanssouci" zugesprochen. Wer erbt beim Tod des E?

48 Erbfähig sind nur **Personen** (§ 1922 Abs. 1). Tiere (§ 90 a) können nicht erben **(Fall 4 Alt. 3)**, ebenso wenig Sachen **(Fall 4 Alt. 4)**. Derartige „Erbeinsetzungen" sind unwirksam. Nach § 2084 ist aber bei mehreren möglichen Auslegungen eines Testaments (§ 133) im Zweifel diejenige vorzuziehen, bei der die Verfügung des Erblassers Be-

47 Zum **Versorgungsausgleich** s. § 31 Abs. 1 S. 2, Abs. 3 VersAusglG (Erlöschen mit dem Tod des Berechtigten); § 31 Abs. 1 S. 1, Abs. 2, Abs. 3 VersAusglG (beim Tod des Verpflichteten kann das Recht auf Wertausgleich gegen die Erben geltend gemacht werden); der Anspruch auf schuldrechtlichen Versorgungsausgleich erlischt.

48 Z. B. §§ 613, 673.

49 Für die OHG und die KG ergibt sich die Erbfähigkeit aus §§ 124, 161 Abs. 2 HGB.

stand hat. In **Fall 4 Alt. 3** will E nach seinem Tode seinen Kater K versorgt sehen. Dieser Wille lässt sich rechtlich erreichen, wenn man in der Bestimmung keine Erbeinsetzung, sondern eine Auflage (§§ 1940, 2192 ff.[50]) für die gesetzlichen Erben dahingehend sieht, für das Wohlergehen des Tieres zu sorgen. In **Fall 4 Alt. 4** will E sein Vermögen der Pflege und Verwaltung des Schlosses Sanssouci zukommen lassen. Diese Aufgabe liegt in Händen einer **Stiftung**[51], die eigene Rechts- und daher Erbfähigkeit besitzt (§§ 80 ff.). Die Auslegung des Testaments (§§ 133, 2084) ergibt hier also die Einsetzung der Stiftung als Erbin zur Verwendung der Erbschaft im Sinne des Stiftungszwecks. Während juristische Personen, sollen sie Erbe werden, beim Erbfall bestehen müssen (§ 1923 Abs. 1), macht § 84 für Stiftungen eine Ausnahme.

Nicht alle **Personenvereinigungen** sind rechtsfähig und können damit Erben sein. Die 49
Fakultät einer Universität **(Fall 4 Alt. 1)** hat zwar eine eigene organisatorische und personelle Struktur, sie ist aber nicht rechtsfähig[52]. Rechtsfähig ist hingegen die übergeordnete organisatorische Einheit, die Universität. In **Fall 4 Alt. 1** ist deshalb die Universität G als Erbin anzusehen, wiederum verbunden mit der Auflage, den Nachlass der juristischen Fakultät zugute kommen zu lassen. – In **Fall 4 Alt. 2** ist der Schachclub S, sofern es sich um einen **rechtsfähigen Verein** handelt (§ 21), selbst Erbe. Aber auch für den **nicht rechtsfähigen** Verein wird heute wegen der Eigenständigkeit des Vereinsvermögens und der beschränkten Haftung der Mitglieder zunehmend eine **eigene Erbfähigkeit** bejaht mit der Folge, dass der Nachlass unmittelbar Vereinsvermögen wird[53]. Erbfähigkeit wird auch für die **Gesellschaft bürgerlichen Rechts** (§§ 705 ff.) bejaht[54].

2. Erbfähigkeit des Menschen

Wie die Rechtsfähigkeit knüpft die Erbfähigkeit allein an den **Mensch** als **Rechtsper-** 50
son an (§ 1). Jeder Mensch, gleich welchen Alters und welcher körperlichen und geistigen Verfassung kann Erbe sein. Voraussetzung dafür ist allerdings, dass er **zur Zeit des Erbfalls** (§ 1922 Abs. 1) bereits beziehungsweise noch **lebt** (§ 1923 Abs. 1), den Erblasser selbst also überlebt. Das wirft Fragen in zwei Richtungen auf: Wie ist zu entscheiden, wenn es um das Ende der Rechtsfähigkeit geht („Tod" eines Menschen) oder wenn nicht geklärt werden kann, wann genau der Tod eines Menschen eingetreten ist und damit unklar bleibt, welche Person vor welcher gestorben ist[55]. Und: Wie ist die Erbfähigkeit eines noch nicht Geborenen *(nasciturus)* oder des noch nicht Gezeugten *(nondum conceptus)* zu beurteilen? Dazu folgender

50 Näher dazu unten § 11 Rdnr. 348 ff.
51 Stiftung Preußische Schlösser und Gärten Berlin-Brandenburg.
52 Etwa *Reich* Bayerisches Hochschulgesetz, 52007, Art. 11 Rdnr. 1 (S. 221), 3 (S. 226).
53 Vgl. MünchKomm-*Leipold* § 1923 Rdnr. 38 mit weit. Nachweisen. Auch wo eine eigene Erbfähigkeit verneint wird, wird ein paralleles Ergebnis vertreten: Es erben die zur Zeit des Erbfalls dem Verein angehörenden Mitglieder, und zwar in gesamthänderischer Verbundenheit; der Nachlass wird Vereinsvermögen (§§ 54, 718 entsprechend), vgl. etwa Soergel-*Stein* § 1923 Rdnr. 8.
54 BGH NJW 2001, 1056 ff. (Rechtsfähigkeit der Außen-GbR).
55 Dazu oben Rdnr. 24 ff.

51 **Fall 5:** E verunglückt tödlich.

Alt. 1: Er hinterlässt seine schwangere Ehefrau F und seine Eltern. Zwei Monate nach dem Tod des E wird seine Tochter T geboren. Wer sind die gesetzlichen Erben nach E?

Alt. 2: Wie ist die Rechtslage, wenn nach dem Tode des E, wie von den Eheleuten E und F geplant, eine Eizelle der F mit konserviertem Sperma des E befruchtet wird (in-vitro-Fertilisation) und später Tochter T zur Welt kommt?

Alt. 3: Wie ist die Rechtslage, wenn E in seinem Testament das erste Kind seines einzigen (derzeit kinderlosen) Sohnes S zu seinem Erben bestimmt hat?

Vom Grundsatz, dass der Erbe zur Zeit des Erbfalls leben muss (§ 1923 Abs. 1), macht **§ 1923 Abs. 2** eine **Ausnahme** zugunsten des ***nasciturus***: Ein bereits gezeugtes, aber noch nicht geborenes Kind gilt als vor dem Erbfall zur Welt gekommen. Was den Gesetzgeber zu dieser **Fiktion** („gilt") veranlasst hat, zeigt **Fall 5 Alt. 1**: Auf der Grundlage des § 1923 Abs. 1 erben neben F (§ 1931 Abs. 1) die Eltern des E als Erben 2. Ordnung (§ 1925 Abs. 1)[56]. Tochter T erhält vom Nachlass ihres Vaters nichts. Wäre sie bei dessen Tod bereits geboren, würde sie als Erbin 1. Ordnung (§ 1924 Abs. 1) neben ihrer Mutter (§ 1931 Abs. 1) zu ¾ an der Erbschaft des E teilhaben[57]. Die Eltern des E scheiden als gesetzliche Erben aus (§ 1930). Die Zufälligkeit des Eintritts eines Erbfalls und die damit verbundenen schwerwiegenden erbrechtlichen Konsequenzen (§§ 1922 Abs. 1, 1923 Abs. 1) will § 1923 Abs. 2 für ein bereits gezeugtes, aber noch nicht geborenes Kind verhindern. Danach erben in **Fall 5 Alt. 1** Tochter T als Erbin 1. Ordnung und die Witwe F (§§ 1924 Abs. 1, 1931 Abs. 1).

52 Voraussetzung für die Erbenstellung eines *nasciturus* ist, dass die Leibesfrucht **lebend zur Welt** kommt. Nur dann war sie, wenn auch vielleicht nur für einen Augenblick, **Person** und deshalb **rechts-** und **erbfähig** (§§ 1, 1922 Abs. 1, 1923 Abs. 2). Wann eine **Lebendgeburt** vorliegt, bestimmt die Verordnung zur Ausführung des Personenstandsgesetzes (Personenstandsverordnung – PStV)[58].

53 Umstritten ist, ob § 1923 Abs. 2 entsprechend angewandt werden kann, wenn die Erzeugung eines Menschen erst **nach dem Tod des Erblassers** erfolgt ist *(nondum conceptus)*, **postmortale Zeugung**[59]. Die technischen Möglichkeiten der modernen Fortpflanzungsmedizin und die Vorstellung, dass nach dem Tode des Erblassers noch ein Kind nach ihm entstehen könnte, waren für den Gesetzgeber des BGB undenkbar. Insoweit ist deshalb für die anstehenden Fragen von einer Gesetzeslücke auszugehen. Man muss auch ein planwidriges, vom Gesetzgeber nicht bewusst belassenes Regelungsdefizit annehmen. Denn wo dem Gesetzgeber eine erbrechtliche Stellung des noch nicht Gezeugten denkbar erschien, nämlich bei letztwilligen Verfügungen (vgl. **Fall 5 Alt. 3**), wurde eine gesetzliche Regelung getroffen. Ist eine zur Zeit des Erbfalls **noch nicht gezeugte Person** als **Erbe** eingesetzt, so ist sie gem. **§ 2101 Abs. 1 S. 1** im

56 Zur gesetzlichen Erbfolge vgl. unten §§ 4, 5.

57 Außer Betracht bleibt hier eine mögliche güterrechtliche Korrektur (§ 1931 Abs. 3, Abs. 4).

58 PStV v. 22.11.2008 (BGBl. I S. 2263), § 31 Abs. 1: „Eine Lebendgeburt liegt vor, wenn bei einem Kind nach der Scheidung vom Mutterleib entweder das Herz geschlagen oder die Nabelschnur pulsiert oder die natürliche Lungenatmung eingesetzt hat."

59 Beachte allerdings das Verbot und die Strafbarkeit einer künstlichen Befruchtung unter Verwendung von Samenzellen bereits Verstorbener gem. § 4 Abs. 1 Nr. 3 ESchG.

Zweifel als **Nacherbe** eingesetzt. Bis zur Geburt dieses Nacherben sind, soweit nichts anderes gilt, die gesetzlichen Erben des Erblassers die Vorerben (§ 2105 Abs. 2)[60]. Diese Hinweise des Gesetzes zur erbrechtlichen Stellung noch nicht Gezeugter[61] und der Schutz des später geborenen Kindes legen es nahe, für die **gesetzliche Erbfolge** eine **entsprechende Anwendung** des § **1923 Abs. 2** anzunehmen[62]. In **Fall 5 Alt. 2** sind deshalb Witwe F und Tochter T als gesetzliche Erben des E anzusehen (§§ 1924 Abs. 1, 1931).

Bis zur Geburt des *nasciturus* ist die Auseinandersetzung des Nachlasses ausgeschlossen (§ 2043 Abs. 1). Die Wahrnehmung der künftigen Rechtsstellung der Leibesfrucht obliegt den Eltern des Kindes (§ 1912 Abs. 2), im Übrigen ist ein Pfleger gem. § 1912 Abs. 1 zu bestellen oder, sofern erforderlich, Nachlasspflegschaft anzuordnen (§ 1960 Abs. 2). 54

IV. Übergang des Vermögens

1. Gesamtrechtsnachfolge (Universalsukzession)

Gemäß § 1922 Abs. 1 geht das Vermögen des Erblassers **„als Ganzes"** auf die Erben über. Das bedeutet: Die Erben treten die Rechtsnachfolge nicht hinsichtlich der einzelnen Gegenstände an und auch nicht in Form von einzelnen ideellen Bruchteilen an den Einzelgegenständen. Vielmehr erben **sämtliche Erben** in ihrer **Gesamtheit** den **ganzen Nachlass**. Sie bilden eine **Erbengemeinschaft** (§ 2032 Abs. 1) in Form einer **Gesamthandsgemeinschaft**. Von dieser zwingenden **Gesamtrechtnachfolge (Universalsukzession)** können auch Anordnungen des Erblassers keine Ausnahme im Sinne einer Sondererbfolge (Singularsukzession) begründen. 55

a) Gesamtrechtsnachfolge, Erbanteile, Teilungsanordnung

Fall 6: E bestimmt in seinem Testament: Meine Tochter T soll Erbin zu ⅔ sein; zu ihrem Erbe gehört die Villa im Tessin. Mein Sohn S erbt das dritte Drittel, zu dem auch meine Briefmarkensammlung gehört. 56

T und S erben hier gemeinschaftlich den gesamten Nachlass des E gem. § 1922 Abs. 1 und bilden eine Erbengemeinschaft (§ 2032 Abs. 1). Die Bestimmung unterschiedlicher Erbquoten führt nicht dazu, dass den beiden etwa unterschiedliche ideelle Bruchteile (zwei Drittel, ein Drittel) an den einzelnen Nachlassgegenständen zufallen, die in das jeweils getrennte private Vermögen der T (zu ⅔) und des S (zu ⅓) fielen (Bruchteilsgemeinschaft, §§ 741 ff.). Der Nachlass des E bildet vielmehr ein vom Privatvermögen der Erben getrenntes **Sondervermögen** (Gesamthandsvermögen) von T und S als Erbengemeinschaft – bis zur **„Auseinandersetzung"**, die dieses Sondervermögen zur Auflösung bringt (vgl. § 2042). Wenn hier gleichwohl von **„Anteilen"** die Rede ist (vgl. §§ 1922 Abs. 2, 2033 Abs. 2), so ist damit die in der jeweiligen Erbquote

60 So in **Fall 5 Alt. 3**. Näher zu Vor- und Nacherbschaft in § 10 Rdnr. 303 ff.
61 Entsprechendes gilt für ein Vermächtnis, vgl. §§ 2178, 2179.
62 Ebenso *Brox/Walker* Rdnr. 9; Soergel-*Stein* § 1923 Rdnr. 6; MünchKomm-*Leipold* § 1923 Rdnr. 30 ff. (beschränkte Rechts- und Parteifähigkeit ähnlich wie *nasciturus*, Rdnr. 32).

zum Ausdruck kommende Rechtsstellung des einzelnen Erben am gesamten Nachlass gemeint. Nach ihr richtet sich bei der Auseinandersetzung der Erbengemeinschaft dann die Höhe der Beteiligung am Nachlass (§ 2047 Abs. 1).

Die Bestimmung unterschiedlicher Erbquoten hat demnach nur zur Folge, dass die **Miterben verpflichtet sind**, sich nach diesen, vom Erblasser verfügten „Anteilen" auseinanderzusetzen. Gleiches gilt, wenn der Erblasser den Miterben einzelne Gegenstände (vgl. **Fall 6**) zuspricht. Auch diese Gegenstände fallen im Wege der Gesamtrechtsnachfolge den Miterben zur gesamten Hand an. Mit einer solchen Bestimmung kann der Erblasser aber dafür sorgen, dass die Miterben bei **Auseinandersetzung** der Erbengemeinschaft **verpflichtet** sind, bestimmte Gegenstände einzelnen von ihnen (unter Anrechnung auf die Nachlassquote) zu übertragen (so genannte **Teilungsanordnung**, § 2048)[63].

b) *Erbenbesitz*

57 Der Grundsatz der Gesamtrechtsnachfolge gilt auch für den **Besitz des Erblassers** an den Gegenständen seines Vermögens: Mit dem Tod des Erblassers geht dessen Besitz auf den Erben über **(§ 857, Erbenbesitz)**. Die Bedeutung dieser Rechtsfolge zeigt

Fall 7: Beim Tode des E ist dessen Bekannter B anwesend. Als B merkt, dass E verstorben ist, nimmt er einen Diamantring von der Kommode und veräußert ihn später an den gutgläubigen D. Der Alleinerbe des E verlangt den Ring von D als sein Eigentum heraus.

Mit dem Tode des E wird dessen Erbe automatisch Eigentümer des Ringes (§ 1922 Abs. 1). Er könnte dieses Eigentum aber durch die Veräußerung des B an den gutgläubigen D nach §§ 929 S. 1, 932 Abs. 1 verloren haben. Das trifft aber deshalb nicht zu, weil mit dem Tode des E auch der (unmittelbare) Besitz am Ring sofort im Wege der Gesamtrechtsnachfolge nach § 1922 Abs. 1 auf den Erben übergegangen ist **(§ 857)**. Als B den Ring an sich genommen hat, hat er dem Erben ohne dessen Willen den unmittelbaren Besitz entzogen, weshalb ein gutgläubiger Erwerb des D nicht möglich war (§ 935 Abs. 1).

2. Sonderrechtsnachfolge bei Personengesellschaften

58 Eine wesentliche **Ausnahme** vom Grundsatz der Gesamtrechtsnachfolge haben Rechtsprechung und Lehre für die erbrechtliche Nachfolge in den **Anteil** an einer **Personengesellschaft** entwickelt. Hier gilt im Ergebnis eine **Sonderrechtsnachfolge**. Um die gewünschte Vererbung eines Gesellschaftsanteils sicherzustellen, müssen bestimmte **gesellschafts- und erbrechtliche** Voraussetzungen erfüllt sein.

Fall 8: E ist Gesellschafter der ABE-OHG. Von seinen drei Kindern, die er gleichermaßen als seine Erben sehen will, hält er allerdings nur seine Tochter T für geeignet, später als Gesellschafterin tätig zu sein. Er möchte ihr deshalb testamentarisch seinen Gesellschaftsanteil zukommen lassen.

63 Zur Abgrenzung der Teilungsanordnung vom Vorausvermächtnis vgl. näher unten § 11 Rdnr. 337 ff.

a) Gesellschaftsrechtliche Voraussetzung: Vererblichkeit des Anteils durch gesellschaftsvertragliche Nachfolgeklausel

Eine Personengesellschaft (BGB-Gesellschaft, OHG, KG) ist maßgeblich durch die Beziehung der einzelnen Beteiligten zueinander geprägt. Aus diesem Grund soll ohne Zustimmung der übrigen Gesellschafter kein Dritter, auch nicht als Erbe eines Gesellschafters, in die Gesellschaft einrücken. Für die **BGB-Gesellschaft** ist der **Tod eines der Gesellschafter** deshalb regelmäßig **Auflösungsgrund**, es sei denn, der Gesellschaftsvertrag bestimmt etwas anderes (§ 727 Abs. 1, so genannte Fortsetzungsklausel). Bei der **OHG** bestimmt **§ 131 Abs. 3 S. 1 Nr. 1 HGB**, dass mit dem **Tod eines Gesellschafters** dieser aus der OHG **ausscheidet** und die **Gesellschaft** – bei Ausschluss der Erben – unter den übrigen Gesellschaftern **fortgeführt wird**[64]. Gleiches gilt für die KG im Falle des Todes eines Komplementärs (§§ 161 Abs. 2, 131 Abs. 3 S. 1 Nr. 1 HGB). Sieht also der Gesellschaftsvertrag nichts anderes vor, dann geht bei der durch Tod eines Gesellschafters aufgelösten und in Liquidation getretenen BGB-Gesellschaft diese Rechtsposition des verstorbenen Gesellschafters auf die Erben über. Bei OHG und KG wächst der Anteil des Verstorbenen den übrigen Gesellschaftern an. Unter ihnen wird die Gesellschaft fortgesetzt. Gleichzeitig entstehen Abfindungsansprüche für den Erben oder die Erbengemeinschaft als Gesamthandsgemeinschaft (§ 738 Abs. 1 S. 2; §§ 105 Abs. 3, 161 Abs. 2 HGB). Damit überhaupt ein Erbe in den Anteil einer Personengesellschaft einrücken kann **(Vererblichkeit des Gesellschaftsanteils)**, ist deshalb eine **gesellschaftsvertragliche** Regelung notwendig, die diesen **Anteil vererblich** stellt, so genannte gesellschaftsvertragliche **Nachfolgeklausel (vgl. § 736; § 139 Abs. 1 HGB)**. – In **Fall 8** muss E dafür Sorge tragen, dass durch den Gesellschaftsvertrag sein Anteil an der ABE-OHG für T vererblich gestellt wird. 59

b) Erbrechtliche Voraussetzung: Erbenstellung des vorgesehenen Nachfolgers

Die gesellschaftsvertragliche Nachfolgeklausel **allein** bewirkt beim Tod des Gesellschafters **nicht** *eo ipso* den Übergang des Anteils an den vorgesehenen Nachfolger. **Zwingend hinzutreten** muss, da der **Vollzug der Rechtsnachfolge** dem **Erbrecht** überlassen bleibt, dass der im Gesellschaftsvertrag Benannte tatsächlich auch **Erbe** wird. Trifft dies nicht zu – sei es, dass die betreffende Person nicht zu den gesetzlichen Erben zählt und eine testamentarische Verfügung zu ihren Gunsten nicht vorliegt, oder dass eine entsprechende Verfügung sich als unwirksam erweist – kann trotz der im Gesellschaftsvertrag vorgesehenen Nachfolgeklausel der Anteil nicht kraft Erbgangs übergehen. 60

Von der erbrechtlichen Nachfolgeklausel zu unterscheiden sind so genannte **„Eintritts-"** und **„Übernahmeklauseln"**, die auf eine **rechtsgeschäftliche Nachfolge** abzielen. Was im Einzelnen gewollt ist, muss gegebenenfalls durch Auslegung ermittelt werden. In Betracht kommt bei fehlendem Erbrecht und einem entsprechenden Willen der Gesellschafter auch die Umdeutung einer „Nachfolge-" in eine (rechtsgeschäftliche) „Eintrittsklausel". – Eine lediglich unter den Gesellschaftern verabredete **gesellschaftsvertragliche Nachfolgeklausel**, mit der durch einen **verfügenden Vertrag zugunsten Dritter** erreicht werden soll, dass beim Tod eines Gesellschaf- 61

64 Die **Vererblichkeit** eines OHG-Anteils ist durch das Gesetz also **grundsätzlich ausgeschlossen**. Denn mit dem Ausscheiden eines Gesellschafters durch Tod wächst sein Anteil den anderen Gesellschaftern zu (§ 105 Abs. 3 HGB, § 738 Abs. 1 S. 1).

ters der vorgesehene Nachfolger kraft Rechtsgeschäfts in dessen Anteil einrückt, hält der BGH in ständiger Rechtsprechung für unwirksam: Zum einen wird die Zulässigkeit einer Verfügung zugunsten Dritter bestritten, insbesondere aber stelle ein solcher Vertrag wegen der mit dem Gesellschaftsanteil verbundenen Mitgliedschaftspflichten („Bündel" von Rechten und Pflichten) einen Vertrag zu Lasten Dritter dar, der nach geltendem Recht ausgeschlossen ist[65]. Die Annahme eines automatischen, rechtsgeschäftlichen Eintritts eines Dritten beim Tod eines Gesellschafters setzt deshalb **immer** die gesellschaftsvertragliche Beteiligung **aller** voraus (einschließlich des Dritten). Liegt sie vor, fragt sich aber (Auslegung), ob die Beteiligten – vor allem der Gesellschafter, um dessen Nachfolge es geht – wirklich schon zu diesem Zeitpunkt endgültig hinsichtlich der Person des Nachfolgers gebunden sein wollten. Nur dann lässt sich eine entsprechende Umdeutung vertreten[66].

c) Keine Erbengemeinschaft als Gesellschaftsmitglied – Singularsukzession

62 Enthält der Gesellschaftsvertrag eine Nachfolgeklausel zugunsten des Erben eines Gesellschafters, so fällt diesem – sofern er **Alleinerbe** ist – der Gesellschaftsanteil mit dem Erbfall automatisch zu (§ 1922 Abs. 1)[67]. Schwieriger gestaltet sich die Rechtslage bei **mehreren Erben**, die nach dem Gesellschaftsvertrag in die Gesellschaft eintreten können. Die persönlichkeitsbezogene Rechtsstellung der Mitglieder einer Personengesellschaft und insbesondere das unterschiedliche Haftungssystem bei OHG und Erbengemeinschaft (einerseits § 128 HGB, andererseits § 2059), **schließen aus**, dass die bei mehreren Erben entstehende **Erbengemeinschaft** zur gesamten Hand selbst Mitglied der Gesellschaft wird. Diese Kollision zwischen gesellschaftsrechtlicher Struktur und dem Grundsatz einer ungeteilten Gesamtrechtsnachfolge mehrerer Erben würde im Ergebnis dazu führen, dass ein Gesellschaftsanteil – trotz gesellschaftsvertraglich bestimmter Vererblichkeit – nicht vererbt werden könnte. Rechtsprechung und Schrifttum nehmen deshalb in diesem Fall eine **Durchbrechung** des **Grundsatzes der Universalsukzession** an und gehen davon aus, dass **Miterben** im Wege der **Singularsukzession** (Sonderrechtsnachfolge) unmittelbar im **Umfang ihrer Erbquote** dem Erblasser in seinen Gesellschaftsanteil nachfolgen[68].

d) „Qualifizierte Nachfolgeklausel"

63 Für den Fall, dass nur **einer** von mehreren Miterben nach dem Gesellschaftsvertrag den Erblasser-Anteil erhalten soll (so genannte **qualifizierte Nachfolgeklausel**), hat der BGH zunächst angenommen, dass sich die erbrechtliche Nachfolge in den Anteil auch hier auf die Erbquote des betreffenden Miterben beschränken müsse. Im Übrigen wachse der Anteil des verstorbenen Gesellschafters den anderen Mitgesellschaftern an, die ihrerseits durch den Gesellschaftsvertrag gehalten seien, diesen Anteil dem neu eingetretenen Gesellschafter zu übertragen[69].

64 Von dieser Rechtsprechung ist der BGH später abgerückt und hat eine **Sondererbfolge** des zum Gesellschafter-Nachfolger bestimmten **Miterben** in den **gesamten Anteil** des Verstorbenen angenommen[70]. Dass der Miterbe nur zu einer bestimmten Quo-

65 BGHZ 68, 225, 231 f.
66 Näher BGHZ 68, 225, 233 f.
67 BGHZ 22, 186, 191.
68 BGHZ 22, 186, 191 ff.; 68, 225, 238; NJW 1999, 571, 572 li. Sp.
69 BGHZ 22, 186, 195 f.
70 BGHZ 68, 225 ff.

te am Nachlass berechtigt ist, steht dem Erwerb des vollen Anteils nicht entgegen. Denn die Erbquote bezeichnet gerade nicht einen bestimmten ideellen Anteil an den einzelnen Vermögensgegenständen des Nachlasses, sondern lediglich die wertmäßige Beteiligung an der Gesamterbschaft. Erbrechtliche Gründe hindern deshalb nicht die Annahme einer Vollnachfolge des einzelnen Miterben in die Mitgliedschaft, weil die wertmäßige Einhaltung der Erbquote durch Ausgleich im Übrigen sicher gestellt werden kann[71]. Das bedeutet für **Fall 8**: Wurde im Gesellschaftsvertrag für Tochter T der Anteil vererblich gestellt, erwirbt sie als Miterbin mit dem Tod des E im Wege der **Singularsukzession** dessen **vollen Anteil** an der ABE-OHG. An ihrer (wertmäßigen) Erbquote ändert sich dadurch nichts.

3. Weitere Fälle von Sonderrechtsnachfolge

Spezielle Fälle einer **erbrechtlichen Sonderrechtsnachfolge** enthalten die (größtenteils landesrechtlichen, vgl. Art. 64 EGBGB) Vorschriften über die Nachfolge in **land- und forstwirtschaftliche Betriebe**. Der Erblasser kann hier einen **Anerben** (Hoferben) bestimmen, auf den im Erbfall trotz vorliegender Erbengemeinschaft der Hof automatisch und ungeteilt übergeht[72]. 65

Eine **mietrechtliche Sonderrechtsnachfolge** gilt gem. §§ **563, 563a** zugunsten von Personen, mit denen der Erblasser einen gemeinsamen Haushalt führte, ohne dass diese Personen zugleich Erben sein müssten. Treten solche Personen nicht in das Mietverhältnis ein, gilt subsidiär die erbrechtliche Lösung gem. § 564 (Fortsetzung des Mietverhältnisses mit den Erben). 66

71 BGHZ 68, 225, 237 f.

72 Bekanntestes Anerbengesetz ist die **HöfeO** (ehemals für die Britische Zone erlassen), die heute in einer Neufassung v. 26.7.1976 als partielles Bundesrecht gilt (Art. 125, 74 Nr. 1 GG). – Vgl. dort §§ 5, 6 (gesetzliche Hoferbenordnung; Einzelheiten zur Hoferbenordnung) und § 7 (Bestimmung des Hoferben durch Eigentümer).

Zweiter Teil

Gesetzliche Erbfolge

§ 4 Gesetzliches Erbrecht der Verwandten

I. Gesetzliche Erbfolge und letztwillige Verfügungen

67 Die Regelung der gesetzlichen Erbfolge in den §§ 1924 ff. wird durch **zwei grundlegende Entscheidungen des Gesetzgebers** bestimmt. Zum einen ist das Recht der **gesetzlichen Erbfolge subsidiär** gegenüber **letztwilligen Bestimmungen** des Erblassers (Verfügungen von Todes wegen, §§ 1937, 1938, 1941). Nur soweit ein Erblasser nicht selbst (wirksam) von Todes wegen über sein Vermögen verfügt hat, kann es zu einer Regelung der Erbfolge nach den gesetzlichen Vorschriften kommen. Denkbar ist auch, dass **neben** der gewillkürten Erbfolge die Regeln des gesetzlichen Erbrechts eingreifen (vgl. § 2088)[1]. Hier zeigt sich der **Vorrang der Privatautonomie** in ihrer Gestalt als **Testierfreiheit** gegenüber den gesetzlichen Bestimmungen.

68 Kommt es mangels letztwilliger Verfügung zur gesetzlichen Erbfolge, so gilt als zweiter Grundsatz das Prinzip der **Privaterbfolge**, d. h. das gesetzliche Erbrecht spricht das Vermögen des Verstorbenen regelmäßig **Privatpersonen** zu, und zwar denjenigen, von denen anzunehmen ist, sie hätten dem Erblasser am nächsten gestanden **(Verwandte, Ehegatte, Lebenspartner)**. Erst wenn aus diesem Personenkreis keine Erben (mehr) vorhanden sind, geht der Nachlass kraft Gesetzes auf den **Staat** über (§ 1936).

II. „Verwandtschaft" als Anknüpfung der gesetzlichen Erbfolge

69 Die gesetzliche **Verwandtenerbfolge** (§§ 1924 bis 1930) knüpft an die durch Abstammung begründete (Bluts-)Verwandtschaft zwischen Erblasser und Erben an (§ 1589). Wie im Übrigen auch[2], ist das Band der Blutsverwandtschaft für die rechtlichen Beziehungen zwischen Personen aber nur dann maßgeblich, wenn der leiblichen Verwandtschaft auch statusrechtliche Wirkungen gem. §§ 1591 ff. zukommen. So ist das während der Ehe geborene Kind eines miteinander verheirateten Paares mit seiner Mutter und seinem Vater nicht nur leiblich (§ 1589), sondern auch im Rechtssinne durch Abstammung verwandt (§§ 1591, 1592 Nr. 1). Von einer solchen **rechtlichen Verwandtschaft** hängt auch das **gesetzliche Erbrecht** ab. Es übergeht die natürliche Blutsverwandtschaft, wo diese statusrechtlich gelöst oder als solche erst gar nicht begründet wurde.

1 Gesetzliche Erbfolgeregeln können neben oder im Rahmen einer Verfügung von Todes wegen vor allem eine Rolle spielen, wenn es um Fragen von **Vor- und Nacherbschaft (§§ 2104, 2105)** geht, bei **Auslegungsfragen (§§ 2066, 2067)** sowie im **Pflichtteilsrecht (§ 2303)**.

2 Vgl. *Lipp* Familienrecht § 18 Rdnr. 388 ff.

Fall 9: Das Ehepaar M/F ist bei einem Autounfall tödlich verletzt worden. Wer von beiden Gatten zuerst verstorben ist, ließ sich nicht feststellen. M und F hinterlassen drei Kinder (K1, K2, K3). K1 wurde 2005 geboren: Weil F infolge eines operativen Eingriffs keine eigenen Kinder bekommen konnte, war ihr eine mit dem Sperma des M extrakorporal befruchtete, fremde Eizelle implantiert worden (in-vitro-Fertilisation), die sie ausgetragen hatte. K2 wurde 2006 von den Eheleuten adoptiert. K3 ist das leibliche Kind von F und M, kam aber vor Eheschließung (1990) zur Welt (1988) als beide noch unverheiratet zusammenlebten. Wie ist die gesetzliche Erbfolge?

70 Gegenseitig haben sich M und F nicht beerbt (Ehegattenerbrecht)[3]. Voraussetzung für eine erbrechtliche Nachfolge ist, dass der Erbe den Erblasser überlebt (§ 1923 Abs. 1). Wer von M und F den jeweils anderen überlebt hat, ließ sich nicht mehr feststellen. Nach **§ 11 VerschG** wird in diesem Fall vermutet, dass beide **gleichzeitig** verstorben sind. Rechtlich geht es deshalb in **Fall 9** um **zwei** gleichzeitig ausgelöste, getrennte **Erbfälle** (§ 1922 Abs. 1) – nach F und nach M. Für die Kinder von F und M kommt hier nur ein gesetzliches Erbrecht als Abkömmlinge in Betracht (§ 1924 Abs. 1, Abs. 4).

1. Verwandtschaft kraft ehezeitlicher Geburt

71 K1 wurde von F während ihrer Ehe mit M geboren. In der Person des M entspricht der genetischen Verwandtschaft auch die rechtliche (§ 1592 Nr. 1). Nicht so in der Person der F. Gleichwohl ist ausschließlich sie – als die Frau, die K1 zur Welt gebracht hat – im Rechtssinne Mutter des Kindes (§ 1591). K1 ist deshalb Abkömmling sowohl des M wie der F und deshalb gesetzlicher Erbe nach beiden Elternteilen.

2. Verwandtschaft durch Annahme als Kind

72 Das Kind K2 ist genetisch weder mit F noch mit M verwandt (keine Verwandtschaft kraft Abstammung, § 1589), wurde aber wirksam von beiden gem. § 1741 Abs. 2 S. 2 als Kind angenommen. Nach **§ 1754 Abs. 1** erwirbt es damit die **rechtliche Stellung** eines **gemeinschaftlichen Kindes** beider Eheleute. Die (rechtlichen) Verwandtschaftsverhältnisse des Kindes zu seinen bisherigen Blutsverwandten (Eltern etc.) und die sich daraus ergebenden Rechte und Pflichten, insbesondere auch gesetzliche Erbrechte, sind mit der Annahme **erloschen (§ 1755 Abs. 1 S. 1)**. K2 ist daher gesetzlicher Erbe nach F und M – hingegen nicht mehr nach seinen leiblichen Eltern und Vorfahren.

73 Eine Ausnahme des generellen Erlöschens des Verwandtschaftsverhältnisses zu den leiblichen Verwandten sieht **§ 1756 Abs. 1** vor, wenn die Adoptiveltern mit dem angenommenen Kind im zweiten oder dritten Grad verwandt (oder verschwägert) sind. Es erlöschen dann **nur** die verwandtschaftlichen Rechte und Pflichten zwischen dem angenommenen **Kind** und seinen **leiblichen Eltern**. – Nimmt z. B. ein Onkel das Kind seines Bruders an, so erlöschen nur die gesetzlichen Erbrechte zum leiblichen Elternpaar, nicht aber etwa zu den Großeltern des Kindes[4].

74 Die Rechtsfolgen der Volladoption (§§ 1754, 1755) treten nur bei Annahme eines minderjährigen Kindes ein. Bei Annahme eines **Volljährigen** bleiben die Rechte und Pflichten aus dem schon bestehenden Verwandtschaftsverhältnis grundsätzlich unberührt (§ 1770 Abs. 2), und auch die Wirkung der Adoption beschränkt sich hier auf die Begründung einer rechtlichen Verwandtschaft nur zwischen Annehmendem und Angenommenem (§ 1770 Abs. 1 S. 1). Der Ange-

3 Dazu unten § 5.
4 Näher dazu unten Rdnr. 93 ff.

nommene ist also nach wie vor gesetzlicher Erbe nach seinen leiblichen Eltern, Großeltern etc. und zugleich, aber auch nur, gesetzlicher Erbe nach dem Annehmenden (nicht etwa nach dessen Eltern).

3. Nicht in eine Ehe geborene Kinder

75 Nicht in eine Ehe geborene Kinder (K3 in **Fall 9**) sind nach § 1591 mit ihrer Mutter, nicht aber – solange Anerkennung oder gerichtliche Feststellung der Vaterschaft fehlen, § 1592 Nr. 2, Nr. 3 – mit ihrem leiblichen Vater im Rechtssinne verwandt. Dass die Eltern zunächst unverheiratet, später in ehelicher Familiengemeinschaft zusammengelebt haben, ändert daran allein nichts. Erst von dem Zeitpunkt an, in dem die Vaterschaft wirksam anerkannt oder gerichtlich festgestellt ist, können verwandtschaftliche Rechtswirkungen geltend gemacht werden (§§ 1594 Abs. 1, 1600d Abs. 4). In **Fall 9** kann K3 ein gesetzliches Erbrecht nach F geltend machen, nach M nur dann, wenn dessen Vaterschaft statusrechtlich feststeht[5].

76 Für erbrechtliche Zusammenhänge können verschiedene durch das KindRG vom 16.12.1997 aufgehobene statusrechtliche Vorschriften zu beachten sein. Bis zum Inkrafttreten des Gesetzes (1. Juli 1998) sah das Familienrecht die **Legitimation** eines nichtehelichen Kindes durch **nachfolgende Heirat** der Eltern vor (§ 1719 S. 1 a. F.). Das Kind erlangte damit die rechtliche Stellung eines ehelichen Kindes im Sinne der heutigen §§ 1591, 1592 Nr. 1. Durch die Eheschließung seiner Eltern im Jahre 1990 konnten in **Fall 9** für K3 die Rechtswirkungen der Legitimation aber nur eintreten, wenn wirklich „Vater“ und „Mutter“ einander heirateten, zum Zeitpunkt der Eheschließung also die Vaterschaft des M auch **statusrechtlich** bestand.

III. Erbrechtsprinzipien innerhalb der Verwandtenerbfolge

77 Das deutsche Verwandtenerbrecht wird von drei wesentlichen Leitprinzipien geprägt, dem **Ordnungsprinzip**, dem **Linienprinzip** und – praktisch weniger relevant – dem **Gradualprinzip**.

1. Ordnungsprinzip

78 Grundlegend ist zunächst die Erbfolge nach Ordnungen (**Ordnungs-** oder **Parentelsystem**[6]). **„Ordnung“** bedeutet in diesem Zusammenhang die Gesamtheit aller von einer Person oder einem Elternpaar abstammenden Personen, der so genannten **Abkömmlinge** (vgl. z. B. § 1924 Abs. 1, erste Ordnung: „Abkömmlinge des Erblassers“; § 1925 Abs. 1, zweite Ordnung: „Eltern des Erblassers und deren Abkömmlinge“). Das Verwandtschaftsverhältnis in solchen Ordnungen kann in **gerader** (§ 1589 S. 1)[7] oder in der **Seitenlinie** bestehen (§ 1589 S. 2)[8].

5 Ist dies bislang nicht geschehen, kann K3 **(Fall 9)** die Rechtsausübungssperre des § 1600 d Abs. 4 nur durch einen **(postmortalen) Vaterschaftsfeststellungsantrag** gem. §§ **169 Nr. 1, 171 FamFG** überwinden. Mit Rechtskraft der gerichtlichen Feststellung wird rückwirkend auf den Zeitpunkt der Geburt volle Verwandtschaft i. S. d. §§ 1589 S. 1, 1592 Nr. 3 zwischen Vater und Kind bewirkt – mit allen erbrechtlichen Konsequenzen der §§ 1922 ff.

6 Von lat. *parentes* (Eltern): Eltern bzw. Vorelternpaare und deren Abkömmlinge; vgl. sogleich im Text.

7 Eine Person stammt von der anderen ab, Beispiel: Großmutter – Mutter – Kind.

8 Die Verwandtschaft wird durch Abstammung von derselben dritten Person begründet, Beispiel: Verwandtschaft von Geschwistern über ihre gemeinsamen Eltern.

Ordnungssystem (erste bis vierte Ordnung) 79

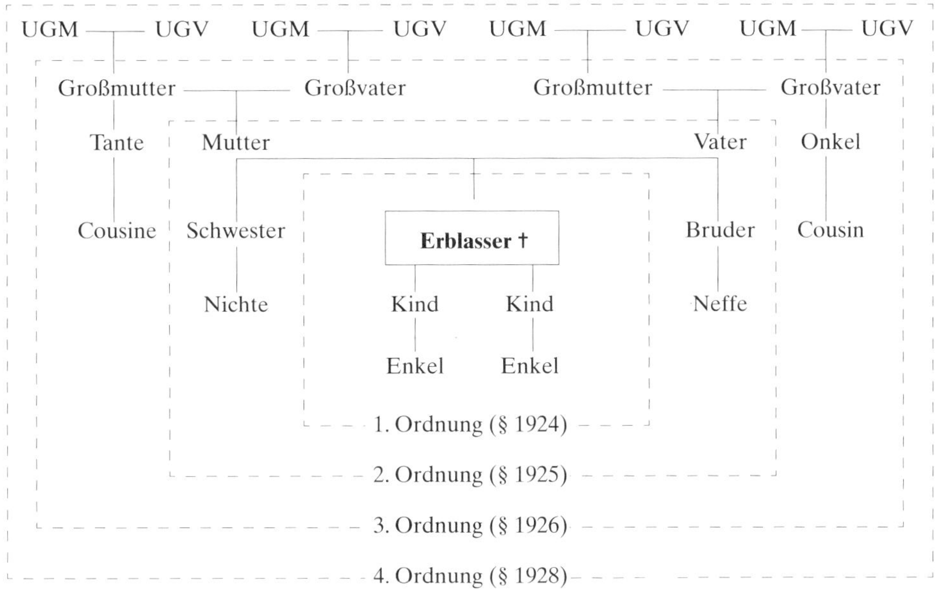

Verwandtschaftsbezeichnungen aus der Sicht des Erblassers

Innerhalb des Ordnungsprinzips gelten das **Rangfolge-** und das **Repräsentationsprinzip**. Die Konkurrenz zwischen den Ordnungen regelt das **Rangfolgeprinzip**. Danach gelangen Verwandte einer ferneren Ordnung erst dann zum Erbrecht, wenn keine Verwandten aus einer vorhergehenden Ordnung mehr leben **(§ 1930)**. Innerhalb derselben Ordnung gilt das **Repräsentationsprinzip**: Der mit dem Erblasser nächstverwandte Abkömmling repräsentiert die durch ihn mit dem Erblasser verwandten weiteren Abkömmlinge (seinen Stamm) und schließt sie dadurch von der Erbfolge aus **(§ 1924 Abs. 2)**[9]. 80

2. Linienprinzip

Das zweite Grundprinzip der gesetzlichen Erbfolgeregelung ist das **Linienprinzip**, das 81
im Falle der Berufung der zweiten und dritten Ordnung zur Anwendung gelangt. Es bedeutet, dass der Nachlass des Erblassers zunächst hälftig in die jeweils **mütterliche** und **väterliche Linie** fällt, also auf Vater und Mutter des Erblassers (zweite Ordnung, § 1925 Abs. 2), beziehungsweise dessen Großelternpaare mütterlicher- und väterlicherseits (dritte Ordnung, § 1926 Abs. 2). Innerhalb der berufenen Ordnung gelten dann grundsätzlich wieder die erbrechtlichen Regeln der ersten Ordnung (vgl. §§ 1925 Abs. 3 S. 1, 1926 Abs. 5)[10].

9 Beispiel: Beim Tode des Großvaters sind dessen Enkel – Kinder des Sohnes S – durch diesen „repräsentiert“ und von einer Erbfolge nach dem Großvater ausgeschlossen (§ 1924 Abs. 2).

10 Zum Linienprinzip gehört auch die Frage, wann – bei Fehlen von Abkömmlingen in einer der beiden elterlichen Linien – ein **Wechsel** des Nachlasses **von einer Linie zur anderen** erfolgt (vgl. z. B. § 1925 Abs. 3 S. 2); näher unten Rdnr. 89, 92.

3. Gradualprinzip

82 Ab der vierten Ordnung (Urgroßeltern des Erblassers und deren Abkömmlinge, § 1928 Abs. 1) wird das Linienprinzip verlassen. Im Rahmen dieser und der ferneren Ordnungen (§ 1929 Abs. 2) erben **Stammeltern**, soweit vorhanden, **allein** und zu **gleichen Teilen** ohne Rücksicht darauf, welcher Linie sie angehören (§ 1928 Abs. 2). Treten Abkömmlinge an ihre Stelle, so erbt nun nach dem **Gradualsystem** der mit dem Erblasser **dem Grade nach** (§ 1589 S. 3) **Nächstverwandte** (§ 1928 Abs. 3).

IV. Erbfolge innerhalb der ersten Ordnung

83 Erben der ersten Ordnung sind die **Abkömmlinge des Erblassers** (§ 1924 Abs. 1). Innerhalb dieser ersten Ordnung herrschen das **Repräsentations-** und das **Eintrittsrecht nach Stämmen** (§ 1924 Abs. 2, Abs. 3).

Fall 10: E verunglückt tödlich. Er hinterlässt seine Eltern (M, V), die ehelichen Kinder K2 und K3 und einen nichtehelichen Sohn S. Seine Ehefrau F ist vorverstorben. Das älteste Kind aus der Ehe mit F, K1, ist beim Tode des E ebenfalls bereits vorverstorben. K1 hat seinerseits zwei Kinder hinterlassen, EK1 und EK2. Auch K3 hat ein Kind (EK3). Wie ist die Erbfolge nach E?

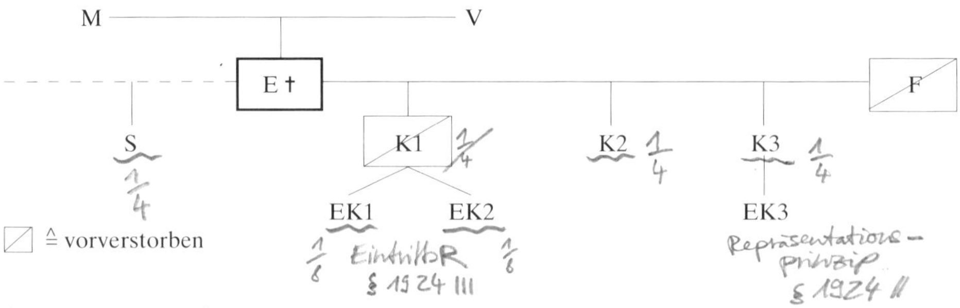

1. Erben erster Ordnung

84 Nachdem E in **Fall 10** Erben erster Ordnung (§ 1924 Abs. 1) hinterlässt (S, K2, K3, EK1, EK2, EK3), sind seine Eltern als Erben zweiter Ordnung (§ 1925 Abs. 1) von der Erbfolge ausgeschlossen (§ 1930) – Rangfolgeprinzip.

85 Zu den Erben erster Ordnung rechnen auch **nichteheliche Kinder** des Erblassers und deren Abkömmlinge. Das gilt seit dem Gesetz über die rechtliche Gleichstellung der nichtehelichen Kinder vom 19.8.1969 (NEhelG)[11], durch das § 1589 Abs. 2 a. F., wonach der Vater und sein nichteheliches Kind nicht miteinander verwandt waren, aufgehoben wurde. Allerdings erkannte das Erbrecht bis 1998 einem nichtehelichen Kind (und seinen Abkömmlingen), wenn es beim Tod seines Vaters neben dessen ehelichen Abkömmlingen zum Erben berufen war, an Stelle des gesetzlichen **Erbteils** lediglich einen **Erbersatzanspruch** (in Geld) in Höhe des Wertes seines Erbteils zu (§ 1934a Abs. 1 a. F.). Diese Sondervorschriften über das Erbrecht des nichtehelichen Kindes (§§ 1934a bis 1934e a. F.) wurden durch das Gesetz zur erbrechtlichen Gleichstel-

11 BGBl. I S. 1243, in Kraft getreten am 1.7.1970.

lung nichtehelicher Kinder vom 16.12.1997 **(ErbGleichG)** ersatzlos aufgehoben[12]. Danach haben heute **eheliche** und **nichteheliche** Kinder des Erblassers **dieselbe erbrechtliche** Position[13].

Das **NEhelG** von 1969 hatte die Regel des § 1589 Abs. 2 a. F. jedoch für die Gruppe der **vor dem 1.7.1949 geborenen** nichtehelichen Kinder beibehalten (Art. 12 § 10 Abs. 2 S. 1 NEhelG). Das führte dazu, dass diese Kinder trotz ErbGleichG nach wie vor nicht mit ihren Vätern verwandt waren und auch kein gesetzliches Erbrecht hatten. Diese Ungleichbehandlung von ehelichen und (vor dem 1.7.1949 geborenen) nichtehelichen Kindern **verstieß** nach einer Entscheidung des EGMR (in bestimmten Fallkonstellationen) gegen die **Europäische Menschenrechtskonvention** (Art. 14 in Verbindung mit Art. 8 EMRK)[14]. – Inzwischen wurde Art. 12 § 10 Abs. 2 S. 1 NEhelG a.F. **aufgehoben**[15]. Allerdings erfolgte diese Aufhebung **nur** mit Wirkung für **Erbfälle ab 29.5.2009**[16]. Einem nichtehelichen Kind, das vor dem 1.7.1949 geboren ist, steht deshalb in **Erbfällen vor** dem **29.5.2009** weiterhin **kein gesetzliches Erbrecht** (und damit auch kein Pflichtteilsanspruch nach § 2303 Abs. 1) zu. In diesen Fällen ist daher auch heute noch von Art. 12 § 10 Abs. 2 S. 1 NEhelG a.F. auszugehen. Diese (Übergangs-) Regelung hat der **BGH** aus Gründen der Rechtssicherheit und des Vertrauensschutzes in die bestehende Rechtslage (vor der Entscheidung des EGMR) für **verfassungsgemäß** erachtet[17].

Inzwischen wurde die Verfassungsmäßigkeit der heutigen Regelung zwar vom **BVerfG bestätigt**[18]; allerdings hat der **EGMR erneut** einen **Verstoß** gegen die EMRK gerügt, und zwar gegen Art. 14 EMRK in Verbindung mit Art. 1 des 1. Zusatzprotokolls zur EMRK **(Schutz des Eigentums)**[19]. Anhand dreier Kriterien (Wissensstand der Erben, rechtlicher Status des Erbrechts, Zeitablauf) prüft der Gerichtshof die Verhältnismäßigkeit der Übergangsregelung des Art. 12 § 10 Abs. 2 S. 1 NEhelG und verneint diese[20].

2. Repräsentationsprinzip und Eintrittsrecht

Die erbrechtliche Stellung fernerer Abkömmlinge des Erblassers innerhalb derselben Ordnung (**Fall 10:** EK1, EK2, EK3) regelt das Gesetz in § 1924 Abs. 2 und Abs. 3. Nach § 1924 Abs. 2 schließt ein bei Erbfall lebender Abkömmling die durch ihn mit dem Erblasser verwandten weiteren Abkömmlinge von der Erbfolge aus **(Repräsentationsprinzip)** – so in **Fall 10** das Kind K3 den Enkel des Erblassers EK3. 86

Fällt vor dem Erbfall ein Abkömmling des Erblassers weg (K1), so treten nach § 1924 Abs. 3 an dessen Stelle die durch den Weggefallenen mit dem Erblasser verwandten Abkömmlinge (EK1 und EK2) – so genanntes **Eintrittsrecht**. Dieses Eintrittsrecht begründet eine **Erbfolge nach Stämmen** (vgl. § 1924 Abs. 3): Der Erbteil eintretender 87

12 BGBl. I S. 2968, berichtigt gem. Mitteilung vom 17.3.1998, BGBl. I S. 524, in Kraft getreten am 1.4.1998.

13 Zu beachten ist die Übergangsvorschrift des Art. 227 EGBGB (Erbfall vor dem 1.4.1998 oder wirksame Vereinbarung bzw. rechtskräftiges Urteil über Erbausgleich).

14 EGMR FamRZ 2009, 1293 f.

15 Zweites Gesetz zur erbrechtlichen Gleichstellung nichtehelicher Kinder […] vom 12.4.2011, BGBl I S. 615 (ZwErbGleichG).

16 Art. 5 S. 2 ZwErbGleichG.

17 BGHZ 191, 229, 235 Tz. 25 ff. (kein Verstoß gegen Art. 6 Abs. 5 i.V.m. Art. 3 Abs. 1, Art. 14 GG). Auch das BVerfG hatte die Übergangsregelung des NEhelG für (noch) verfassungskonform angesehen, BVerfGE 44, 1.

18 BVerfG NJW 2013, 2103 ff.; zur nach wie vor bestehenden Aktualität der hiesigen Rechtsfragen und zum Meinungsstand vgl. auch OLG Düsseldorf FamRZ 2015, 1526 ff. (verfassungskonform).

19 EGMR FamRZ 2017, 829 ff. Bereits vor dieser Entscheidung hat der EGMR die Verhältnismäßigkeit der deutschen Regelung unter dem Gesichtspunkt von Art. 8, 14 EMRK verneint; allerdings noch ohne die o.g. Kriterien zu benennen, FamRZ 2017, 656 f.

20 Zur Thematik insgesamt *Magnus* FamRZ 2017, 584 ff.

Abkömmlinge beschränkt sich auf den Anteil des bisherigen Repräsentanten, für den die Eintretenden nachrücken. Das bedeutet in **Fall 10**: S, K2, K3, EK1 und EK2 erben nicht je 1/5 (nach Köpfen), vielmehr treten EK1 und EK2 nur in das Viertel ein, das dem K1 neben K2, K3 und S (§ 1924 Abs. 4) zugestanden hätte. Sie erben also jeweils 1/8, während S, K2 und K3 je 1/4 der Erbschaft erhalten.

88 Der Text des § 1924 Abs. 3 nennt das **Eintrittsrecht** lediglich im Zusammenhang mit dem **Vorversterben** eines Repräsentanten-Abkömmlings. Dementsprechend wird die Auffassung vertreten, dass etwa im Falle der **letztwilligen Enterbung** eines „näheren" Abkömmlings die durch ihn mit dem Erblasser verwandten Abkömmlinge nicht gem. § 1924 Abs. 3 eintreten und ein eigenes gesetzliches Erbrecht erlangen könnten[21]. Demgegenüber gehen das überwiegende Schrifttum und die höchstrichterliche Rechtsprechung zu Recht davon aus, dass wie in ähnlichen, gesetzlich geregelten Fällen – Ausschlagung, § 1953 Abs. 2; Erbunwürdigkeit, § 2344 Abs. 2; beschränkter Erbverzicht, §§ 2346 Abs. 1 S. 2, 2349 – auch die Enterbung des näheren erbberechtigten Abkömmlings zum Eintrittsrecht der ferneren Abkömmlinge gem. § 1924 Abs. 3 führt[22].

V. Erbfolge innerhalb der zweiten Ordnung

1. Regelfall

89 Gesetzliche Erben der zweiten Ordnung sind die **Eltern des Erblassers** und **deren Abkömmlinge** (§ 1925 Abs. 1). Innerhalb dieser Ordnung richtet sich die Erbfolge zunächst nach dem **Linienprinzip** (§ 1925 Abs. 2), um dann der für die erste Ordnung geltenden Regelung zu folgen (§ 1925 Abs. 3 S. 1). Sind Abkömmlinge des jeweiligen Elternteils nicht vorhanden, geht der für diese Linie bestimmte Nachlassteil auf die jeweils andere Linie über (§ 1925 Abs. 3 S. 2).

Fall 11: Der ledige E verstirbt ohne Nachkommen. Er hinterlässt seinen Vater V (seine Mutter M ist vorverstorben) und einen Bruder B sowie dessen Tochter T3. Seine Schwester S ist ebenfalls vorverstorben, hat aber ihrerseits zwei Töchter, T1 und T2, hinterlassen. Wie ist die gesetzliche Erbfolge? – **Abwandlung:** Wie ist die Rechtslage, wenn S und B aus einer früheren Ehe der M hervorgingen und V ebenfalls bereits verstorben ist?

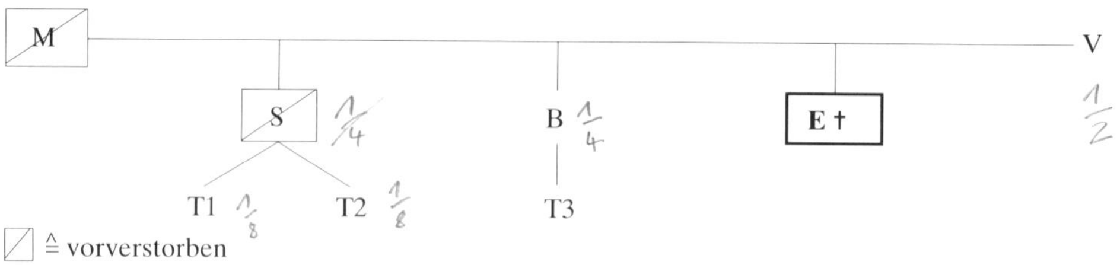

21 Etwa *Bestelmeyer* FamRZ 1997, 1124, 1130 f.
22 BGH NJW 2011, 1878, 1880. – Zu den Konsequenzen beim Pflichtteilsrecht vgl. unten § 20 Rdnr. 578.

E hat keine eigenen Abkömmlinge hinterlassen (§ 1924 Abs. 1). Gemäß § 1925 Abs. 1 sind damit die gesetzlichen Erben der **zweiten Ordnung**, nämlich die Eltern des Erblassers (M, V) sowie deren Abkömmlinge (B, S, T1, T2, T3), berufen (§ 1930). 90

Der Nachlass des E geht deshalb **aufsteigend** zunächst in die **elterliche Generation**, und zwar zu **gleichen Teilen** (also zu je ½) in die **väterliche** (V) und die **mütterliche** (M) **Linie** (§ 1925 Abs. 2). Weil V seinen Sohn E überlebt hat, erhält er die in die väterliche Linie fallende Hälfte allein. An die Stelle der vorverstorbenen Mutter (M) treten nach § 1925 Abs. 3 S. 1 deren Abkömmlinge (S, B, T1, T2, T3) nach den für die erste Ordnung geltenden Vorschriften. Der Nachlassteil der mütterlichen Linie (½) fällt sonach zu gleichen Teilen (§ 1924 Abs. 4) an S und B (je ¼). B schließt als Repräsentant seines Stammes die durch ihn mit M verwandte T3 von der Erbfolge aus (§ 1924 Abs. 2). Für die vorverstorbene S treten deren beide Töchter T1 und T2 nach § 1924 Abs. 3 ein, und zwar zu gleichen Teilen (§ 1924 Abs. 4), also zu je ⅛. Es erben also V ½, B ¼, T1 und T2 je ⅛ des Nachlasses. 91

Zu einem **Wechsel der Linie** kommt es, wenn ein Elternteil ohne eigene Abkömmlinge vorverstorben ist. Das zeigt die **Abwandlung** von **Fall 11**: Stammen S und B aus einer früheren Ehe der M (Halbgeschwister des Erblassers) und ist V vorverstorben, so geht dessen Hälfte (§ 1925 Abs. 2) ebenfalls in die mütterliche Linie (§ 1925 Abs. 3 S. 2) – es erben dann B zu ½, T1 und T2 zu je ¼. 92

2. Sonderfall: Erbfolge und Adoptivverwandtschaft

Wird ein (minderjähriges) Kind von einem Ehepaar adoptiert, erhält es nach § 1754 Abs. 1 die rechtliche Stellung eines gemeinschaftlichen Kindes dieses Ehepaares. Gleichzeitig erlischt das Verwandtschaftsverhältnis des Kindes zu seinen leiblichen Eltern und den übrigen bisherigen Verwandten (§ 1755 Abs. 1 S. 1). Von diesem Grundsatz macht § 1756 Abs. 1 eine **Ausnahme**, wenn die Annehmenden mit dem Kind im **zweiten** oder **dritten Grad verwandt** oder verschwägert sind. Es erlischt dann nur das Verwandtschaftsverhältnis des Kindes zu seinen leiblichen Eltern – nicht beispielsweise zu seinen Geschwistern[23]. Die erbrechtlichen Konsequenzen dieser Situation regelt § 1925 Abs. 4, der das angenommene Kind und die Abkömmlinge der leiblichen Eltern (z. B. Geschwister des Kindes) in ihrem **gegenseitigen Verhältnis nicht** als **Erben zweiter Ordnung** anerkennt. 93

Fall 12: M und V haben drei Kinder: K, dessen Schwester S und Bruder B. K wird von den Eltern seines (leiblichen) Vaters V (seinen Großeltern GV und GM) adoptiert. Wie ist die gesetzliche Erbfolge, wenn K ohne eigene Nachkommenschaft verstirbt und GV (Adoptivvater) vorverstorben ist? 94

23 Vgl. oben Rdnr. 72 ff.

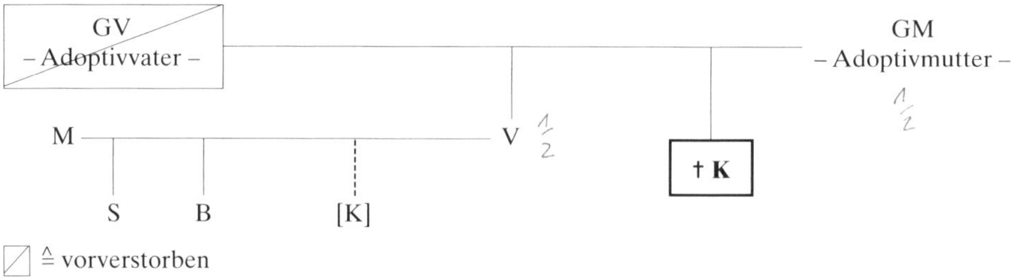

a) Keine Erbfolge nach leiblicher Verwandtschaft in der zweiten Ordnung

95 K stirbt in **Fall 12** ohne Abkömmlinge, zur Erbschaft gelangen die Erben der zweiten Ordnung. Nach **leiblicher Verwandtschaft** sind dies die Eltern des K und deren Abkömmlinge (§§ 1925 Abs. 1, 1930). Zwar ist das Verwandtschaftsverhältnis des K zu seinen leiblichen Eltern gelöst (§ 1755 Abs. 1 S. 1), nicht aber das zu seinen Geschwistern S und B (§ **1756 Abs. 1**: die Großeltern sind mit K im zweiten Grad verwandt[24]). Danach würden S und B als **leibliche Geschwister** des K und Erben der zweiten Ordnung den Nachlass erhalten. Diese Rechtsfolge nach der **verbliebenen leiblichen** Verwandtschaft (§ 1756 Abs. 1) **schließt § 1925 Abs. 4 aus**: Weil die (leiblichen) Eltern des K keine Erbenstellung einnehmen (§ 1756 Abs. 1), gibt es insoweit auch kein Eintrittsrecht für die Geschwister S und B. Sie entfallen im Verhältnis zu K als (leibliche) gesetzliche Erben zweiter Ordnung. Die gesetzliche Erbfolge in der zweiten Ordnung richtet sich also nur nach der Adoptivverwandtschaft des Kindes.

b) Erbfolge nach Adoptivverwandtschaft

96 Dass das Gesetz durch § 1925 Abs. 4 in der zweiten Ordnung (trotz § 1756 Abs. 1) der leiblichen Verwandtschaft keine Rechnung trägt, schließt die Erbfolge nach der **durch** die **Adoption** des K **neu vermittelten** Verwandtschaft **nicht aus**[25]. Danach sind die gesetzlichen Erben zweiter Ordnung nach K die Adoptiveltern (GV/GM) und deren (durch die Adoption) mit K verwandten Abkömmlinge. In **Fall 12** fällt also nach dem Linienprinzip (§ 1925 Abs. 2) die Hälfte des Nachlasses an die Adoptivmutter (leibliche Großmutter) des K. An die Stelle des vorverstorbenen Adoptivvaters (des leiblichen Großvaters) tritt nach § 1925 Abs. 3 S. 1 dessen einziger Abkömmling V als Adoptivbruder des K (nicht als leiblicher Vater), der seinerseits S und B als Adoptivnichte und Adoptivneffen des K (nicht als leibliche Geschwister) repräsentiert (§§ 1925 Abs. 3 S. 1, 1924 Abs. 2). Nach dem **Adoptivverwandtschaftsverhältnis** erben also GM und V je zur Hälfte. In der durch die Adoption vermittelten Verwandtschaft findet § 1925 Abs. 4 keine Anwendung.

24 Zur Nähe der Verwandtschaft nach Graden vgl. unten Rdnr. 100.

25 Strittig; wie der Text z. B. MünchKomm-*Leipold* § 1925 Rdnr. 14; Soergel-*Stein* § 1925 Rdnr. 10; MünchKomm-*Maurer* ^{6}2012, § 1756 Rdnr. 12; in diesem Sinne nun auch Erman-*J. Lieder* § 1925 Rdnr. 11.

VI. Erbfolge innerhalb der dritten Ordnung

Die Erbfolge innerhalb der dritten Ordnung – **Großeltern des Erblassers und deren** 97
Abkömmlinge (§ 1926 Abs. 1) – entspricht den Grundsätzen der zweiten Ordnung. Gemäß § 1926 Abs. 2 geht der Nachlass zunächst hälftig an das Großelternpaar der mütterlichen und der väterlichen Linie. An die Stelle eines vorverstorbenen Großelternteils treten dessen Abkömmlinge nach den Grundsätzen der ersten Ordnung (§ 1926 Abs. 3 S. 1, Abs. 5). Sind Abkömmlinge dieses Großelternteils nicht vorhanden, fällt der Anteil an den anderen Großelternteil und (sofern auch er vorverstorben ist) an dessen Abkömmlinge (§ 1926 Abs. 3 S. 2). Ist ein Großelternpaar vorverstorben und hinterlässt es keine Abkömmlinge, fällt der ganze Nachlass an das andere Großelternpaar und dessen Abkömmlinge (§ 1926 Abs. 4).

VII. Erbfolge innerhalb der vierten und weiterer Ordnungen

Ab der vierten Ordnung (**Urgroßeltern des Erblassers und deren Abkömmlinge**, 98
§ 1928 Abs. 1) wird die Erbfolge nach dem **Linienprinzip aufgegeben**; **ebenso** die Grundsätze des **Eintrittsrechts** von Abkömmlingen. Solange **Urgroßeltern** leben, erben sie **allein** (§ 1928 Abs. 2 Halbs. 1); **mehrere** erben, ohne Rücksicht auf die Zugehörigkeit zu einzelnen Linien, zu **gleichen Teilen** (§ 1928 Abs. 2 Halbs. 2). Im Übrigen folgt das Gesetz dem **Gradualprinzip**.

Fall 13: E verstirbt ledig und ohne eigene Nachkommen. Es leben ein Urgroßelternpaar väterlicherseits und eine Urgroßmutter mütterlicherseits, ferner ein Großonkel GO mütterlicherseits (Sohn dieses Urgroßelternpaares), der ein Kind (K) und ein Enkelkind (EK) hat. Weiterhin lebt die Tochter T einer bereits vorverstorbenen Großtante GT väterlicherseits. Wie ist die gesetzliche Erbfolge? – Wie ist die Rechtslage, wenn auch die Urgroßeltern des E sowie GO und K vorverstorben sind?

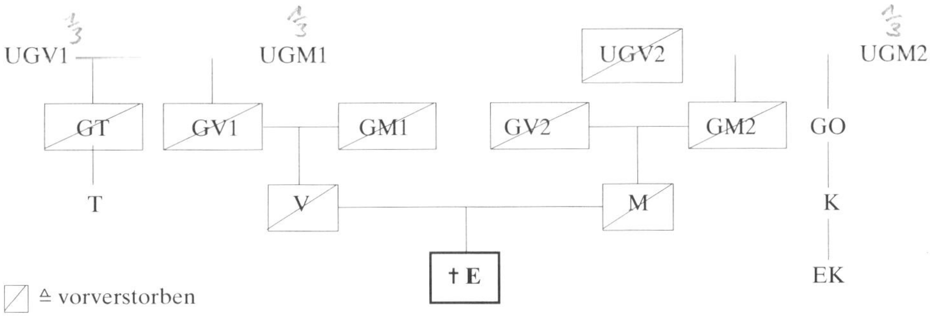

Nach § 1928 Abs. 2 erben in **Fall 13** die überlebenden **Urgroßelternteile allein** und 99
ohne Rücksicht auf verwandtschaftliche Linien zu je **gleichen Teilen**: UGV1, UGM1 und UGM2 also zu je ⅓. Leben Urgroßeltern(-teile), so schließen sie sämtliche übrigen Verwandten aus. Wäre in **Fall 13** das Urgroßelternpaar 1 ebenfalls vorverstorben, würde der gesamte Nachlass UGM2 zufallen.

Leben Urgroßeltern nicht mehr, erbt nach dem **Gradualprinzip** der mit dem Erblasser 100
Nächstverwandte ihrer Abkömmlinge. **Gleich nahe** Verwandte erben zu **gleichen Tei-**

len (§ 1928 Abs. 3). Sind in **Fall 13** (Fortführung) sämtliche Urgroßeltern des E sowie GO und auch K vorverstorben, so erbt als **gradmäßig Nächstverwandte** die T den gesamten Nachlass. Die **Nähe der Verwandtschaft** (Verwandtschaftsgrad) bestimmt sich nach der Zahl der diese Verwandtschaft **vermittelnden Geburten** (§ 1589 Abs. 1 S. 3). Dabei wird die Person des die Verwandtschaft vermittelnden Stammvaters/Stammmutter (in **Fall 13**: UGV1/UGM1 hinsichtlich T; UGV2/UGM2 hinsichtlich EK) **nicht** mitgezählt[26]. E war mit T deshalb im fünften Grad (E, V, GV1, GT, T) und mit EK im sechsten Grad (E, M, GM2, GO, K, EK) verwandt.

101 Die Vorschriften über die Erbfolge nach der vierten Ordnung (§ 1928 Abs. 2, Abs. 3) gelten für alle ferneren Ordnungen entsprechend (§ 1929 Abs. 2).

VIII. Erbfolge bei mehrfacher Verwandtschaft – besonderer Erbteil

1. Mehrfache Verwandtschaft

102 **Fall 14:** A hat seine Cousine B geheiratet[27]. Sie haben eine gemeinsame Tochter T. Als die Großmutter GM von A (väterlicherseits, V2) und von B (mütterlicherseits, M1) stirbt, leben aus der Verwandtschaft der GM nur noch O, ein Bruder des A, und die T.

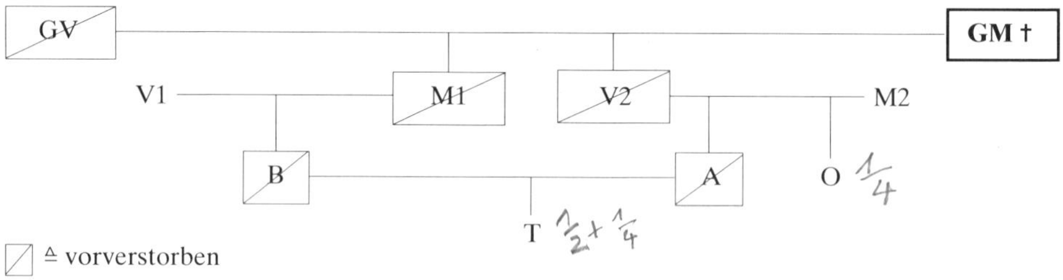

103 In **Fall 14** fällt der Nachlass zu gleichen Teilen an die Stämme der beiden Geschwister M1 und V2 (§ 1924 Abs. 1, Abs. 3). Für M1 tritt nach Vorversterben von B die T als einziger Abkömmling dieses Stammes ein und erbt ½. Für V2 treten zu gleichen Teilen (§ 1924 Abs. 4) die Stämme O und A ein (§ 1924 Abs. 3). Weil A vorverstorben ist, tritt für ihn seine Tochter (§ 1924 Abs. 3) T ein. T erhält als Abkömmling dieses Stammes (neben O) also ein weiteres Viertel. Die Erbanteile aufgrund **mehrfacher Verwandtschaft** mit dem Erblasser (hier über B und A) sichert **§ 1927 S. 1**. Zudem gelten die Anteile nach § 1927 S. 2 als je und je **besonderer Erbteil**. T kann also jeden Anteil gesondert ausschlagen[28] und über ihn gesondert verfügen[29]. Die Haftung des Erben für die Nachlassverbindlichkeiten sind für die Anteile gesondert zu bestimmen[30], und Beschwerungen können auf einen Anteil beschränkt sein.

26 Ebenso z.B. Soergel-*Schmidt-Recla* [13]2012, § 1589 Rdnr. 5. Andere zählen die Geburt des **Abstammenden nicht** mit, vgl. Palandt-*Brudermüller* § 1589 Rdnr. 2; MünchKomm-*Wellenhofer* [6]2012, § 1589 Rdnr. 13.
27 Vgl. § 1307 S. 1.
28 Vgl. § 1951 Abs. 1 (auch im Falle des § 1927 liegen verschiedene Berufungsgründe vor).
29 Vgl. § 2033 Abs. 1.
30 Vgl. § 2007 S. 1.

2. Erhöhung des Erbteils

Von § 1927 zu unterscheiden ist § **1935**. Während § 1927 von **mehreren Erbteilen** (unterschiedlichen Berufungsgründen) ausgeht, geht im Falle des § 1935 ein **einheitlicher Erbteil** auf den gesetzlichen Erben über. Lediglich den möglichen Nachteil, den dieser Erbe durch einen aus seiner Sicht zufälligen Wegfall eines anderen gesetzlichen Erben und die dadurch bedingte Erhöhung des eigenen Erbteils erfährt, soll die Vorschrift ausgleichen. Dies geschieht technisch dadurch, dass die Erhöhung **wie** ein **eigener Erbteil** behandelt wird. Den Sinn der Vorschrift zeigt folgender 104

Fall 15: Erblasser E wurde von seinen beiden Kindern K1 und K2 als gesetzliche Erben beerbt. Der Erbquote von je ½ entspricht ein Nachlasswert von jeweils 50 000 €. Testamentarisch hatte E den K2 mit Vermächtnissen in einer Gesamthöhe von 55 000 € beschwert. Dieser hat daraufhin die Erbschaft wirksam ausgeschlagen.

Die Ausschlagung der Erbschaft (§§ 1942 ff.) führt dazu, dass K2 **(Fall 15)** nie Erbe geworden ist (§ 1953 Abs. 1)[31]. Der frei gewordene Erbteil ist gem. § 1953 Abs. 2 dem Kind K1 angefallen. Für K1 bedeutet dieser Zuwachs im Ergebnis aber eine Verschlechterung: Ohne Erbteilserhöhung hätte K1 eine unbeschwerte Erbteilsquote von ½ im Wert von 50 000 € erhalten, nach Erhöhung beläuft sich der Vermögenswert der Erbschaft für K1 auf 45 000 €. Denn die von E gegenüber K2 verfügten Vermächtnisse erledigen sich durch dessen Wegfall nicht (§ 2161)[32]. Dieses Ergebnis vermeidet § 1935, der den zugewachsenen Erbteil hinsichtlich der auf ihm lastenden Beschwerungen wie einen besonderen Erbteil behandelt. Zwar kann K1 – anders als bei § 1927 – nicht gesondert ausschlagen, da es sich um einen einzigen, einheitlichen Erbteil handelt. Aber § 1935 erlaubt es, bei Überschuldung durch Vermächtnisse deren Erfüllung auf die Erbteilserhöhung zu beschränken (§ 1992). 105

§ 5 Gesetzliches Erbrecht des Ehegatten und Lebenspartners

Die gesetzliche Erbfolge ist subsidiär gegenüber letztwilligen Bestimmungen des Erblassers[1]. Aber auch sie versucht den Nachlass so zu verteilen, wie es nach allgemeiner Erfahrung dem Willen des Verstorbenen am ehesten gerecht würde. Außer den Verwandten des Erblassers (Verwandtenerbrecht, §§ 1924 ff.) erkennt das Gesetz deshalb dem **Ehegatten** (§ 1931) und dem **Lebenspartner** (§ 10 Abs. 1 bis 3 LPartG) die Stellung **gesetzlicher Erben** zu **(Ehegatten- und Lebenspartnererbrecht)**. 106

31 Ein **Wegfall** (nach Eintritt des Erbfalls) i. S. d. § 1935 liegt nur vor, wenn dadurch das **Erbrecht** des Wegfallenden beseitigt wird (Rückwirkung auf den Erbfall).
32 Gleiches gilt für Auflagen, § 2192.
1 Vgl. oben § 4 Rdnr. 67.

I. Gesetzliches Erbrecht des Ehegatten

1. Ausschluss bei fehlendem Eheband

107 Neben das gesetzliche Verwandtenerbrecht (§§ 1924 bis 1930) tritt gem. **§ 1931** das **gesetzliche Erbrecht** des Ehegatten. **Ausgeschlossen** ist es **mangels statusrechtlicher** Voraussetzungen, wenn im Zeitpunkt des Erbfalls die Ehe mit dem Erblasser bereits **rechtskräftig geschieden** ist (§ 1564 S. 2) oder eine **Nichtehe** vorliegt[2]. Das Gleiche gilt für eine bei Erbfall **rechtskräftig aufgehobene** Ehe (§ 1313 S. 2).

2. Ausschluss bei bestehender Ehe

108 Auch bei einer **noch bestehenden Ehe** kann das gesetzliche Erbrecht des überlebenden Gatten ausgeschlossen sein **(§ 1933)**. Das gilt nach § 1933 S. 1 zunächst dann, wenn zur Zeit des Erbfalls die **materiellen Voraussetzungen** für eine **Ehescheidung** vorlagen (§ 1565) und der **Erblasser Antrag auf Ehescheidung gestellt** hatte (§ 1564 S. 1; § 124 FamFG).

Trotz des nicht ganz eindeutigen Wortlauts ist für den Ausschluss des Ehegattenerbrechts hier wie im Falle eines Aufhebungsantrags (§ 1933 S. 2) die **Zustellung** des Antrags, also **Rechtshängigkeit** erforderlich (§§ 124 S. 2, 113 Abs. 5 FamFG; §§ 261 Abs. 1, 253 Abs. 1 ZPO)[3]. Die Rechtshängigkeit wird durch Rücknahme des Scheidungsantrags (Prozesshandlung) beseitigt (§ 269 Abs. 3 S. 1 ZPO); allerdings nur, wenn die Rücknahme vor Eintritt des Erbfalls erklärt wird[4]. Das **Nichtbetreiben** eines Scheidungsverfahrens über einen (sehr) langen Zeitraum kann wie eine (schlüssige) Rücknahme des Scheidungsbegehrens behandelt werden[5].

Ausgeschlossen ist ein Ehegattenerbrecht ferner, wenn ein Scheidungsantrag des **anderen Gatten** vorlag und der **Erblasser** seine **Zustimmung** (§ 1566 Abs. 1; §§ 124, 134 FamFG) erklärt hatte. Diese Zustimmung ist ebenfalls eine **Prozesshandlung** und muss zur Niederschrift des Gerichts (§ 134 Abs. 1 FamFG) oder in der mündlichen Verhandlung erklärt werden. Eine Äußerung außerhalb des Verfahrens im privaten Bereich genügt nicht[6].

109 Gleiches ordnet § 1933 S. 2 für den Fall an, dass der **Erblasser** im Zeitpunkt seines Todes **berechtigt** war, **Aufhebung** seiner Ehe zu verlangen[7], und einen entsprechenden **Antrag gestellt** hatte. Eine **Ausnahme** vom Antragserfordernis macht § 1318 Abs. 5 für bestimmte (gravierende) Aufhebungsgründe. Allerdings setzt der Ausschluss des Ehegattenerbrechts in diesen Fällen die **Bösgläubigkeit** des **überlebenden Gatten** (bei

2 Zu Begriff und Tatbeständen vgl. *Lipp* Familienrecht § 3 Rdnr. 38, 40, 47.

3 BGHZ 111, 329 ff.; OLG Köln FamRZ 2012, 1755 re. Sp.; vgl. auch § 262 S. 2 ZPO. – Soweit Zulässigkeitsvoraussetzung, ist es für § 1933 **unwesentlich**, ob die Antragsschrift des Erblassers die in § 133 Abs. 1 FamFG vorgesehenen Angaben enthält. – Zu den materiellen Scheidungsvoraussetzungen *Lipp* Familienrecht § 4 Rdnr. 56 ff.

4 Z. B. OLG Naumburg FamRZ 2015, 1931 f.

5 OLG Saarbrücken FamRZ 2011, 760, 762 li. Sp. für ein Nichtbetreiben des Verfahrens über 21 Jahre hinweg (endgültige Aufgabe des Scheidungswillens); ablehnend OLG Köln FamRZ 2012, 1755, 1756 li. Sp. bei bloßem Nichtbetreiben des Verfahrens über einen Zeitraum von 8 Jahren.

6 BGHZ 128, 125, 127.

7 Zu beachten sind hier nicht nur die Aufhebungsgründe (§ 1314), sondern auch der Ausschluss der Eheaufhebung nach § 1315, die Antragsberechtigung (§ 1316) und die Antragsfrist (§ 1317).

Eheschließung) voraus[8]. In den Fällen der Doppelehe (§ 1306) kann es bei **Gutgläubigkeit** des Überlebenden zur Erbberechtigung **zweier** hinterbliebener **Ehepartner** kommen. Hier geht die herrschende Meinung davon aus, dass der Ehegattenerbteil nur **einmal** vergeben wird, also jeweils hälftig an die beiden erbberechtigten Ehegatten geht[9].

3. Rechtslage bei Todeserklärung eines Ehegatten

Eine **Todeserklärung**[10] lässt den Bestand einer Ehe **unberührt**. Die Ehe ist entweder 110
durch den tatsächlich eingetretenen Tod des Gatten bereits aufgelöst oder sie besteht über die Todeserklärung hinaus fort. Erst die **Schließung** einer **neuen Ehe** löst die bisher bestehende Ehe auf (§ 1319 Abs. 2 S. 1) – es sei denn, **beide** (neuen) Gatten **wussten** bei Eheschließung, dass der für tot Erklärte zum Zeitpunkt dieser Erklärung noch lebte. Einer der beiden Ehegatten lebt dann in einer **Doppelehe** (§ 1306). Stirbt er, ohne dass die zweite Ehe nach § 1319 Abs. 1 aufgehoben wurde, haben grundsätzlich beide überlebenden Ehegatten ein Erbrecht nach § 1931. Eine Aufhebung dieser (zweiten) Ehe auf Antrag des späteren Erblassers wäre wegen dessen Bösgläubigkeit (im Zeitpunkt der Eheschließung) ausgeschlossen gewesen (§ 1320 Abs. 1 S. 1)[11], so dass die Voraussetzungen des § 1933 S. 2 hier nicht vorliegen können. Auch dann wird aber durch § 1318 Abs. 5 das gesetzliche Erbrecht des bösgläubigen zweiten Ehegatten – das ist in dieser Konstellation immer der Fall, da ansonsten keine Doppelehe bestünde – ausgeschlossen.

II. Umfang des Ehegattenerbrechts

Der Umfang des Ehegattenerbrechts richtet sich danach, welche **gesetzliche Erbordnung neben** dem **überlebenden Gatten** berufen ist. 111

1. Ehegatte als Alleinerbe

Ein überlebender Ehegatte erbt den **gesamten Nachlass**, sofern **weder** Erben **erster** 112
noch zweiter Ordnung noch (aus der dritten Ordnung) **Großeltern** vorhanden sind, **§ 1931 Abs. 2**. Im Übrigen richtet sich der Anteil des Ehegatten nach der im Einzelfall zum Zug kommenden Erbordnung.

2. Ehegatte neben Erben der ersten und zweiten Ordnung

Neben Erben der **ersten Ordnung** (§ 1924) erhält der Ehegatte grundsätzlich ein **Viertel**, neben Erben der **zweiten Ordnung** (§ 1925) die **Hälfte** des Nachlasses (§ 1931 Abs. 1 S. 1[12]). Hinterlässt der Erblasser neben seiner Ehefrau also drei Kinder, so erbt 113

8 Die Vorschrift erklärt sich aus der Abschaffung der nach früherem Recht möglichen postmortalen Aufhebung der Ehe für den Fall von Nichtigkeitsgründen. Nach geltendem Recht ist eine Aufhebung der Ehe nach ihrer Auflösung (durch Tod) nicht mehr möglich, § 1317 Abs. 3.

9 Vgl. Münch-Komm-*Leipold* § 1931 Rdnr. 11; Palandt-*Weidlich* § 1931 Rdnr. 14.

10 Vgl. §§ 2 ff., 13 ff. VerschG.

11 § 1320 Abs. 1 S. 1 gibt dem (gutgläubigen) Ehegatten des Verschollenen über § 1319 Abs. 1 S. 1 hinaus eine Möglichkeit, Aufhebung der neuen Ehe verlangen zu können.

12 Zum Einfluss des Güterrechts unten Rdnr. 118 ff.

die Ehefrau ein Viertel, jedes der Kinder ebenfalls ein Viertel. Hinterlässt er neben seiner Frau seine beiden Eltern, erhält die Witwe die Hälfte, die beiden Elternteile je ein Viertel der Erbschaft.

3. Ehegatte neben Großeltern des Erblassers

114 In der **dritten Ordnung** (§ 1926) erben neben dem Ehegatten **nur** noch die **Großeltern** des Erblassers. Auch ihnen gegenüber kann der überlebende Ehegatte jedenfalls die **Hälfte des Nachlasses** beanspruchen (§ 1931 Abs. 1 S. 1). Soweit mit Großeltern Abkömmlinge von Großeltern zusammentreffen, fällt dem **Ehegatten** zusätzlich **auch der Anteil zu**, der nach dem Eintrittsrecht des § 1926 Abs. 3 S. 1 den jeweiligen Abkömmlingen des vorverstorbenen Großelternteils zukommen würde (§ 1931 Abs. 1 S. 2).

Fall 16: Erblasser E hinterlässt neben seiner Ehefrau F seine Großmutter väterlicherseits (GM) sowie einen Onkel O (ebenfalls väterlicherseits) und eine Tante T mütterlicherseits.

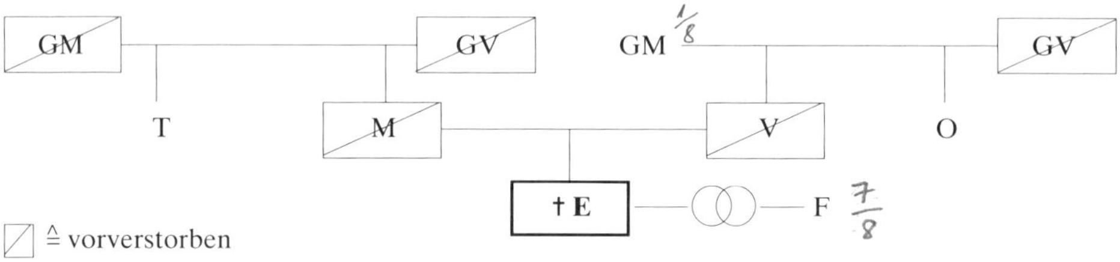

115 Hier erben nach § 1926 Abs. 1 neben der Ehefrau die Großeltern und deren Abkömmlinge als gesetzliche Erben dritter Ordnung. Nach § 1931 Abs. 1 S. 1 erbt die Witwe die Hälfte des Nachlasses. Die zweite Hälfte geht zu je $\frac{1}{4}$ an das Großelternpaar mütterlicher- und väterlicherseits; die einzelnen Großelternteile erben zu je $\frac{1}{8}$. Dieses Achtel erhält im **Fall 16** die (noch lebende) Großmutter väterlicherseits (GM). Das Achtel des vorverstorbenen Großvaters väterlicherseits würde O, das Viertel des vorverstorbenen Großelternpaares mütterlicherseits T erhalten (§ 1926 Abs. 3 S. 1). Hier bestimmt § 1931 Abs. 1 S. 2, dass die Witwe des Erblassers auch das auf den O entfallende Achtel und das auf T entfallende Viertel erhält. Sie erbt also neben der GM $\frac{7}{8}$ des Nachlasses (zur Berechnung des Ehegattenerbteils unter Berücksichtigung des gesetzlichen Güterstandes in diesem Fall vgl. unten Rdnr. 121).

4. Ehegatte als Verwandter

116 Sind der Erblasser und sein hinterbliebener Ehegatte miteinander verwandt, so führt das auch zu erbrechtlichen Konsequenzen.

Fall 17: E hat seine Nichte F geheiratet[13]. Bei seinem Tod hinterlässt er neben F seinen Vater V. Die Mutter des E (M) und sein Bruder B (Vater der F) sind vorverstorben.

13 Vgl. § 1307 S. 1.

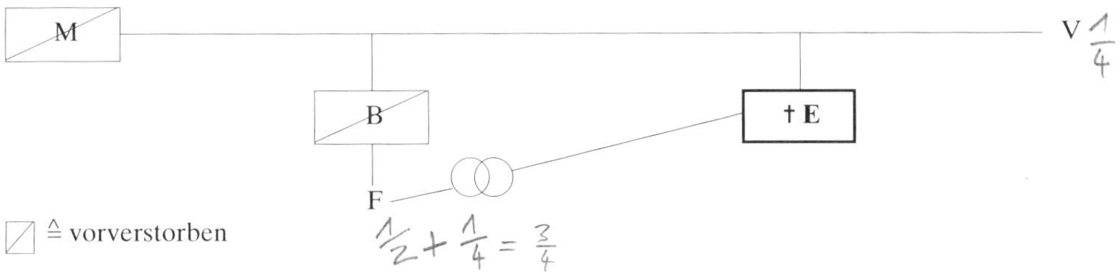

F erbt in **Fall 17** als **Witwe** neben Verwandten der zweiten Ordnung (§ 1925) gem. § 1931 Abs. 1 S. 1 die **Hälfte** des Nachlasses. Die zweite Hälfte geht zu gleichen Teilen an die Eltern des E; V erbt also ¼. Für die vorverstorbene Mutter des E und deren ebenfalls vorverstorbenen Abkömmling B tritt die F **zugleich** als **Abkömmling** des B (gem. §§ 1925 Abs. 3 S. 1, 1924 Abs. 3) für diesen in den Erbteil der M ein und erhält deren Viertel **zusätzlich** als **Verwandte** des E, § 1934 S. 1. Sie erhält insgesamt also ¾ der Erbschaft. – Der durch Verwandtschaft auf den Ehegatten zukommende Erbteil gilt nach § 1934 S. 2 (wie bei § 1927 die mehreren Erbteile aufgrund mehrfacher Verwandtschaft) als **besonderer** Erbteil[14]. **117**

III. Auswirkungen des Güterrechts

1. Zugewinngemeinschaft

a) Erbrechtsverstärkung (§ 1371 Abs. 1)

Nach § **1931 Abs. 3** bleibt die Vorschrift des § **1371 unberührt**. Das bedeutet, dass nach Feststellung des Ehegattenerbteils (§ 1931 Abs. 1) gem. § 1931 Abs. 3 **zusätzlich** die Regelung des § 1371 zu beachten ist. **118**

Leben Ehegatten im **gesetzlichen Güterstand** (§§ 1363 ff.), wird bei Güterstandsende der während der Ehe **erzielte Zugewinn ausgeglichen**, § 1363 Abs. 2 S. 2. Diesen Zugewinnausgleich regelt im Falle der Beendigung des Güterstandes durch den **Tod** eines Gatten § **1371**[15]. **Absatz 1** der Vorschrift **erhöht**, **ohne Rücksicht** darauf, ob und welcher der Ehegatten tatsächlich einen Zugewinn (§ 1373) erwirtschaftet hat (§ 1371 Abs. 1 Halbs. 2), den gesetzlichen Ehegattenerbteil des § 1931 **pauschal um ein Viertel** (pauschalierter Zugewinnausgleich). In **Fall 17**[16] würde sich der gesetzliche Erbteil der F nach § 1931 Abs. 1 S. 1 (½) gem. § 1371 Abs. 1 um ein Viertel erhöhen (insgesamt ¾). Das restliche Viertel stünde dem Verwandtenerbrecht zur Verfügung: V würde davon ⅛, F selbst aufgrund des § 1934 S. 1 das restliche Achtel erhalten. **119**

Der Wortlaut des § 1371 Abs. 1 spricht davon, dass der **„gesetzliche Erbteil"** des überlebenden Ehegatten erhöht wird. Unstrittig ist, dass für die Erbrechtsverstärkung zugunsten des überlebenden Ehegatten dieser gesetzlicher Erbe geworden sein muss (nicht zugunsten des Ehegatten als Testamentserbe). Strittig war aber im Zusammenhang mit der **Berechnung von Pflichtteilsansprüchen** von Abkömmlingen (§ 2303 Abs. 1 S. 2: „[…] Hälfte des Wertes des **gesetzlichen** **120**

14 Vgl. zu den rechtlichen Konsequenzen oben § 4 Rdnr. 103.
15 Zu den „anderen Fällen" vgl. § 1372; näher dazu *Lipp* Familienrecht § 11 Rdnr. 221 ff.
16 Vgl. oben Rdnr. 116.

Erbteils“), ob die familienrechtliche Verstärkung des Ehegattenerbrechts auch dann gilt, wenn der Ehegatte durch Verfügung von Todes wegen Erbe geworden ist. Mit Recht hat der BGH unter Hinweis auf die vom Gesetz gewollte **Pauschalierung** des Zugewinnausgleichs und die davon **unberührt** gebliebene Möglichkeit einer erbrechtlichen Verfügung zugunsten des Ehegatten angenommen, dass § 1371 Abs. 1 für die **Pflichtteilsbestimmung auch** dann anzuwenden ist, wenn der überlebende Ehegatte nicht gesetzlicher, sondern **testamentarischer Erbe** geworden ist[17]. Entscheidend für die Anwendung der Vorschrift ist allein, dass die Ehegatten in der **Zugewinngemeinschaft** gelebt haben.

121 **Umstritten** ist die **Berechnung** des **Ehegattenerbteils**, wenn zur Erbquote des § 1931 Abs. 1 S. 1 eine Erhöhung nach § 1931 Abs. 1 S. 2 hinzutritt (vgl. oben **Fall 16**[18]). Neben Verwandten der dritten Ordnung (Großeltern) erbt der Ehegatte ½. Kommt dazu ein auf Abkömmlinge von Großeltern entfallendes Viertel (oder mehr, vgl. **Fall 16**), so erhält der Ehegatte nach § 1931 Abs. 1 S. 2 **erbrechtlich** ¾ des Nachlasses und würde schließlich im Wege der **Erbrechtsverstärkung** (§§ 1931 Abs. 3, 1371 Abs. 1: Erhöhung um ¼) **Alleinerbe** werden. Um **Großeltern** die **vom Gesetz für sie** neben dem überlebenden Ehegatten vorgesehene Erbberechtigung zu sichern, erfolgt die **Erbrechtsverstärkung** des § 1371 Abs. 1 deshalb **nur** auf den nach **§ 1931 Abs. 1 S. 1** ermittelten Ehegattenerbteil[19].

Für **Fall 16** (oben Rdnr. 114) bedeutet dies: F erhält nach § 1931 Abs. 1 S. 1 die Hälfte des Nachlasses, nach § 1371 Abs. 1 erhöht um ¼. Das übrige Viertel geht in die dritte Ordnung mit der Folge, dass jeder einzelne Großelternteil (mütterlicher- wie väterlicherseits) zu je 1/16 erbberechtigt wäre. Da nur noch die Großmutter väterlicherseits lebt (GM), erhält sie 1/16. Die restlichen 3/16, die an T (2/16) und an O (1/16) fallen würden, stehen nach § 1931 Abs. 1 S. 2 der F zu. Sie erhält also 15/16 der Erbschaft.

b) Ausbildungsanspruch von Stiefabkömmlingen (§ 1371 Abs. 4)

122 Eine besondere Regelung sieht das Gesetz vor, wenn neben dem Ehegatten **einseitige Abkömmlinge** des Erblassers (Stiefabkömmlinge des überlebenden Partners) gesetzliche Erben sind. Nach § 1371 Abs. 4 hat der Ehegatte als gesetzlicher Erbe diesen Kindern aus dem zusätzlichen Viertel des § 1371 Abs. 1 die Mittel für eine **angemessene Ausbildung** zur Verfügung zu stellen, sofern und soweit sie derer bedürfen[20]. Die Regelung bezweckt, die Erbrechtsverstärkung aus § 1371 Abs. 1 für die einseitigen Abkömmlinge des Erblassers zu mildern, weil sie nach dem Tode des überlebenden Ehegatten regelmäßig nicht als dessen Erben zum Zuge kommen und damit auch nicht auf diesem Weg an dem Nachlassviertel des § 1371 Abs. 1 partizipieren.

2. Gütertrennung

123 Grundsätzlich erbt der überlebende Ehegatte neben Verwandten der ersten Ordnung ¼ (§ 1931 Abs. 1 S. 1). Lebte der Ehegatte mit dem verstorbenen Partner zur Zeit des Erbfalls in Gütertrennung und erben neben ihm (als gesetzliche Erben) **ein** oder **zwei Kinder des Erblassers**, so erhalten – von diesem Grundsatz abweichend – der über-

17 BGHZ 37, 58 ff.
18 Vgl. oben Rdnr. 114 f.
19 Etwa Palandt-*Weidlich* § 1931 Rdnr. 7; a.A. *Brox/Walker* Rdnr. 75.
20 Zum Wertungswiderspruch gegenüber § 1931 Abs. 1 vgl. unten Rdnr. 123.

lebende **Gatte** und die **Kinder** jeweils **gleiche Erbteile** (§ 1931 Abs. 4[21]). Das Gesetz will dadurch erreichen, dass bei gesetzlicher Erbfolge dem überlebenden Ehegatten mindestens der gleiche Anteil an der Erbschaft zukommt wie den Kindern des Erblassers[22]. – Anders als bei der Zugewinngemeinschaft (§ 1371 Abs. 4) haben einseitige Abkömmlinge des Erblassers bei Gütertrennung trotz des nach § 1931 Abs. 4 erhöhten Ehegattenanteils keinen Anspruch auf Ausbildungsunterhalt. Der überlebende Ehegatte wird bei (ausgleichspflichtiger) Zugewinngemeinschaft insoweit also schlechter gestellt als bei (nicht ausgleichspflichtiger) Gütertrennung.

3. Gütergemeinschaft

Bestand zwischen den Gatten Gütergemeinschaft, so führt der Tod des Erblassers regelmäßig zur Beendigung des Güterstandes. Die erbrechtliche Situation richtet sich nach den **allgemeinen Vorschriften** des § 1931 Abs. 1 und Abs. 2 (§ 1482 S. 2). 124

Zum Nachlass des Verstorbenen gehören dessen Sonder- (§ 1417) und Vorbehaltsgut (§ 1418) sowie sein Anteil am Gesamtgut (§ 1482 S. 1). Geht der Gesamtgutsanteil auf mehrere Erben über, kommt es zur Überlagerung zweier Gesamthandsgemeinschaften. Es muss dann vor Auseinandersetzung der Erbengemeinschaft die Auseinandersetzung des Gesamtguts erfolgen[23]. 125

IV. Voraus des Ehegatten

Vom Güterstand unabhängig spricht § **1932** dem überlebenden Ehegatten, sofern er **gesetzlicher Erbe** wird, neben seinem Erbteil den so genannten **Voraus** zu. Diesen Anspruch unterwirft § 1932 Abs. 2 den Vorschriften über Vermächtnisse (§§ 2147 ff.). Seiner Rechtsnatur nach handelt es sich also um ein gesetzliches Vorausvermächtnis. Der überlebende Ehegatte hat gegen die (Mit-)Erben einen Anspruch auf Übertragung der Gegenstände (§ 2174) – **ohne Anrechnung** auf seinen Erbteil. Den Voraus erhält der Ehegatte neben erbberechtigten Verwandten der zweiten Ordnung und neben Großeltern uneingeschränkt (§ 1932 Abs. 1 S. 1), neben erbberechtigten Abkömmlingen des Erblassers nur, soweit er ihn zur Führung eines „angemessenen Haushalts" benötigt (§ 1932 Abs. 1 S. 2)[24]. 126

Der Anspruch setzt voraus, dass es jedenfalls zur Aufnahme eines gemeinsamen ehelichen Haushalts überhaupt gekommen ist, nicht dagegen, sofern die Ehegatten nicht einvernehmlich ihren gemeinsamen Haushalt aufgelöst haben, dass die Gatten beim Erbfall noch zusammenlebten. Maßgebend ist die **Haushaltsfunktion** der Gegenstände. Deshalb fallen unter den Anspruch nicht solche Sachen, die den persönlichen oder beruflichen Zwecken des einzelnen Ehegatten dienen, mögen sie sich auch in der gemeinsamen Wohnung befinden. 127

---

21 Die Vorschrift des § 1931 Abs. 4 regelt **nur** die **vertragliche Gütertrennung** (§ 1414), nicht die ihrer Struktur nach ebenfalls als Gütertrennung ausgestaltete Zugewinngemeinschaft.

22 Sobald der Erblasser drei oder mehr Kinder hinterlässt, wird dieses Ziel schon über § 1931 Abs. 1 S. 1 erreicht; vgl. das Beispiel oben bei Rdnr. 113.

23 Näher MünchKomm-*Kanzleiter* [6]2013, § 1471 Rdnr. 11 f.

24 Für die Frage eines „angemessenen Haushalts" kommt es nach dem Zweck der Vorschrift nicht nur auf wirtschaftliche Gesichtspunkte (unbedingt notwendige Gegenstände), sondern auch darauf an, dem Überlebenden die vertraute Umgebung des früheren ehelichen Haushalts zu erhalten.

V. Abgrenzung: Dreißigster und Unterhaltsanspruch der werdenden Mutter

1. Dreißigster

128 Im Titel über die Erbenhaftung ist der so genannte **Dreißigste** geregelt (§ 1969), auf den ebenfalls die Vermächtnisvorschriften (entsprechend) anzuwenden sind (§ 1969 Abs. 2.). Danach hat der Erbe den **Familienangehörigen** (auch dem Partner einer nichtehelichen Lebensgemeinschaft), die zur Zeit des Erbfalls dem **Hausstand** des Erblassers angehörten und von ihm **Unterhalt** bezogen, die ersten **30 Tage** nach dem Tod im gleichen Umfang wie der Erblasser Unterhalt zu gewähren und ihnen die Benutzung der Wohnung und des Hausrats zu gestatten[25].

2. Unterhalt der werdenden Mutter

129 Als zwingenden **gesetzlichen Unterhaltsanspruch** (kein gesetzliches Vermächtnis) spricht **§ 1963** der werdenden Mutter eines erwarteten (gesetzlichen oder durch Verfügung von Todes wegen eingesetzten) Erben einen angemessenen Unterhalt aus dem Nachlass zu. Die Vorschrift dient dem Schutz des *nasciturus* und ergänzt so die Vorschrift des § 1923 Abs. 2; sie gilt für eheliche wie für nichteheliche Kinder. – Im Übrigen erlischt der Unterhaltsanspruch einer verheirateten Mutter mit dem Tod ihres Ehemannes (und Vater des Kindes), § 1360a Abs. 3 in Verbindung mit § 1615 Abs. 1; sie hat also keine Ansprüche gegenüber dem Erben. Dagegen bleibt der Unterhaltsanspruch der Mutter eines nichtehelichen Kindes nach § 1615l über den Tod des Vaters hinaus bestehen (§§ 1615l Abs. 3 S. 4, 1615n) und richtet ich nun gegen den Erben, § 1967.

VI. Gesetzliches Erbrecht des Lebenspartners

130 Auch überlebenden Partnern und Partnerinnen einer **eingetragenen Lebenspartnerschaft** (§ 1 Abs. 1 LPartG) erkennt **§ 10 LPartG** ein **gesetzliches Erbrecht** in Anlehnung an das Ehegattenerbrecht des BGB zu. Allerdings lässt die Fassung des Gesetzes Raum für Zweifelsfragen.

1. Ausschluss des Lebenspartnererbrechts

131 Nach dem Vorbild des § 1933 schließt auch das LPartG unter bestimmten Umständen ein gesetzliches Erbrecht des überlebenden Partners aus (§ 10 Abs. 3 S. 1 Nr. 1 und Nr. 2 LPartG).

132 Gemäß **§ 10 Abs. 3 S. 1 Nr. 1 LPartG** entfällt ein gesetzliches Erbrecht, wenn im Zeitpunkt des Erbfalls die Voraussetzungen für eine Aufhebung der Lebenspartnerschaft nach § 15 Abs. 2 S. 1 Nr. 1 oder Nr. 2 LPartG vorlagen **und** der Erblasser die Aufhebung beantragt oder ihr zugestimmt hatte.

25 Voraussetzung des Anspruchs ist keine bürgerlichrechtliche Unterhaltspflicht (§§ 1601 ff.).

Nach § 15 Abs. 2 S. 1 Nr. 1 LPartG wird die Lebenspartnerschaft aufgehoben, wenn die Partner seit einem Jahr getrennt leben und wenn beide die Aufhebung beantragt haben oder der Antragsgegner ihr zugestimmt hat (Abs. 2 S. 1 Nr. 1 a). Aufhebung erfolgt auf Antrag eines Partners auch dann, wenn nicht erwartet werden kann, dass eine partnerschaftliche Lebensgemeinschaft wieder hergestellt wird (Abs. 2 S. 1 Nr. 1 b).

Gemäß § 15 Abs. 2 S. 1 Nr. 2 LPartG hebt das Gericht die Lebenspartnerschaft auf, wenn die Partner seit drei Jahren getrennt leben und ein Lebenspartner die Aufhebung beantragt hat.

Nach **§ 10 Abs. 3 S. 1 Nr. 2 LPartG** ist ein gesetzliches Erbrecht des überlebenden Partners weiterhin ausgeschlossen, wenn der Erblasser einen Antrag nach § 15 Abs. 2 S. 1 Nr. 3 LPartG gestellt hatte und dieser Antrag begründet war. **133**

Gemäß § 15 Abs. 2 S. 1 Nr. 3 LPartG ist die Lebenspartnerschaft aufzuheben, wenn ihre Fortsetzung für den Antragsteller aus Gründen, die in der Person des Partners liegen, eine unzumutbare Härte wäre.

In all diesen Fällen (Rdnr. 132, 133) erlangt der überlebende Partner in analoger Anwendung des § 16 S. 2 LPartG einen Anspruch auf **nachpartnerschaftlichen Unterhalt** (§ 10 Abs. 3 S. 2 LPartG). **134**

Keine Regelung gefunden haben die für Ehegatten in den §§ 1319, 1320 behandelten Fragen (Rechtslage bei Eingehung einer zweiten Lebenspartnerschaft nach Todeserklärung eines Partners). Ob die Auswirkungen der zweiten Lebenspartnerschaft auf die gegebenenfalls noch bestehende erste und die damit zusammenhängenden erbrechtlichen Konsequenzen in einer analogen Anwendung der §§ 1319, 1320 zu finden sind, ist zweifelhaft[26]. Denn man wird nicht ohne Weiteres von der Wirksamkeit der zweiten Lebenspartnerschaft ausgehen können (§ 1 Abs. 3 Nr. 1 LPartG: „[...] **kann** nicht wirksam begründet werden [...]“[27]. Berücksichtigt man aber, dass die Regelungen der §§ 1319, 1320 maßgeblich durch den **Vertrauensschutz zugunsten** eines **gutgläubigen** Partners bestimmt sind, so rechtfertigt sich im Ergebnis doch wohl eine analoge Anwendung dieser Vorschriften. **135**

2. Lebenspartner als Verwandter

Lebenspartnerschaften können auch zwischen Verwandten (etwa zwischen Cousins oder Cousinen) begründet werden[28]. Die erbrechtliche Stellung des überlebenden verwandten Partners regelt § 10 Abs. 1 S. 6, 7 LPartG. Inhaltlich gilt die oben dargestellte Regelung des § 1934[29]. **136**

3. Umfang des Lebenspartnererbrechts

Der Umfang des gesetzlichen Erbrechts eines Lebenspartners orientiert sich an § 1931 Abs. 1, Abs. 2: ein **Viertel** neben der **ersten**, die **Hälfte** des Nachlasses neben der **zweiten Erbordnung** oder neben den **Großeltern** des Erblassers (§ 10 Abs. 1 S. 1 LPartG). Geregelt ist auch der Fall des Vorversterbens von Großelternteilen und dem daraus folgenden Zusammentreffen mit nachrückenden Abkömmlingen (§ 1926 **137**

26 Vgl. oben Rdnr. 110.
27 Vgl. dazu die Formulierung in § 1306 („darf nicht“); in dieser Richtung *Muscheler*, Das Recht der Eingetragenen Lebenspartnerschaft, ²2004, Rdnr. 50.
28 Ausgeschlossen ist eine Lebenspartnerschaft zwischen Verwandten in gerader Linie sowie zwischen voll- und halbbürtigen Geschwistern, § 1 Abs. 3 Nr. 2, 3 LPartG.
29 Dazu oben Rdnr. 117.

Abs. 3). Nach § 10 Abs. 1 S. 2 LPartG erhält der überlebende Partner in diesem Fall auch den Anteil, der nach § 1926 den nachrückenden Abkömmlingen zufallen würde.

4. Einwirkung des Güterstandes

138 Haben Lebenspartner nichts anderes vereinbart, leben sie im Güterstand der **Zugewinngemeinschaft**, § 6 S. 1 LPartG. Auf die Vorschriften des gesetzlichen Ehegüterrechts wird durch § 6 S. 2 LPartG global verwiesen. Durch **Lebenspartnerschaftsvertrag** können die güterrechtlichen Verhältnisse abweichend geregelt werden, § 7 S. 1 LPartG. Auch insoweit verweist § 7 S. 2 LPartG global auf das Vertragsgüterrecht des BGB.

139 Im Falle der **Zugewinngemeinschaft** findet die Vorschrift des **§ 1371 entsprechende Anwendung** (§ 6 S. 2 LPartG). Die Verstärkung der gesetzlichen Erbquote (§ 10 Abs. 1 LPartG) um ein **Viertel** kommt damit auch dem überlebenden, erbberechtigten Lebenspartner zugute[30]. Entsprechendes gilt für die Verpflichtung des hinterbliebenen Partners, nach § 1371 Abs. 4 den einseitigen, erbberechtigten Abkömmlingen – also regelmäßig allen – aus dem zugewonnenen Viertel Mittel für eine angemessene Ausbildung zur Verfügung zu stellen.

140 Wird der überlebende Lebenspartner nicht Erbe (§ 1371 Abs. 2) oder schlägt er die Erbschaft aus (§ 1371 Abs. 3), erhält er in entsprechender Anwendung der §§ 1372 ff. den Zugewinnausgleich und den kleinen Pflichtteil (§ 10 Abs. 6 LPartG[31]).

141 Haben die Lebenspartner **Gütertrennung** vereinbart, verbleibt es bei der Regelung des § 10 Abs. 1 S. 1 LPartG. Eine Parallele zu § 1931 Abs. 4 (erbrechtliche Gleichstellung des überlebenden Gatten mit einem oder zwei Kindern des Erblassers) findet sich in § 10 Abs. 2 S. 2 LPartG.

142 Leben die Partner in **Gütergemeinschaft** gilt ebenfalls die allgemeine Regelung des § 10 Abs. 1 S. 1 LPartG mit den entsprechenden Konsequenzen[32].

5. Voraus des Lebenspartners

143 Auch dem überlebenden Lebenspartner steht neben seinem Erbteil der Voraus als gesetzliches Vorausvermächtnis zu (§ 10 Abs. 1 S. 3 bis S. 5 LPartG)[33].

30 Dies trotz fehlender Parallele zu § 1931 Abs. 3 im LPartG; vgl. *Leipold* ZEV 2001, 218, 219 re. Sp.
31 Näher hierzu unten § 21.
32 Vgl. oben Rdnr. 124 f.
33 Die Vorschrift entspricht § 1932. Obwohl nicht ausdrücklich im LPartG geregelt (wie durch § 1933 Abs. 1 S. 1 für Ehegatten), muss für den Voraus bei der Lebenspartnerschaft ebenfalls § 10 Abs. 3 LPartG (Ausschluss des Voraus) gelten.

§ 6 Ausschluss der Erbfolge und Erbunwürdigkeit

I. Enterbung

Ein **gesetzlicher Erbe** (Verwandte des Erblassers, §§ 1924 ff.; Ehegatte, § 1931 und Lebenspartner, § 10 LPartG) ist **von der Erbfolge ausgeschlossen**, wenn ihn der Erblasser durch Verfügung von Todes wegen **enterbt**. Das kann durch ein so genanntes **Negativtestament**, also ohne dass zugleich ein Erbe eingesetzt wird, geschehen (§ 1938), oder dadurch, dass der Erblasser **anderweitig positiv** vollständig über den Nachlass **verfügt**. In diesem Falle steht den nächsten Angehörigen des Erblassers (Abkömmlingen, Eltern, Ehegatten, Lebenspartner) der Pflichtteil zu (§ 2303 Abs. 1, Abs. 2; § 10 Abs. 6 LPartG)[1]. **144**

II. Erbverzicht

Von der **gesetzlichen Erbfolge** ausgeschlossen ist, wer durch Vertrag mit dem Erblasser auf sein gesetzliches Erbe **verzichtet hat** (§§ 2346 ff.)[2]. Der Erbverzichtsvertrag bedarf der notariellen Beurkundung (§ 2348). Er kann auf das Pflichtteilsrecht beschränkt werden (§ 2346 Abs. 2). Es handelt sich dann um einen so genannten **isolierten Pflichtteilsverzicht**, der die gesetzliche Erbenstellung unberührt lässt, es aber dem Erblasser ermöglicht, den Pflichtteilsberechtigten ohne die Konsequenz des § 2303 Abs. 1 von der Erbfolge auszuschließen. Die Vorschriften über den Erbverzicht gelten für Lebenspartner entsprechend (§ 10 Abs. 7 LPartG). **145**

In der Form des Erbverzichtsvertrags kann auch ein **testamentarisch eingesetzter Erbe** oder **Vermächtnisnehmer** auf seine Zuwendung verzichten – so genannter **Zuwendungsverzicht**. Dasselbe gilt für eine erbvertragliche Zuwendung, die einem Dritten gemacht wird **(§ 2352)**. **Bedeutung** hat diese Vorschrift dort, wo der Erblasser seine Verfügung **nicht mehr einseitig widerrufen kann**, wie bei bindend gewordenen wechselbezüglichen Verfügungen im gemeinschaftlichen Ehegattentestament (§ 2271 Abs. 2)[3].

Wer auf sein gesetzliches Erbrecht verzichtet hat, wird bei Eintritt des Erbfalles behandelt, als würde er nicht mehr leben. Ihm steht **auch kein Pflichtteilsrecht** zu (§ 2346 Abs. 1 S. 2 Halbs. 2). **146**

Diese **Rechtsfolgen erstrecken sich**, wenn ein Abkömmling oder Seitenverwandter des Erblassers auf sein Erbrecht verzichtet hat, auch auf **dessen Abkömmlinge**, sofern nichts anderes vereinbart ist (§ 2349). Die Vorschrift des **§ 2349** gilt **seit 1.1.2010** auch bei einem Verzicht auf **testamentarische** oder **erbvertragliche Zuwendungen** (§ 2352 S. 3). Der Grund für diese Erstreckung auf alle vorhandenen und künftigen Abkömmlinge liegt darin, dass der **Verzicht** in aller Regel gegen eine Abfindung erfolgt, die nicht nur dem Verzichtenden selbst, sondern seinem Stamm zugute kommt, der nicht

1 Dazu unten §§ 20, 21.
2 Zum Inhalt des Erbverzichts vgl. oben § 1 Rdnr. 8.
3 Zum gemeinschaftlichen Ehegattentestament vgl. unten § 13 und im hiesigen Zshg. Rdnr. 426.

mehrfach am Vermögen/Nachlass des Erblassers partizipieren soll. Für die Wirksamkeit eines Verzichts und seiner Auswirkungen auf Abkömmlinge kommt es aber auf eine Abfindung nicht an.

Der Verzicht eines **Abkömmlings** (auf sein **gesetzliches Erbrecht**) ist fernerhin dadurch bedingt, dass dieser Erbteil den anderen Abkömmlingen, dem Ehegatten oder dem Lebenspartner des Erblassers zugute kommt (**§ 2350 Abs. 2**): Soweit sich nichts anderes dem Verzichtsvertrag entnehmen lässt, ist danach der Verzicht unwirksam, soweit Erben zweiter oder höherer Ordnung oder ein Dritter zur Erbschaft gelangen.

147 Der Erbverzichtsvertrag ist ein **abstraktes Verfügungsgeschäft**, dessen Inhalt der **Ausschluss des Anfalls der Erbschaft** ist[4]. Auch wenn ihm selbst also keinerlei verpflichtender Charakter zukommt, so liegt ihm doch regelmäßig ein **schuldrechtliches Kausalgeschäft** zugrunde. Dieses ist in der Praxis gewöhnlich ein **gegenseitiger Vertrag**, in dem sich der Erblasser zur Zahlung einer Abfindung und der Erbanwärter zum Abschluss des Verzichtsvertrags verpflichten. Auf einen solchen Vertrag sind die §§ 320 ff. uneingeschränkt anwendbar.

Das schuldrechtliche Kausalgeschäft (gegenseitiger Verpflichtungsvertrag) bedarf nach herrschender Meinung ebenfalls der für den Verzichtsvertrag vorgeschriebenen Form (**notarielle Beurkundung**, § 2348), wenn es (wie regelmäßig) eine Verpflichtung zum Abschluss des Verzichts begründet[5]. Ein ohne Beachtung dieser Form abgeschlossenes Verpflichtungsgeschäft wird aber, kommt es tatsächlich zum Abschluss des Verzichtsvertrages, entsprechend den Vorschriften der §§ 311b Abs. 1 S. 2, 518 Abs. 2, 766 S. 3 seinem ganzen Inhalt nach durch Heilung des Formmangels wirksam[6].

Die für einen Erb- oder Pflichtteilsverzicht geleistete Zuwendung kann allerdings auch eine **Schenkung** (§ 516 Abs. 1) sein – mit der Folge etwa des § 528 (Rückforderung wegen Verarmung) oder des § 530 (Widerruf)[7]. Entscheidend dafür ist das **subjektive Einigsein** der Parteien über die **Unentgeltlichkeit** der (Erblasser-)**Zuwendung**, § 516 Abs. 1. Starkes Indiz für einen solchen (übereinstimmenden) Willen ist der Umstand, dass die Zuwendung des Erblassers nicht gerade deshalb geleistet wird, um vom anderen Teil die Erb- beziehungsweise Pflichtteilsverzichtserklärung zu erhalten – dazu beispielhaft nachfolgend **Fall 18** (Rdnr. 152), sondern etwa um dem (in finanzielle Nöte geratenen) Zuwendungsempfänger (schon jetzt) zu helfen. Erb- und Pflichtteilsverzicht dienen dann oft (nur) der Ausgleichung dieser lebzeitigen Zuwendung gegenüber anderen Erbprätendenten[8]. Der BGH geht in seiner Entscheidung davon aus, dass ein solcher Wille (mangels anderer Hinweise) regelmäßig dann anzunehmen sei, wenn die Höhe der Zuwendung in etwa der Erberwartung entspricht oder diese gar übertrifft.

Zum Teil recht schwierige Fragen treten auf, wenn das Zusammenspiel der beiden getrennten Verträge (Abfindungs- und Verzichtsvertrag) „gestört" ist. Dabei sind **einmal** zu **unterscheiden** die Fälle, in denen eine Leistungsstörung bei Vorliegen eines **wirksamen Verpflichtungsgeschäfts** eintritt und jene, in denen zwar ein **wirksamer Verzichtsvertrag** existiert, aber der Abfindungsvertrag nicht zustande kam oder sich als unwirksam erweist. **Zum anderen** muss darauf geachtet werden, ob diese Störung **vor oder nach** dem **Eintritt des Erbfalls** rechtliche Relevanz erlangt.

4 Vgl. oben § 1 Rdnr. 8. Zur abstrakten Rechtsnatur des Erbverzichtsvertrages vgl. BGHZ 37, 319, 327.
5 Palandt-*Weidlich* § 2348 Rdnr. 1; OLG Köln ZEV 2011, 384 ff.
6 Vgl. etwa Erman-*U. Simon* § 2348 Rdnr. 3.
7 BGH NJW 2016, 324 ff.
8 BGH NJW 2016, 324, 326 Tz. 25.

1. Wirksames Verpflichtungsgeschäft

Kommt der **Erblasser selbst** seinen Verpflichtungen zum Abschluss des Verzichtsvertrages oder zur Zahlung der vereinbarten Abfindung nicht nach, kann der Verzichtende auf Erfüllung bestehen oder vom Schuldvertrag gem. § 323 Abs. 1 zurücktreten und vom Erblasser die Aufhebung eines bereits abgeschlossenen Verzichtsvertrages verlangen (§ 346 Abs. 1). 148

Ein **Erbverzichtsvertrag** kann allerdings **nur** mit dem **Erblasser persönlich** abgeschlossen werden (§§ 2346 Abs. 1, 2347 Abs. 2 S. 1 Halbs. 1). Kommt es **zu Lebzeiten des Erblassers nicht zu einem Abschluss**, so scheidet ein Vertragsschluss mit dem Erben aus[9]. Besteht zu diesem Zeitpunkt bereits eine wirksame Verpflichtung des Erbanwärters zum Abschluss eines solchen Vertrages, so ist mit Ableben des Erblassers die **Erfüllung** dieser Verpflichtung **unmöglich geworden** (§ 275 Abs. 1)[10]. Der Erbe kann dann nach § 326 Abs. 5 vom Verpflichtungsvertrag zurücktreten. Wurde die Abfindung bereits geleistet, kann sie gem. § 326 Abs. 4 zurückverlangt werden. 149

2. Wirksamer Verzichtsvertrag

Schwieriger ist die Rechtslage, wenn ein **wirksamer Erbverzichtsvertrag** vorliegt, aber es zu Lebzeiten des Erblassers **nicht** (mehr) zum **Abschluss eines Verpflichtungsvertrags** (Abfindungsvertrag) kommt, sich dieser als **unwirksam** erweist oder sich das angestrebte Ziel eines bestehenden Verpflichtungsvertrages wegen **Umstandsänderungen** oder falscher Annahmen der Parteien **nicht (mehr) erreichen lässt**. 150

Zu achten ist auch hier darauf, ob die Unwirksamkeit (Störung) des schuldrechtlichen Verpflichtungsgeschäfts noch zu **Lebzeiten des Erblassers** oder erst **nach Eintritt des Erbfalls** Bedeutung erlangt.

Wird der Verpflichtungsvertrag **vor dem Tod des Erblassers** etwa infolge einer Irrtumsanfechtung hinfällig (§ 142 Abs. 1), fehlt dem erklärten Erbverzicht der tragende Rechtsgrund. Grundsätzlich denkbar ist, dass in den (abstrakten) Verzichtsvertrag die Wirksamkeit des Abfindungsvertrages als eine **Bedingung** (§ 158) aufgenommen wurde oder dass beide Verträge zu einer **Geschäftseinheit** verbunden sind (§ 139). Dann fällt mit der Wirksamkeit des Abfindungsvertrages auch der Verzichtsvertrag[11]. Allerdings müssen wegen der **abstrakten Rechtsnatur** des Erbverzichts für die Annahme einer Bedingung oder einer Geschäftseinheit tatsächlich hinreichende Umstände vorhanden sein. 151

Fehlen diese, so geht ein Teil des Schrifttums von einem **bereicherungsrechtlichen Anspruch** des Verzichtenden **gegen den Erblasser** (§ 812 Abs. 1 S. 1 Alt. 1) auf **Aufhebung des Verzichtsvertrages** nach § 2351 aus[12]. Dagegen werden aber erhebliche Bedenken vorgebracht. Insbesondere wird bezweifelt, ob der Erblasser überhaupt **„etwas“** im

9 BGHZ 134, 60, 63, 65 (Erbverzichtsvertrag und Pflichtteilsverzichtsvertrag).
10 BGHZ 37, 319, 329 f.
11 So BayObLG NJW 1958, 344 f.: ausgeübter Rücktritt vom schuldrechtlichen Abfindungsvertrag (§§ 346 ff.) oder auflösende Bedingung des Erbverzichtsvertrags (im Wege der Umdeutung, § 140) – mit Analogie zu § 2293 (keine Rückwirkung des Rücktritts).
12 Z. B. *Brox/Walker* Rdnr. 299.

Sinne des § 812 Abs. 1 S. 1 Alt. 1 **erlangt hat**. Denn durch den Erbverzicht erhalte er nichts, was er nicht ohnehin bereits in seinem Vermögen habe. Die Vertreter eines bereicherungsrechtlichen Ausgleichs stellen demgegenüber auf die durch den Verzicht mit einem größeren Entscheidungsspielraum verbundene „vorteilhafte Rechtsstellung" ab[13]. Aber auch insoweit ließe sich sagen, dass der Erblasser hier nichts erhält, was ihm nicht ohnehin durch die Testierfreiheit (Enterbung des gesetzlichen Erben) zukommt. Zutreffend ist dieser Gedanke allenfalls für den Verzicht auf die vom Erblasser selbst nicht entziehbare Teilhabe am Nachlass (Pflichtteilsverzicht), der mit einem Erbverzicht zwar regelmäßig (§ 2346 Abs. 1 S. 2 Halbs. 2), aber nicht notwendig (abweichende Vereinbarung) verbunden ist. Fraglich ist auch, ob dem Erblasser etwas **„auf Kosten"** des Verzichtenden geleistet wird, weil der gesetzliche Erbe vor dem Erbfall eben keinerlei subjektive erbrechtliche Position, sondern lediglich eine unsichere Chance innehat[14]. Vorgeschlagen wird deshalb eine Analogie zu § 2295[15] oder der Lösungsweg über den Einwand unzulässiger Rechtsausübung (§ 242)[16].

Im Ergebnis ist dieser Kritik allerdings nicht beizupflichten. Gegenstand des Erbverzichts ist der **Ausschluss des Anfalls der Erbschaft** beim Tod des Erblassers. Der Anfall einer Erbschaft (§ 1942 Abs. 1) ist aber fraglos von **wirtschaftlich-vermögensmäßigem** Gewicht. Nichts anderes gilt für eine Verfügung über diesen Vermögensvorteil, wie sie im Erbverzicht geschieht. Der **Vermögensvorteil** liegt in der vom Gesetz eingeräumten **dinglichen Dispositionsmöglichkeit** über den **Anfall der Erbschaft** als **Vermögensaussicht**. Dieser Vermögensvorteil befindet sich nicht (bereits) im Erblasser-Vermögen. Der Ausschluss des Erbanfalls beim Verzichtenden und die erst dadurch geschaffene Möglichkeit zu den vom Erblasser beabsichtigten spezifischen Vermögensverfügungen sind erst das Ergebnis des Verzichtsvertrages. Dass der Erblasser durch Testament ähnliche Folgen herbeiführen kann, ändern nichts daran, dass die im Erbverzicht liegende Verfügung eine originäre wirtschaftliche Bedeutung hat. Dass und was diese Vermögensposition dem Erblasser „wert ist", wird in den vorliegenden Fällen durch die in Aussicht genommene oder vereinbarte Abfindung deutlich. Dieser Vorgang geschieht auch **„auf Kosten"** des **Verzichtenden**. Denn für ihn ist der Anfall einer Erbschaft jetzt ausgeschlossen.

Vorzugswürdiger Lösungsweg ist daher bei **Lebzeiten des Erblassers** die Kondiktion des Erbverzichts durch Aufhebungsvertrag (§ 2351) gem. § 812 Abs. 1 S. 1 Alt. 1.

152 **Nach Eintritt des Erbfalls** scheidet diese Möglichkeit aus. Eine Aufhebung des Erbverzichts kommt nur mit dem Erblasser, der den Aufhebungsvertrag persönlich schließen muss, in Betracht (§ 2351 in Verbindung mit § 2347 Abs. 2 S. 1 Halbs. 1). Nach dem Tod des Erblassers ist der **Verzicht** daher **grundsätzlich irreversibel**. Das hat der BGH in einem Fall deutlich gemacht, in dem der ursprünglich mit Abfindungsvertrag und

13 Vgl. Staudinger-*Schotten* 2016, § 2346 Rdnr. 183.
14 Vgl. oben § 1 Rdnr. 4.
15 *Larenz* JherJb 81, 1, 18.
16 So noch *Schlüter* Erbrecht [16]2007, Rdnr. 412; im Sinne eines bereicherungsrechtlichen Anspruchs jetzt *Schlüter/Röthel* Erbrecht [17]2015, § 24 Rdnr. 6. – Zum Streitstand insgesamt und den einzelnen Lösungsvorschlägen vgl. ebendort und Staudinger-*Schotten*, 2016, § 2346 Rdnr. 180 ff.

Erbverzicht verfolgte Zweck durch Umstandsänderung nach dem Erbfall nicht mehr erreicht werden konnte.

Fall 18[17]**:** Die Eheleute M und F betrieben eine Landwirtschaft. Durch gemeinschaftliches Ehegattentestament war Sohn S als Schlusserbe nach dem Längstlebenden eingesetzt worden[18]. Tochter T hatte auf ihr gesetzliches Erbteil sowie auf Pflichtteilsansprüche gegen eine Abfindung (Bausparvertrag in Höhe von 10 000 €) verzichtet. Leitender Gedanke für den Verzicht und die (bescheidene) Abfindung war, dass der Hof der Eltern „in der Hand der Familie" bleiben und von S und seinen Kindern fortgeführt werden sollte. Fünf Jahre nach Erbantritt veräußerte S das Anwesen. T machte daraufhin die Unwirksamkeit des Verzichts- wie des Abfindungsvertrages geltend.

Mit dem Tod des längstlebenden Elternteils war S **(Fall 18)** Erbe geworden (§ 1922 Abs. 1). Der (wirksame) Erbverzicht der T verschaffte ihm die Stellung eines Alleinerben: T hatte weder ein gesetzliches Erbrecht noch einen Pflichtteilsanspruch; die erbrechtliche Lage für die verzichtende T entspricht der Situation als würde sie zur Zeit des Erbfalls nicht mehr leben (§ 2346 Abs. 1 S. 2 Halbs. 1). Diese Rechtswirkungen treten mit Abschluss des Verzichtsvertrages ein (Verfügung).

Zu erwägen wäre in **Fall 18**, ob nicht die **Geschäftsgrundlage** dieses **Verzichtsvertrages** durch die wenige Jahre nach Hofübernahme erfolgte Veräußerung des Anwesens durch S **entfallen** sein könnte, weil der dabei „leitende Gedanke" die Generationen übergreifende Fortführung des Betriebes gewesen war (§ 313). – Der BGH hat diese Überlegungen **grundsätzlich zurückgewiesen**: Mit dem **Tode des Erblassers** gestaltet sich die neue Rechtslage kraft **zwingend-erbrechtlicher** Universalsukzession (§ 1922 Abs. 1). Gründe der **Rechtssicherheit**, insbesondere Interessen der Nachlassgläubiger, **schließen** eine **nachträgliche Änderung der dinglich-erbrechtlichen Lage** nach den Regeln des Wegfalls der Geschäftsgrundlage **aus**. Denn auch eine Aufhebung des Verzichts nach dem Tode des Erblassers (entsprechend § 2351) ist nicht mehr möglich[19].

Aus denselben Gründen (Rechtssicherheit) schließt der BGH nach dem Erbfall auch eine Aufhebung des Verzichts jedenfalls wegen **Zweckverfehlung** (§ 812 Abs. 1 S. 2 Alt. 2) aus. Ob eine Anfechtung des Erbverzichtsvertrages möglich ist, lässt er dahingestellt[20].

In Betracht kommt jedoch eine **Anpassung** des Rechtsgrundes, also des **schuldrechtlichen Abfindungsvertrages** mit der Folge, dass den Nachteilen des Verzichtenden mit Ansprüchen gegen den Nachlass zu begegnen sei. Im vorliegenden Fall hat der BGH eine Anpassung bis zur Höhe der Abfindungsregelung nach Höferecht für denkbar gehalten[21].

17 Sachverhalt in Anlehnung an BGH NJW 1997, 653.
18 Dazu näher unten § 13 Rdnr. 406 f.
19 BGH NJW 1999, 789 re. Sp.; BayObLG NJW-RR 2006, 372, 373.
20 BGH NJW 1999, 789 re. Sp.; für den Ausschluss **auch** einer **Anfechtung** nach Eintritt des Erbfalls BayObLG NJW-RR 2006, 372, 373 f. mit weit. Nachweisen.
21 BGH NJW 1997, 653, 654 li. Sp.; für eine Anpassung des schuldrechtlichen Vertrages im Falle ehemaligen „DDR-Vermögens" OLG Hamm ZEV 2000, 507 ff.

Nach allgemeiner Auffassung ist somit eine **Aufhebung des Verzichtsvertrages nach dem Tode des Erblassers nicht mehr möglich**[22]. Erweist sich dann der Abfindungsvertrag als unwirksam und der Verzichtsvertrag damit als rechtsgrundlos, so hat der Erbe nach dem oben dargestellten bereicherungsrechtlichen Lösungsweg gem. § 818 Abs. 2 Wertersatz zu leisten.

III. Erbunwürdigkeit

153 Im Gegensatz zum Erbverzicht fällt die Erbschaft einer erbunwürdigen Person zunächst an. Die Erbunwürdigkeit kann überhaupt erst **nach Anfall der Erbschaft geltend gemacht** werden (§ 2340 Abs. 2 S. 1), und zwar durch Anfechtung des Erbschaftserwerbs (§ 2340 Abs. 1) im Wege der **Anfechtungsklage** (§ 2342 Abs. 1 S. 1). Die Klage wird gegen den Erben geltend gemacht und ist darauf zu richten, dass dieser für erbunwürdig erklärt wird (§ 2342 Abs. 1 S. 2). Zuständig für die Klage ist je nach Streitwert (§§ 71 Abs. 1, 23 Nr. 1 GVG) das Amts- oder Landgericht. **Anfechtungsberechtigt** ist jeder, dem der Wegfall des Erbunwürdigen zustatten kommt (§ 2341). Das setzt voraus, dass für den Anfechtungswilligen zumindest die Möglichkeit besteht, er könnte in die durch eine wirksame Anfechtung frei gewordene Position des Erben (§ 2344) einrücken.

Die **Wirkung der Anfechtung** tritt mit Rechtskraft des (Gestaltungs-)Urteils ein (§ 2342 Abs. 2) und hat zum Inhalt, dass der Anfall der Erbschaft an den Erbunwürdigen als nicht erfolgt gilt (§ 2344 Abs. 1). Die Erbschaft fällt demjenigen an, der Erbe sein würde, hätte der Erbunwürdige im Zeitpunkt des Erbfalls nicht gelebt; der Anfall gilt als im Zeitpunkt des Erbfalls erfolgt (§ 2344 Abs. 2). **Verfügungen** des für **erbunwürdig Erklärten** werden rückwirkend **unwirksam**. Gegenüber Dritten finden die Regeln des gutgläubigen Erwerbs Anwendung. Die Rückwirkung schließt ein Abhandenkommen (§§ 857, 935) aus. Verpflichtungen binden nur den Erbunwürdigen. Im Verhältnis zum Erben gelten die Vorschriften für den (bösgläubigen) Erbschaftsbesitzer (§§ 2018 ff.)[23].

154 Voraussetzung einer erfolgreichen Anfechtungsklage ist das Vorliegen eines **Erbunwürdigkeitsgrundes** im Sinne des **§ 2339 Abs. 1**. Liegt in der Person eines Pflichtteilsberechtigten ein solcher Grund vor, ist der Pflichtteilsanspruch anfechtbar (§ 2345 Abs. 2, Abs. 1 S. 1). Das Gleiche gilt für einen Vermächtnisnehmer.

Strittig ist die Frage, ob und inwieweit die einzelnen Erbunwürdigkeitsgründe des § 2339 Abs. 1 Nr. 1 bis 4 analogiefähig beziehungsweise einer extensiven Auslegung oder umgekehrt auch einer teleologischen Reduktion zugänglich sind[24]. Dabei spielt der **Normcharakter** der Vorschrift eine Rolle. Teilweise wird angenommen, §§ 2339 ff. würden eine Regelvermutung dahingehend aufstellen, der Gesetzgeber sei typisierend davon ausgegangen, in den Fällen des § 2339 Abs. 1 entspreche es dem hypothetischen

22 Etwa Staudinger-*Schotten* 2016, § 2346 Rdnr. 96
23 Zum Erbschaftsanspruch näher unter § 16.
24 Vgl. etwa MünchKomm-*Helms* § 2339 Rdnr. 7.

Erblasserwillen, den Täter von der Erbschaft auszuschließen. Diese Vermutung könne aber widerlegt werden („hypothetische Verzeihung“; vgl. § 2343).

Dem ist der BGH nunmehr entgegengetreten[25]. Danach lasse § 2339 keine abwägende Einschränkung im Sinne einer Regel-Ausnahme-Vorschrift zu. Es gehe um eine vom Gesetz bestimmte zivilrechtliche Sanktion für schwerstes Handlungsunrecht – so im konkreten Fall für Straftaten nach § 2339 Abs. 1 Nr. 1. **Anders** als beim **Pflichtteilsentziehungsgrund** des § 2333 Nr. 1 **genüge** für § 2339 Abs. 1 Nr. 1 **nicht**, dass der Täter lediglich „in einem natürlichen Sinne vorsätzlich gehandelt habe“ (BVerfG), vielmehr sei hier **Schuldfähigkeit** zu fordern[26].

25 BGHZ 204, 258 ff.

26 BGHZ 204, 258, 267 Tz. 22 f. Zu den Pflichtteilsentziehungsgründen und der angeführten Rechtspr. des BVerfG unten § 20 Rdnr. 591 ff.

Dritter Teil

Verfügungen von Todes wegen

§ 7 Begriff und Abgrenzungen

I. Verfügungen von Todes wegen

155 **Verfügungen von Todes wegen** sind **rechtsgeschäftliche** Gestaltungsmöglichkeiten des Erblassers, in den **Formen des Erbrechts** Anordnungen über sein Vermögen für **die Zeit nach seinem Ableben** zu treffen. Diese Formen sind das (einseitige) **Testament** (Einzeltestament, §§ 1937, 2229 ff.; gemeinschaftliches Ehegatten- und Lebenspartnertestament, §§ 2265 ff.; § 10 Abs. 4 LPartG) und der zweiseitige **Erbvertrag** (§§ 1941, 2274 ff.)[1]. Der Begriff der „Verfügung von Todes wegen" bezeichnet in diesem Zusammenhang also den **einzelnen Rechtsgeschäftstypus**. Den begrifflichen Gegensatz dazu bilden die Rechtsgeschäfte unter Lebenden.

156 Als „Verfügung" von Todes wegen wird darüber hinaus aber auch die **einzelne inhaltliche Anordnung** in Testament oder Erbvertrag bezeichnet[2], also die Erbeinsetzung einer bestimmten Person (§ 1937), die Aussetzung eines Vermächtnisses (§ 1939) oder die Beschwerung mit einer Auflage (§ 1940) u. a[3].

157 In einem doppelten Sinne **abzugrenzen** ist die Verfügung von Todes wegen gegenüber einer **Verfügung** im Sinne der **allgemeinen Rechtsgeschäftslehre** (§ 185), d. h. der unmittelbaren rechtsgeschäftlichen Einwirkung auf den Bestand eines Rechtes. Einmal entfalten Verfügungen von Todes wegen, obgleich wirksam errichtet, ihre Wirkungen nicht sofort, sondern erst mit dem Ableben des Erklärenden. Zum Zweiten bezeichnen sie aber auch nicht nur Anordnungen mit dinglich-rechtsändernder Wirkung (§§ 1922 Abs. 1, 1937), sondern ebenso die Begründung (bislang nicht bestehender) schuldrechtlicher Positionen, wie beim Vermächtnis (§§ 1939, 2174) oder Anordnungen inhaltlich ganz anderer Art, wie z. B. die Vollzugsberechtigung bei einer Auflage (§§ 1940, 2194) oder die besonderen Rechtswirkungen bei der Testamentsvollstreckung, die die vermögensrechtliche Situation unverändert lassen.

Als Typen einer Verfügung von Todes wegen können Testament und Erbvertrag aber auch Willenserklärungen enthalten, die auf ein **Rechtsgeschäft unter Lebenden** mit „Wirkung auf den Todesfall" abzielen[4]. So kann etwa der Erblasser in seinem Testament einem Dritten eine

1 Während der Erbvertrag inhaltlich sich deckende Willenserklärungen voraussetzt, liegen dem gemeinschaftlichen Testament zwei einzelne, selbstständige Willenserklärungen zugrunde. Sie müssen aber vom beiderseitigen tatsächlichen Willen der Beteiligten zur Gemeinschaftlichkeit der Testamentserrichtung getragen sein.

2 Vgl. die Formulierung in §§ 2085, 2253.

3 Die §§ 1937-1940 nennen zwar die wichtigsten Inhalte letztwilliger Verfügungen, sind aber keineswegs abschließend. Weitere Verfügungen sind etwa aus dem Erbrecht die Ernennung eines Testamentsvollstreckers (§ 2197) oder aus dem Familienrecht die Bestimmung des Nachlasses (bei einem in Gütergemeinschaft lebenden Erben) zum Vorbehaltsgut (§ 1418 Abs. 2 Nr. 2).

4 MünchKomm-*Leipold* § 1937 Rdnr. 40.

Vollmacht erteilen oder den Widerruf einer Schenkung anordnen[5]. Weil es sich bei einer Vollmachtserteilung (§ 167) nicht um eine erbrechtliche Verfügung von Todes wegen handelt, ist es für deren Wirksamkeit auch belanglos, ob etwa die notwendige Testamentsform eingehalten wurde[6].

Entscheidend für eine Verfügung von Todes wegen ist also nicht der (allgemeine) Wille des Erblassers, Bestimmungen über sein Vermögen für die Zeit nach seinem Tode zu treffen, sondern der Wille, solche Anordnungen gerade durch **erbrechtliche Formen** zu treffen[7]. Diese **erbrechtlichen Aktstypen** von **Rechtsgeschäften unter Lebenden** und von **Rechtsgeschäften unter Lebenden auf den Todesfall** abzugrenzen, kann im Einzelfall erhebliche Schwierigkeiten bereiten, wenn mit dem konkreten Rechtsgeschäft eine (unentgeltliche) **Zuwendung** des Erblasser gewollt ist. **158**

Keine (erbrechtliche) **Verfügung von Todes wegen** ist die so genannte **„Patientenverfügung"** (§§ 1901a ff.). Hier geht es nicht um vermögensrechtliche Bestimmungen (vgl. § 1922 Abs. 1), sondern um Anordnungen im Bereich der medizinischen Versorgung für den künftigen Fall der „Einwilligungsunfähigkeit" des Betroffenen. Die Patientenverfügung ist also Anerkennung und Ausdruck der Selbstbestimmung eines Menschen über den Zeitpunkt hinaus, bis zu dem er auf medizinischem Gebiet die eigenen Interessen aktuell persönlich wahrnehmen kann. **159**

II. Zuwendung durch Verfügung von Todes wegen, Zuwendung unter Lebenden auf den Todesfall, Schenkungsversprechen von Todes wegen

1. Zuwendung durch Verfügung von Todes wegen

Kennzeichen einer Zuwendung durch Verfügung von Todes wegen (durch Testament oder Erbvertrag) ist, dass die **Rechtswirkung**, also der erbrechtlich-dingliche Erwerb gem. **§ 1922 Abs. 1** und auch die Begründung einer Forderung (z. B. § 2174), **erst mit dem Tode** des Verfügenden **kraft Gesetzes** erfolgt. Das geschieht zwar auch um der Freiheit des Erblassers willen, der sein Testament oder einzelne Verfügungen jederzeit und ohne besonderen Grund widerrufen kann (§ 2253), aber davon unabhängig zeigt sich darin doch eigentlich das entscheidende **dogmatische Wesenselement** einer Verfügung von Todes wegen. Auch beim bindenden, unwiderruflichen Erbvertrag ist die Rechtswirkung der Zuwendung bis zum Tod des Erblassers aufgeschoben. **160**

2. Zuwendung unter Lebenden

Die Rechtswirkung erst mit dem Tod gem. § 1922 Abs. 1 unterscheidet die Verfügung von Todes wegen von Zuwendungen unter Lebenden. Eindeutig abgrenzbar sind dabei jene Fälle, in denen sowohl das **schuldrechtliche Grundgeschäft** (z. B. das Schen- **161**

5 RGZ 170, 380 ff. – Die empfangsbedürftigen Willenserklärungen müssen aber dem Erklärungsgegner (für die Vollmacht: § 167 Abs. 1; für den Schenkungswiderruf: § 531 Abs. 1) zugehen (§ 130 Abs. 2). – Zur **Problematik** der Anordnung einer **Schenkung** vgl. unten Rdnr. 163 ff.

6 RGZ 114, 351, 354; Soergel-*Leptien* [13]1999, § 168 Rdnr. 30; andererseits ist aber die für das einzelne Rechtsgeschäft (unter Lebenden) vorgesehene Form einzuhalten.

7 Ebenso MünchKomm-*Leipold* § 1937 Rdnr. 4.

kungsversprechen) **und** die rechtsgeschäftliche **Zuwendung** (Übereignung des geschenkten Gegenstandes) zu Lebzeiten des Zuwendenden und des Empfängers wirksam geworden sind. Aber auch dann, wenn diese Rechtsgeschäfte zu Lebzeiten abgeschlossen oder zumindest „initiiert“ wurden, sie ihre (endgültige) Wirksamkeit oder Erfüllung aber – sei es über den Weg einer Bedingung oder die Einschaltung eines Mittlers – erst nach dem Tode des Zuwendenden entfalten, handelt es sich um Rechtsgeschäfte unter Lebenden, etwa um eine lebzeitige Schenkung auf den Todesfall.

3. Schenkungsversprechen von Todes wegen

162 Die Grenzziehung zwischen Verfügung von Todes wegen und Rechtsgeschäft unter Lebenden greift das Gesetz in **§ 2301** für das so genannte **Schenkungsversprechen von Todes wegen** auf. Danach gilt: Ist ein Schenkungsversprechen (§ 518) auf den Tod des Schenkers **aufschiebend befristet** (§ 163 in Verbindung mit § 158 Abs. 1)[8] **und** durch das Überleben des Beschenkten **aufschiebend bedingt** (§ 158 Abs. 1), dann sollen gem. **§ 2301 Abs. 1** auf dieses Rechtsgeschäft (eines Lebenden) die Vorschriften über die **Verfügungen von Todes** wegen, also insbesondere die einschlägigen Formvorschriften des Erbrechts[9], Anwendung finden. Etwas **anderes** gilt, wenn der Schenker zu Lebzeiten eine derartige Zuwendung bereits **vollzogen** hat. Es bewendet sich dann bei den Vorschriften über eine **Schenkung unter Lebenden (§ 2301 Abs. 2)**. – Daraus ergibt sich für den gedanklichen Aufbau und die methodischen Schritte einer Falllösung der entscheidende Punkt: **Ausgang** für die Frage nach Erbrecht oder Schuldrecht ist **immer** das **schuldrechtliche Schenkungsversprechen**. **Nur** in den Fällen, in denen dieses **Grundgeschäft die Voraussetzungen** des **§ 2301 Abs. 1 S. 1** erfüllt, stellt sich **dann** die Frage nach der **dinglichen Erfüllung**, § 2301 Abs. 2. Hauptproblem ist hier, wann ein solcher dinglicher **„Vollzug“** der Schenkung vorliegt.

III. Schenkung unter Lebenden auf den Todesfall

1. Vollzug der Schenkung nach dem Tode des Schenkers

163 Um **Rechtsgeschäfte unter Lebenden** handelt es sich jedenfalls dann, wenn zu Lebzeiten der Parteien ein **wirksamer Schenkungsvertrag** (§ 518) zustande kam, die **Erfüllung** aber erst **nach Ableben** des Schenkers erfolgen soll.

Fall 19: Anlässlich eines Grundstücksverkaufs von E an B (§ 311b Abs. 1 S. 1) wird vereinbart, dass E dem B ein bestimmtes Gemälde schenke (§ 518 Abs. 1); Erfüllung soll B aber erst nach dem Tode des E verlangen können.

Hier liegt ein voll wirksamer Schenkungsvertrag vor. Die Verpflichtung des E ist **unbefristet** und **unbedingt** entstanden. Lediglich die **Fälligkeit** des Erfüllungsanspruchs ist vereinbarungsgemäß auf die Zeit nach dem Tod des E verschoben (§ 271 Abs. 2).

8 Ohne aufschiebende Befristung liegt eine (evtl. bedingte) Schenkung unter Lebenden auf den Todesfall vor; dazu i. E. *Olzen/Looschelders* Rdnr. 1196 ff. u. unten Rdnr. 172.

9 Dazu unten Rdnr. 186 ff.

Der Anwendungsbereich des § 2301 Abs. 1 ist deshalb nicht berührt. Es handelt sich um eine so genannte betagte Schenkung. Stirbt E, kann B vom Erben die Erfüllung dieses lebzeitig abgeschlossenen Schuldverhältnisses verlangen – und auch umgekehrt: Stirbt B vor E, können dessen Erben den entstandenen, unbedingten Anspruch gegen die späteren Erben des E geltend machen.

2. Lebzeitiger Schenkungsvertrag nach dem Tode des Schenkers

a) Einschaltung eines Mittlers

An einem **Schenkungsvertrag unter Lebenden** ändert auch der Umstand nichts, dass dieser Vertrag (zufällig) erst nach dem Tode des Schenkers zustande kommt. 164

Fall 20: Der schwerkranke E hat vor Jahren seiner alten Bekannten B versprochen, ihr ein wertvolles Schmuckstück zukommen zu lassen. Weil er sein Ableben befürchtet, beauftragt er seinen Vertrauten V, die B aufzusuchen, um ihr seinen „letzten Willen" mitzuteilen und das Schmuckstück zu übergeben. Das geschieht. Allerdings ist E, nachdem ihn V verlassen und eine Stunde bevor dieser B erreicht hat, verstorben. Erbe S verlangt Herausgabe des Schmuckes, weil E seinen „letzten Willen" nicht formgerecht geäußert habe.

Eine letztwillige formwirksame Verfügung des E liegt nicht vor (§ 2247). Aber auch hier hat E der B das Schmuckstück **durch ein Rechtsgeschäft unter Lebenden** zukommen lassen. E hat den V gebeten, der B in Erfüllung seines Versprechens den Schmuck zu überbringen. Als **Bote des E** hat V – schlüssig – die dingliche Einigungserklärung des E der B übermittelt und ihr zugleich die Sache übergeben (§ 929 S. 1). Dass E nach Abgabe der Erklärung, aber noch vor deren Wirksamwerden (§ 130 Abs. 1) verstarb, schadet nicht **(§ 130 Abs. 2)**. Auch nicht, dass B die Annahme der Übereignungsofferte nicht mehr dem E gegenüber erklären konnte **(§§ 151, 153)**. Das wirksam erworbene Eigentum am Schmuckstück kann S auch nicht kondizieren: Mit dem Eigentumserwerb der B ist der Formmangel (§ 518 Abs. 1) des bis dahin unwirksamen Grundgeschäfts geheilt (§ 518 Abs. 2)[10].

An diesem Ergebnis würde sich auch dann nichts ändern, wenn zwischen E und B noch kein vorheriges Schenkungsversprechen stattgefunden hätte, die Zuwendung also nicht in Erfüllung eines schon bestehenden Versprechens geschehen ist. Erfolgt die Vermögenszuwendung (§ 929) – ohne vorherigen Schenkungsvertrag, § 518 – lediglich im Bewusstsein der Unentgeltlichkeit, liegt eine so genannte **Handschenkung gem. § 516 Abs. 1** vor. Der Schenker handelt hier zwar nicht *solvendi causa* (kein Anspruch des Beschenkten), aber doch mit einer *causa* im Sinne eines **Behaltensgrundes** *(donandi causa)*. 165

b) Erbenstellung zwischen Abgabe und Zugang der Willenserklärung

Liegt beim **Tode des Erblassers** ein **wirksamer Schenkungsvertrag** (vgl. oben Rdnr. 163) **nicht vor**, dann besteht im Augenblick des Erbfalls (noch) keine Verpflichtung für den Erben. Dieser ist aber gem. § 1922 Abs. 1 inzwischen Eigentümer des Geschenkes geworden. Zwei Überlegungen können dann auftreten: Genügt das Eini- 166

10 **Achtung:** Der Tod des E trat hier **„zufällig"** zwischen Abgabe und Zugang seiner Willenserklärung ein; das ist der Regelungshintergrund des **§ 130 Abs. 2**. **Problematisch** ist, wenn dem Boten **bewusst aufgetragen** wird, erst **nach dem Tode** des Erklärenden tätig zu werden; dazu unten Rdnr. 179 ff.

gungsangebot des Verstorbenen, wenn § 929 S. 1 die Einigung mit dem **Eigentümer** verlangt? Ist die Sache dem Eigentümer (Erben) **abhanden gekommen** (§§ 935 Abs. 1, 857)?

167 Die dingliche Einigung des § 929 S. 1 ist vor Vollendung des Erwerbstatbestandes nach herrschender Ansicht grundsätzlich frei widerrufbar[11]. Der Erbe kann also, sofern er rechtzeitig Kenntnis erlangt, **bis zur Übergabe des Geschenks** eine (auch schon zugegangene) Einigungserklärung widerrufen. Allerdings darf der Erklärungsempfänger, sofern es für ihn keine anderen Anhaltspunkte gibt, vom weiteren Bestand der dinglichen Einigung ausgehen[12]. Dass die Einigungserklärung nicht vom (jetzigen) Eigentümer stammt, schadet nicht, denn der Erbe tritt gem. § 1922 Abs. 1 in die vom Erblasser geschaffene Rechtsposition ein. – Gleiches gilt für die Frage des Erbenbesitzes (§ 857). Solange sich der Erbe nicht erkennbar gegen den Übergabewillen des Erblassers stellt, ist dessen Wille maßgebend[13].

IV. Schenkungsversprechen von Todes wegen

1. Aufschiebend bedingtes Schenkungsversprechen

168 **Fall 21:** E hat seiner Bekannten B – handschriftlich und unterschrieben – bestätigt, sie solle zum Dank für „persönlichen Einsatz in schwierigen Zeiten" nach seinem Tode ein bestimmtes wertvolles Gemälde erhalten. Nach dem Tode des E wird der B durch einen Freund des E weisungsgemäß das Bild übergeben. Als Erbe S davon erfährt, verlangt er von B Herausgabe des Gemäldes.

S kann in **Fall 21** von B **nicht als Eigentümer** (§ 985) die **Herausgabe** des Bildes verlangen: Die Einigungserklärung des E (§ 929 S. 1), über den Freund als Mittler des E nach dessen Tode der B zugegangen (§ 130 Abs. 2), wurde von dieser angenommen (§§ 151, 153); die Übergabe ist erfolgt (vgl. oben Rdnr. 167).

Zu denken ist aber an einen Rückgabeanspruch nach **Bereicherungsrecht** (§ 812 Abs. 1 S. 1 Alt. 1), denn ein formwirksames Schenkungsversprechen (§ 518 Abs. 1) liegt nicht vor. Fraglich ist allerdings, ob der Erwerb überhaupt **als Schenkung** (unter Lebenden) zu behandeln ist.

a) Aufschiebende Überlebensbedingung

169 **Schenkungsversprechen** werden nach **§ 2301 Abs. 1** den **Verfügungen von Todes wegen** unterstellt, wenn sie unter der **Bedingung** abgegeben werden, dass der **Beschenkte den Schenker überlebt**.

170 Nach richtiger Ansicht handelt es sich hier um eine **aufschiebende Bedingung** (§ 158 Abs. 1). Das ergibt sich aus der Überlegung, dass im Falle einer auflösenden Bedingung (des Vorverster-

11 Jauernig-*Berger* § 929 Rdnr. 6; a.A. *Lipp* Festschr. für J. Schapp, 2010, S. 363 ff. mit weit. Nachweisen.
12 Jauernig-*Berger* § 929 Rdnr. 6.
13 A. A. RGZ 83, 223 ff. (Bonifatius).

bens des Bedachten) bei deren Nichteintritt[14] ein von Anfang an voll wirksames Schenkungsversprechen vorlag, bei dem lediglich der Vollzug nach dem Tode des Schenkers erfolgt[15]. Hier findet § 2301 von vorneherein keine Anwendung. Wird zugleich eine aufschiebende Befristung angenommen (vgl. unten Rdnr. 172), wirkt sich die Frage im Ergebnis nicht aus.

Eine **aufschiebende Überlebensbedingung** muss dem Schenkungsversprechen nicht ausdrücklich beigelegt werden (vgl. **Fall 21**). Sie kann schlüssig vereinbart sein und sich durch Auslegung (§§ 133, 157) ergeben. Soll die Schenkung nur für den Fall erfolgen, dass der **Bedachte** den Schenker **überlebt**, ansonsten aber der Gegenstand der Schenkung im Vermögen des Zuwendenden verbleiben, dann wird deutlich, dass es dem Schenker mit der **Überlebensbedingung** darum geht, gerade der **Person des Bedachten**, nicht aber einem Dritten **etwas zukommen** zu lassen. Ein bedingtes Schenkungsversprechen im Sinne des § 2301 Abs. 1 S. 1 ist deshalb regelmäßig anzunehmen, wenn die Auslegung ergibt, dass die Zuwendung **höchstpersönlich dem Bedachten** (und nicht etwa auch den Abkömmlingen und Erben im Falle seines Vorversterbens) zukommen soll. Im **Fall 21** will E eine persönliche Dankesschuld (nur) gegenüber B abtragen. Die Auslegung ergibt daher ein Schenkungsversprechen unter der aufschiebenden Bedingung, dass B den E überlebt (§ 2301 Abs. 1 S. 1). 171

b) Aufschiebende Befristung

Neben einer aufschiebenden Überlebensbedingung erfordert § 2301 Abs. 1 ein auf den **Tod des Schenkers aufschiebend befristetes** Schenkungsversprechen (§§ 163, 158 Abs. 1). Fehlt es an einer solchen Befristung, dann liegt bereits vor dem Tode des Schenkers ein tatbestandlich vollendetes, bindendes Rechtsgeschäft vor[16]. Der Erbe erfüllt dann mit dem Vollzug der Schenkung eine Verpflichtung aus einem lebzeitigen Rechtsgeschäft des Erblassers. Die Situation des § 2301 Abs. 1 ist aber die, dass eine Verpflichtung **erst** und **nur** mit dem **Tode des Schenkers** überhaupt entstehen soll[17]. Von einer Befristung ist regelmäßig auszugehen, wenn ein Dritter (wie in **Fall 21**) auf Weisung des Schenkers die Zuwendung erst nach dessen Tod ausführen soll[18]. Anders dagegen, wenn der Tod „zufällig" eintritt und die Schenkung auch für den Fall des (Weiter-) Lebens des Schenkers gewollt ist. Dann akzeptiert der Schenker auch eine Erfüllung (noch) zu Lebzeiten[19]. In **Fall 21** liegt damit eine **Schenkung im Sinne des § 2301 Abs. 1** vor. 172

2. Vollzug der Schenkung

Liegt ein Schenkungsversprechen von Todes wegen vor (§ 2301 Abs. 1), bleiben für die Beurteilung dieses Rechtsgeschäfts die Vorschriften über die **Schenkung unter Lebenden** nur dann maßgebend, wenn der Zuwendende bereits **zu Lebzeiten die Schenkung vollzogen** hat **(§ 2301 Abs. 2)**. Fehlt ein lebzeitiger Vollzug, bleibt es bei 173

14 Nur dann kann sich für den Beschenkten überhaupt eine Rechtsposition ergeben. So auch MünchKomm-*Musielak* § 2301 Rdnr. 9; eine auflösende Bedingung hält für möglich etwa Staudinger-*Kanzleiter* 2006, § 2301 Rdnr. 10b.

15 Das entspricht den Fällen oben Rdnr. 163.

16 Zur Wirkung des Rechtsgeschäfts bis zum Bedingungseintritt etwa Soergel-*Wolf* [13]1999, § 158 Rdnr. 8 f.

17 *Olzen/Looschelders* Rdnr. 1196 f. mit weit. Nachweisen.

18 *Olzen/Looschelders* Rdnr. 1197.

19 Vgl. oben Fall 20 (Rdnr. 164 ff.); ähnlich auch der sog. Bonifatius-Fall, RGZ 83, 223.

der Anwendung des Erbrechts nach § 2301 Abs. 1. Entscheidende Frage ist deshalb, was unter dem **„Vollzug“** der Schenkung im Sinne des § 2301 Abs. 2 zu verstehen ist.

a) „Sofortige und unmittelbare“ Vermögensminderung

174 Hat der Schenker die Zuwendung – sei es *donandi causa* (§ 516), sei es *solvendi causa* (§ 518) – zu Lebzeiten vollständig erbracht, geht es ausschließlich um ein Rechtsgeschäft unter Lebenden, so wenn die geschenkte Sache bereits übereignet wurde. Problematisch ist ein **„Vollzug“** der Schenkung im Sinne des **§ 2301 Abs. 2** in einem Bereich, in dem der Schenker über das schuldrechtliche Versprechen zwar hinausgegangen ist, der Leistungserfolg aber noch nicht vollständig herbeigeführt wurde. Nach der Vorstellung des Gesetzgebers liegt ein solcher „Vollzug“ vor, wenn der Schenker sein Vermögen **„sofort und unmittelbar mindert“**[20]. Strittig ist, welche **Anforderungen** an diese sofortige und unmittelbare Vermögensminderung im Einzelnen zu stellen sind.

175 Für die Frage des Vollzugs nach § 2301 Abs. 2 wird als wesentlich angesehen, dass das damit verbundene **Vermögensopfer** den **Schenkenden selbst**, nicht erst seinen Erben trifft. Die herrschende Meinung fordert deshalb, dass der Schenkende seine **Verfügungsmacht** über den Gegenstand in einer Weise eingeschränkt hat, die dem Beschenkten ein **Anwartschaftsrecht** vermittelt[21].

176 Dementsprechend besteht in Rechtsprechung[22] und Literatur[23] Einigkeit darüber, dass eine **vollzogene Zuwendung** im Sinne des § 2301 Abs. 2 **vorliegt**, wenn der Erblasser den Schenkungsgegenstand **aufschiebend bedingt** durch das Überleben des Beschenkten oder **befristet** auf seinen Tod übertragen hat. Bereits zu Lebzeiten des Erblassers erwirbt der Beschenkte eine nicht mehr entziehbare Rechtsposition (§§ 158, 161, 163), die das Vermögen des Schenkers entsprechend schmälert.

177 Aber **darüber hinausgehend** wird ein Vollzug nach § 2301 Abs. 2 auch dann angenommen, wenn der Schenker zu Lebzeiten (lediglich) alle **erforderlichen Leistungshandlungen** vorgenommen hat, die nötig sind, um nach seinem Tod endgültig den dinglichen Rechtserwerb des Beschenkten herbeizuführen[24]. So wird etwa bei der Zuwendung einer beweglichen Sache Vollzug nach § 2301 Abs. 2 bejaht, wenn die (weiterhin widerrufliche) dingliche Einigung noch zu Lebzeiten des Schenkers erfolgt ist, die Übergabe aber erst nach dem Tod, etwa durch einen Beauftragten geschieht[25]. Gleiches wird angenommen, wenn trotz vorgenommener Erfüllungshandlungen des Schenkers zu dessen Lebzeiten keine eigenständige Rechtsposition des Beschenkten entstehen konnte, weil die maßgeblichen Willenserklärungen diesen nicht mehr erreicht haben[26]. In solchen Fällen hat der Beschenkte zu Lebzeiten des Erblassers noch

20 *Mugdan* Die gesamten Materialien zum Bürgerlichen Gesetzbuch für das deutsche Reich, 1899, Neudr. 1979, Bd. 5, S. 352.

21 *Brox/Walker* Rdnr. 744, mit dem Hinweis, dass richtigerweise auf die Beschränkung der Verfügungsmacht (Vermögensopfer) und nicht nur auf die Rechtsstellung des Beschenkten abzustellen sei – i. E. ergeben sich aber keine Unterschiede; für die h. M. statt vieler mit weit. Nachweisen MünchKomm-*Musielak* § 2301 Rdnr. 19; Palandt-*Weidlich* § 2301 Rdnr. 10.

22 BGH NJW-RR 1989, 1282 re. Sp; BGHZ 191, 354, 360 Tz. 20 (S. Unseld-Stiftung).

23 MünchKomm-*Musielak* § 2301 Rdnr. 21; *Brox/Walker* Rdnr. 744.

24 BGHZ 87, 19, 26; MünchKomm-*Musielak* § 2301 Rdnr. 19; a. A. *Olzen/Looschelders* Rdnr. 1217 f.

25 Soergel-*Wolf* § 2301 Rdnr. 19.

26 Palandt-*Weidlich* § 2301 Rdnr. 10 a.E.; näher im Anschluss Rdnr. 178.

keine gesicherte dingliche Rechtsstellung erlangt. Man sollte deshalb auf den Begriff und die Voraussetzung eines Anwartschaftsrechtes verzichten[27]. Der für § 2301 Abs. 2 entscheidende Gesichtspunkt ist, dass die zu Lebzeiten des Erblassers bereits (endgültig) initiierte dingliche Zuwendung nach dessen Tod allein auf der Grundlage seiner Leistungshandlungen vollendet wird[28]. Dass der Leistungserfolg erst nach dem Tod des Schenkers eintritt, schadet nicht.

Der Standpunkt der höchstrichterlichen Rechtsprechung ist auch nach der Entscheidung **BGHZ 191, 354 ff.** nicht völlig eindeutig. Einerseits hält es der BGH für „**erforderlich**, dass der Schenker alles aus seiner Sicht Erforderliche getan hat, um die Schenkung zu vollziehen"[29]. Dafür **genügend** ist nach BGH ein zu Lebzeiten des Schenkers begründetes „Erwerbs- oder Anwartschaftsrecht"[30]. Inwieweit ein solches „erforderlich" ist, sagt die Entscheidung nicht.

b) Einschaltung eines Mittlers auf Zuwenderseite

Vom Erfordernis einer **unmittelbaren Vermögensminderung** (vgl. oben Rdnr. 174 f.) zu Lebzeiten des Schenkers will die herrschende Lehre **eine Ausnahme** in dem Fall machen, in dem der Zuwendende die maßgeblichen Willenserklärungen zu Lebzeiten abgegeben hatte, ihre Wirksamkeit und der Abschluss des Rechtsgeschäfts aber erst nach seinem Tod eintreten (§ 130 Abs. 2, § 153). Der Gegenstand der Schenkung fällt hier in den Nachlass. Der Zuwendungsempfänger erhält zu Lebzeiten des Schenkers kein Anwartschaftsrecht, das Gegenstand einer Vermögensminderung beim Schenker sein könnte. Das Vermögensopfer trifft erst den Erben[31]. Hier **gleichwohl** einen **Vollzug** im Sinne des § 2301 Abs. 2 **anzunehmen**, sei gerechtfertigt, weil der Gesetzgeber selbst der **Zufälligkeit des Todes** des Erklärenden zwischen Abgabe und Zugang seiner Willenserklärung nach den §§ 130 Abs. 2, 153 keine Bedeutung zumisst[32]. Voraussetzung dafür sei aber der **zufällige** Eintritt des Todes (anders, wenn die Abgabe bewusst bis zu diesem Zeitpunkt verzögert wird[33]). 178

c) Bewusstes Tätigwerden des Mittlers nach dem Tod des Erblassers

Die herrschende Meinung nimmt bei Einschaltung eines Boten grundsätzlich Schenkungsvollzug im Sinne des § 2301 Abs. 2 an, freilich nur dann, wenn der Tod des Schenkers zwischen Abgabe und Zugang der Willenserklärung **zufällig eingetreten** ist (oben Rdnr. 178). Dem ist **zuzustimmen**. Aber die herrschende Ansicht sieht sich hier zu einer doppelten Konzession genötigt. Sie muss eine wesentliche Einschränkung ihres Ausgangspunktes einräumen („Anwartschaftsrecht"), und sie legt § 130 Abs. 2 (allgemein) dahin aus, dass von ihm lediglich eine bei Tod des Erblassers bereits „in Gang 179

27 Die Notwendigkeit eines solchen verneinend auch Soergel-*Wolf* § 2301 Rdnr. 17.
28 Vgl. § 2301 Abs. 2: „Vollzieht der Schenker die Schenkung durch Leistung [...]"; in diesem Sinne etwa auch OLG Düsseldorf NJW-RR 1997, 199, 200.
29 Hervorhebung nur hier.
30 BGHZ 191, 354, 360 Tz. 20.
31 MünchKomm-*Musielak* § 2301 Rdnr. 23; Palandt-*Weidlich* § 2301 Rdnr. 10 a.E.
32 In diesem Sinne das überwiegende Schrifttum, MünchKomm-*Musielak* § 2301 Rdnr. 23; *Brox/Walker* Rdnr. 750; a. A. Erman-*S. u. T. Kappler* § 2301 Rdnr. 7.
33 Etwa OLG Düsseldorf NJW-RR 1997, 199, 200, oder aus dem Schrifttum *Brox/Walker* Rdnr. 751. Dazu sogleich auch im Anschluss unten Rdnr. 179 ff. Zur Rechtspr. des BGH beim Vertrag zugunsten Dritter auf den Todesfall unten Rdnr. 189 ff.

gesetzte" Willenserklärung erfasst werde, nicht dagegen die Fälle, in denen der Mittler bewusst nach dem Tod eingesetzt wird[34].

180 Das trifft in dieser Allgemeinheit aber nicht zu. Die Vorschrift des § 130 Abs. 2 steht grundsätzlich auch zur Verfügung, wenn der Überbringer einer Willenserklärung ganz bewusst erst nach dem Tod des Erklärenden tätig werden soll. So ist eine Kaufofferte, die weisungsgemäß erst nach dem Tode des Erklärenden überbracht wird, gem. § 130 Abs. 2 wirksam. Dass die Vorschrift im konkreten erbrechtlichen Zusammenhang nicht zur Verfügung steht, muss sich deshalb aus anderen Gründen ergeben.

181 Überzeugender ist es, einen **Vollzug der Schenkung anzunehmen**, wenn der zuwendende Erblasser die für den dinglichen Erwerb notwendigen Handlungen soweit getroffen hat, dass sich **auf dieser Basis** nach seinem Tod der Rechtserwerb vollendet (vgl. oben Rdnr. 177). Die Anwendung des § 130 Abs. 2 bedeutet dann keine Ausnahme von der Notwendigkeit eines „Anwartschaftsrechts", sondern fügt sich nach Sinn und Zweck der Vorschrift in den Sachzusammenhang: Auch hier ist seitens des Erblassers alles getan, um auf der Grundlage seiner eigenen Willenserklärung den Rechtsübergang zu vollziehen. Die **Beschränkung** des § 130 Abs. 2 auf Fälle eines **zufälligen** Ablebens des Schenkers zwischen Abgabe und Zugang seiner Erklärung ergibt sich hier aus einer **teleologischen Reduktion** der Vorschrift nach dem **Normzweck** der speziellen **erbrechtlichen Regel** des **§ 2301**[35]. Die Vorschrift will Schenkungen unter Lebenden, die der Sache nach als Verfügungen von Todes wegen gewollt, konzipiert und umgesetzt werden, den erbrechtlichen Regeln unterwerfen. Wird der Mittler deshalb bewusst für die Zeit nach dem Tod des Schenkers zur Übermittlung der Willenserklärung bestimmt, kann ein Vollzug zu Lebzeiten nicht mit Hilfe des § 130 Abs. 2 begründet werden. Anwendung findet dann § 2301 Abs. 1. In **Fall 21** ist deshalb ein Vollzug zu Lebzeiten zu verneinen, weil das Bild vom Freund des E weisungsgemäß erst nach dessen Tode der B überbracht wird.

d) *Mittler auf Seiten des Zuwendungsempfängers*

182 Auch auf Seiten des Zuwendungsempfängers können beim Vollzug der Schenkung Vertreter oder Bote eingeschaltet sein.

183 Gibt ein **Vertreter** die (dingliche) Annahmeerklärung ab, ist Vollzug in gleichem Maße eingetreten wie im Falle eigenen Handelns des Zuwendungsempfängers[36]. Ist der Mittler lediglich **Empfangsvertreter** oder **Empfangsbote** der Übereignungs- oder Abtretungsofferte, tritt Vollzug erst mit Annahme durch den Zuwendungsempfänger ein. Stirbt zwischenzeitlich der Schenker, so kann der Beschenkte den Rechtsübergang herbeiführen (§ 153). Entsprechend dem oben Gesagten[37] ist Vollzug der Schenkung anzunehmen, weil der Zuwendende die von seiner Seite erforderlichen Handlungen vorgenommen hat – allerdings nur, wenn der Tod des Schenkers „zufällig" eingetreten ist[38].

34 *Brox/Walker* Rdnr. 751.
35 In diesem Sinne auch MünchKomm-*Musielak* § 2301 Rdnr. 23.
36 Das gilt auch, wenn ein Vertreter ohne Vertretungsmacht handelt, weil die Genehmigung des Vertretenen (§ 177 Abs. 1) auf den Zeitpunkt der Vornahme des Geschäfts zurückwirkt (§ 184 Abs. 1).
37 Vgl. oben Rdnr. 177.
38 I. E. ebenso *Brox/Walker* Rdnr. 747.

e) Vollmachterteilung

Fall 22[39]**:** E unterhält bei mehreren Banken Guthaben. Er vereinbart mit dem D, dieser solle über das Guthaben bei der B-Bank verfügen, falls ihm (E) etwas „passieren" sollte, denn schließlich stamme das Geld aus gemeinsamer Arbeit. Zu diesem Zweck erteilt E dem D eine unwiderrufliche Vollmacht über den Tod hinaus. Nach Ableben des E hebt D den Betrag ab. Der Erbe verlangt Rückzahlung des Betrages an ihn. **184**

Der BGH ging in **Fall 22** von einem aufschiebend bedingten Schenkungsversprechen nach **185**
§ 2301 Abs. 1 aus[40]. Die Frage war, ob dieses Versprechen durch die Erteilung der **unwiderruflichen Vollmacht über den Tod** des E hinaus bereits **„vollzogen"** war (§ 2301 Abs. 2). Dass D nach dem Tode des E das Geld erhalten hat, ist belanglos, denn § 2301 Abs. 2 verlangt **Vollzug zu Lebzeiten** des Schenkers. Übereinstimmend mit dem ganz überwiegenden Schrifttum hat der BGH einen Vollzug **verneint**[41]. Die Erteilung einer unwiderruflichen Vollmacht über den Tod hinaus ändert nichts an der nach wie vor verbleibenden Zuordnung des Gegenstandes der Schenkung zum Vermögen des Schenkers. Es fehlt an einem lebzeitigen Vermögensopfer. Die unwiderruflich erteilte Vollmacht ließ die Verfügungsbefugnis des E unberührt[42]. Kraft der Vollmacht wurde also nur der Erbe vertreten, allein ihn traf das Vermögensopfer[43]. Lebzeitiger Vollzug scheidet damit aus. Das Schenkungsversprechen von Todes wegen, das nicht den erbrechtlichen Formen des § 2301 Abs. 1 entspricht, ist unwirksam. D hat den Betrag rechtsgrundlos erlangt und ist zur Rückzahlung verpflichtet.

Gleiches gilt, wenn die **Vollmacht auf den Tod** erteilt, also erst mit Ableben des Erblassers wirksam wird **(postmortale Vollmacht)**[44].

3. Die „Vorschriften über Verfügungen von Todes wegen"; Umdeutung

Nicht ganz klar ist, auf welche „Vorschriften über Verfügungen von Todes wegen" **186**
§ 2301 Abs. 1 S. 1 verweist. Systematische Stellung (am Ende der Vorschriften über den Erbvertrag) und die Rechtsnatur des Schenkungsvertrages werden dafür in Anspruch genommen, hier einen Verweis auf die Vorschriften über den **Erbvertrag** und damit auf die Form des **§ 2276** zu sehen[45]. Demgegenüber wird zu Recht darauf verwiesen, dass in § 2301 Abs. 1 S. 1 ausdrücklich vom **Schenkungsversprechen** die Rede ist, so dass auch die **Testamentsformen** genügen[46].

Danach liegt in **Fall 21** (oben Rdnr. 168) eine wirksame Zuwendung vor, wenn das Schenkungs- **187**
versprechen des E entweder in der Form eines privatschriftlichen (§ 2247) oder eines öffentlichen Testaments (§ 2232) erklärt wurde. Hier liegen die Voraussetzungen des § 2247 Abs. 1 (handge- und unterschriebene Erklärung) vor, so dass B wirksam und kondiktionsfest erworben hat, und zwar in Erfüllung eines wirksam angeordneten Vermächtnisses.

---

39 Vgl. BGHZ 87, 19 ff.

40 Zu Recht, denn D sollte das Guthaben nur erhalten, falls dem E etwas zustoße, und der Betrag sollte auch nur ihm – als Ausdruck gemeinsamer Arbeit – zukommen; vgl. oben Rdnr. 169 ff.

41 BGHZ 87, 19, 25 f.; 99, 97, 100.

42 Keine rechtsgeschäftliche Trennung von Recht und Verfügungsbefugnis (§ 137 S. 1), daher keine verdrängende, unwiderrufliche Vollmacht, Soergel-*Hefermehl* [13]1999, § 137 Rdnr. 10.

43 Fälle dieser Art **(Zuwendung einer Forderung)** können besonders zweifelhaft sein, weil die Forderung allein durch Vertrag (§ 398) übertragen wird. Denkbar ist, dass mit Vollmachtserteilung **schlüssig** die Forderung (bedingt) **abgetreten** wurde.

44 Ebenso *Brox/Walker* Rdnr. 751.

45 OLG München FamRZ 2011, 1757 re. Sp.; Palandt-*Weidlich* § 2301 Rdnr. 6.

46 MünchKomm-*Musielak* § 2301 Rdnr. 13.

188 Auch die Meinung, die in § 2301 Abs. 1 S. 1 einen Verweis (nur) auf den Erbvertrag annimmt, kommt hier regelmäßig zum gleichen Ergebnis. Denn sie lässt eine **Umdeutung** des Schenkungsversprechens in ein Testament zu (§ 140), falls die entsprechende Form vorliegt[47].

V. Vertrag zugunsten Dritter auf den Todesfall

189 Die strittigste Frage im Zusammenhang mit einem Schenkungsversprechen von Todes wegen stellt sich bei **Verträgen zugunsten Dritter auf den Todesfall (§§ 328, 331 Abs. 1)**. Durch einen Vertrag zugunsten Dritter kann dem Dritten auch schenkweise Vermögen zugewendet werden. Soll der Dritte erst mit dem Tode des Schenkers in den Genuss der Zuwendung kommen, stellt sich die Frage, ob damit der Schenker nicht die Steuerung seines Nachlasses beabsichtigt, in der Sache also eine Schenkung von Todes wegen (§ 2301) im Auge hat. Umstritten ist deshalb, ob bei einer unentgeltlichen Zuwendung das Rechtsverhältnis zwischen dem **Versprechensempfänger** (dem späteren Erblasser) und dem **begünstigten Dritten** (das so genannte **Zuwendungs-** oder **Valutaverhältnis**) den Vorschriften über die **Schenkung unter Lebenden** (§§ 516 ff.) folgt, oder ob hier § 2301 Abs. 1 Anwendung findet. Die Problematik zeigt folgender

Fall 23: Erblasser E hinterlässt seinen Sohn S als Alleinerben. Etliche Zeit vor seinem Tod hatte E dem S mitgeteilt, er wolle dafür sorgen, dass nach seinem Ableben auch D für einen früheren Freundschaftsdienst und zu dessen finanzieller Absicherung etwas erhalte. Im Nachlass findet sich ein Sparbuch über 20 000 €, angelegt auf den Namen des D. D, der zu Lebzeiten des E davon nie etwas erfahren hatte, verlangt nun, nachdem ihn die Bank B auf Weisung und in Absprache mit dem verstorbenen E über ein Sparguthaben „auf den Todesfall" informiert hat, von S Herausgabe des Sparbuchs.

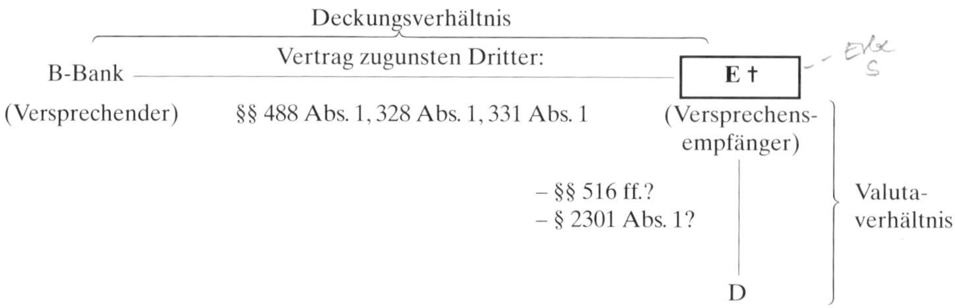

1. Deckungsverhältnis – Charakter, Form

190 In **Fall 23** kann D von S Herausgabe des Sparbuchs (§ 808) verlangen (§ 985), wenn er Inhaber der im Sparbuch verbrieften Forderung geworden ist (§ 952 Abs. 1 S. 1).

47 Palandt-*Weidlich* § 2301 Rdnr. 6.

Bei einem (echten) Vertrag zu Rechten Dritter, erwirbt der **Dritte „unmittelbar** das Recht [...], die Leistung zu fordern“ (§ 328 Abs. 1), d. h. ohne Durchgangserwerb beim Versprechensempfänger. Das Recht auf die Leistung entsteht in der **Person des Dritten originär**. Es gehörte deshalb nie zum Vermögen des Versprechensempfängers – und kann deshalb im Todesfall auch nicht in dessen Nachlass fallen[48]. Nach herrschender Meinung erwirbt der Dritte das Recht auch **ohne eigenes Zutun**, ja **ohne davon zu wissen** – allerdings mit der Möglichkeit, es zurückzuweisen (§ 333). Ein (echter) Vertrag zu Rechten Dritter setzt aber eine entsprechende Vereinbarung zwischen Versprechendem und Versprechensempfänger voraus (§ 328 Abs. 1, Abs. 2). In **Fall 23** sollte ein solcher Vertrag zugunsten Dritter abgeschlossen sein: Dafür spricht der Wille des E, mit der Zuwendung den D (auch) finanziell abzusichern (vgl. die Auslegungsregel des § 330 S. 1). 191

a) Charakter

Bei der Eröffnung eines Sparbuchs „auf den Todesfall“ will der Versprechensempfänger (auch wenn es auf fremden Namen angelegt ist) **zu seinen Lebzeiten** regelmäßig **selbst Inhaber** der Sparforderung bleiben. Dafür spricht – ob er den Begünstigten in Kenntnis setzt oder nicht – dass das Sparbuch nicht ausgehändigt wird und so weitere Einzahlungen oder Abhebungen vorbehalten bleiben[49]. Die Sparforderung könnte in Person des Dritten aber mit dem **Tode des Versprechensempfängers** entstanden sein **(§ 331 Abs. 1)**. Danach hat in **Fall 23** D mit dem Tod des E die Sparforderung gegen B erworben und ist Eigentümer des Sparbuchs geworden. Er kann danach grundsätzlich Herausgabe des Sparbuchs verlangen. Dem Anspruch stünde aber § 242 entgegen (*dolo agit qui petit, quod statim redditurus est*), falls S einen Anspruch auf Rückübertragung der Forderung nach Bereicherungsrecht hätte. Denn auch hier ist darauf zu achten, dass im Valutaverhältnis ein Rechtsgrund für die Zuwendung vorliegen muss, dem Begünstigten also eine Schenkungsofferte des Erblassers über einen Boten oder Stellvertreter zugehen muss, bevor die Erben dieses Angebot wirksam widerrufen haben[50]. 192

b) Form

Einigkeit besteht darüber, dass die Rechtsbeziehungen im Deckungsverhältnis dem **Schuldrecht** (nicht dem Erbrecht) unterliegen und deshalb mögliche Formerfordernisse des Deckungsverhältnisses ausschließlich nach dem **konkreten Rechtsverhältnis** zwischen Versprechendem und Versprechensempfänger zu beurteilen sind – unabhängig von etwaigen Formfragen beim Valutaverhältnis[51]. 193

2. Valutaverhältnis

Die Frage nach dem **Rechtsgrund** der Zuwendung beim Vertrag zugunsten Dritter beantwortet das **Valutaverhältnis** zwischen Versprechensempfänger (**Fall 23:** E) und Begünstigtem (**Fall 23:** D). Aus ihm ergibt sich der schuldrechtliche Grund der Zuwendung durch den Schenker (Erblasser). Streitpunkt ist: Geht es bei Unentgeltlichkeit der Zuwendung um einen **schenkungsrechtlichen** (§§ 516 ff.) oder einen **erbrechtlichen** (§ 2301 Abs. 1) Erwerbsgrund? 194

48 BGH NJW 2010, 3232, 3234 Tz. 17.
49 BGH FamRZ 2005, 510 f.
50 Dazu sogleich unten Rdnr. 196 ff.
51 Palandt-*Weidlich* § 2301 Rdnr. 18.

195 Diese Frage ist im Hinblick auf **§ 2301 Abs. 2** von **maßgeblicher Bedeutung**. Danach muss bei einer Schenkung von Todes wegen, die nicht den Formerfordernissen des § 2301 Abs. 1 entspricht (so regelmäßig), Vollzug der Schenkung zu Lebzeiten des Erblassers eingetreten sein, um ihren Bestand zu sichern. Im vorliegenden Zusammenhang (§§ 328, 331) ist **Schenkungsvollzug** aber erst **mit dem Ableben des Schenkers** eingetreten. Der Rechtserwerb nach §§ 328 Abs. 1, 331 Abs. 1 vollzieht sich im gleichen Augenblick wie die erbrechtliche Universalsukzession zugunsten des Erben (vgl. §§ 331 Abs. 1 und § 1922 Abs. 1: „mit dem Tode“). Die Annahme eines erbrechtlichen Erwerbsgrundes würde deshalb in jedem Fall zu einem Kondiktionsanspruch des Erben gegen den Beschenkten führen.

a) Erbrechtlicher Erwerbsgrund

196 Ein Teil der Literatur will bei einem Vertrag zugunsten Dritter auf den Todesfall im Valutaverhältnis **§ 2301** anwenden, geht also von einem **erbrechtlichen Zuwendungsgrund** aus[52]. Begründet wird das in der Hauptsache mit dem Argument, dass anderenfalls die erbrechtlichen Formvorschriften (§ 2301 Abs. 1) umgangen und Nachlassgläubiger ebenso wie Pflichtteilsberechtigte benachteiligt würden. Danach haben die Erben, weil ein Vollzug zu Lebzeiten des Schenkers regelmäßig ausscheidet (§ 2301 Abs. 2) einen bereicherungsrechtlichen Anspruch (§§ 812 ff.) gegen den Dritten, sofern die erbrechtlichen Formvorschriften nicht eingehalten sind.

197 Zum Teil wird auch eine **Sondererbfolge** des Begünstigten nach dem Versprechensempfänger befürwortet, bei der die Formvorschriften des Erbrechts nicht zum Zuge kommen sollen[53], zum Teil wird eine **erbrechtliche Zuwendung *sui generis*** (in Anlehnung an das Vermächtnisrecht) vorgeschlagen[54]. Dagegen spricht aber der grundsätzliche Ausschluss einer Singularsukzession und die abschließende Regelung erbrechtlicher Verfügungen durch das BGB.

b) Schenkungsrechtlicher Erwerbsgrund

198 Seit langem geht die **höchstrichterliche Rechtsprechung** davon aus, dass beim Vertrag zugunsten Dritter auf den Todesfall im Valutaverhältnis eine **Schenkung unter Lebenden** vorliege[55]. Mit der Regelung dieses Rechtsinstituts im Schuldrecht habe der Gesetzgeber die Möglichkeit einer **Zuwendung unter Lebenden** gem. §§ 328, 331 **neben** den erbrechtlichen Erwerbstatbeständen geschaffen. Danach erteilt der Versprechensempfänger dem Versprechenden mit Abschluss des Vertrags zugunsten Dritter zugleich den Auftrag, dem Drittbegünstigten nach seinem Tod (§ 672 S. 1) eine Schenkungsofferte zu überbringen (§ 130 Abs. 2), die mit Kenntnisnahme des Dritten angenommen werde (§§ 153, 151). Da der Dritte damit zugleich aus dem Vertrag zugunsten Dritter das Forderungsrecht erwirbt (§§ 328 Abs. 1, 331 Abs. 1), sei die Schenkung vollzogen und der Mangel der Form nach § 518 Abs. 2 geheilt. Damit ist von einer wohl schon **gewohnheitsrechtlichen Anerkennung** des Vertrags zugunsten Dritter auf den Todesfall als einer **zusätzlichen Möglichkeit der (faktischen) Nachlasssteuerung** durch **Rechtsgeschäft unter Lebenden** auszugehen. Von diesem Standpunkt aus

52 *Olzen/Looschelders* Rdnr. 1255 ff.; *Medicus/Petersen*, Bürgerliches Recht, [25]2015, Rdnr. 394, 396 f.
53 *Finger* WM 1970, 374, 377.
54 *Harder/Kroppenberg* Erbrecht, [5]2002, Rdnr. 525 ff., 540-542.
55 Z. B. **BGHZ 41, 95 ff.; 66, 8 ff.; 157, 79, 82; NJW 2008, 2702, 2703 Tz. 19, 21.**

– Rechtsgeschäft unter Lebenden – kommt es dann konsequenterweise nicht mehr auf einen Vollzug im Sinne des § 2301 Abs. 2 an, und ebenso wenig ist das bewusste Einschalten des Mittlers erst nach dem Tod des Erblassers (§ 130 Abs. 2) von Belang.

Anders die insoweit dogmatisch wie begrifflich schillernde Begründung des BGH. Einerseits leitet das Gericht aus dem rein schuldrechtlichen Charakter des Vertrags zugunsten Dritter (Deckungsverhältnis) auch schon den rein schuldrechtlichen Charakter des Valutaverhältnisses (Schenkung) ab[56]. Andererseits wird diese schuldrechtliche Position dann aber „verwässert", indem der BGH im „Von-Selbst-Erwerb" (§ 331 Abs. 1) zugleich auch die „Vollziehung" einer Schenkung im Sinne des § 2301 Abs. 2 annimmt[57]. Vom Standpunkt des § 2301 Abs. 2 ist die Schenkung nicht zu Lebzeiten des Schenkers vollzogen (vgl. § 331 Abs. 1: „[...] mit dem Tode [...]"; derselbe Wortlaut in § 1922 Abs. 1).

In der Rechtspraxis stellt sich freilich das Problem eines „Wettlaufs" zwischen Erben **199**
und Drittem[58]. Solange die durch die Bank zu überbringende Offerte dem Dritten nicht zugegangen und damit Wirksamkeit (§ 130 Abs. 2) gegenüber dem Erben entfaltet, kann sie dieser jederzeit widerrufen. Entscheidend wird deshalb sein, ob der Erbe vor Zugang Kenntnis über die beabsichtigte Schenkung erlangt. In **Fall 23** kam mit Kenntniserlangung des D durch Vermittlung der B ein Schenkungsvertrag zwischen E und D zustande, dessen Formmangel (§ 518 Abs. 1) nach § 518 Abs. 2 geheilt wird, weil D Inhaber der Sparforderung geworden ist. Zugleich ist er (mit Rechtsgrund) Eigentümer des Sparbuchs geworden (§ 952 Abs. 1), das er von S herausverlangen kann. – Vor allem wegen dieses „Wettlaufs" und der damit verbundenen Zufälligkeit der Ergebnisse plädiert ein Teil des Schrifttums dafür, den **Vertrag zugunsten Dritter** (Deckungsverhältnis) als **zureichenden Rechtsgrund** auch für das **Valutaverhältnis** anzuerkennen[59].

§ 8 Errichtung und Aufhebung des Einzeltestaments

I. Testamentsarten – Übersicht

Die Voraussetzungen eines wirksamen Testaments, die Frage nach seiner Wirksam- **200**
keitsdauer und die Möglichkeiten seiner Aufhebung (Widerruf) richten sich nach der *in concreto* angestrebten und vorliegenden **Testamentsart.** In grundsätzlicher Hinsicht unterscheidet das Testamentsrecht einmal zwischen dem **Testament** einer einzelnen Person und dem **gemeinschaftlichen Ehegatten-** beziehungsweise **Lebenspartnertestament**, zum anderen zwischen **ordentlichem** und **außerordentlichem** Testament. Die einzelnen **Testamentstypen** zeigt folgende Übersicht.

56 Z. B. BGH NJW 1984, 480, 481 li. Sp. („**Dementsprechend** ist auch die Frage [...]") oder NJW 2004, 767, 768 li. Sp. („**Dementsprechend** ist auch die Frage [...]"); Hervorhebung nur hier.

57 BGH NJW 2004, 767, 768 li. Sp. a. E.

58 Diese Problematik stand im Mittelpunkt der Entscheidung **BGH NJW 2008, 2702 ff.** mit instruktiven allgemeinen rechtsgeschäftlichen Überlegungen (§§ 133, 120).

59 Vgl. *Leipold* ZEV 2008, 395 ff. mit weit. Nachweisen.

201 **Testamente**

- **Einzeltestament** (§§ 2229–2264)
  - **Ordentliche Testamente** (§ 2231)
    - **Öffentliches Testament** (§§ 2232, 2233)
    - **Privatschriftliches-Testament** (§ 2247)
  - **Außerordentliche Testamente** (§§ 2249–2252)
    - **Bürgermeistertestament** (§ 2249)
    - **Dreizeugentestament** (§ 2250)
    - **Seetestament** (§ 2251)
- **Gemeinschaftliches Ehegattentestament**[1] (§§ 2265–2273)
  - **Ordentliches Ehegattentestament** (§ 2267)
  - **Außerordentliches Ehegattentestament** (§ 2266)

II. Testierfähigkeit

202 Mit seinem Testament bestimmt der Erblasser auf **rechtsgeschäftliche Weise** über die Zuordnung seines Vermögens. Die persönliche Fähigkeit ein Testament zu errichten, zu ändern und aufzuheben – **die Testierfähigkeit** – ist demnach eine besondere Konkretisierung der allgemeinen **Geschäftsfähigkeit** (§§ 104 ff.). Sie ist in **§ 2229** gesondert geregelt.

1. Testierfähige und testierunfähige Personen

203 **Testierfähig** ist jede **geschäftsfähige Person** (§§ 106, 2). Darüber hinaus bestimmt § 2229 Abs. 1, dass testierfähig auch ein **Minderjähriger** ist, der das **16. Lebensjahr** vollendet hat. Er bedarf zur Errichtung eines Testaments **nicht** der **Zustimmung** seines gesetzlichen Vertreters (§ 2229 Abs. 2).

Minderjährige über 16 Jahre sind voll testierfähig, können also testamentarisch (zum Erbvertrag vgl. § 2275) alle erbrechtlichen Verfügungen treffen. Das Gesetz **schränkt** diese Personengruppe allerdings in der **Auswahl** der möglichen **Testamentserrichtungsformen** ein. Es unterstellt einen Beratungsbedarf dieser Personen und lässt deshalb für minderjährige Erblasser **nur** die Form des **öffentlichen Testaments** durch Erklärung gegenüber dem Notar oder durch Übergabe einer offenen Schrift zu. Die Errichtung eines privatschriftlichen Testaments ist ausgeschlossen **(§§ 2233 Abs. 1, 2247 Abs. 4)**[2].

204 **Testierunfähig** sind Personen, die **noch nicht das 16. Lebensjahr vollendet haben** (vgl. § 2229 Abs. 1), und alle (älteren) **Geschäftsunfähigen** (§§ 2229 Abs. 4, 104 Nr. 2). Wenn

1 Zum gemeinschaftlichen Ehegattentestament besonders unten § 13.
2 Insoweit wird z. T. auch von einer beschränkten Testierfähigkeit eines Minderjährigen gesprochen.

§ 2229 Abs. 4 neben der „krankhaften Störung der Geistestätigkeit" weitere, minder gewichtige Formen geistiger Störungen anführt („Bewusstseinsstörung"), so scheint die Vorschrift gegenüber der allgemeinen Regel (vgl. § 104 Nr. 2) eine besondere Testierunfähigkeit wegen Urteilsunreife zu begründen[3]. Tatsächlich deckt sich die „Testierunfähigkeit" des § 2229 Abs. 4 mit den Tatbeständen der Geschäftsunfähigkeit nach § 104 Nr. 2 und den übrigen Fällen der Nichtigkeit einer Willenserklärung nach § 105 Abs. 2. Auch dem Geistesschwachen fehlt die Testierfähigkeit also nur, wenn bei Errichtung des Testaments in seiner Person die Voraussetzungen der §§ 104 Nr. 2, 105 Abs. 2 vorliegen.

Die **Anordnung** einer **Betreuung** (§ 1896) hat weder Auswirkungen auf die Geschäfts- noch die Testierfähigkeit des Betreuten. Auch er ist **nur** unter den Voraussetzungen des § 2229 Abs. 4 testierunfähig. Ein Einwilligungsvorbehalt kann für letztwillige Verfügungen nicht angeordnet werden (§ 1903 Abs. 2). 205

2. Zeitpunkt der Testierunfähigkeit

Testierunfähigkeit führt nur dann zur Unwirksamkeit einer letztwilligen Verfügung, wenn sie im **konkreten Augenblick** der Niederlegung, Änderung oder Aufhebung des Testaments vorliegt. Auch ein in einem „lichten Augenblick" *(lucidum intervallum)* errichtetes Testament ist wirksam. Grundsätzlich ist von der Testierfähigkeit einer über 16 Jahre alten Person auszugehen. Deshalb trägt die **Feststellungslast** derjenige, der sich auf die Unwirksamkeit eines Testaments wegen fehlender Testierfähigkeit beruft. 206

Testierunfähigkeit ergibt sich **nicht allein** schon durch den Nachweis einer Geisteskrankheit, Geistesschwäche oder Bewusstseinsstörung. Entscheidend ist vielmehr, dass das geistige Defizit die Fähigkeit des Erblassers ausschließt, in der konkreten Situation die **Bedeutung** seiner **Verfügung zu erkennen** (kognitives Element) und sich bei seiner Entscheidung von dieser Einsicht („normalen Überlegungen") **leiten zu lassen** (volitives Element). Kern der Testierunfähigkeit ist der Ausschluss einer freien Willensbildung und Willensäußerung[4]. 207

Dabei ist aber zu beachten, dass die **Testierfähigkeit eng** mit der **Testierfreiheit zusammenhängt**. Sie dient der Verwirklichung der Testierfreiheit (Art. 14 Abs. 1 GG). Die Gestaltungsfreiheit, die das Grundgesetz einräumt, nämlich nach **eigener Willkür** über sein Vermögen zu testieren[5], lässt sich deshalb nicht über die Annahme von Testierunfähigkeit einschränken. Skurrile, für Außenstehende nicht nachvollziehbare Gründe und abwegige Vorstellungen werden von der Testierfreiheit gedeckt und können allein deshalb keinesfalls die Annahme von Testierunfähigkeit tragen[6]. 208

3 *Lange/Kuchinke* Erbrecht, [5]2001, § 18 II 4a (S. 348).
4 Instruktiv BayObLG FamRZ 2002, 1066 ff.
5 Vgl. oben § 2 Rdnr. 15 f.
6 BayObLG FamRZ 2002, 497, 498.

III. Persönliche Errichtung

1. Höchstpersönliche Errichtung

209 Der Erblasser kann ein Testament nur **höchstpersönlich** errichten – **§ 2064**. Letztwillige Verfügungen durch Stellvertreter sind ausgeschlossen. **Ausgeschlossen** sind ferner **Geltungsbestimmung (§ 2065 Abs. 1)** und inhaltliche **Auswahlbestimmung (§ 2065 Abs. 2)** durch einen **Dritten (materielle Höchstpersönlichkeit)**.

2. Keine Geltungsbestimmung durch Dritte (-)

210 Nach § 2065 Abs. 1 kann es der Erblasser nicht einem Dritten überlassen, darüber zu bestimmen, ob seine letztwillige Verfügung gelten soll oder nicht. Hintergrund der Vorschrift ist der **Grundsatz der Höchstpersönlichkeit** einer letztwilligen Verfügung (§ 2064), der nicht nur verlangt, dass der Erblasser **seinen Willen selbst erklärt**, sondern auch, dass er in der Sache **die Entscheidung darüber trifft**, **ob** die von ihm erklärte Verfügung **wirksam sein soll** oder nicht. Andererseits erlaubt ihm aber das Gesetz, seine Verfügungen unter eine **aufschiebende** (§ 2074) oder eine **auflösende** (§ 2075) **Bedingung** zu stellen. Eine solche Bedingung kann auch eine Willenserklärung oder ein bestimmtes Verhalten, das in das freie Belieben des Bedachten oder eines Dritten gestellt ist, zum Gegenstand haben (so genannte **Potestativbedingung**). Sie darf aber nicht Mittel und Weg für den Testator sein, die von ihm selbst zu treffende Geltungsentscheidung über seine Verfügung auf andere abzuwälzen. Das wäre etwa der Fall, wenn bestimmt würde: „Ich setze X als meinen Erben ein unter der Bedingung, dass D zustimmt." Hier überlässt der Erblasser dem Dritten die Geltungsbestimmung. In Abgrenzung zur erlaubten Potestativbedingung spricht man hier von einer unzulässigen Wollensbedingung.

Der Unterschied zwischen **Potestativ-** und **Wollensbedingung** liegt darin, dass es dem Testator bei einer Potestativbedingung auf das in den Willen eines anderen gestellte **Ereignis ankommt** (erfolgreicher Abschluss des Jurastudiums). Hier hat der Erblasser ein bestimmtes Geschehen mit in seinen vollständig gebildeten Willen einbezogen – es gilt ein Entweder-Oder. Die Wollensbedingung kennzeichnet dagegen die **Unentschlossenheit** des Erblassers. Für ihn ist allein der (offene) **Wille des Dritten** bedeutsam. Die Willensbildung ist hier nicht abgeschlossen, weil es dem Erblasser nicht auf den Inhalt der Entscheidung des Dritten ankommt – aus Sicht des Erblassers gilt ein Sowohl-als-auch. Besonders umstritten ist folgende Fallgestaltung:

211 **Fall 24:** E hat seine Frau F zur Vorerbin und seine beiden Kinder zu Nacherben eingesetzt[7]. Zugleich hat er angeordnet, dass die Nacherbschaft zugunsten der Kinder nur unter der Bedingung Bestand haben soll, dass seine Frau nicht anders über seinen Nachlass verfügt, also etwa eines der Kinder oder einen Dritten zum Alleinerben bestimmt. Handelt es sich um ein wirksames Testament?

7 Diese Situation kann vor allem bei einem gemeinschaftlichen Ehegattentestament (§§ 2265 ff.) auftreten; des Näheren dazu § 13 Rdnr. 405.

Rechtsprechung und **herrschende Meinung** sehen hier eine **zulässige Potestativbedingung**[8], die **Kritik** eine der Sache nach **einschränkende Interpretation** des § 2065 Abs. 1[9].

Das Hauptargument der **herrschenden Meinung** geht dahin, Erblasser E (**Fall 24**) habe mit einer derartigen Klausel seine Kinder lediglich unter der (auflösenden) Bedingung einer abweichenden Verfügung der F zu Nacherben eingesetzt. Eine solche bedingte Nacherbeneinsetzung sei – wie § 2108 Abs. 2 S. 2 zeige – möglich. Zugleich sei F selbst (aufschiebend) bedingt (durch eine anderweitige Verfügung) als Vollerbin eingesetzt. Mache sie davon Gebrauch, steht im Zeitpunkt ihres Todes endgültig fest, dass sie wirksam von dem durch M eingeräumten Recht Gebrauch gemacht hat, und sie werde für eine „juristische Sekunde" Vollerbin. Damit entscheide sie aber nur über den eigenen Nachlass und nicht über jenen des Erblassers[10]; § 2065 Abs. 1 sei daher nicht berührt. Dem wird zu Recht entgegen gehalten, dass der Vorerbe selbst nie Vollerbe wird, weil sich eben erst bei seinem Tod zeigt, ob eine wirksame anderweitige Verfügung vorliegt. Die angebliche Vollerbenstellung entspreche auch nicht dem Willen des Erblassers, sondern sie stelle eine Konstruktion dar, um an § 2065 vorbeizukommen[11]. Tatsächlich ordnet der Erblasser Vor- und Nacherbschaft an, im Übrigen ist ihm der Bestand der Nacherbschaft gleichgültig. Daran ändert auch der Hinweis auf § 2108 Abs. 2 S. 2 nichts. Denn mit der Möglichkeit einer bedingten Nacherbeneinsetzung ist noch nicht das Problem der dann möglichen Kollision mit § 2065 Abs. 1 gelöst. Der Vorverstorbene entscheidet sich hier endgültig weder für die Vollerbschaft noch die fortdauernde Nacherbschaft. Die (Fort-)Geltung seiner Verfügung ist allein in den Willen eines anderen gestellt. Er akzeptiert sowohl die eigene wie die Entscheidung des anderen.

Zum Teil wird das Ergebnis der herrschenden Meinung auch mit der Überlegung verteidigt, dass es bei der Frage der Nacherbschaft um eine Regelung der Vermögensweitergabe bereits in die „übernächste Generation" gehe. Hier sei ein weniger strenger Maßstab anzulegen. Denn wenn sich der Erblasser damit begnügen könne, überhaupt nur die Weitergabe an die „nächste Generation" zu regeln, dann könne § 2065 für den Erblasser, der sich weitere Gedanken macht, jedenfalls nicht in voller Schärfe angewandt werden[12]. Auch dieses Argument überzeugt aber nicht. Die Frage, für wie viele „Generationen" der Erblasser den Gang seines Vermögens im Voraus bestimmt, spielt für § 2065 keine Rolle. Sinn dieser Vorschrift ist die strikte Vermeidung einer Stellvertretung, gleich welcher Konstruktion. Einen Grund, insofern für die Nacherbfolge andere Maßstäbe anzulegen, kennt das Gesetz nicht.

Im Ergebnis wird man deshalb entgegen der Rechtsprechung und herrschenden Meinung in **Fall 24** von einer unzulässigen Geltungsbestimmung durch einen anderen auszugehen haben.

3. Keine Inhaltsbestimmung durch Dritte

Der Erblasser muss **nicht nur über das „Ob"** seiner Verfügung bestimmen, sondern, **212**
wenn er von der gesetzlichen Erbfolge abweicht, auch die Verantwortung für **die inhaltliche Benennung** des Empfängers und des Gegenstandes seiner letztwilligen Zuwendung übernehmen (§ 2065 Abs. 2). Die Grenze zwischen verbotener Drittbestimmung und einer erlaubten Hilfestellung des Dritten ist oft schwierig zu ziehen. Folgender Fall soll dies verdeutlichen.

8 BGHZ 2, 35, 36; 15, 199, 204; 59, 220, 222 f.; *Brox/Walker* Rdnr. 96; Soergel-*Loritz* § 2065 Rdnr. 18 ff.
9 MünchKomm-*Leipold* § 2065 Rdnr. 18 – im Interesse der Rechtssicherheit aber die h.M. akzeptierend.
10 BGHZ 59, 220, 223; OLG Stuttgart FamRZ 2005, 1863, 1865 re. Sp.; Soergel-*Loritz* § 2065 Rdnr. 18, 21.
11 So zu Recht noch MünchKomm-*Leipold* [3]1997, § 2065 Rdnr. 10.
12 Soergel-*Loritz* § 2065 Rdnr. 20.

a) Person des Zuwendungsempfängers

213 **Fall 25:** E bestimmt in seinem Testament: „Eines meiner drei Kinder soll mein Erbe sein. Mein Prokurist P soll am 18. Geburtstag des jüngsten Kindes dasjenige auswählen, das er für die Unternehmensnachfolge am geeignetsten hält."

Die Vorschrift des § 2065 Abs. 2 verlangt vom Erblasser, die **Person**, die eine Zuwendung erhalten soll (Erbe, Nacherbe, Vermächtnisnehmer und der durch Schenkungsversprechen auf den Todesfall Begünstigte, § 2301 Abs. 1), selbst festzulegen[13]. Unwirksam sind danach Testamente, die es einem Dritten freistellen, den Zuwendungsempfänger zu bestimmen – auch dann, wenn der Erblasser den Kreis der möglichen Erben etc. selbst festlegt (Beispiel: „Meine Frau soll bestimmen, welches unserer Kinder mein Erbe sein soll."). Schwieriger ist die Frage zu beantworten, inwieweit der Erblasser einem Dritten die endgültige Konkretisierung (z. B. des Erben) überlassen kann, wenn er selbst bestimmte **Auswahlkriterien** nennt **(Fall 25)**.

214 Das **RG** sah in einem ähnlich gelagerten Fall[14] die Zulässigkeit des § 2065 Abs. 2 dort überschritten, wo sich die Auswahl durch einen Dritten nach dessen **Willkür** richte. § 2065 Abs. 2 verlange nicht, dass der Erblasser den Bedachten namentlich benenne. Deshalb sei es zulässig, „einen begrenzten Kreis von Personen zu bezeichnen, aus dem der Erbe nach bestimmten sachlichen Gesichtspunkten, z. B. seiner Eignung für eine besondere Aufgabe, durch einen Dritten bindend ausgewählt werden soll [...]"[15]. Entscheidend sei, dass der Dritte ein **Urteil** über die **vom Erblasser bestimmten** Kriterien und Voraussetzungen fälle, mag dieses Urteil „auch ein reines Werturteil darstellen oder ein solches einschließen"[16]. – Nach dieser Auffassung wäre die in **Fall 25** vom Erblasser bestimmte Verfügung als wirksam anzusehen.

215 Die Rechtsprechung des **BGH** hat die Grenzen des § 2065 Abs. 2 **enger** gezogen. Sie geht zwar ebenfalls davon aus, dass der Testator die Person des Bedachten nicht namentlich benennen muss und es ihm möglich sei, gegenwärtig noch nicht überschaubaren Entwicklungen mit den Mitteln bedingter Verfügungen Rechnung zu tragen. Diese Bedingung kann auch im Verhalten eines Dritten oder des Bedachten selbst bestehen. Aber einem Dritten könne **nicht** die **Bestimmung** (Auswahl) der Person des Zuwendungsempfängers überlassen bleiben. Möglich sei lediglich die nach objektiven, vom Erblasser mitgeteilten Gesichtspunkten vorzunehmende **„Bezeichnung"** des Bedachten aus einem vom Erblasser **eng begrenzten** Personenkreis. Eine solche Bezeichnung lasse ein Auswahlermessen nicht zu. Auch wenn der Erblasser dem Ermessen des Dritten objektive Vorgaben mache, sei die Grenze der Zulässigkeit überschritten, wenn „die subjektive Auffassung und Wertung der zur Entscheidung berufenen Person den Ausschlag gibt"[17]. Die Zielrichtung des § 2065 Abs. 2 verlange, dass es **jeder sachkundigen** Person möglich sein müsse, anhand **objektiver Kriterien** die **Bezeichnung** zu treffen[18].

13 Um eine „Zuwendung" geht es, wo dem Bedachten ein **eigener Anspruch** zukommen soll. Auf die Auflage findet § 2065 deshalb entsprechende Anwendung (§ 2192).

14 **RGZ 159, 296 ff.**

15 RGZ 159, 296, 299.

16 RGZ 159, 296, 299.

17 **BGHZ 15, 199, 203.**

18 Vgl. aber auch BGH NJW 1965, 2201, wo unter Bezugnahme auf RGZ 159, 296, 299, lediglich darauf abgestellt wird, dass für eine Willkür des Dritten kein Raum bleiben dürfe; in dieser Richtung auch BGHZ 45, 199, 201 f.

Die enge Ansicht des BGH stößt in Teilen der obergerichtlichen Judikatur und des Schrifttums auf Bedenken. Hervorgehoben wird das praktische Bedürfnis, insbesondere bei Unternehmens- und Hofnachfolge den künftigen Erben nach Kriterien zu bestimmen, die zwar keine willkürliche Entscheidung des Dritten erlauben, die aber notwendiger Weise einen gewissen Beurteilungs- und Wertungsspielraum eröffnen („unternehmerische Persönlichkeit"). Die Grenze zwischen Feststellung und Bewertung eines Sachverhalts, zwischen „Bezeichnung" und „Auswahl" sei fließend. Entscheidend für § 2065 Abs. 2 müsse sein, dass der Erblasser die von ihm genannten, objektiven Kriterien in seinen eigenen Willen aufgenommen hat und die Verantwortung darüber nicht einem Dritten zuschiebt, so dass im Ergebnis eine unzulässige Stellvertretung vorliegt. Überschritten sieht man die Grenze deshalb mit dem RG dort, wo dem Dritten eine willkürliche Entscheidung eingeräumt wird, die Auswahlkriterien also nicht vom Erblasser, sondern vom Dritten bestimmt werden[19]. Demnach wird die Verfügung des E in **Fall 25** vielfach für zulässig gehalten. **216**

Allerdings treten damit weitere Fragen und Schwierigkeiten auf. Das macht die Situation eines vorsorgenden Unternehmertestaments besonders deutlich. Hat der Erblasser die Bestimmung seines Nachfolgers (als Erben) einem Dritten (nach objektiven Kriterien) überlassen, so kann zwischen Erbfall (§ 1922 Abs. 1) und Erbenbestimmung (etwa Beendigung der Ausbildung der als Erben vorgesehenen Kinder) ein langer Zeitraum liegen. Der Nachlass fällt aber mit dem Tod des Erblassers dem Erben an (§§ 1922 Abs. 1, 1942 Abs. 1). Das deutsche Recht kennt keine „liegende Erbschaft". Die in Aussicht genommenen Personen würden die Unternehmensnachfolge deshalb in aller Regel erst als Nacherben antreten[20]. Vorerben wären, soweit nichts anderes bestimmt ist, die gesetzlichen Erben (§ 2105 Abs. 1, Abs. 2). Ob dies in jedem Fall gewollt ist, ist fraglich. Jedenfalls aber müsste die Verwaltung des Nachlasses (Betriebes) bis zum Nacherbfall geregelt werden, etwa durch Testamentsvollstreckung nach § 2209[21]. Angesichts dieser Überlegungen, vor allem wegen der nach außen gerichteten dinglichen Wirkung einer Erbeinsetzung (Verlässlichkeit für den Rechtsverkehr), hat der Gesetzgeber bewusst von einer Vorschrift, wie sie das Vermächtnisrecht in § 2151 kennt[22], abgesehen und auf die nach dem BGB möglichen Gestaltungen verwiesen[23]. Deshalb trifft es nicht zu, wenn die kautelarjuristische Bewältigung der Problematik auf der Grundlage der BGH-Rechtsprechung[24] immer wieder als eine Umgehung des § 2065 Abs. 2 beschrieben wird; als konstruktive Versuche, denen die „Absicht zur Umschiffung der Klippe materieller Höchstpersönlichkeit geradezu auf der Stirn geschrieben" stehe[25]. **217**

19 Ähnlich etwa *Brox/Walker* Rdnr. 97; MünchKomm-*Leipold* § 2065 Rdnr. 36; Soergel-*Loritz* § 2065 Rdnr. 30.

20 Zu Vor- und Nacherbfolge unten § 10 Rdnr. 303 ff.

21 Zur Testamentsvollstreckung unten § 11 Rdnr. 353 ff.

22 Dazu sogleich Rdnr. 219.

23 *Mugdan* Die gesamten Materialien zum Bürgerlichen Gesetzbuch für das deutsche Reich, 1899, Neudr. 1979, Bd. 5, S. 528.

24 Dazu sogleich unten Rdnr. 219.

25 *Goebel* DNotZ 2004, 101, 103 mit kritischer Stellungnahme zu den bislang für § 2065 Abs. 2 vorgebrachten (teleologischen) Argumenten. Eigenwillig allerdings auch der eigene Erklärungsversuch: Im „Mechanismus der Todesverarbeitung" trage § 2065 Abs. 2 dem „kulturellen Bewusstsein", Erbe von jemandem zu sein, in „symbolischer Funktion" Rechnung, S. 116 f.

b) Gegenstand der Zuwendung

218 Für die Bestimmung des Gegenstandes der Zuwendung gelten die gleichen Grundsätze wie für die Bestimmung der Person des Empfängers. Der Erblasser kann deshalb die **Höhe** der **Erbquoten** der von ihm ausgewählten Erben nicht der Bestimmung eines Dritten anheimgeben. Auch hier gelten aber dieselben Einschränkungen wie bei der Auswahl der Person des Zuwendungsempfängers. Soweit ein Dritter erlaubtermaßen über die Erbenstellung insgesamt entscheiden darf, darf er auch über einzelne Erbteile bestimmen.

c) Ausnahmen, kautelarjuristische Gestaltungen

219 Für die Gestaltung und Auslegung letztwilliger Verfügungen sind, gerade auch wegen der strengen Anforderungen der höchstrichterlichen Rechtsprechung an § 2065 Abs. 2[26], einige wesentliche **Einschränkungen** dieser Vorschrift zu beachten: so bei der **Teilungsanordnung**, dem **Vermächtnis** und der **Auflage**.

Für die rechtspraktische Bewältigung des Grundsatzes der materiellen Höchstpersönlichkeit stehen dem Erblasser bei Unsicherheit über die Person des endgültigen Erben – freilich auf unsicherem Boden, aber getragen von Rechtsprechung und überwiegendem Schrifttum[27] – **Vor-** und **Nacherbschaft** zur Verfügung. Der Erblasser kann den überlebenden Ehegatten als Vorerben und die (für die Unternehmensnachfolge) ins Auge gefassten Abkömmlinge als Nacherben einsetzen, und zwar auflösend bedingt durch eine Verfügung, mit der der Vorerbe aus dem Kreis der Abkömmlinge seinen Erben bestimmt. So kann der überlebende Vorerbe die weitere Entwicklung zunächst abwarten und den geeigneten Nachfolger zu seinem Erben bestimmen mit der Folge, dass er selbst als bisheriger Vorerbe Vollerbe wird und den Betrieb dem Nachfolger unter Lebenden überträgt.

Will der Erblasser mehrere Personen als seine Erben einsetzen, die vermögensmäßige Auseinandersetzungen der Erbengemeinschaft aber noch nicht endgültig bestimmen, so kann er gem. **§ 2048 S. 2** festlegen, dass die Auseinandersetzung nach dem **billigen Ermessen** eines **Dritten** zu erfolgen hat.

Der Erblasser kann, um zukünftigen Entwicklungen Rechnung zu tragen, nach **§ 2151 Abs. 1** mehreren Personen derart ein **Vermächtnis** zusprechen, dass der **Beschwerte** oder ein **Dritter** darüber entscheiden sollen, wer aus diesem von ihm begrenzten Personenkreis das Vermächtnis erhalten soll. Auf diesem Wege kann auch ein den Nachlass annähernd aufzehrendes Vermächtnis (Betrieb) angeordnet werden. Zu achten ist wegen der Auslegungsregel des § 2087 darauf, dass der Vermächtnis-Charakter aus der Verfügung klar hervorgeht.

Und schließlich kann der Testator eine **Zweckauflage** verfügen mit der Maßgabe, dass die Person des Begünstigten vom **Beschwerten** oder einem **Dritten** bestimmt werden soll **(§ 2193 Abs. 1)**.

d) Alternative Erbeinsetzung, Losentscheid

220 Umstritten ist die Behandlung **alternativer Erbeinsetzungen** („mein Erbe soll X oder Y sein"). Auch für solche Verfügungen gilt, dass zunächst, so weit wie möglich, der wirkliche oder mutmaßliche Wille des Erblassers durch Auslegung (§ 133) zu gewinnen ist[28].

26 Vgl. oben Rdnr. 215.
27 Vgl. oben Rdnr. 211.
28 Zur Auslegung im Anschluss unten § 9.

 70 S. V

Eine auf den ersten Blick alternative Erbeinsetzung kann sich, wenn der Erblasser **subjektiv** von einer **bestimmten Rangfolge** der genannten Personen ausging, als eine **Ersatzerbschaft** (§ 2096) herausstellen: Nur für den Fall, dass die erstgenannte Person nicht Erbe werden will oder kann, soll der „wahlweise“ Eingesetzte Erbe sei. Das hat das BayObLG für ein Testament angenommen, in dem der Erblasser „meine Lebensgefährtin oder unsere gemeinsame Tochter“ zu Alleinerben bestimmt hatte[29]: Schon aus der Reihenfolge der Benannten ergäben sich Auslegungshinweise, die mit der allgemeinen Lebenserfahrung einer Erbfolge nach Generationen (wie sie für Ehegatten in § 2269 Abs. 1 Ausdruck gefunden hat) korrespondierten. Weil andere Hinweise fehlten, nahm das Gericht eine Ersatzerbschaft (§ 2096) der Tochter an[30].

Lässt sich der wahlweise formulierten Erbeinsetzung kein subjektives Rangverhältnis nach dem Willen des Erblassers entnehmen (echtes Alternativverhältnis), geht die herrschende Meinung von der Unwirksamkeit der Verfügung gem. § 2065 Abs. 2 aus[31]. Ein Teil des Schrifttums befürwortet hingegen eine entsprechende Anwendung des § 2073 und gelangt so zu einer gleichteiligen Erbeinsetzung[32]. Zum gleichen Ergebnis gelangt ein anderer Teil über eine Umdeutung nach § 140 in den Fällen, in denen es dem Erblasser nicht auf die benannten Personen, sondern den mit der Einsetzung verbundenen Verwendungszweck ankommt: „Meine Erben sollen sein Deutsches Rotes Kreuz oder Malteser Hilfsdienst oder Arbeiter-Samariter-Bund“[33].

Nach übereinstimmender Auffassung verbleibt es bei einer Unwirksamkeit nach § 2065 Abs. 2 aber jedenfalls dann, wenn sich nichts anderes als die bloße alternative Erbeinsetzung feststellen lässt. Zu erwägen ist aber, ob in einem solchen Fall, in dem zwar vom „Entweder-Oder“ der Erbeinsetzung auszugehen ist, es aber (gerade deshalb) dem Erblasser gleichgültig ist, wer Erbe wird, nicht von einer Erbeinsetzung durch **Losentscheid** auszugehen ist. 221

Die herrschende Meinung bejaht die Möglichkeit der Erbenbestimmung durch Los, wenn die betreffenden Personen genau bestimmt sind. Denn der Erblasser habe sich in diesem Fall nicht vor einer eigenen Entscheidung gedrückt, sondern bewusst dem Zufall überlassen, wer von mehreren sein Erbe sein soll[34].

Dem wird entgegengehalten, dem Sinn des § 2065 Abs. 2 entspreche es nicht, den reinen Zufall über die Erbschaft entscheiden zu lassen[35]. Die besseren Gründe sprechen gegen die Zulässigkeit einer Erbenermittlung durch Los. Die Vorschrift des § 2065 Abs. 2 will – darüber herrscht Einigkeit – jedenfalls die pure Willkür eines Dritten für die Erbenbestimmung nicht zulassen. Das trifft aber auch die Situation des Losentscheids. Denn anderenfalls müsste man konsequenter Weise dazu kommen, die pure Zufallsentscheidung eines Dritten, weil in den Erblasserwillen aufgenommen, quasi als Losentscheidung zu akzeptieren: „Einer unter A, B oder C soll mein Erbe sein, und zwar der, auf den mein Freund F mit verbundenen Augen hindeutet.“

29 BayObLG NJW 1999, 1118 f.
30 Zu einer weiteren alternativen Erbeinsetzung als Ersatzerbschaft BayObLG NJW 1999, 1119 ff.
31 MünchKomm-*Leipold* § 2073 Rdnr. 10.
32 Z. B. Palandt-*Weidlich* § 2065 Rdnr. 13.
33 *Spanke* NJW 2005, 2947, 2949 f.
34 RG DNotZ 1937, 509 (L).
35 Vgl. Soergel-*Loritz* § 2065 Rdnr. 15.

IV. Form des privatschriftlichen Testaments

222 Das Testament ist eine **einseitige, nicht empfangsbedürftige Willenserklärung**, die, um wirksam zu sein, einer **besonderen Form** bedarf. Es muss **eigenhändig geschrieben** und **unterschrieben** sein **(§ 2247 Abs. 1)**. Im Gegensatz zu diesen notwendigen Formerfordernissen sind Angaben über Ort und Zeit der Abfassung sowie die Art und Weise der Unterschrift nur insoweit erheblich, als sich in diesem Zusammenhang Zweifel an der Identität des Erblassers, der Ernstlichkeit der Erklärung (§ 2247 Abs. 3) oder der Gültigkeit des Testaments ergeben (§ 2247 Abs. 2, Abs. 5). Wesentliche Fragen, die für die formwirksame Errichtung eines Testaments immer wieder eine Rolle spielen, zeigt folgender

Fall 26: Nach dem Tode des E findet sich in seinem Schreibtisch ein Briefumschlag mit dem handschriftlichen Vermerk „Mein Testament, E.". Der offene Briefumschlag enthält mehrere fortlaufend nummerierte, handbeschriebene Blätter (z. T. ausgebessert und durchgestrichen), auf denen E letztwillige Verfügungen, insbesondere die Erbeinsetzung seiner Tochter T anordnet. Die Schriftstücke sind mittels eines Kohlepapiers als Durchschlag gefertigt. Quer über die obere linke Ecke des ersten Blattes ist „Entwurf" geschrieben. Ist T, die neben anderen Verwandten bestätigt, dass E zu Lebzeiten immer wieder und auch noch kurz vor seinem Tod davon gesprochen hat, sie als Erbin seines Vermögens zu wünschen, und dass er im Übrigen stets peinlich darauf bedacht war, auch bei seinen privaten Unterlagen eine korrekte äußere Form einzuhalten, Erbin geworden?

1. Testamentserrichtungswille

223 Eine Erklärung ist nur dann als Testament wirksam (Willenserklärung), wenn sie mit **Testamentserrichtungswillen** abgegeben worden ist. Das bedeutet, der Erklärende muss die Absicht gehabt haben, letztwillige Verfügungen zu treffen, zumindest das Bewusstsein, seine Erklärung könne als Testament angesehen werden. Testamentsentwürfe (rechtlich unverbindliche Überlegungen) genügen nicht. In aller Regel sichert eine eigenhändig geschriebene Erklärung auch den erforderlichen Testierwillen. Treten gleichwohl Zweifel auf, müssen sie, soweit wie möglich durch Auslegung (§ 133) beseitigt werden. In **Fall 26** kommt es darauf an, worauf sich nach der Vorstellung des E sein Vermerk „Entwurf" bezog. Sollte damit die inhaltliche Unverbindlichkeit seiner Vorstellungen zum Ausdruck kommen, fehlt es am notwendigen Testierwillen. Ging es E dagegen darum, seine Verfügungen später noch in einer „Reinschrift" niederzulegen, ändert dies an der inhaltlichen Verbindlichkeit der Bestimmungen nichts. Mehrfache mündliche Äußerungen gegenüber T und anderen Personen, Handschriftlichkeit, Änderungen und Streichungen in der Urkunde sowie die Gepflogenheit, in Schriftsachen stets auf eine korrekte äußere Form zu achten, sprechen für eine längerfristig überdachte und inhaltlich gewollte Erklärung des E. Entwurfcharakter sollte nach allen erreichbaren Auslegungsumständen lediglich die äußere Fassung seines Testaments haben. Sofern die weiteren Formerfordernisse gegeben sind, ist deshalb von einem wirksamen Testament auszugehen[36].

36 BayObLGZ 70, 173 ff.

Die Frage nach einem vorhandenen Testierwillen stellt sich oft auch beim so genannten **„Brieftestament“**. Dem OLG Schleswig lag folgender Fall zur Entscheidung vor[37]: 224

Anlässlich der Beerdigung einer gemeinsamen Verwandten trafen sich die bereits betagten Geschwister B und S. B fuhr seine Schwester S im Anschluss an das Begräbnis zum Bahnhof. Wenige Wochen später erreichte ihn ein handgeschriebener und unterschriebener Brief von S, in dem sie sich noch einmal für die Fahrt zum Bahnhof bedankte, Zeiten ihres Lebens vorbeiziehen ließ und schließlich anfügte: „[…] Es freute mich, daß wir so harmonisch zusammen waren: Ho. […], die R. […] und Du liebes Brüderchen. Ich denke an T.H. [...]s Tod wenn mein Lebenslauf besiegelt ist, erbst du mein Geld, mein Glück brachte mir Wohlstand in Canada […].“ B stellte nach dem Tode der S einen Antrag auf Erteilung eines Erbscheins, der ihn als testamentarischen Alleinerben auswies und auch erteilt wurde.

Strittig war unter den Beteiligten, ob die Erblasserin den B wirklich als Erben einsetzen wollte, denn sie hatte schon vorher auch andere Beteiligte „zwecks Erbe“ angeschrieben oder brieflich mitgeteilt „das Kapital erbst Du“. Das OLG Schleswig bejahte einen **Testierwillen** und wies dabei auf die anerkannten **Grundsätze** zu einem **„Brieftestament“** hin. Ob die Abfassung eines Briefes eine letztwillige Verfügung enthält, hängt davon ab, ob die maßgeblichen Passagen mit Testierwillen niedergeschrieben wurden. Der Briefschreiber muss sich dabei im Klaren gewesen sein, dass der Brief jedenfalls als ein Testament angesehen werden kann. Davon abzugrenzen ist eine unverbindliche Absichtserklärung, künftig ein Testament erst errichten zu wollen. Bei dieser durch Auslegung zu ermittelnden Entscheidung (§ 133) sind wegen der ungewöhnlichen Form des „Brieftestaments“ strenge Maßstäbe anzulegen[38]. Im konkreten Fall hat das Gericht den Testierwillen insbesondere aus der Bezugnahme auf den Todeszeitpunkt der Erblasserin („wenn mein Lebenslauf besiegelt ist“) geschlossen und aus den Gesamtumständen: Tatsächlich hatte die Erblasserin so gut wie ausschließlich ein Kapitalvermögen in Höhe von 60 000 € hinterlassen, so dass das „Geld“ („erbst du mein Geld“) auch den eigentlichen Nachlass darstellte.

2. Eigenhändigkeit

Ein Testament liegt nur dann vor, wenn der Erblasser die Urkunde **eigenhändig** geschrieben hat (Abgrenzung unten Rdnr. 228). Dies bedeutet, dass die Schriftzüge vom Erblasser selbst stammen müssen. Unterstützungshilfen Dritter sind dadurch nicht ausgeschlossen[39], dem Testator darf aber nicht in einer Weise „die Hand geführt“ werden, dass die Schriftzüge tatsächlich von einem anderen ausgeführt und geformt werden[40]. Entscheidend ist, dass der Erblasser die Verfügung will und dass der Schriftzug von seinem Willen abhängig ist und bleibt. In **Fall 26** lässt sich an der Eigenhändigkeit zweifeln, weil das aufgefundene Schriftstück eine Durchschrift darstellt, die mittels Kohlepapier gefertigt wurde (Blaupause). 225

37 OLG Schleswig FamRZ 2010, 65 ff.
38 OLG Schleswig FamRZ 2010, 65, 67 li. Sp.
39 BGHZ 47, 68 ff.
40 BGH NJW 1981, 1900, 1901 li. Sp.

226 Mangels Eigenhändigkeit unwirksam sind „Testamente" in Form von Telegrammen, Fotokopien, Tonbanddiktaten, aber auch ein in Blindenschrift abgefasstes Schriftstück (für einen Blinden gilt § 2233 Abs. 2).

227 Eigenhändigkeit ist dagegen bei einer mit Hilfe eines Kohlepapiers hergestellten Urkunde zu bejahen[41], vorausgesetzt, ein ernsthafter Testierwille liegt vor. Es handelt sich dann um eine zweite Urschrift (keine Abschrift), eventuell um das einzig verbliebene Original. Entscheidend für diese Wertung ist die Wahrung des mit dem Erfordernis der Eigenhändigkeit verfolgten **gesetzlichen Zwecks**: Überprüfung der **Echtheit des Testaments** anhand der individuellen Schriftzüge des Erblassers. In **Fall 26** hat E deshalb eigenhändig testiert.

3. Handschriftlichkeit

228 Das Testament muss „eigenhändig **geschrieben**", d. h. **handgeschrieben** sein. Vom Erblasser zwar selbst hergestellte, aber maschinenschriftlich abgefasste Urkunden sind keine Testamente[42].

4. Unterschrift

229 Der Erblasser hat sein Testament eigenhändig zu **unterschreiben**. Die Unterschrift soll mit Vor- und Familiennamen erfolgen (§ 2247 Abs. 3 S. 1). Unterschreibt der Erblasser „in anderer Weise" (Künstlername, Pseudonym, Kosename) ist dies unschädlich, solange es sich um einen **individuellen Schriftzug** handelt und sich hieraus keine Zweifel an der Identität des Verfassers ergeben. Das Gesetz macht in § 2247 Abs. 3 S. 2 deutlich, dass die Unterschrift des Testators **keine Namensunterschrift** sein muss (vgl. § 126 Abs. 1). Möglich sind daher Unterschriften, die lediglich die Familienstellung des Erblassers ausdrücken[43], sofern die Identität des Erblassers und die Ernstlichkeit seiner Verfügung feststehen. Ob eine Abkürzung, Initialen („M. L.") oder eine so genannte Paraphe (Namenszeichen), genügen, ist streitig. Im Hinblick auf § 2247 Abs. 3 S. 2 wird man sie unter den dort genannten Voraussetzungen aber für zulässig erachten müssen[44]. **Nicht genügend** sind dagegen **bloße Handzeichen** (vgl. § 126 Abs. 1) wie Kreuze, Striche oder Haken. In **Fall 26** wird man es deshalb noch als unschädlich ansehen können, dass E lediglich mit „E." zeichnet, sofern feststeht, dass diese Abkürzung von ihm stammt und sich daraus kein Hinweis auf einen mangelnden Testierwillen ergibt (§ 2247 Abs. 3 S. 2)[45].

41 BGHZ 47, 68 ff.

42 Zur Frage der Wirksamkeit von Verweisungen vgl. unten Rdnr. 235.

43 OLG Naumburg FamRZ 2003, 407, 408 li. Sp. („Tante D."); BayObLG FamRZ 2003, 1779 re. Sp. („Eure Mutter").

44 Einer Abkürzung muss aber stets eine **eigene Identifizierungsfunktion** zukommen. Nicht ausreichend deshalb die Abkürzung „D.O." (für „Der Obengenannte"), OLG Celle ZEV 2012, 47. – Der BGH hat eine „Unterschrift" im Falle einer Paraphe verneint in NJW-RR 2007, 351 f.; dort ging es allerdings um die Anforderungen des § 440 Abs. 2 ZPO, der ausdrücklich eine Namensunterschrift oder ein notariell beglaubigtes Handzeichen verlangt.

45 Soergel-*Mayer* § 2247 Rdnr. 22; MünchKomm-*Hagena* § 2247 Rdnr. 26, 29; aber nicht unstrittig, vgl. Palandt-*Weidlich* § 2247 Rdnr. 10.

Fraglich ist allerdings, ob die Unterschrift des E auf dem **(offenen) Briefumschlag** den Anforderungen des § 2247 Abs. 1 genügt. Unstrittig erfüllt eine Selbstbezeichnung am Beginn des Textes (auch in Form der Unterschrift, „Oberschrift") nicht die Voraussetzungen einer Unterschrift[46]. Kennzeichen einer Unterschrift ist, die Identifikation des Erblassers zu ermöglichen und zu dokumentieren, dass er sich zu dem im vorangehenden niedergelegten Urkundentext bekennt und ihn mit seiner Unterschrift seinem äußeren Erscheinungsbild nach fortsetzen und räumlich abschließen will, um ihn vor nachträglichen Ergänzungen zu schützen (**Identifikations-**, **Fortsetzungs-** und **Abschlussfunktion** der Unterschrift). Bei einer **mehrseitigen Verfügung** genügt danach eine auf der letzten Seite unter den Text gesetzte Unterschrift, wenn sich nach dem Inhalt oder durch äußere Merkmale (Heftklammer, Paginierung) die Einheitlichkeit und Zusammengehörigkeit der Verfügung zu einer Urkunde ergibt. Schwierig zu beurteilen ist eine Unterschrift auf einem **Briefumschlag**, der die einzelnen Seiten enthält. Die herrschende Meinung gesteht einer solchen Unterschrift Fortsetzungs- und Abschlussfunktion zu, wenn sie quasi als letzte Seite der Verfügung nach dem Willen des Erblassers und der Verkehrsauffassung Billigung und Abschluss der inliegenden, als ein Ganzes erscheinenden Verfügung darstellt[47]. Bejaht wird dies für eine Unterschrift auf einem **verschlossenen Umschlag**, der auch **keine anderweitige Bedeutung** als die Bezugnahme auf den Text zukommt[48]. Das wäre nicht der Fall, wenn die Unterschrift eine Handlungsanweisung („Nach meinem Tod zu öffnen") oder eine Inhaltskennzeichnung („Mein Testament") deckt[49]. Bei einem offenen Briefumschlag kann eine Abschlussfunktion hingegen regelmäßig nicht mehr angenommen werden[50]. Wegen der jederzeit gänzlich lösbaren Verbindung von Text und Unterschrift (im Gegensatz zu einer mit dem Textteil verbundenen Unterschrift auf der letzten Seite) fehlt der inhaltsbezogene, abschließende Charakter. In **Fall 26** ist dem Erfordernis einer Unterschrift nach § 2247 Abs. 1 deshalb nicht Genüge getan. Dies aus zwei Gründen: Die Unterschrift deckt in Verbindung mit dem Vermerk „Mein Testament" eher eine Inhaltskennzeichnung auf dem Umschlag als die eingeschlossene Verfügung. Zum anderen kommt ihr wegen des nicht verschlossenen Kuverts keine Fortsetzungs- und Abschlussfunktion bezogen auf den Urkundentext zu. Das Testament ist wegen Formmangels gem. § 125 nichtig. 230

Welche (z.T. erheblichen) Schwierigkeiten bei der Beurteilung einer „Unterschrift" auftreten können, zeigt ein vom OLG Celle entschiedener Fall[51]. Das Gericht hat ein gemeinschaftliches Ehegattentestament, bei dem die Ehegatten oberhalb des Urkundentextes unterschrieben hatten, als wirksam anerkannt: Das auf einem einzigen Blatt abgefasste Testament habe unterhalb der Verfügung keinen Raum mehr für die Unterschriften belassen. Dies ist abzulehnen. – Im Übrigen hätten die Ehegatten auf der Rückseite der Urkunde oder einem zweiten Blatt, das die Fortsetzung mit dem Text wahrt, unterschreiben können. – Anerkennung gefunden hat hingegen eine so genannte „Nebenschrift": Findet sich unterhalb des Testamentstextes kein Raum 231

46 BGHZ 113, 48, 51.
47 BayObLG NJW-RR 2002, 1520 f.; OLG Braunschweig ZEV 2012, 40 f.
48 OLG Rostock FamRZ 2015, 170 f. mit weit. Nachweisen.
49 Näher dazu etwa MünchKomm-*Hagena* § 2247 Rdnr. 26.
50 Palandt-*Weidlich* § 2247 Rdnr. 12; OLG Hamm FamRZ 1986, 728; Ausnahme BayObLG Rpfleger 1986, 294 li. Sp. (L).
51 OLG Celle NJW-Spezial 2011, 488; ähnlich bereits OLG Celle NJW 1996, 2938 (wirksame „Oberschrift" im linken oberen Blattbereich wegen Raummangels).

V 25 s.

mehr, so genügt es, wenn die Unterschrift neben den Text gesetzt wird und das räumliche Erscheinungsbild der Gesamturkunde den Eindruck vermittelt, dass der Text von dieser Unterschrift gedeckt ist (etwa wenn die Unterschrift quer zum Text über den nahezu gesamten Rand verläuft)[52].

5. Sukzessive Errichtung, Nachträge, Verweisungen

232 **Fall 27**[53]**:** Nach dem Tode des E wird folgendes Schriftstück gefunden
„(Namenszug des Erblassers)
Testament vom 15.3.2001
Von meinen beiden Söhnen A und B soll A mein Erbe sein, weil er und seine Frau drei Kinder haben. *Bis zur Vollendung des 20. Lebensjahres sollen die Eltern das Geld für die Kinder verwalten.

Gießen, am 10.2.2004
(Namenszug des Erblassers)
*Die drei Kinder sollen je 10 000 € erben."

Während A sich als testamentarischer Erbe sieht, geht B von gesetzlicher Erbfolge aus. Handelt es sich um ein wirksames Testament?

a) Kein einheitlicher Errichtungsakt

233 Auch in **Fall 27** geht es um die Frage, ob die „Unterschriften" des E dem Formerfordernis des § 2247 Abs. 1 gerecht werden. Offensichtlich hat E bei der Niederschrift am 15.3.2001 eine „Oberschrift" geleistet, die ein wirksames Testament nicht begründen konnte (vgl. oben Rdnr. 230). Dieses Schriftstück könnte aber durch die am 10.2.2004 unter diesen Text gesetzte Unterschrift zu einem formgerechten Testament ergänzt worden sein. Die Abfassung eines Testaments **muss nicht in einem Errichtungsakt** vollzogen werden. Die zeitliche Abfolge der einzelnen Bestandteile eines Testaments ist grundsätzlich bedeutungslos, so dass auch eine erst (viel) später hinzugefügte Unterschrift die Formwirksamkeit des Testaments begründet, wenn sie nach dem äußeren Erscheinungsbild die frühere Verfügung fortsetzen und zum Abschluss bringen sollte und damit die inhaltliche Billigung des Testators ausdrückt[54]. So liegt es in **Fall 27**: Der unter dem Datum des 10.2.2004 gesetzte (als „Oberschrift" der textlich folgenden Ergänzung gedachte) Namenszug des E stellt eine Unterschrift unter seine Verfügung vom 15.3.2001 dar und vollendet damit sein Testament vom 15.3.2001. A ist testamentarischer Alleinerbe.

b) Nachträgliche Ergänzungen

234 Textergänzungen, die räumlich **unterhalb der Unterschrift** angebracht werden, müssen, um formwirksam zu sein, grundsätzlich **erneut unterschrieben** werden. **Ausnahmsweise** können aber auch sie rechtswirksam sein, wenn sie einen so **engen inhaltlichen Bezug** zu dem oberhalb der Unterschrift stehenden Text aufweisen, dass dieser

52 BayObLG FamRZ 1986, 728 ff. mit weit. Nachweisen.
53 Vgl. BayObLG FamRZ 2005, 1012 ff.
54 BayObLG FamRZ 2005, 1012, 1013 li. Sp. mit weit. Nachweisen.

ohne sie unverständlich, lückenhaft oder undurchführbar wäre[55]. In **Fall 27** ist die Anordnung des E unter dem Datum des 15.3.2001, wonach die Eltern das Geld für die Kinder verwalten sollen, aus sich heraus nicht verständlich. Diese Lücke hat E später bemerkt, mit einem (*) gekennzeichnet und am 10.2.2004 ergänzt. Erst durch diesen Zusatz wird das Testament vom 15.3.2001/10.2.2004 in dem genannten Punkt verständlich, so dass die Ergänzung auch ohne erneute Unterschrift wirksam ist[56].

c) Verweisungen

Formgerecht errichtet ist ein Testament nur dann, wenn die **gesamte** (erbrechtliche) **Verfügung** den Voraussetzungen des § 2247 Abs. 1 entspricht. Für den wichtigsten Fall, die Erbeinsetzung (§ 1937), bedeutet dies, dass die **Benennung des Erben** im **Testament selbst** erfolgen muss; für den Fall eines Vermächtnisses etwa, dass Vermächtnisnehmer und Gegenstand der Zuwendung sich aus der formwirksamen Verfügung selbst ergeben müssen. Insoweit ist es **nicht möglich**, dass der Erblasser in seinem Testament lediglich auf **anderweitige Schriftstücke oder „Anlagen“** verweist, die ihrerseits der Form des § 2247 Abs. 1 entbehren - man spricht dann von einem so genannten *testamentum mysticum*. Ein anschauliches Beispiel dafür bietet eine Entscheidung des BayObLG[57]. 235

Der Erblasser hatte eine eigenhändig geschriebene und unterschriebene letztwillige Verfügung hinterlassen, in der es hieß: „In dem beigefügten Verzeichniß sind alle Erbberechtigten angeführt“. Dieses „Verzeichniß“ war maschinengeschrieben und vom Erblasser unterzeichnet. Das Testament war wegen Formmangels nichtig (§ 125 S. 1). Denn es enthielt selbst keine Verfügung darüber, wer Erbe sein sollte. Der erbberechtigte Personenkreis ließ sich nur dem beigefügten „Verzeichniß“ entnehmen, das damit selbst – in Ergänzung und Vollendung des Testaments – Verfügungscharakter trug.

Ausgeschlossen war damit auch, über die Auslegung zu einer Erbberechtigung der genannten Personen zu kommen. Denn die Auslegung muss eine, wenn auch noch so geringe Grundlage in der eigenhändigen, formgültigen Erklärung des Erblassers haben. Dieser Erklärung selbst ließ sich hier aber nichts für die Personen der Erben entnehmen[58].

V. Aufhebung des Testaments (Testamentswiderruf)

Wirksam errichtete Testamente verlieren ihre Gültigkeit nicht dadurch, dass sie beim Erblasser in Vergessenheit geraten, nicht mehr auffindbar sind oder durch Dritteinwirkung (Krieg, Hauseinsturz etc.) vernichtet werden. Können Errichtung des Testa- 236

55 Z.B. OLG München FamRZ 2012, 333, 334 li. Sp.; Palandt-*Weidlich* § 2247 Rdnr. 14 mit weit. Nachweisen.

56 Einen instruktiven Grenzfall behandelt OLG Karlsruhe FamRZ 2012, 400 ff.: Neben einer später durchgestrichenen Bestimmung in einem gemeinschaftlichen Ehegattentestament findet sich ein Verweis auf die nicht gesondert unterschriebene Rückseite des Testaments; dort haben die Ehegatten einen Änderungsvorbehalt nach dem Tod des Erstversterbenden vereinbart. Die Vorinstanzen nahmen Unwirksamkeit dieses Nachtrags an, das OLG sah ihn nach dem Willen der Testierenden und nach dem äußerlichen Erscheinungsbild als von der Unterschrift (auf der Vorderseite) gedeckt und damit als wirksam an.

57 BayObLGE 79, 215 ff. (Sachverhalt im Folgenden verkürzt).

58 Weiteres Beispiel aus der jüngsten Rechtspraxis OLG Köln NJW-Spezial 2015, 200 f. (nichtiges Testament bei Verweis auf maschinengeschriebenen Notarentwurf). Zum Problem von Auslegung und Form vgl. unten § 9 Rdnr. 257 ff.

ments und Inhalt mit anderen Mitteln nachgewiesen werden, (zum Nachweis einer Erbenstellung aufgrund einer Verfügung von Todes wegen vgl. § 352 Abs. 2, Abs. 3 FamFG), richtet sich die Erbfolge nach den Verfügungen des Testators[59]. **Nur** ein **rechtswirksamer Widerruf** vermag testamentarisch getroffene Verfügungen aufzuheben. Konsequenz der Testierfreiheit ist es, dass der Erblasser sein Testament oder einzelne darin enthaltene Verfügungen **jederzeit widerrufen** kann, **§ 2253**. Drei Möglichkeiten stehen ihm dafür zur Verfügung: Widerruf durch **Testament** (§ 2254, § 2258) durch **Vernichtung** oder **Veränderungen** (§ 2255) und beim **öffentlichen Testament** durch **Rücknahme** aus **der amtlichen Verwahrung** (§ 2256).

1. Widerruf durch Testament

237 Der Widerruf eines Testaments kann durch ein so genanntes **Widerrufstestament** (§ 2254) oder durch ein neues, **inhaltlich abweichendes Testament** erfolgen (§ 2258 Abs. 1). Dabei spielt keine Rolle, in welcher Form das zu widerrufende Testament abgefasst wurde. Ein notarielles Testament kann also jederzeit durch ein privatschriftliches Testament ganz oder teilweise widerrufen werden.

a) Widerrufstestament (§ 2254)

238 Ein Widerrufstestament kann sich darauf beschränken, eine frühere Verfügung von Todes wegen ganz oder teilweise aufzuheben (reines Widerrufstestament). Es kann aber zugleich neue, positive Anordnungen enthalten. Der Unterschied zu § 2258 liegt darin, dass im Falle des § 2258 der Erblasser nicht zum Ausdruck bringt, dass seine neue Verfügung die allein maßgebliche sein soll.

239 Das Widerrufstestament erfordert alle Voraussetzungen eines wirksamen Testaments. Es müssen deshalb Testierfähigkeit, Testierwille und die notwendigen Formerfordernisse (beim privatschriftlichen Testament § 2247 Abs. 1) vorliegen. Bloße Mitteilungen des Erblassers, er habe sein Testament aufgehoben oder sehe dieses als nicht mehr gültig an, bewirken keinen Widerruf. Das Testament, auch wenn vom Erblasser inhaltlich nicht mehr akzeptiert, ist weiterhin rechtswirksam. Stirbt der Erblasser, bevor er den Widerruf rechtsverbindlich erklärt hat, bleibt allenfalls die Möglichkeit einer Testamentsanfechtung (vgl. § 2078 f.). – Dies aber nur dann, wenn der „Widerrufsgrund" zugleich einen „Anfechtungsgrund" bildet (Kausalität des Anfechtungsgrundes für die Niederlegung der Verfügung, vgl. § 2078 Abs. 1 und unten § 9 Rdnr. 272).

b) Widerruf durch späteres Testament (§ 2258)

240 Trifft der Erblasser in einem späteren Testament Verfügungen, die in Widerspruch mit dem Inhalt eines früheren Testaments stehen, so ist insoweit das frühere Testament aufgehoben (§ 2258 Abs. 1). Dem Erblasser mag die Abweichung bewusst sein oder nicht; soweit der Widerspruch reicht, ist das frühere Testament kraft Gesetzes (kein Aufhebungswille erforderlich; anders § 2254) aufgehoben.

59 An einen solchen Nachweis sind **strenge Anforderungen** zu stellen, OLG München NJW-Spezial 2010, 391 (nicht auffindbares Testament). Die Nichtauffindbarkeit der Originalurkunde begründet aber weder eine tatsächliche Vermutung noch einen Erfahrungssatz dahingehend, dass der Erblasser das Testament in Widerrufsabsicht vernichtet habe, OLG Naumburg NJW-Spezial 2012, 391 mit weit. Nachweisen.

Auch auf den ersten Blick sich nicht widersprechende Verfügungen können der Aufhebung nach § 2258 Abs. 1 unterfallen. Das ist der Fall, wenn die neue Verfügung sich zwar inhaltlich neben der früheren verwirklichen lässt, der Erblasser mit seiner späteren aber eine abschließende Regelung (in dieser Frage) treffen, also eine **kumulative Geltung** beider Verfügungen **ausschließen wollte**. Das Problem zeigt **241**

Fall 28[60]**:** E hat seine Tochter T als Alleinerbin eingesetzt und zugunsten des D ein Grundstücksvermächtnis und ein Vermächtnis über 20 000 € angeordnet. In einem späteren Testament hat er verfügt, D solle 50 000 € erhalten.

Beide Vermächtnisse (Grundstück und 50 000 €) sind nebeneinander möglich. Denkbar ist aber, dass E durch das spätere Testament die Zuwendungen an den D abschließend regeln und ihm insgesamt nur 50 000 € zukommen lassen wollte. Ob eine solche novierende Regelung gewollt war, lässt sich nur durch umfassende Auslegung im Einzelfall ermitteln.

2. Widerruf der Aufhebung

Das Widerrufstestament (§ 2254) oder die spätere, inhaltlich abweichende Verfügung (§ 2258 Abs. 1) können ihrerseits erneut widerrufen werden. Im Falle des Widerrufs eines Widerrufstestaments (§ 2254) gilt dann im Zweifel die frühere Verfügung so, als sei sie nicht widerrufen worden (§ 2257). Gleiches gilt beim Widerruf eines späteren (inhaltlich abweichenden) Testaments hinsichtlich der früheren Verfügung (§ 2258 Abs. 2). In dieser Hinsicht zeigt sich eine wesentliche Abweichung gegenüber einem Widerruf durch Vernichtung oder Veränderung (§ 2255). **242**

3. Testamentsrücknahme, Widerruf durch Vernichtung oder Veränderung

Fall 29: In einem privatschriftlichen Testament setzt E seinen Freund F als Alleinerben ein und übergibt das Testament in besondere amtliche Verwahrung. Als er erfährt, dass F über ihn Unwahrheiten verbreitet, lässt er sich das Testament zurückgeben. Fest entschlossen, an der Erbeinsetzung des F nicht mehr festzuhalten, legt er das Testament, das er schon zerreißen wollte, aus „dokumentarischen" Gründen in einem Ordner „Erledigtes" ab. In einem späteren Testament ordnet er verschiedene Vermächtnisse an und setzt seine Jugendfreundin B zur Hälfte als Erbin ein. Als Tage später der Tod von „B" angezeigt ist, streicht E die Passage seines Testaments, die die Erbeinsetzung der B enthält, mit Bleistift durch. Es stellt sich heraus, dass nicht der Tod der Jugendfreundin, sondern ihrer Mutter angezeigt war. Erleichtert radiert E den Bleistiftstrich wieder aus. Wie ist die Erbfolge nach dem Tode des E? **243**

a) Rücknahme aus amtlicher Verwahrung

Auf Verlangen des Erblassers ist ein privatschriftliches Testament in besondere amtliche Verwahrung zu nehmen (§ 2248; §§ 342 Abs. 1 Nr. 1, 344, 346, 347 FamFG). Lässt sich der Erblasser das Testament zurückgeben, regelt § 2256 die Folgen, die sich daraus für die Wirksamkeit des Testaments ergeben. Nach § 2256 Abs. 1 gilt ein **öffentliches Testament** (§ 2232) oder ein **Nottestament** im Sinne des § 2249 **mit der Rückgabe** **244**

60 Vgl. BGH NJW 1985, 969 f. (hier vereinfacht).

als **widerrufen**. Auf die Absicht des Erblassers kommt es nicht an; die Widerrufswirkung ist endgültig. Die Rechtsnatur der Rücknahme ist umstritten. Zum Teil wird eine gesetzliche Fiktion angenommen[61], zum Teil, so insbesondere von der Rechtsprechung[62], wird darin eine Verfügung von Todes wegen gesehen mit der Folge, dass die Widerrufswirkung Testierfähigkeit voraussetzt und einer Anfechtung (nach §§ 2078, 2080) zugänglich ist. Auf ein **privatschriftliches Testament** ist § 2256 Abs. 1 **nicht anwendbar**. Hier ist die Rückgabe für die fortdauernde Wirksamkeit des Testaments ohne Bedeutung (§ 2256 Abs. 3 Halbs. 2). In **Fall 29** hat die Rücknahme des Testaments also nichts an der wirksamen Verfügung zugunsten des Freundes F geändert.

b) Vernichtung oder Veränderung

245 Nach § 2255 kann ein Testamentswiderruf auch durch Vernichtung oder eine Veränderung der Urkunde in der Absicht, das Testament aufzuheben, erfolgen. Auch diese Widerrufsform ist ihren Voraussetzungen und ihren Rechtsfolgen nach eine **Verfügung von Todes wegen** und findet abweichend vom Text des § 2255 auch auf einzelne Bestimmungen eines Testaments Anwendung.

246 Die Widerrufswirkung setzt **objektiv** eine **Vernichtung** der Urkunde (stoffliche Zerstörung)[63] oder ihre **Veränderung** in einer solchen Weise voraus, in der sich aus objektiver Sicht[64] die Aufhebung einer schriftlichen Willenserklärung auszudrücken pflegt[65].

247 Vernichtung oder Veränderung der Urkunde müssen **in subjektiver Hinsicht** begleitet sein von der **Absicht**, die in der Urkunde verkörperte letztwillige Verfügung **aufzuheben**. Diese Absicht muss **ursächlich** für die Veränderungs- oder Vernichtungshandlung sein. Eine ungewollte Zerstörung hat auf die testamentarische Verfügung ebenso wenig Auswirkung wie die nachträgliche Billigung der Vernichtung als Aufhebung[66].

248 In **Fall 29** bleibt die Erbeinsetzung des F deshalb wirksam, obwohl E fest entschlossen ist, diese Verfügung nicht mehr aufrecht zu erhalten. Es fehlt zwar nicht an der Aufhebungsabsicht. Auch eine entsprechende, objektivierende Handlungsweise des E lässt sich in der Ablage unter „Erledigtes" sehen. Es **fehlt** aber an der für § 2255 **zwingenden körperlichen Veränderung** der Urkunde, ohne die eine Widerrufswirkung nicht ausgelöst wird.

249 Besondere Aufmerksamkeit verdienen so genannte **Ungültigkeitsvermerke** („veraltet", „ungültig" etc.)[67]. Wurden sie auf der **Urkunde selbst** angebracht (etwa quer über das Blatt oder am Rand geschrieben), bedürfen sie keiner Unterschrift. Es handelt sich dann um kein Widerrufstestament nach § 2254, sondern um einen Widerruf durch Testamentsveränderung nach § 2255. **Anders zu beurteilen** ist der auf dem **Testamentsumschlag** befindliche Widerrufsvermerk. Seine Wirksamkeit setzt eine Unterschrift voraus (§ 2254), wenn nicht Umschlag und Testament im Einzelfall als eine einzige, einheitliche Urkunde erscheinen.

61 Soergel-*Mayer* § 2256 Rdnr. 7 mit weit. Nachweisen.

62 BGHZ 23, 207, 211; BayObLG FamRZ 2006, 294 f.; aus der Literatur z.B. Palandt-*Weidlich* § 2256 Rdnr. 1 (sowohl Rechtsgeschäft unter Lebenden als auch Verfügung von Todes wegen).

63 Zerreißen, Zerschneiden, Verbrennen. Das Wegwerfen allein reicht, solange keine stoffliche Zerstörung hinzutritt, nicht aus um eine Vernichtung anzunehmen.

64 Unter Beachtung der Gewohnheiten des Erblassers.

65 Beispiele: Einreißen, Durchstreichen, Ungültigkeitsvermerk.

66 Keine Anwendbarkeit von § 185, BGH NJW 1951, 599.

67 Vgl. oben Fußn. 63.

 30 S. √

Die Erbeinsetzung des F **(Fall 29)** ist durch ein späteres Testament, in dem E seine Bekannte B zur Hälfte als Erbin eingesetzt hat, teilweise revidiert worden (§ 2258 Abs. 1). Aber diese Erbeinsetzung der B könnte ihrerseits nach § 2255 widerrufen worden sein, so dass gem. § 2258 Abs. 2 das frühere Testament (Alleinerbenstellung des F) wieder Gültigkeit erlangt hat. **250**

c) Widerruf des Widerrufs

In **Fall 29** verändert E sein späteres Testament durch eine typische Widerrufshandlung, indem er die Textstelle, in der er B als Erbin zu ½ eingesetzt hat, mit Bleistift durchstreicht. Dieses Vorgehen ist belanglos, wenn E durch das nachfolgende Ausradieren dem Testament seinen ursprünglichen Inhalt wiedergeben konnte. Im **Gegensatz zum Testamentswiderruf** (§ 2254) ist ein **Widerruf durch Urkundenvernichtung** oder **Urkundenveränderung irreversibel**. Er kann seinerseits nicht mehr getilgt werden[68]. Der Widerruf nach § 2255 kann nur durch eine neue Verfügung von Todes wegen aus der Welt geschafft werden. **251**

d) Irrtümlicher Widerruf

Es ist aber fraglich, ob das Durchstreichen der Erbeinsetzung von B den Widerrufstatbestand des § 2255 erfüllt. Denn E handelt in der Meinung, die Erbeinsetzung habe sich wegen Vorversterbens der B erledigt (§ 1923 Abs. 1), ihm **fehlt** also die **Absicht**, mit seiner Handlung seine **Verfügung von Todes wegen aufzuheben**. In diesen Fällen (in denen allerdings die **Vermutung für eine Aufhebungsabsicht** gem. § 2255 S. 2 vom Betroffenen zu **widerlegen** ist), ist nur dann von einer Widerrufsabsicht auszugehen, wenn es dem Erblasser darum ging, mit der Vernichtung oder Veränderung jeden Anschein eines Testaments zu beseitigen[69]. Darum ging es E in **Fall 29** nicht. Es lag deshalb kein Widerruf der Erbeinsetzung B's vor, so dass B und F jeweils Erben zur Hälfte werden. Hinsichtlich der Erbeinsetzung des F bleibt (den gesetzlichen Erben des E) unter Umständen ein Anfechtungsrecht (§§ 2078 Abs. 2, 2080 Abs. 1, 2088 Abs. 1)[70]. **252**

§ 9 Auslegung und Anfechtung des Testaments

I. Grundlagen

1. Stufen der Auslegung

Die testamentarische letztwillige Verfügung ist eine **Willenserklärung** des Erblassers. Treten **Zweifel** über den **Inhalt** einer solchen Erklärung auf, ist durch **Auslegung** zu ermitteln, was nach dem **Willen des Erklärenden** gelten soll. Die **erste Stufe** der Auslegung dient der Ermittlung des **wirklichen Willens** des Erklärenden **(erläuternde** **253**

68 Z. B. BayObLG JuS 1997, 172 f.

69 Soergel-*Mayer* § 2255 Rdnr. 13 mit weit. Nachweisen.

70 Etwaiger Motivirrtum: die Beziehung zu F werde auch zukünftig „harmonisch" verlaufen.

Auslegung, § 133). Für die **rechtliche Maßgeblichkeit** dieses ermittelten Willens ist die Rechtsnatur der testamentarischen Verfügung als einer **einseitigen, nicht empfangsbedürftigen Willenserklärung** von entscheidender Bedeutung. Weil es hier **keinen schützenswerten Erklärungsempfänger** gibt, ist ausschließlich der festgestellte **reale** (natürliche) **Erblasserwille** auch rechtlich ausschlaggebend. **Ausgeschlossen** ist die Stufe der so genannten normativen Auslegung, die aus der Sicht eines (objektiven) Erklärungsempfängers überprüft, ob das vom Erklärenden Gewollte auch rechtlich (normativ) verbindlich ist, § 157.

254 Steht der wirkliche Wille des Erblassers fest, stellt sich aber heraus, dass die Willensbildung von **unzutreffenden Motiven beeinflusst** war oder das Erklärte aufgrund von **Umstandsänderungen sich nicht mehr realisieren lässt**, so muss geprüft werden, ob im Rahmen einer **ergänzenden Auslegung** der **hypothetische Wille** des Erblassers festgestellt und so die letztwillige Verfügung aufrecht erhalten werden kann. Es geht hier um die Frage, ob sich ermitteln lässt, was der **Erblasser gewollt hätte**, hätte er seine Fehleinschätzung erkannt oder die Umstandsänderung bedacht.

255 Für die Ermittlung dieses **mutmaßlichen Erblasserwillens** stellt das **Gesetz** eine Reihe wichtiger **Auslegungsregeln** zur Verfügung, denen zwar allgemeine Erfahrungsgrundsätze zugrunde liegen, die aber nur anwendbar sind, wenn ein anderer Erblasserwille sich nicht ermitteln lässt („im Zweifel“, vgl. z. B. § 2087 Abs. 2).

2. Auslegung vor Anfechtung

256 Erst dann, wenn festgestellt ist, dass der Inhalt der letztwilligen Verfügung nicht (mehr) den Vorstellungen des Erblassers entspricht, das von ihm wirklich oder mutmaßlich Gewollte sich aber **nicht durch Auslegung ermitteln** beziehungsweise als Inhalt des Testaments (Form, dazu sogleich) aufrecht erhalten lässt, kann eine letztwillige Verfügung **angefochten werden** (§§ 2078 ff.).

II. Auslegung und Form

257 Auslegung und Feststellung eines verbindlichen Erblasserwillens berühren nicht nur die **inhaltliche Klärung** des Gewollten (§ 133), sondern sehen sich zusätzlich der Forderung gegenüber, dass der durch Auslegung gewonnene Wille auch in der gesetzlich **vorgeschriebenen Form** (§ 2247 Abs. 1) erklärt sein muss, um tatsächlich **Gültigkeit zu erlangen** (§ 125). Die Problematik zeigt

Fall 30: E hinterlässt folgendes formwirksam errichtete Testament: „Nach meinem Tode soll Mutter alles gehören. Mein Skatbruder B soll den italienischen Intarsientisch erhalten.“ Nach dem Tode des E verlangt seine Mutter M Herausgabe der Erbschaft. Die Witwe des E, W, verweigert dies mit dem inhaltlich zutreffenden Hinweis, ihr Mann habe – seit die Kinder größer wurden – stets sie als „Mutter“ bezeichnet, während seine Mutter in der Familie als „Oma“ angesprochen wurde. Ferner stellt sich anhand einer Tagebuchaufzeichnung heraus, dass E dem zweiten Skatbruder D deshalb nichts vermacht hat, weil er ihn für den Dieb einer teuren Cognacflasche hielt. Tatsächlich hatte B die Flasche „mitgehen“ lassen. Wie ist die erbrechtliche Lage?

1. Erläuternde Auslegung

In **Fall 30** kann M von W Herausgabe der Erbschaft verlangen (§ 2018)[1], wenn sie testamentarische Alleinerbin nach E geworden ist. Die Beteiligten streiten darüber, wen E als „Mutter" bezeichnen wollte. Diese inhaltlichen Zweifel sind, soweit möglich, durch Auslegung des Begriffs „Mutter" zu heben **(erläuternde Auslegung)**[2]. Dabei ist der wirkliche Wille des Erblassers zu ermitteln. Die Auslegung darf dem buchstäblichen Ausdruck nicht verhaftet bleiben (§ 133). **258**

Die frühere höchstrichterliche Rechtsprechung hatte in zahlreichen Entscheidungen angenommen, dass der „klare und eindeutige" Wortlaut einer testamentarischen Verfügung jeder Auslegung eine Grenze setze. In einem solchen Fall sei die verwendete Bezeichnung weder auslegungsbedürftig noch auslegungsfähig[3]. Nach erheblichen Zweifeln an dieser Rechtsprechung[4] hat der BGH mit seiner Entscheidung BGHZ 86, 41 ff. diese Judikatur aufgegeben[5]. Auch **ein im allgemeinen Sprachgebrauch eindeutiger Begriff** ist **der Auslegung zugänglich** und **bedürftig**. Entscheidend ist, was gerade der Erblasser – jenseits des buchstäblichen Ausdrucks – mit diesem Begriff inhaltlich verbunden hat (§ 133). Um diesen **wirklichen** Willen zu ermitteln, sind **alle** erreichbaren Umstände – auch **außerhalb des Testaments**[6] – mit heranzuziehen und zu berücksichtigen. Der für den allgemeinen Sprachgebrauch eindeutige Wortlaut der Bezeichnung „Mutter" – auch dies lässt sich heute bezweifeln, vgl. § 1591 – hindert in **Fall 30** also nicht zu erforschen, ob E damit seine Frau oder seine Mutter gemeint hat. Ergeben sich Umstände, dass der Erblasser abweichend vom allgemeinen Sprachgebrauch dem verwendeten Begriff eine andere Bedeutung beigemessen hat, ist diese für die Bestimmung des wirklichen Willens ausschlaggebend. In **Fall 30** machen die Hinweise der W auf die in der Familie geübte (nicht seltene) Anredeform der Beteiligten deutlich, dass E mit dem Begriff „Mutter" tatsächlich seine Ehefrau (die Mutter der gemeinsamen Kinder) gemeint hat und sie als Erbin einsetzen wollte. **259**

2. Ergänzende Auslegung

Steht der wirkliche Wille des Erblassers fest (**Fall 30:** Intarsientisch für B), ist die Grenze der erläuternden Auslegung erreicht. Stellt sich aber heraus, dass **dieser Wille durch falsche Motive** oder **Erwartungen bestimmt** war oder dass **sich entscheidende Umstände**, die für die Verfügung maßgebend waren, **geändert haben**, fragt sich, ob der **mutmaßliche (hypothetische) Wille** des Erblassers ermittelt werden kann, den er bei einer richtigen Einschätzung der Sachlage **gehabt hätte**. Für die Bestimmung des Inhalts der Verfügung ist dann dieser hypothetische Wille ausschlaggebend **(ergänzende Auslegung)**. – Davon zu unterscheiden ist eine spätere Willensänderung des Erblassers. Ihr kann nicht über eine ergänzende Auslegung Geltung verschafft werden. **260**

1 Zum Erbschaftsanspruch näher unten § 16.
2 Vgl. oben Rdnr. 253.
3 Vgl. die Nachweise in BGHZ 80, 246, 248.
4 BGHZ 80, 246, 249.
5 **BGHZ 86, 41, 45 f.**
6 BGHZ 86, 41, 45.

Dem Erblasser stehen hier der Widerruf seiner Verfügung und die Möglichkeit, neu zu testieren zur Verfügung[7].

In **Fall 30** machen die außerhalb des Testaments liegenden, aber für die Auslegung mit zu berücksichtigenden **Tagebuchaufzeichnungen** deutlich, dass E den Willen hatte, dem ehrlichen Skatbruder, für den er B hielt, den Intarsientisch, dem unehrlichen dagegen nichts zu vermachen. Wäre ihm die Sachlage klar gewesen, hätte er nicht dem B, sondern dem D den Tisch zukommen lassen.

3. Formgerechte Erklärung des Willens

261 Erst wenn der wirkliche oder mutmaßliche Wille des Erblassers ermittelt ist, ist zu prüfen, ob der über die Auslegung gewonnene Wille auch **formgerecht** (§ 2247 Abs. 1) **erklärt wurde**. Der BGH verlangt dafür, dass sich der Erblasserwille, wenn auch versteckt, so doch in der **Testamentsurkunde** jedenfalls **angedeutet finden muss (Andeutungstheorie**[8]**)**. Anderenfalls ist selbst ein zweifelsfrei festgestellter Wille rechtlich irrelevant (§ 125).

262 Danach ergibt sich in **Fall 30**: Hinsichtlich der Erbeinsetzung der W findet sich der Wille des E in der Testamentsurkunde selbst niedergelegt. E bestimmt „Mutter" als Erbin. Dieser in die Urkunde aufgenommene Begriff wird nach § 133 ausgelegt. – Schwieriger zu entscheiden ist die Frage hinsichtlich des Intarsientisches. Im Testament selbst findet sich auch kein versteckter Hinweis darauf, dass E den B deshalb bedacht hat, weil er ihn für den ehrlichen Skatbruder hielt. Nach der **Andeutungstheorie des BGH** wird man deshalb sagen müssen, dass der mutmaßliche Wille des E, den ehrlichen Mitspieler zu bedenken, keinen auch noch so geringen Niederschlag in der Testamentsurkunde selbst gefunden hat. Es bleibt nur die Anfechtung der Verfügung[9].

263 Der **Andeutungstheorie des BGH** wird von einem Teil der Literatur **entgegengehalten**, dass sie die gesetzlichen Formvorschriften überspanne, weil der von ihnen intendierte Zweck auch in Fällen vorliegender Art erreicht werde. Die Rechtsprechung des BGH führe zu Zufälligkeiten und Rechtsunsicherheit[10]. Finde sich der Erblasserwille nicht im Sinne der BGH-Rechtsprechung angedeutet, so sei nach dem Gedanken der *falsa demonstratio* gleichwohl von einer dem wahren oder mutmaßlichen Erblasserwillen Rechnung tragenden wirksamen Verfügung auszugehen. Steht in **Fall 30** der Wille, den ehrlichen Skatspieler zu bedenken, fest, so komme dieser – als Falschbezeichnung – in der (irrtümlichen) Einsetzung des (unehrlichen) B zum Ausdruck. Dagegen ist allerdings zu sagen: Bei der Falschbezeichnung will der Erklärende etwas anderes als seine Bezeichnung aussagt. Hier will der Erklärende tatsächlich das, was er zum Ausdruck bringt. Er unterliegt lediglich einem Motivirrtum, und diese wahre Motivlage findet im Testament gerade keinen Ausdruck. Für den Fall des „reinen" Motivirrtums sieht das Gesetz aber nur die Anfechtung der Verfügung vor.

7 Vgl. oben § 8 Rdnr. 236 ff.

8 **BGHZ 80, 242 ff.; 86, 41, 47.**

9 Und zwar durch W (§§ 2080 Abs. 1, 2147 S. 2). Die Anfechtung beseitigt zwar die nicht gewollte Verfügung, kann aber dem vom Erblasser Gewollten nicht zum Sieg verhelfen.

10 *Brox/Walker* Rdnr. 200.

III. Wohlwollende Auslegung

1. Anwendungsbereich

Eine herausgehobene Stellung unter den **gesetzlichen Auslegungsregeln** nimmt die so genannte **wohlwollende Auslegung** *(benigna interpretatio)* nach **§ 2084** ein. Danach ist, wenn der **Inhalt einer Verfügung mehrere Auslegungen** zulässt, im Zweifel **jener der Vorzug zu geben**, nach der die **Verfügung** des Erblassers **aufrecht erhalten werden kann**. Dass § 2084 auf den **Inhalt abstellt**, macht deutlich, dass eine wohlwollende Auslegung **nicht** in Betracht kommen kann, wenn es um die Frage der **rechtswirksamen Errichtung** eines Testaments geht; **§ 2084 setzt eine solche voraus.** Zweifel über die formgerechte Errichtung eines Testaments und über das Vorliegen eines Testamentserrichtungswillens können nur über § 133 entschieden werden. Auch eine entsprechende Anwendung des § 2084 scheidet aus[11]. 264

Denkbar ist aber, den **Rechtsgedanken des § 2084 im Rahmen des § 133 entsprechend** anzuwenden. So beispielsweise, wenn ein Rechtsbindungswille des Betroffenen feststeht, aber unterschiedliche Rechtsgeschäfte (Verfügungen) mit einem jeweils unterschiedlichen rechtlichen Schicksal in Betracht kommen, wie etwa in 265

Fall 31[12]**:** E richtet auf seinen Namen ein Konto ein und erteilt seiner Frau F Vollmacht, zu ihren eigenen Gunsten – zur Vorsorge für unvorhergesehene Fälle, z. B. seinen Tod – über das Konto zu verfügen. Nach dem Tod des E hebt F 100 000 € ab. Alleinerbe S verlangt von ihr Rückzahlung der Summe.

Hier kommt ein **Schenkungsversprechen von Todes wegen** in Betracht, das, weil Vollzug erst nach dem Tod des E eingetreten ist (§ 2301 Abs. 2), den erbrechtlichen Regeln unterfällt (§ 2301 Abs. 1)[13]. Mangels gesetzlicher Form (§ 2247 Abs. 1) müsste F in diesem Fall die Geldsumme an S zurückzahlen. Denkbar ist aber auch, dass E die Zuwendung nicht unter eine Überlebensbedingung gestellt hat, sondern eine **Schenkung unter Lebenden** wollte (für unvorhergesehene Fälle auch schon zu Lebzeiten). Dann läge ein Rechtsgeschäft unter Lebenden vor, bei dem der Zeitpunkt des Vollzugs keine Rolle spielt. Durch den Vollzug der Schenkung wäre Heilung des formunwirksamen Schenkungsversprechens eingetreten (§ 518 Abs. 2)[14]. Der BGH nahm an, dass hier die Auslegung nach § 133, weil mit § 2301 ein erbrechtliches Institut angesprochen sei, auch den Rechtsgedanken des § 2084 zu berücksichtigen habe[15].

2. Regelung des § 2084

Die Regelung des § 2084 ergänzt die allgemeinen Auslegungsregeln um den **Grundsatz der wohlwollenden Auslegung.** Der Regelungsgedanke der Vorschrift kommt erst 266

11 MünchKomm-*Leipold* § 2084 Rdnr. 74 mit weit. Nachweisen.
12 Vgl. BGH FamRZ 1988, 945 ff.
13 Vgl. oben § 7 Rdnr. 173 ff.
14 Vgl. oben § 7 Rdnr. 163 ff.
15 Dazu – mit umgekehrtem Vorzeichen: Schenkung unter Überlebensbedingung? – auch BGH FamRZ 2010, 459, 460 Tz. 10.

zum Zuge, wenn sich weder nach allgemeinen noch nach besonderen Auslegungsregeln der Inhalt einer Verfügung hinreichend klären lässt und dabei eine von mehreren Auslegungen zur Unwirksamkeit der Verfügung führen würde[16]. Anwendungsfälle des § 2084 sind insbesondere die Benennung eines nicht erbfähigen Bedachten im Testament (z. B. „Tierschutz"[17]) oder eine undeutliche, den Anforderungen des § 2065 Abs. 2 nicht genügende Benennung der bedachten Person[18].

IV. Umdeutung (Konversion)

267 Nicht über die wohlwollende Auslegung fassbar sind die Fälle, in denen der Erblasserwille feststeht, das von ihm Gewollte sich aber aus rechtlichen Gründen (Nichtigkeit) nicht durchsetzen lässt. Hier hilft **unter der Voraussetzung des § 140** nur die **Korrektur** des tatsächlich vom Erblasser **gewollten rechtlichen Weges**, **um das** hinter der nichtigen Verfügung stehende **wirtschaftliche Anliegen zu verwirklichen**.

268 Der Umdeutung nach § 140 unterliegt nur ein von Anfang an (und bei erbrechtlichen Verfügungen bis zum Erbfall vorliegendes) unwirksames Rechtsgeschäft[19]. Das andere Rechtsgeschäft muss dem mutmaßlichen Willen des Erklärenden entsprechen, und es muss den für den eigenen Geschäftstypus einschlägigen, gesetzlich notwendigen (Form-)Anforderungen genügen. Die Bedeutung dieser Überlegungen zeigt

Fall 32: F und M sind verlobt. Sie fassen ein „gemeinschaftliches Testament" ab, in dem sie sich gegenseitig zu Erben einsetzen. F schreibt den Text der Urkunde; beide unterschreiben ihn. Als kurze Zeit später F tödlich verunglückt, beansprucht M den Nachlass.

Eine Erbenstellung des M kommt nur aufgrund letztwilliger Verfügung der F in Betracht, die aber nicht als Verfügung eines gemeinschaftlichen Testaments gelten kann, weil diese Testamentsform ausschließlich Ehegatten (und Lebenspartnern oder -partnerinnen) vorbehalten ist (§ 2265; § 10 Abs. 4 LPartG). Das „gemeinschaftliche" Testament von F und M ist von Anfang an unwirksam[20]. Dieses nichtige Rechtsgeschäft kann unter Umständen gem. § 140 in Einzelverfügungen umgedeutet werden, die ihrerseits den dafür geltenden Formvorschriften entsprechen müssen (§ 2247 Abs. 1). Das gilt in **Fall 32** nur für die Erbeinsetzung des M durch die F, die selbst den Text geschrieben und unterschrieben hat. Sehr zweifelhaft ist aber, ob die F, hätte sie die Nichtigkeit des gemeinschaftlichen Testaments gekannt, ihre Verfügung als Einzeltestament gewollt hätte. Die gegenseitige Erbeinsetzung der Testierenden in einem

16 Damit ist kein Rangverhältnis im technischen Sinne verbunden, denn die Anordnung des § 2084 ergibt sich bereits aus § 133, nämlich den Erblasserwillen zu ermitteln; vgl. MünchKomm-*Leipold* § 2084 Rdnr. 66 ff.

17 OLG Oldenburg FamRZ 1993, 854.

18 BayObLG FamRZ 1998, 860, 862 li. Sp. („Erbeinsetzung" bedürftiger Waisenkinder, die vom Leiter des Waisenhauses auszuwählen sind, als Vermächtnis mit Bestimmungsrecht eines Dritten, § 2151).

19 Nachträglich eintretende Unwirksamkeit ist unter dem Gesichtspunkt der ergänzenden Auslegung zu beurteilen.

20 An der Unwirksamkeit des Testaments hätte sich auch nichts geändert, wenn es zwischen F und M tatsächlich zu einer Eheschließung gekommen wäre; h.M., vgl. MünchKomm-*Musielak* § 2265 Rdnr. 2.

gemeinschaftlichen Testament ist im Zweifel eine wechselbezügliche (§ 2270 Abs. 2), mit dem Tod des Erstversterbenden bindend werdende Verfügung (§ 2271 Abs. 2). Das Einzeltestament ist jederzeit widerrufbar (§ 2253)[21]. Treten andere Gesichtspunkte nicht hervor, spricht viel dafür, dass (potenziell) wechselbezügliche Verfügungen nicht als isolierte Bestimmungen in Einzeltestamenten gewünscht sind[22]. In **Fall 32** kommt noch hinzu, dass eine solche Verfügung des M zugunsten der F auch als Einzeltestament wegen Formmangels nicht existiert. Es kann angesichts des Wunsches der F, sich gegenseitig zu Erben zu bestimmen, nicht davon ausgegangen werden, dass sie bei Kenntnis einer fehlenden Verfügung des M diesen als ihren Alleinerben bestimmt hätte. Eine Konversion nach § 140 scheidet damit aus.

V. Anfechtung

Die Grenze für eine Berücksichtigung des Erblasserwillens über die ergänzende Aus- **269**
legung[23] ist erreicht, wenn zwar der Inhalt des wirklich Gewollten feststeht, und auch sicher ist, dass dieser Inhalt etwa infolge Umstandsänderungen oder eines Motivirrtums nicht (mehr) den Vorstellungen des Erblassers entspricht, aber ein hypothetischer Wille des Erblassers nicht zu ermitteln oder sich aus anderen Gründen nicht als Inhalt der Verfügung feststellen lässt (Andeutungstheorie). Es bleibt dann **nur die Möglichkeit**, die **mit Fehlvorstellungen behaftete Verfügung zu beseitigen**, ohne an ihre Stelle eine durch Auslegung gewonnene positive Regelung setzen zu können. Dies geschieht durch die **Anfechtung der letztwilligen Verfügung** (§§ 2078 ff.), die zur **Nichtigkeit *ex tunc*** führt (§ 142 Abs. 1). – Von der Testamentsanfechtung zu unterscheiden ist die Anfechtungsklage wegen Erbunwürdigkeit (vgl. oben § 6 Rdnr. 153).

1. Sondervorschriften

Die Vorschriften über die Anfechtung letztwilliger Verfügungen (§§ 2078 ff.) sind ge- **270**
genüber den allgemeinen Regeln (§§ 119 ff.) **Sondervorschriften – allerdings nur, soweit** sie tatsächlich **eine selbstständige Regelung** treffen. Das gilt z. B. für Inhalts- und Erklärungsirrtum gem. § 2078 Abs. 1, wo zur Anfechtung genügt, dass der Erklärende bei Kenntnis der Sachlage die Erklärung nicht abgegeben hätte; auf eine „verständige Würdigung des Falles" (§ 119 Abs. 1) wird verzichtet. Das gilt für die Beachtlichkeit eines Motivirrtums (§ 2078 Abs. 2) und den besonderen Anfechtungsgrund der Übergehung eines Pflichtteilsberechtigten (§ 2079). Es gilt etwa nicht für die Bestimmung der Rechtsfolge der Nichtigkeit von Anfang an (§ 142 Abs. 1), und es gilt insbesondere auch nicht für die Anfechtungserklärung, soweit hier § 2081 keine selbstständige Regelung trifft: Nur Anfechtungserklärungen, die sich gegen Verfügungen richten, durch die ein Erbe eingesetzt, ein gesetzlicher Erbe enterbt, ein Testamentsvollstrecker ernannt oder durch die eine derartige Verfügung aufgehoben wurde (§ 2081 Abs. 1)

21 Vgl. oben § 8 Rdnr. 236.
22 Dazu MünchKomm-*Musielak* § 2265 Rdnr. 8.
23 Vgl. oben Rdnr. 260.

oder durch die ein Recht für einen anderen nicht begründet wurde (§ 2081 Abs. 3, Auflage), erfolgen gegenüber dem Nachlassgericht. Im Übrigen gilt § 143.

2. Anfechtungsgründe

a) Inhalts- und Erklärungsirrtum

271 Die Anfechtungsgründe des § 2078 Abs. 1, **Inhalts- und Erklärungsirrtum**, entsprechen jenen des § 119 Abs. 1. Beim Inhaltsirrtum verwendet der Erklärende bewusst ein bestimmtes Erklärungszeichen, irrt sich aber über die inhaltliche Bedeutung dieses Zeichens. Beim Erklärungsirrtum verwendet der Erklärende ein Erklärungszeichen, das er als solches nicht verwenden wollte (der Erblasser verschreibt sich).

272 Der Irrtum des Erblassers muss nach § 2078 Abs. 1 **für seine Verfügung ursächlich** gewesen sein („bei Kenntnis der Sachlage nicht abgegeben"). Im Unterschied zu § 119 Abs. 1 setzt die Anfechtung einer letztwilligen Verfügung nicht voraus, dass der Erblasser die Verfügung „bei verständiger Würdigung des Falles" nicht getroffen hätte. Grund dafür ist der **fehlende Vertrauensschutz** im Testamentsrecht, weil es hier einen (objektiven) Erklärungsempfänger nicht gibt, und der hohe Wert der Testierfreiheit. Maßgeblich ist die subjektive Denk- und Anschauungsweise des Erblassers.

273 Der Text des § 2078 Abs. 1 („[...] kann angefochten werden, **soweit** der Erblasser [...]") macht deutlich, dass die **Darlegungs-** und **Beweislast** für einen Anfechtungsgrund beim **Anfechtenden** liegt.

b) Motivirrtum

274 Nach § 2078 Abs. 2 Alt. 1 berechtigt **jeglicher Motivirrtum** des Erblassers zur Anfechtung seiner Verfügung. Dieser Motivirrtum kann sich auf Umstände beziehen, die in der Vergangenheit, Gegenwart oder Zukunft liegen. Dabei tritt häufig die Situation auf, dass der Erblasser ein bestimmtes Geschehen oder eine zukünftige Entwicklung als so selbstverständlich ansieht, dass er sich im Augenblick der Verfügung hierüber keine Gedanken macht. Es entsteht dann die Frage, ob auch solches **Nichtbedenken** eines Umstandes Grundlage eines Motivirrtums sein kann.

Fall 33: E legt im Jahre 2005 folgendes Testament nieder: „Liebe F, da mich mit Dir schon so viele glückliche Ehejahre verbinden, sollst Du meine Erbin sein." Als E im Jahre 2015 stirbt, stellt sich heraus, dass F seit 2000 ein intimes Verhältnis mit D unterhielt, von dem E zeit seines Lebens nie etwas erfahren hatte.

Abwandlung: Wie ist die Rechtslage, wenn F die Beziehung mit D im Jahre 2007 aufgenommen hat?

E unterlag in **Fall 33** bei Abfassung seines Testaments jedenfalls **keinem aktuellen Motivirrtum**, weil er sich offenbar keine Gedanken über ein mögliches außereheliches Verhältnis seiner Frau machte und auch keinen Anlass sah, ein solches Verhalten mit zu bedenken. Zum Ausdruck kommt aber, dass er seine Frau (auch) im Hinblick auf „viele glückliche Ehejahre" zur Erbin bestimmt hatte. Nach allgemeiner Lebenserfahrung liegt „glücklichen Ehejahren" **die unbewusste Vorstellung** von der ehelichen Treue beider Partner zugrunde. Auch solche selbstverständlichen Vorstellungen, die der Erblasser zwar **nicht konkret im Bewusstsein** hat, die von ihm aber **jederzeit aktua-**

lisiert werden können, sind bei ihm tatsächlich vorhandene Vorstellungen, die einen Irrtum im Sinne des § 2078 Abs. 2 begründen können[24]. Ein solcher Motivirrtum muss aber – über eine (bloße) Kausalität hinaus – letztlich der entscheidende Beweggrund des Erblassers für seine Verfügung gewesen sein[25]. Bei Abfassung seines Testaments unterlag E in **Fall 33** einem Motivirrtum. Das gilt auch für die **Abwandlung**, und zwar in der Weise, dass sich E hier über den **Nichteintritt eines künftigen Umstandes** geirrt hatte[26]. Nach wirksamer Anfechtung der Verfügung wird gesetzliche Erbfolge eintreten.

Wie der Irrtum nach § 2078 Abs. 1 muss auch der Motivirrtum **für die Verfügung ursächlich** geworden sein (§ 2078 Abs. 2: „Das Gleiche gilt [...]"). Bei einer differenzierten Motivlage genügt es, wenn der Irrtum für die Erblasserentscheidung mitbestimmend war[27]. **275**

Der Grund des Erblasserirrtums, seine Vermeidbarkeit oder Nichtvermeidbarkeit sind belanglos. Deshalb konnte das Testamentsrecht auf einen selbstständigen Anfechtungsgrund wegen **arglistiger Täuschung verzichten**. Die Fälle arglistiger Täuschung begründen einen Motivirrtum im Sinne des § 2078 Abs. 2[28]. **276**

c) Widerrechtliche Drohung

Für den Anfechtungsgrund der **widerrechtlichen Drohung** (§ 2078 Abs. 2 Alt. 2) gelten die allgemeinen Grundsätze (§ 123 Abs. 1). Der Drohende muss behaupten, auf das in Aussicht gestellte Übel Einfluss nehmen zu können[29]. Maßgeblich für eine solche ernst zu nehmende Drohung ist die Sicht des Bedrohten[30]. Eine bloße, wenn auch aufdringliche Beeinflussung des Erblasserwillens genügt nicht. Die Widerrechtlichkeit kann sich aus dem angedrohten Übel, dem verfolgten Zweck oder dem Verhältnis beider zueinander ergeben. **277**

d) Übergehung eines Pflichtteilsberechtigten

Nach § 2079 ist eine letztwillige Verfügung anfechtbar, wenn der Erblasser eine im **Zeitpunkt des Erbfalls pflichtteilsberechtigte Person übergangen** hat, deren Existenz ihm bei Errichtung der Verfügung unbekannt war oder die erst nach der Errichtung geboren oder pflichtteilsberechtigt wurde. § 2079 regelt einen Sonderfall des Motivirrtums, unterscheidet sich aber in einem Punkt wesentlich von § 2078 Abs. 2. Während dort die Ursächlichkeit des Irrtums für die Verfügung positiv festgestellt werden muss, begründet das Übergehen eines Pflichtteilsberechtigten nach § 2079 regelmäßig die Anfechtbarkeit der Verfügung. Nach § 2079 S. 2 obliegt es dem Anfechtungsgegner, die Nichtursächlichkeit des Irrtums für die Verfügung zu beweisen. **278**

Die Anfechtbarkeit nach § 2079 setzt eine **konkrete Pflichtteilsberechtigung** (§ 2303) im **Zeitpunkt des Erbfalls** voraus, d. h. ohne die Verfügung von Todes wegen müsste der Betreffende gesetzlicher Erbe werden. Wer durch näher mit dem Erblasser verwandte Abkömmlinge (§ 1924 Abs. 2) oder als Angehöriger einer entfernteren Ord- **279**

24 St. Rechtspr. z.B. BGH NJW-RR 2008, 747, 749 Tz. 22; NJW-RR 1987, 1412; BayObLG FamRZ 2003, 708, 709 re. Sp.
25 Z.B. BGH NJW-RR 2008, 747, 749 Tz. 22; ; OLG Thüringen FamRZ 2015, 1836 ff.
26 Zur Beachtlichkeit der Vorstellung, die Ehe werde harmonisch verlaufen, BayObLG FamRZ 1990, 322, 323 li. Sp.
27 BayObLG FamRZ 2002, 497, 498 re. Sp. (maßgeblicher Grund).
28 BayObLG FamRZ 2003, 708, 709 re. Sp.
29 KG FamRZ 2000, 912, 914 (Erblasser werde nicht „in den Himmel kommen").
30 Dazu BGH FamRZ 1996, 605, 606 li. Sp.

nung (§ 1930) von der gesetzlichen Erbfolge ausgeschlossen ist, zählt nicht zu den Pflichtteilsberechtigten des § 2079.

280 Der Erblasser muss den Pflichtteilsberechtigten **übergangen haben**. Das ist der Fall, wenn der Pflichtteilsberechtigte **weder positiv noch negativ** (unter Einschluss der Auslegungsgrundsätze) **Erwähnung im Testament** gefunden hat (unbewusster Ausschluss des Berechtigten). Wer enterbt wurde, ist ebenso wenig übergangen wie ein Miterbe (ohne Rücksicht auf die Höhe seines Erbteils) oder ein Vermächtnisnehmer. Ergibt sich die Enterbung aber nur aus der vollständigen Verfügung zugunsten anderer Personen, so stellt dies ein Übergehen dar. Bei der Frage der Übergehung eines Pflichtteilsberechtigten sind gegebenenfalls auch gesetzliche Auslegungsregeln zu beachten.

Fall 34: E hat seine beiden Kinder K1 und K2 testamentarisch zu seinen Erben bestimmt. K1 verstirbt, dann stirbt E. Wie ist die erbrechtliche Stellung der T, Tochter des K1, die erst nach Errichtung des Testaments zur Welt kam?

E hat in **Fall 34** zugunsten von K1 und K2 über seinen gesamten Nachlass testamentarisch verfügt und damit die gesetzliche Erbfolge ausgeschlossen. Das gilt auch für T, die nach Vorversterben des K1 im Wege des Eintrittsrechts gesetzliche Erbin nach E würde (§ 1924 Abs. 3). Für den Fall ihrer Enterbung zählt sie damit zu den konkret pflichtteilsberechtigten Abkömmlingen (§ 2303 Abs. 1). Auch die übrigen Voraussetzungen des § 2079 scheinen vorzuliegen: T hat keine Erwähnung im Testament gefunden; sie wurde erst nach dessen Errichtung geboren. Gleichwohl ist sie **nicht „übergangen“**. Nachdem sich nähere Anhaltspunkte nicht finden, ist davon auszugehen, dass T nach **§ 2069** in Höhe ihres gesetzlichen Erbteils nach E (Hälfte des Nachlasses) **als Ersatzerbin** berufen ist[31]. Eine Anfechtung nach § 2079 scheidet aus.

3. Durchführung der Anfechtung

a) Anfechtungsberechtigung

281 **Anfechtungsberechtigt** ist gem. § 2080 Abs. 1 nur, wem durch die Aufhebung der Verfügung ein **unmittelbarer rechtlicher Vorteil** erwächst. Das kann eine erbrechtliche Stellung, der Erwerb eines Anspruchs (z. B. Anfechtung eines Vermächtniswiderrufs) oder der Wegfall einer Beschwerung sein (z. B. Anfechtung eines Vermächtnisses). Im Hinblick auf den vorwiegend vermögensrechtlichen Charakter des Anfechtungsrechts ist dieses, wenn auch unter Lebenden nicht übertragbar (höchstpersönlich), so doch vererblich.

Einschränkungen erfahren diese Grundsätze durch § 2080 Abs. 2 und Abs. 3. Nimmt der Erblasser irrtümlich Eigenschaften oder Umstände an, die sich nur auf eine bestimmte Person beziehen und **benachteiligt** er sie deshalb in seiner Verfügung, so ist unter der Voraussetzung des § 2080 Abs. 1 **nur diese Person** zur Anfechtung berechtigt. Absatz 2 schließt alle übrigen Personen von der Anfechtung aus. Dieser Ausschluss gilt, gleichgültig, ob der durch die Verfügung irrtümlich Benachteiligte den Erbfall erlebt oder nicht. Sein Anfechtungsrecht geht im Falle seines **Vorversterbens** auch nicht auf den gesetzlichen Erben über, dem der Wegfall der Verfügung unmit-

31 Ersatzerbschaft geht dem Anwachsungsrecht des § 2094 Abs. 1 vor: §§ 2094 Abs. 3, 2099, 2069. Ergibt sich nichts anderes, so ist vom Vorrang der Ersatzerbschaft auszugehen (Erbeinsetzung eines Abkömmlings als Repräsentant seines Stammes, § 2069), BayObLG FamRZ 1991, 614 f.

telbar zugute käme (§ 2080 Abs. 1). Nur die vom **Irrtum selbst betroffene Person** soll, wenn sie den **Erbfall erlebt**, entscheiden können, ob sie anfechten will oder nicht. Von § 2080 Abs. 2 **nicht erfasst** ist aber der Fall, in dem der **Anfechtungsberechtigte nach dem Erbfall** verstirbt. Das Anfechtungsrecht ist dann vererblich[32].

Die gleiche personelle Beschränkung der Anfechtungsberechtigung ordnet § 2080 Abs. 3 für die Anfechtung wegen Übergehung von Pflichtteilsberechtigten an.

b) Anfechtungserklärung

Die Anfechtungserklärung muss in den Fällen des § 2081 Abs. 1 und Abs. 3 gegenüber 282
dem Nachlassgericht erfolgen[33] – vgl. §§ 342 ff. FamFG (§ 342 Abs. 1 Nr. 5 FamFG). Im Übrigen gilt § 143 Abs. 4 (einseitige, nicht empfangsbedürftige Willenserklärung). Ein Vermächtnis ist deshalb gegenüber dem im Testament benannten Vermächtnisnehmer anzufechten.

c) Anfechtungsfrist

Die Anfechtung muss innerhalb der Frist eines Jahres erklärt werden (§ 2082 Abs. 1). 283
Die Frist beginnt mit Kenntnis des Anfechtungsberechtigten vom Anfechtungsgrund (§ 2082 Abs. 2). Es handelt sich um eine Ausschlussfrist.

4. Rechtsfolgen der Anfechtung

Die wirksame Anfechtung einer letztwilligen Verfügung hat deren Nichtigkeit *ex tunc* 284
zur Folge (§ 142 Abs. 1). Wurde nur eine von mehreren Verfügungen eines Testaments wirksam angefochten, so richtet sich die Auswirkung der Nichtigkeit dieser Verfügung auf die anderen nach dem Willen des Erblassers zur Zeit der Testamentserrichtung. Lässt sich ein solcher hypothetischer Wille nicht ermitteln, geht § **2085** (anders als § 139) grundsätzlich vom **weiteren Bestand der übrigen Verfügungen** aus. Wer die Unwirksamkeit auch dieser Erblasserbestimmungen geltend macht, trägt dafür die Behauptungs- und Beweislast.

§ 10 Bestimmung zum Erben

I. Erbeinsetzung

Erbe ist, wen der Erblasser zu seinem **Gesamtrechtsnachfolger** bestimmt hat. Auf den 285
Erben soll der **Nachlass als Ganzes** übergehen (§ 1922 Abs. 1). Nach dem Willen des Erblassers soll diese Person **wirtschaftlich** in **sämtliche vermögensrechtliche Positionen** (aktives Vermögen ebenso wie Schulden und Verpflichtungen) nachrücken, die er bei seinem Tode hinterlässt. Bei zweifelhaftem Inhalt der Verfügung sind der oder die

32 Z. B. MünchKomm-*Leipold* § 2080 Rdnr. 8, 16.
33 Vgl. dazu schon oben Rdnr. 270.

Erben durch **Auslegung** zu ermitteln (§§ 133, 2084)[1]. Erst dann, wenn weder durch erläuternde noch durch ergänzende Auslegung der Erbe zweifelsfrei bestimmt werden kann, ist Raum für eine der wichtigsten Auslegungsregeln des Erbrechts, die Vorschrift des **§ 2087**.

1. Die Auslegungsregel des § 2087

a) § 2087 als Auslegungsregel

286 Die Vorschrift des § 2087 ist eine Auslegungsregel. Was dies für den Anwendungsbereich der Norm bedeutet, zeigt

Fall 35[2]**:** Der kinderlos und ledig verstorbene E hat in seinem Testament bestimmt: „A soll mein Haus in F erben; B soll den Bungalow in G erben; C soll das Reihenhaus in M erben, die Auslagen begleichen und für mein Begräbnis sorgen." Die A, B und C zugesprochenen Grundstücke machen den wesentlichen Teil des Vermögens von E aus. Über ein weiteres Haus und weiteres Vermögen hat E keine Bestimmungen getroffen. Wie ist die erbrechtliche Lage?

287 Eine eindeutige Erbenstellung der oder eines der Benannten lässt sich im **Fall 35** nicht feststellen. Einerseits spricht E davon, dass A, B und C allesamt „erben" sollen (Miterbengemeinschaft). Andererseits sind ihnen lediglich einzelne Gegenstände zugesprochen, so dass man in Anwendung des § 2087 Abs. 2 an Vermächtnisse zugunsten von A, B und C denken könnte. § 2087 Abs. 2 ist aber nur eine **Auslegungsregel** und **keine gesetzliche Vermutung**. Um die Vorschrift anwenden zu können, muss zunächst festgestellt sein, dass sich über die allgemeinen Auslegungsgrundsätze (§§ 133, 2084) kein Ergebnis gewinnen lässt. In **Fall 35** ist zu prüfen, ob E nicht trotz der gegenständlichen Einzelzuwendungen eine bestimmte Erbeinsetzung wollte, denn es ist in einem Fall, in dem der Erblasser praktisch über den gesamten oder doch den größten Teil seines Vermögens durch Zuwendungen der einzelnen Vermögensgegenstände verfügt hat, entgegen der Wertung des § 2087 Abs. 2 nicht zu unterstellen, dass der Erblasser in dieser Situation überhaupt keinen Erben benennen wollte[3]. Erbe ist, wer nach dem Willen des Erblassers **wirtschaftlich** als **„Herr des Nachlasses"** erscheint. Er soll ihm in seine Gesamtrechtsposition dinglich nachfolgen, während andere Bedachte lediglich einen schuldrechtlichen Auskehrungsanspruch (Vermächtnis, § 2174) gegen den Erben haben. In **Fall 35** hat E dem C typische Erbenpflichten zugedacht: Berichtigung von Schulden (§ 1967) sowie Kosten der Beerdigung (§ 1968). Zu demjenigen, der nach seinem Tod „die Dinge erledigen soll", zum „Herrn des Nachlasses", hat E hier den C bestimmt. Deshalb ist C als Erbe des gesamten, auch des nicht erwähnten Vermögens des E anzunehmen, während A und B Vermächtnisnehmer sind. Hier § 2087 anzuwenden, wäre fehlerhaft, weil es nach der allgemeinen Auslegung keine „Zweifel" mehr gibt.

---

1 Vgl. oben § 9 Rdnr. 257 ff., 264 ff.
2 Vgl. BayObLG FamRZ 2001, 1174 ff. = JuS 2001, 713 f.
3 Vgl. BayObLG FamRZ 1999, 1392, 1393 re. Sp. f.; die Rechtspr. zsfd. OLG München FamRZ 2010, 758, 759 re. Sp. f.

b) Inhalt und Rechtsgedanke des § 2087

Welcher Rechtsgedanke die Vorschrift des § 2087 trägt, soll der folgende Fall klarmachen. **288**

Fall 36: E hinterlässt drei Kinder (K1, K2, K3) und folgendes Testament: „Meine Kinder sind mir alle gleich teuer. K1 soll mein Haus in G erben; K2 soll die Villa in M erben; K3 gehört das Restvermögen, aus dem die Auslagen zu begleichen sind." Es stellt sich heraus, dass die Zuwendung an K2 (gegenüber jenen an K1 und K3) der wertmäßig deutlich wertvollste Teil des Nachlasses ist. Wie ist die erbrechtliche Lage?

Denkbar ist, dass E **(Fall 36)** alle drei Kinder zu Erben eingesetzt und eine Teilungs- **289**
anordnung (§ 2048) bestimmt hat[4]. Aber auch, dass er nur einzelne als seine Erben sehen wollte. Für die erste Überlegung spricht, dass jedes der drei Kinder nicht unerheblich bedacht wurde und dem Erblasser alle drei „gleich teuer" waren. Durch Auslegung zu ermitteln ist aber, ob er tatsächlich allen sein Vermögen dinglich, also als Gesamtrechtsnachfolgern zuwenden wollte, sie also gemeinsam als Herren des Nachlasses sah. Das trifft zu, wenn nach dem Testament den Kindern K1, K2 und K3 die wirtschaftlich typischen Rechte und Pflichten von Erben gemeinschaftlich zukommen und sie als Gemeinschaft treffen sollten. Insoweit spricht für eine herausgehobene Stellung von K3, dass es insbesondere für die Auslagen aufkommen und ihm das „Restvermögen" zufallen soll. Andererseits hat K2 den deutlich wertvollsten Gegenstand des Nachlasses erhalten, worin, wenn andere Anzeichen nicht vorliegen, regelmäßig die Zuwendung des Vermögens gesehen werden könnte[5]. Wer die Begräbniskosten tragen soll, hat E nicht näher bestimmt, und der Hinweis, dass ihm die drei Kinder „gleich teuer" waren, spricht für die Absicht, sie – wenn auch nicht dem Umfang, so doch ihrer erbrechtlichen Position nach – gleich zu behandeln. Im Ergebnis bleibt der Erblasserwille zweifelhaft. Sicher scheint dagegen, dass E den oder die Erben aus dem Kreis seiner Kinder bestimmen wollte. Hier ist Raum für die Auslegungsregel des § 2087. Nach § 2087 Abs. 2 wird man K1, obwohl er „erben" sollte, als Vermächtnisnehmer sehen. Das Gleiche gilt, weil auch ihm lediglich ein Gegenstand zufiel, für K2. Die Anwendung des § 2087 Abs. 1 führt dazu, K3 als Alleinerben anzusehen: Zwar nicht als „Erbe" bezeichnet, wurde ihm doch ein Bruchteil des Vermögens zugewandt. Hinter dieser Bestimmung stehen der Rechtsgedanke und die Lebenserfahrung, dass demjenigen, dem das „Vermögen" oder ein Bruchteil davon zugedacht ist, nicht nur hinsichtlich einzelner Nachlassgegenstände (schuldrechtlich) berechtigt, sondern wirtschaftlich für das Vermögen insgesamt verantwortlich sein soll.

Einen instruktiven (Grenz-)Fall hatte das LG Bonn zu entscheiden[6]. Der Erblasser **290**
hatte folgendes privatschriftliche Testament hinterlassen:

„Für den Fall meines Todes, sofern M noch lebt, setze ich ihn als Erben ein. Ich vererbe M dem V. M erhält die Häuser, die V in Stand halten muss. Er muss ihn gut behandeln, füttern und impfen lassen, einmal im Jahr. Die Kosten des Hundes muss er von der Miete aufbringen. Vernach-

4 Vgl. oben § 3 Rdnr. 56.
5 MünchKomm-*Rudy* § 2087 Rdnr. 8 mit weit. Nachweisen (Zuwendung des „Hauptvermögens").
6 NJOZ 2010, 1618 f.

lässigt er auch jeden Tag M zwei Stunden auszuführen, so verfällt alles an den Kindergarten am Altersheim H-Straße."

„M" war der Hund des Erblassers. Das Gericht nahm gesetzliche Erbfolge eines Halbbruders an. Dass V als Gesamtrechtsnachfolger des Erblassers den Nachlass erhalten sollte, sei dem Testament „auch nicht andeutungsweise zu entnehmen". Eine Erbenstellung des V hätte man aber mit der Überlegung erwägen können (müssen), dass dem V der M „vererbt" werden und der M seinerseits den gesamten Nachlass und insbesondere „die Häuser" erhalten (und für den V „mitbringen") sollte. Dass der Hund nicht Erbe sein kann, ist selbstverständlich (§ 1922 Abs. 1), aber für den Erblasser könnte (§§ 133, 2084) der Hund quasi „sein Vermögen" gewesen sein[7]. Wenn dafür Anzeichen vorhanden waren und Zweifel blieben, dann hätte § 2087 Abs. 1 Gewicht erhalten können. – Das Gericht selbst sah die Zuweisung des Hundes als Vermächtnis an und wertete die Anordnung, die Pflege des Tieres aus den Mieteinkünften zu bestreiten, als Auflage für den gesetzlichen Erben.

2. Erbeinsetzung auf Bruchteile

291 Hat der Erblasser einen oder mehrere Erben nur **bruchteilsmäßig** bedacht und erschöpfen diese Bruchteile **nicht** den **gesamten Nachlass**, dann muss ermittelt werden, was der Erblasser mit diesen Verfügungen wollte. Wollte er lediglich über die benannten Bruchteile verfügen, so tritt im Übrigen gesetzliche Erbfolge ein (§ 2088 Abs. 1, Abs. 2)[8]. Wollte der Erblasser die **eingesetzten Erben** als **seine alleinige Erben** wissen, so tritt gem. § 2089 eine verhältnismäßige Erhöhung der Bruchteile ein. – Übersteigen die aufgeführten Bruchteile das Ganze, kommt es zu einer verhältnismäßigen Minderung, § 2090.

3. Anwachsung

292 Von der Einsetzung auf Bruchteile und ihrer Erhöhung im Fall alleiniger Erbenstellung der Bruchteilsbenannten (§ 2089) zu unterscheiden ist die **Anwachsung** infolge **Wegfalls eines Erben** (§ 2094). Während in den Fällen der §§ 2088, 2089 nicht über den ganzen Nachlass verfügt wurde, setzt § 2094 Abs. 1 voraus, dass der Erblasser über den **Gesamtnachlass** testiert hat – gleichgültig, woraus sich der Ausschluss der gesetzlichen Erbfolge ergibt, z. B. aus der Erhöhung der Bruchteile (§ 2089) oder der Einsetzung auf unbestimmte Bruchteile (§ 2091). Soll nach dem Willen des Erblassers die gesetzliche Erbfolge ausgeschlossen sein und **fällt** ein **eingesetzter Erbe vor** oder **nach dem Erbfall weg**, so wächst der frei gewordene Teil den übrigen eingesetzten Erben verhältnismäßig an. Die Anwachsung tritt also in Gegensatz zur gesetzlichen Erbfolge (auch in der Form des Eintrittsrechts von Abkömmlingen, § 1924 Abs. 3).

293 Diesen Grundsatz bestätigt § 2094 Abs. 2. Hat der Erblasser nur über einen Teil des Nachlasses verfügt und tritt im Übrigen gesetzliche Erbfolge ein (§ 2088), so findet bei Wegfall eines Erben Anwachsung nur unter den gesetzlichen Erben statt. Denn der Erblasser wollte die von ihm eingesetzten Personen umfangmäßig nicht über seine Verfügungen hinaus bedacht wissen. Eine

7 Die Kammer hat demgegenüber gerade die Trennung von Hund und Hausgrundstücken als Argument gegen eine Erbeinsetzung des V verwendet.

8 Vgl. oben § 4 Rdnr. 67 ff.

Ausnahme davon gilt nach § 2094 Abs. 2 nur, wenn ein auf einen gemeinschaftlichen Erbteil eingesetzter Erbe (§ 2093) weggefallen ist. Denn diesen sollte nach dem Erblasserwillen der gemeinschaftliche Erbteil vor den gesetzlichen Erben zukommen. Beispiel: A, B, C sind testamentarisch zu je ¼ eingesetzt, A und B davon auf einen Erbteil; D ist gesetzlicher Erbe zu ¼. Fällt C oder fällt D weg, geht der frei gewordene Teil an die gesetzlichen Erben (§ 2088). Fällt A weg, findet Anwachsung zugunsten des B nach § 2094 Abs. 2 statt.

Grundlage der Anwachsung ist der **Wegfall** eines Erben **vor** oder **nach dem Erbfall.** 294
Darunter ist jede Art von Wegfall zu verstehen, die sich auf den Eintritt der Erbfolge auswirkt, etwa Vorversterben eines Erben oder Ausschlagung der Erbschaft (§ 1953 Abs. 1). **Strittig ist**, ob auch die **Nichtigkeit** oder **Unwirksamkeit** einer **Erbeinsetzung** (z. B. gem. § 2077 oder infolge Anfechtung nach §§ 2078, 2079) einen „Wegfall" im Sinne des § 2094 Abs. 1 bewirkt. Die überwiegende Ansicht verneint dies mit dem Hinweis, dass ein Bedachter, der nie Erbe werden konnte, auch nicht „wegfallen" könne[9]. Aber dieses Argument ist zweifelhaft. Einmal besteht Einigkeit darüber, dass bei Ersatzerbschaft (§ 2096)[10] auch in Fällen einer anfänglichen Nichtigkeit ein Wegfall vorliegt (vgl. § 2051 Abs. 2). Entscheidend ist aber der Sinn der Regelung. Der Anwachsung liegt der Gedanke zugrunde, dass aus Sicht und nach dem Willen des Erblassers vollständig über den Nachlass verfügt wurde. Aus welchen Gründen der Bedachte dann nicht zur Erbschaft gelangt, darf für die Rechtsfolge keinen Ausschlag geben[11].

Rechtsfolge der Anwachsung ist die **Vergrößerung eines Erbteils**. Die Anwachsung 295
führt zu keinem besonderen Erbteil. Lediglich im Hinblick auf Beschwerungen (Vermächtnis und Auflage) und die Ausgleichspflicht (vgl. § 2052) stellt § 2095 den angewachsenen Erbteil einem besonderen Erbteil gleich[12]. Dadurch soll eine Benachteiligung des Erben durch einen überschuldeten angewachsenen Erbteil vermieden werden (vgl. §§ 1991 Abs. 4, 1992, § 2007 S. 2).

Anwachsung findet **nicht** statt, wenn sie der Erblasser ausgeschlossen hat, § 2094 296
Abs. 3. Der Ausschluss muss durch Verfügung von Todes wegen geschehen. In diesem Fall tritt ein **Ersatzerbe** an die Stelle des Weggefallenen.

4. Ersatzerbschaft

Der Ersatzerbe **tritt an die Stelle** eines vor oder nach Eintritt des Erbfalls **weggefalle-** 297
nen Erben (§ 2096) – im Gegensatz zum Nacherben, der einem zur Erbschaft gelangten Vorerben nachfolgt (§ 2100)[13]. Ersatzerbschaft kommt nicht in Betracht, wenn der Erbe nach Eintritt des Erbfalles seinerseits verstirbt. Der Ersatzerbe kann vom Erblasser ausdrücklich bestimmt oder durch Auslegung der Verfügung zu ermitteln sein. Wo eine auslegungsfähige Bestimmung des Erblassers fehlt (§§ 133, 2084), sind wichtige **gesetzliche Auslegungsregeln** zu beachten.

9 Etwa Palandt-*Weidlich* § 2094 Rdnr. 2; Jauernig-*Stürner* § 2094 Rdnr. 2.
10 Dazu sogleich im Anschluss.
11 Ebenso MünchKomm-*Rudy* § 2094 Rdnr. 3.
12 Die Regelung entspricht der Vorschrift des § 1935 für die Erhöhung des gesetzlichen Erbteils, vgl. oben § 4 Rdnr. 104.
13 Zur Vor- und Nacherbschaft unten Rdnr. 303 ff.

298 **Fall 37:** Der verwitwete E hat seine Nichte N und sein einziges Kind K testamentarisch zu Erben je zur Hälfte bestimmt. Zwei Jahre nach Errichtung des Testaments verunglückt K tödlich. Ein Jahr später stirbt E. S, Sohn des K, ist der Ansicht, er sei neben N zur Hälfte als testamentarischer Erbe berufen. – Auch T, bislang den Verwandten nicht bekannte nichteheliche Tochter des K, sieht sich als Erbin.

Abwandlung: Was, wenn N vorverstorben ist und eine Tochter hinterlassen hat?

a) Wegfall eines Erben, Anwachsung, Ersatzerbschaft

299 In **Fall 37** ist der als Erbe vorgesehene K infolge Vorversterbens nie zur Erbschaft gelangt. K ist als Erbe weggefallen. Nachdem E über die gesamte Erbschaft testamentarisch verfügt hatte, war die gesetzliche Erbfolge ausgeschlossen. In diesem Fall sieht § 2094 Abs. 1 die Anwachsung des frei gewordenen Erbteils an die übrigen Erben (**Fall 37:** Nichte N) vor[14]. **Etwas anderes** gilt dann, wenn der Erblasser eine **Ersatzerbschaft** angeordnet hat **(§ 2096)**. Das **Recht des Ersatzerben** geht dann gem. **§ 2099 dem Anwachsungsrecht vor**. Die Vorschrift des § 2099 enthält einen gesetzlichen Fall des Ausschlusses der Anwachsung (§ 2094 Abs. 3).

b) Die Auslegungsregel des § 2069

300 Eine ausdrückliche Ersatzerbenberufung liegt in **Fall 37** nicht vor. Auch sonst enthält die Verfügung keine Hinweise auf die Bestimmung von Ersatzerben. Die Kinder des K (S, T) können auch nicht nach § 1924 Abs. 3 an die Stelle ihres vorverstorbenen Vaters treten, denn durch die Verfügung des E wurde die gesetzliche Erbfolge ausgeschlossen. Das Gesetz greift allerdings den Gedanken des § 1924 Abs. 3 (Erbfolge nach Stämmen) in **§ 2069** auf: Hat der Erblasser einen seiner **Abkömmlinge** bedacht und fällt dieser nach Testamentserrichtung weg, sollen im Zweifel **dessen Abkömmlinge** testamentarisch so an dessen Stelle treten, wie sie nach § 1924 Abs. 3 bei der gesetzlichen Erbfolge einrücken würden. Die Vorschrift des § 2069 ist eine Auslegungsregel und deshalb nicht anwendbar, wenn deutlich wird, dass der Erblasser nur die Person des eingesetzten Abkömmlings, nicht aber dessen Stamm bedenken wollte (dann Anwachsung nach § 2094 Abs. 1).

301 In Anwendung des § 2069 treten in **Fall 37** S und T zu gleichen Teilen an die Stelle ihres Vaters und beerben E zu je ¼. Dass T nichteheliches Kind des K und dem E zeitlebens unbekannt war, ändert daran nichts. Nur wenn ein entgegenstehender Wille des E fassbar und damit die herrschenden „Zweifel“ beseitigt wären, wäre T von der Erbfolge ausgeschlossen.

302 Die Auslegungsregel des § 2069 ist auf **andere Personen als Abkömmlinge** des Erblassers **nicht** (analog) **anwendbar**[15]. In der **Abwandlung** des **Falls 37** kann die Tochter der vorverstorbenen N nicht nach § 2069 eine Ersatzerbenstellung beanspruchen.

14 Hier steckt ein **zusätzliches Problem**: Je größer der frei gewordene Erbteil ist, umso eher wird zweifelhaft, ob der Erblasser wirklich (unbedingt) die gesetzliche Erbfolge ausschließen wollte; das ist durch Auslegung zu ermitteln. Bleiben Zweifel, wird man – wenn nicht spezifische Auslegungsregeln eingreifen, dazu im Folgenden – § 2088 anwenden.

15 BayObLG FamRZ 2000, 58, 59 li. Sp; NJW-RR 2006, 1597; OLG Düsseldorf NJW-RR 2014, 1287, 1288; OLG Schleswig FamRZ 2014, 693, 694 li. Sp.

In einem solchen Fall ist aber **im Wege der** erläuternden und ergänzenden **Auslegung** (§§ 133, 2084) zu ermitteln, ob nicht in der **Einsetzung des weggefallenen Erben selbst** eine **Ersatzerbenberufung** seines **Stammes** liegt[16]. Dabei spielt eine wesentliche Rolle, ob der Erblasser bei Testamentserrichtung den Wegfall bedacht und welcher mutmaßliche Wille ihn für diesen Fall geleitet hat. Lässt sich ein solcher nicht ermitteln, legt die Lebenserfahrung nahe, bei Wegfall einer dem Erblasser **nahestehenden Person** (Angehöriger, Ehegatte, Lebenspartner) eine Ersatzerbenberufung besonders zu prüfen. **Entscheidend** dafür ist aber immer, ob der Weggefallene als **Erster seines Stammes** berufen sein sollte, oder ob (nur) ihm die Zuwendung **persönlich zugedacht** war[17]. – Eine Ersatzerbenberufung hat das OLG München[18] im Falle eines Erbvertrages zwischen Ehegatten, in dem sie als Schlusserben je einen Verwandten aus der Linie des Ehemannes und der Ehefrau bestimmt hatten, angenommen: Die Schlusserben wurden im Kindesalter berufen, so dass Gedanken an einen frühzeitigen Wegfall nicht aufkamen. Der später durch einen Unglücksfall verstorbene Schlusserbe auf Seiten der Ehefrau (Neffe) war deren Patenkind und (neben einer Schwester der Erblasserin) einziger Verwandter, so dass es nahelag anzunehmen, dieser Erbteil sollte in der Verwandtschaftslinie der Ehefrau verbleiben.

II. Vor- und Nacherbschaft

1. Begriff

Vor- und Nacherbe sind **beide Erben** des **Erblassers**, aber nicht ersatzweise (§ 2096), 303
auch nicht kumulativ (§ 2032 Abs. 1), sondern **zeitlich einander nachfolgend** (§ 2100). Mit dem **Erbfall** fällt **dem Vorerben** der Nachlass an (§ 1922 Abs. 1). Mit Eintritt des **Nacherbfalls** endet dessen Erbenstellung und der Nachlass fällt **dem Nacherben** an (§ 2139). Vor- und Nacherbschaft ermöglichen es dem Erblasser, eine weit in die Zukunft reichende Nachlasssteuerung über mehrere Generationen hinweg sicherzustellen. Die Anordnung einer Nacherbfolge verliert, wenn bis dahin der Nacherbfall nicht eingetreten ist, grundsätzlich mit Ablauf von 30 Jahren seit Eintritt des Erbfalls ihre Wirksamkeit (§ 2109 Abs. 1 S. 1).

2. Erbenstellung von Vor- und Nacherben

Vor- und Nacherbe sind **Erben** des **Erblassers**. Sie folgen ihm dinglich in seine Ver- 304
mögensstellung nach. Wegen der den Vorerben treffenden gesetzlichen Verfügungsbeschränkungen (§§ 2112 ff.) stellen sich aber oft zum Teil recht schwierige Abgrenzungsfragen, ob der Erblasser den Bedachten wirklich als Erben sehen wollte.

16 BayObLG FamRZ 2000, 58, 59 li. Sp; OLG München FamRZ 2008, 306 f. (instruktiver Fall).

17 BayObLG FamRZ 2000, 58, 59 re. Sp.; OLG Schleswig FamRZ 2014, 693, 694 li. Sp., das aber *in concreto* zu einer Ersatzerbenstellung der Ehefrau des Weggefallenen gelangt. – In der Abwandlung des **Falles 37** wird weitere Sachaufklärung zu betreiben sein. Lässt sich eine solche nicht erreichen, spricht, wenn E die Tochter der N gekannt hat, einiges für eine Ersatzerbenberufung.

18 OLG München FamRZ 2008, 306 f.

Fall 38: Nach dem Tode des E kommt folgendes formwirksame Testament zum Vorschein: „Meine Tochter T soll meine Alleinerbin sein. Meine Frau F hat aber bis zu ihrem Tod die volle Nutzung an meinem Vermögen, damit sie auf niemanden angewiesen ist. Sie hat das Vermögen zu verwalten; Veräußerungen sind aber ausgeschlossen.“ Wie ist die erbrechtliche Situation?

a) Vorerbschaft und Nießbrauchvermächtnis

305 Nach dem Wortlaut des Testaments **(Fall 38)** soll T Alleinerbin des E sein (§ 1922 Abs. 1). Der Witwe F soll die lebenslängliche Nutznießung des Nachlasses zukommen. Es liegt nahe, insoweit keine Erbeinsetzung der F, sondern ein **lebenszeitliches Nießbrauchvermächtnis** zu ihren Gunsten anzunehmen (§§ 2147, 2174, 1030). Allerdings muss durch Auslegung ermittelt werden (§§ 133, 2084), ob diese rechtliche Gestaltung auch dem Willen des E entsprach.

306 Im Gegensatz zum Vermächtnisnehmer ist der **Vorerbe** tatsächlich **Erbe** des Erblassers. Er wird mit dem Erbfall Eigentümer der Nachlasssachen, Inhaber der Erblasserforderungen etc. (§ 1922 Abs. 1). Der Vermächtnisnehmer hat einen Anspruch gegen den Erben auf Erfüllung einer Verpflichtung, d. h. er ist auf die Mitwirkung des Erben angewiesen. Weigert sich dieser, das Vermächtnis auszukehren, bleibt dem Vermächtnisnehmer letztlich nur die klageweise Durchsetzung seines Anspruchs.

Das bedeutet für **Fall 38**: F ist bei Annahme eines Nießbrauchvermächtnisses von der Mitwirkung der T entscheidend abhängig. T muss als Erbin und Eigentümerin für F den Nießbrauch am Nachlass des E bestellen, wobei die Vorschriften der §§ 1089, 1085 zu beachten sind: Der Nießbrauch an einer Erbschaft kann nur in der Weise bestellt werden, dass er für jeden einzelnen Vermögensgegenstand des Nachlasses begründet wird, für unbewegliche Sachen nach § 873 Abs. 1, für bewegliche Sachen nach § 1032, für Rechte nach § 1069.

Mit diesen Konsequenzen schwer vereinbar ist der Wille des E **(Fall 38)**, seine Witwe so zu stellen, dass sie „auf niemanden angewiesen ist.“ Eine solche Position erlangt sie als **Vorerbin**, denn mit dem Erbfall fällt ihr das Vermögen des E nach § 1922 Abs. 1 kraft Gesetzes an. Entscheidend ist auch hier die Überlegung, wen der Erblasser nach seinem Tod als den dinglich-wirtschaftlichen Nachfolger seines Vermögens sah, dem die typischen Rechte und Pflichten eines Erben zukommen sollten („Herr des Nachlasses“). In **Fall 38** hat E der F zugedacht, nach seinem Tod den Nachlass zu verwalten, sie sollte die einen Erben kennzeichnenden Aufgaben wahrnehmen, den Nachlass verwalten und soweit erforderlich abwickeln. Das spricht stark dafür, dass sie „Herrin des Nachlasses“ und damit Erbin sein sollte (vgl. auch § 2087 Abs. 1).

b) Beschränkungen des Vorerben

307 Die Erbenstellung der F **(Fall 38)** wird letztlich davon abhängen, ob sich die von E **verfügten Beschränkungen** damit (rechtlich) **in Einklang bringen lassen**. Der Vorerbe ist als Erbe **Eigentümer** und kann deshalb über die Nachlassgegenstände **verfügen** (§ 2112), soweit sich aus den §§ 2113 ff. nichts anderes ergibt. Der Vorerbe kann danach vor allem **nicht** über **Grundstücke** und **Grundstücksrechte zu Lasten des Nacherben** verfügen **(§ 2113 Abs. 1)** sowie keine **unentgeltlichen Verfügungen** über Erbschaftsgegenstände treffen **(§ 2113 Abs. 2)**. Insoweit lässt sich die angeordnete Be-

schränkung des E („Veräußerungen sind ausgeschlossen") mit der Stellung des Vorerben vereinbaren. Das Verbot sämtlicher (auch entgeltlicher) Veräußerungen ist der Vorerbschaft dagegen fremd (vgl. § 2112). E konnte ein derartiges Verfügungsverbot auch nicht testamentarisch mit dinglicher Wirkung anordnen (§ 137 S. 1)[19]. Unberührt bleibt aber eine dahingehende schuldrechtliche Verpflichtung (§ 137 S. 2), mit der der Erblasser den Erben im Wege einer **Auflage** beschweren kann (§§ 1940, 2192). Auf diesem Wege ist es möglich, die Verfügungsbeschränkungen des Vorerben über die gesetzlichen Bestimmungen hinaus schuldrechtlich auszudehnen[20]. Im Ergebnis wird man danach in **Fall 38** die F als Vorerbin anzusehen haben.

c) Auslegungsregeln

Auch bei Vor- und Nacherbschaft kennt das Gesetz wichtige Auslegungsregeln. Hat der Erblasser eine zur Zeit des Erbfalls **noch nicht gezeugte Person** als Erben eingesetzt, so wäre nach § 1923 Abs. 1, Abs. 2 die Erbeinsetzung unwirksam. Gemäß **§ 2101 Abs. 1** ist diese Person aber im Zweifel als Nacherbe eingesetzt. Nach § 2108 Abs. 1 gilt in diesem Fall § 1923 entsprechend, d. h. der noch nicht gezeugte Nacherbe muss zum Zeitpunkt des Nacherbfalles (§ 2139) leben (§ 1923 Abs. 1) oder zumindest gezeugt sein und lebend zur Welt kommen (§ 1923 Abs. 2). Ist er zur Zeit des Nacherbfalls noch nicht gezeugt, gilt er im Zweifel als zweiter Nacherbe. Ist vom Erblasser nichts anderes bestimmt, bestimmt die Geburt des Bedachten den Eintritt des Nacherbfalles (§ 2106 Abs. 2 S. 1). **308**

Nach § 2102 Abs. 1 liegt in der Einsetzung als Nacherbe im Zweifel **zugleich** die Einsetzung als **Ersatzerbe** (§ 2096). Fällt also der vorgesehene Vorerbe vor oder nach dem Erbfall weg[21], fällt in diesem Zeitpunkt dem eingesetzten Nacherben die Erbschaft als Vollerbe an. **309**

Ist durch Auslegung nicht zu klären, ob die eingesetzte Person **Ersatz- oder Nacherbe** sein soll, so ist sie gem. § 2102 Abs. 2 als Ersatzerbe eingesetzt. Dieser Auslegungsregel liegt der Gedanke zugrunde, der Erblasser habe den vorgesehenen Erben nicht durch eine Nacherbschaft beschweren wollen, sondern lediglich bei dessen Wegfall eine Ersatzerbenberufung gewollt.

Soll der eingesetzte Erbe nur bis zu einem bestimmten Zeitpunkt Erbe sein, ohne dass der Erblasser bestimmt hat, wem der Nachlass bei Eintritt dieses Zeitpunktes zufallen soll, so sind die Personen, die, wäre der Erblasser in diesem Augenblick gestorben, seine **gesetzlichen Erben** sein würden, als Nacherben eingesetzt, § 2104 S. 1. Hat der Erblasser dagegen angeordnet, dass dem bedachten Erben erst mit dem Eintritt eines bestimmten Zeitpunkts die Erbschaft zufallen soll, ohne zu bestimmen, wer vordem Erbe sein soll, so sind die **gesetzlichen Erben** (bei Erbfall) Vorerben, § 2105 Abs. 1. **310**

Hat der Erblasser einen Abkömmling zum Vorerben bestimmt, der im Zeitpunkt dieser Verfügung keine Abkömmlinge hat oder sind sie dem Erblasser unbekannt, so soll nach § 2107 im Zweifel[22] die zugunsten eines Dritten angeordnete Nacherbschaft nur gelten, wenn der benannte Vorerbe **ohne eigene Nachkommen** stirbt. Die Anordnung der Nacherbschaft ist dann auflösend bedingt, d. h. der ursprüngliche Vorerbe wird Vollerbe. **311**

Schließlich ist die Auslegungsregel des **§ 2269 Abs. 1** von **wesentlicher Bedeutung**. Haben sich Ehegatten in einem **gemeinschaftlichen Testament**[23] **gegenseitig** zu **Erben** bestimmt und angeordnet, dass nach dem Tode des Längstlebenden der beiderseitige Nachlass einem Dritten zu- **312**

19 Möglich nur über die Anordnung einer Testamentsvollstreckung, § 2211, oder im Falle einer Entziehung der Verwaltung (§§ 2129, 1052).

20 BGH LM § 2100 Nr. 2; Palandt-*Weidlich* § 2112 Rdnr. 1.

21 Vgl. oben Rdnr. 297 ff.

22 Auch § 2107 ist eine **Auslegungsregel**.

23 Dazu unten § 13.

fallen soll, dann haben sich die Eheleute im Zweifel **nicht als Vorerben** (und den Dritten als Nacherben) sondern als **Vollerben** und den Dritten als **Schlusserben** eingesetzt.

3. Rechtsstellung des Vorerben

313 Die Rechtsstellung des Vorerben wird geprägt durch sein **Erbrecht auf Zeit**. Der Vorerbe ist wirklicher Erbe (§ 1922 Abs. 1), der nach § 2112 grundsätzlich zur Verfügung über Erbschaftsgegenstände befugt ist. Mit Eintritt des Nacherbfalles hört er allerdings auf, Erbe zu sein (§ 2139). Die Erbschaft fällt dem Nacherben an (§ 2139), und den Vorerben trifft die Verpflichtung, an diesen die Erbschaft im Zustand einer ordnungsmäßigen Verwaltung herauszugeben (§ 2130 Abs. 1 S. 1). Aus diesem zeitlich limitierten Erbrecht ergeben sich zum Schutze des Nacherben **Beschränkungen** des Vorerben für **Verfügungen über Nachlassgegenstände** sowie Besonderheiten hinsichtlich der **Haftung für eingegangene Verpflichtungen**.

a) Verfügungsbeschränkungen

314 Das Verfügungsrecht des Vorerben als Eigentümer der Nachlasssachen und als Inhaber der Rechte (z. B. Forderungen) aus dem Nachlass ist nach Maßgabe der §§ 2113 bis 2115 beschränkt.

315 Nach **§ 2113 Abs. 1** ist die **Verfügung** des Vorerben **über ein Grundstück** (Grundstücksrecht) mit **Eintritt des Nacherbfalles** unwirksam, soweit das **Recht des Nacherben vereitelt oder beeinträchtigt** wird. Die Verfügung des Vorerben muss ein **Nachlassgrundstück** betreffen. Über eigene Grundstücke kann der Vorerbe (selbstverständlich) stets unbeschränkt verfügen.

Ob über einen solchen Nachlassgegenstand verfügt wird, ist zweifelhaft (und umstritten), wenn der Gegenstand einem Gesamthandsvermögen zugehört und der Vorerbe an dieser Gesamthand beteiligt ist (z. B.: nach allgemeiner Gütergemeinschaft beerbt der überlebende Gatte den verstorbenen als Vorerbe und verfügt über ein zum ehemaligen, noch nicht auseinandergesetzten Gesamtgut gehörendes Grundstück[24]). Der BGH hat die Nachlasseigenschaft des Grundstücks verneint. Der Vorerbe erhält als Nachlass nach seinem verstorbenen Ehegatten nicht den Gesamtgutsgegenstand selbst, sondern dessen Anteil am Gesamtgut, über den nicht verfügt werden kann (§§ 1482, 1471, 1419). Auch in der Zeit zwischen Erbfall und Nacherbfall wird das Grundstück nicht Nachlassgegenstand, so dass eine Anwendung des § 2113 Abs. 1 ausscheidet[25].

Durch die Verfügung muss das **Nacherbenrecht beeinträchtigt** sein. Dabei ist (anders § 2113 Abs. 2) nicht auf eine wirtschaftliche, sondern eine **rechtliche Beeinträchtigung** abzustellen, so dass durch die Verfügung des Vorerben regelmäßig das Recht des Nacherben beeinträchtigt wird.

Die Unwirksamkeit der Verfügung tritt erst mit **Eintritt des Nacherbfalls** ein; die Unwirksamkeit ist aufschiebend bedingt. Bis zu diesem Zeitpunkt ist die Verfügung wirksam, und sie bleibt wirksam, wenn etwa die Nacherbfolge entfällt. Mit dem Nach-

---

24 Vgl. BGH FamRZ 1976, 338 f.

25 BGH FamRZ 1976, 338, 339 re. Sp. – Auch eine analoge Anwendung hat der BGH abgelehnt: Weil nicht über den Anteil, sondern nur über den Gesamtgegenstand verfügt werden kann (§ 1419), müsste die Anwendung des § 2113 Abs. 1 dazu führen, dass von der Verfügungsbeschränkung auch der dem überlebenden Gatten schon zustehende Gesamtgutsanteil betroffen würde.

 50S.V

erbfall entfaltet § 2113 Abs. 1 eine **absolute Unwirksamkeit**, die von jedermann geltend gemacht werden kann[26].

Nach § 2113 Abs. 2 S. 1 gilt die Verfügungsbeschränkung des Absatzes 1 auch für **unentgeltliche Verfügungen** über Erbschaftsgegenstände und für Verfügungen in Erfüllung eines vom Vorerben abgegebenen Schenkungsversprechens, ausgenommen Anstandsschenkungen oder solche, die einer sittlichen Pflicht entsprechen (§ 2113 Abs. 2 S. 2). Die Unentgeltlichkeit ist nach **objektiven wirtschaftlichen Maßstäben** festzustellen. Sie liegt vor, wenn eine dem Nachlass zugute kommende Gegenleistung fehlt oder das aus dem Nachlass erbrachte Vermögensopfer nicht ausgeglichen wird (§ 2111 Abs. 1 S. 1). **Subjektiv** ist erforderlich, dass der Vorerbe das wirtschaftliche Ungleichgewicht jedenfalls bei einer **ordnungsmäßigen Verwaltung** (§§ 2120, 2130) hätte erkennen müssen[27]. Auch eine so genannte **unbenannte Ehegattenzuwendung**[28] ist unter erbrechtlichen Gesichtspunkten bei objektiver Unentgeltlichkeit in diesem Zusammenhang (wie auch an anderer Stelle) als Schenkung zu werten[29]. **316**

Für die **Rechtsfolgen** einer dem Vorerben nicht gestatteten, beeinträchtigenden Verfügung ist scharf **zwischen** der **Zeit vor** und **nach dem Nacherbfall zu unterscheiden**. Denn erst mit Eintritt des Nacherbfalls wird die Verfügung unwirksam. Das eröffnet, ausgehend von einer grundlegenden erbrechtlichen Fragestellung, zugleich den Weg zu allgemeinen (immer examensrelevanten) Problemen. **317**

Fall 39[30]**:** Erblasser E hatte seine Frau F als Vorerbin, Sohn S als Nacherben eingesetzt[31]. Etliche Jahre nach dem Tode des E veräußerte F ein zum Nachlass des E gehörendes Hausgrundstück für einen Kaufpreis von 300.000 € an den D. Im Anschluss an den Nacherbfall verlangt S von D das Grundstück „zurück". Dieser weigert sich unter Hinweis auf die Kaufpreiszahlung und Renovierungskosten in Höhe von 70 000 € (davon 40 000 € vor dem Nacherbfall, Durchfeuchtungsschäden im Mauerwerk, und 30 000 € nach dem Nacherbfall, notwendiger Ersatz der vorhandenen Holzfenster).

Wenn der Nacherbe S **(Fall 39)** das an D übereignete Grundstück „zurückverlangt", dann ist zu beachten, dass gem. § 2113 Abs. 1 die **Verfügung der F** mit Eintritt des Nacherbfalles **unwirksam** wurde: D ist deshalb **ab diesem Zeitpunkt** (mit absoluter Wirkung) **nicht mehr Eigentümer** (zum Schutz des gutgläubigen Rechtsverkehrs sogleich im Anschluss). Eigentümer ist vielmehr S als Nacherbe des E. In Betracht kommt deshalb keine Rückübereignung (§ 873 Abs. 1), sondern eine Grundbuchberichtigung gem. § 894 und ein Herausgabeanspruch nach § 985. **318**

Diesen Ansprüchen könnte aber ein Zurückbehaltungsrecht des D gem. § 273 Abs. 1 wegen seiner Kaufpreiszahlung (300 000 €) zustehen. Das hängt von Sinn und Zweck des § 2113 Abs. 1 ab, der die Verfügung des Vorerben nur insoweit für unwirksam erklärt, als die Rechte des Nacherben beeinträchtigt wurden. Der Kaufpreis für das

26 BGHZ 52, 269, 270.
27 BGH NJW 1984, 366, 367 li. Sp.
28 Dazu *Lipp* Familienrecht § 13 Rdnr. 283 ff.
29 Näher hierzu unten § 14 Rdnr. 461 (Erbvertrag), § 22 Rdnr. 627 ff. (Pflichtteilsergänzung).
30 In Anlehnung an BGH NJW 1985, 382 ff.
31 In BGH NJW 1985, 382 ging es um eine befreite Vorerbschaft und eine gemischte Schenkung.

Grundstück ist gem. § 2111 Abs. 1 S. 1 in den Nachlass gefallen. Mit Sinn und Zweck des § 2113 Abs. 1 wäre nicht vereinbar, dem S jetzt den Grundstücksbesitz einzuräumen und ihm zugleich den Kaufpreis zu überlassen. Die Vorschrift will eine Beeinträchtigung des Nacherben vermeiden, ihm aber nicht eine Bereicherung sichern[32]. D muss Grundbuchberichtigung und Herausgabe also nur Zug um Zug gegen Rückzahlung des Kaufpreises vornehmen.

Das Zurückbehaltungsrecht des D könnte auch auf die von ihm verausgabten **Renovierungskosten** gestützt werden; dabei ist an die §§ 987 ff. (hier **§ 994 Abs. 1**, notwendige Verwendungen) zu denken. Die Anwendung dieser Vorschriften setzt aber eine **Vindikationslage** voraus, die – weil erst der Eintritt der Nacherbfolge die Unwirksamkeit der Verfügung bringt – ebenfalls **erst mit dem Nacherbfall** eingetreten ist. Vordem war D Volleigentümer. Auf § 994 Abs. 1 kann D ein Zurückbehaltungsrecht (§ 1000) also nur im Hinblick auf die nach Eintritt des Nacherbfalls getätigten Renovierungsarbeiten (30 000 €, Holzfenster) stützen.

Was die **vor dem Nacherbfall** aufgewendeten Kosten anlangt (40 000 €) verbleibt es bei den Vorschriften des Rechts der Vor- und Nacherbfolge, den §§ **2124 bis 2126** (dazu unten Rdnr. 330 ff.). Insofern ist der Interimseigentümer mit dem Vorerben gleichzusetzen. Die **gewöhnlichen Erhaltungskosten** trägt nach § 2124 Abs. 1 der Vorerbe. Das gilt auch für den zwischenzeitlich Berechtigten (dem dafür die Nutzungen zustehen, § 2111 Abs. 1 S. 1 a. E.). In diesem Rahmen kann D von S **(Fall 39)** keinen Ausgleich verlangen. Die Beseitigung der Durchfeuchtungsschäden sind keine gewöhnlichen Erhaltungskosten (so z. B. Grundsteuer), sondern „andere Aufwendungen“, die dem Nachlass zur Last fallen (§ 2124 Abs. 2 S. 1). Auch dafür kann in **Fall 39** D von S also Ersatz verlangen (vgl. § 2124 Abs. 2 S. 2).

319 Den **gutgläubigen Rechtsverkehr** schützt **§ 2113 Abs. 3**. Demnach sind die Vorschriften über den Gutglaubenserwerb analog (der Vorerbe ist Berechtigter) anwendbar. Die Voraussetzungen dieser Regelung zeigt

> **Fall 40[33]:** Der verstorbene E ist als Eigentümer eines Grundstücks im Grundbuch eingetragen. Noch bevor Vorerbe V eingetragen ist, lässt er das Grundstück an D auf, der V für einen Vollerben hält. D wird ins Grundbuch eingetragen. Nach Eintritt des Nacherbfalles macht D gegenüber dem Nacherben N gutgläubigen Erwerb geltend.

Hat in **Fall 40** Vorerbe V entgegen § 2113 Abs. 1 verfügt, wird mit Eintritt des Nacherbfalls die Verfügung unwirksam. Grundbuchstand und materielle Rechtslage weichen voneinander ab, und Nacherbe N kann von D Berichtigung des Grundbuchs (§ 894) und Herausgabe des Grundstücks verlangen (§ 985); vgl. oben Rdnr. 317, 318. Etwas anderes gilt nur, wenn D **gutgläubig erworben hat**, weil er (mangels Eintragung des V) auf die Vollerbenstellung des V vertrauen durfte (§§ 2113 Abs. 3, 892 Abs. 1 S. 2). Für ein solches schutzwürdiges Vertrauen **fehlt hier die Grundlage**, weil V selbst nicht als Eigentümer eingetragen war. Der öffentliche Glaube an die Richtigkeit und

32 BGH NJW 1985, 382, 383 re. Sp.; Soergel-*Harder/Wegmann* § 2113 Rdnr. 17.
33 Vgl. BGH NJW 1970, 943 re. Sp.

Vollständigkeit des Grundbuchs setzt voraus, dass der nicht berechtigt Verfügende beziehungsweise der in seiner Verfügungsbefugnis beschränkte Eigentümer tatsächlich im Grundbuch steht. V hat in **Fall 40** als Eigentümer verfügt. Der gute Glaube des D konnte sich deshalb nur auf die fehlende Verfügungsbefugnis (§ 2113 Abs. 1) beziehen. Der Inhalt des Grundbuchs hätte ihn also als verfügungsberechtigten Eigentümer ausweisen müssen: Wird der Vorerbe ins Grundbuch als Eigentümer eingetragen, so ist von Amts wegen zum Schutz des Nacherben der so genannte **Nacherbenvermerk** gem. § 51 GBO einzutragen. Dieser Nacherbenvermerk bewirkt **keine Grundbuchsperre**. Der vom Vorerben entgegen § 2113 Abs. 1 Erwerbende wird im Grundbuch eingetragen. Der Nacherbenvermerk **zerstört** allerdings den **guten Glauben** im Sinne des § 2113 Abs. 3. Die Schutzwirkung des § 2113 Abs. 3 verlangt also im **Grundstücksrecht**, dass der **Vorerbe als Eigentümer im Grundbuch eingetragen** ist, der **Nacherbenvermerk fehlt** und der Erwerber die **Nacherbfolge nicht positiv** kennt (§ 892 Abs. 1 S. 2). In **Fall 40** ist mit Eintritt des Nacherbfalles N Eigentümer geworden und kann die Berichtigung des Grundbuchs (§ 894) sowie Herausgabe des Grundstücks (§ 985) verlangen.

Bei unentgeltlichen Verfügungen über bewegliche Nachlasssachen (§ 2113 Abs. 2 S. 1) gelten **320**
über § 2113 Abs. 3 die Vorschriften der §§ 932 ff. entsprechend mit der Gutglaubensgrenze grob fahrlässiger Unkenntnis (§ 932 Abs. 2). – Im Übrigen steht dem Nacherben bei wirksamen (§ 2113 Abs. 3) unentgeltlichen Verfügungen ein Anspruch nach § 816 Abs. 1 S. 2 gegen den Dritten zu.

Der Erblasser kann den Vorerben von den meisten Verfügungsbeschränkungen **befreien** (§ 2136). **Nicht befreien** kann er ihn von der Beschränkung des **§ 2113 Abs. 2 (unentgeltliche Verfügungen)**. **321**

b) Verpflichtungen

Verpflichtungen, die der Vorerbe über Nachlassgegenstände eingeht, sind nach den **322**
allgemeinen Regeln wirksam. Allerdings **haftet** nur dann **der Nachlass**, wenn die Verpflichtung einer **ordnungsmäßigen Verwaltung** entspricht (§ 2130). Nur in diesem Umfang entstehen Nachlassverbindlichkeiten (§ 1967), für die der Nacherbe haftet (§ 2144).

c) Eintritt des Nacherbfalles

Mit **Eintritt des Nacherbfalles fällt** die Erbschaft dem **Nacherben an** (§ 2139). Der **323**
Vorerbe verliert sein Erbrecht und hat die Erbschaft an den Nacherben in einem Zustand **herauszugeben**, der einer fortgesetzten **ordnungsmäßigen Verwaltung** entspricht (§ 2130 Abs. 1). Der Haftungsmaßstab für diese ordnungsmäßige Nachlassverwaltung ist Sorgfalt in **eigenen Angelegenheiten** (*diligentia quam in suis*, §§ 2131, 277).

Die Vorschrift des § 2111 Abs. 1 S. 1 **(Surrogationsprinzip)** einerseits und die Vor- **324**
schrift des § 2133 andererseits machen deutlich, dass dem (nicht befreiten) **Vorerben die Nutzungen (§ 100)**, nicht aber die Substanz des Nachlasses **zufallen** sollen. Greift er den Nachlassstamm durch **eigennützige Verwendung** an, so trifft ihn dem Nacherben gegenüber die **Verpflichtung zum Wertersatz** (§ 2134 S. 1). Diese Verpflichtung ist verschuldensunabhängig. Davon **unberührt** bleibt eine weitergehende **Schadensersatzpflicht** wegen schuldhafter Verletzung der Pflicht zu ordnungsmäßiger Verwaltung

(§§ 280 Abs. 1, 2134 S. 2, 2130, 2131). Die Wertersatzpflicht gem. § 2134 S. 1 scheidet aus, wenn der Werterhalt der Nachlasssubstanz durch andere Vorschriften, insbesondere durch Surrogation nach § 2111 Abs. 1 S. 1 gewährleistet ist. Bei unwirksamen Verfügungen (§ 2113) steht es dem Nacherben offen, die Unwirksamkeit geltend zu machen oder, die Verfügung (konkludent) genehmigend, Wertersatz vom Vorerben zu verlangen.

325 Der Vorerbe verliert mit Eintritt des Nacherbfalls seine erbrechtlich-dingliche Stellung. Er **bleibt** aber auch nach Eintritt der Nacherbfolge in gleichem Umfang wie bisher **verfügungsbefugt** bis er **vom Nacherbfall Kenntnis erlangt** oder ihn **kennen muss** (§ 2140 S. 1). Auf diese fortwirkende Verfügungsbefugnis des früheren Vorerben kann sich auch ein **gutgläubiger Dritter** berufen (§ 2140 S. 2).

Fall 41: Ohne Kenntnis vom Eintritt des Nacherbfalls zu haben, verkauft und übereignet der ehemalige Vorerbe V an D eine Nachlass-Vase. Erwirbt D, **erstens**, wenn er V für den Eigentümer der Vase hält, **zweitens**, wenn er weiß, dass V Vorerbe ist und es sich um einen Nachlassgegenstand handelt?

Hält D den V in **Fall 41** für den Eigentümer, richtet sich sein guter Glaube auf die dingliche Berechtigung des V. D erwirbt nach §§ 929, 932. Auch § 935 steht nicht hindernd im Wege. Der Vorerbe ist unmittelbarer Besitzer. Sein Besitz geht nicht gem. § 857 auf den Nacherben über, denn der Nacherbe ist nicht Erbe des Vorerben (§ 857 betrifft nur den Erbenbesitz). Der Vorerbe hat seinen Besitz vielmehr nach § 2130 auf den Nacherben zu übertragen. – Weiß D um die Nachlasszugehörigkeit der veräußerten Sache und hält er V für den verfügungsbefugten Vorerben, erwirbt er bei Gutgläubigkeit nach § 2140 S. 2. Dies aber **nur dann**, wenn **auch der Vorerbe gutgläubig** ist (§ 2140 S. 2: „[...] diese – sc.: des Vorerben – Berechtigung [...]" mit Bezug auf § 2140 S. 1).

4. Rechtsstellung des Nacherben

a) Nacherbenanwartschaft

326 Erst mit **Eintritt des Nacherbfalles** fällt die Erbschaft dem Nacherben an (§ 2139). Aber bereits **vor diesem Zeitpunkt** kann sich für den Nacherben eine gesicherte Rechtsposition, das **Nacherbenanwartschaftsrecht**, ergeben **(§ 2108 Abs. 2)**.

Fall 42: E hat seine Frau F als Vorerbin, seinen Sohn S als Nacherben bestimmt. Ein Jahr nach dem Tode des E verunglückt S tödlich. Er hinterlässt seine Witwe W, sein Kind K und ein Testament, in dem er W als seine Alleinerbin eingesetzt hat. Nach dem Tod der F fragen K und W nach der erbrechtlichen Lage.

327 Ist der **Erbfall eingetreten** und stirbt der eingesetzte Nacherbe **vor Eintritt des Nacherbfalls**, so bestimmt **§ 2108 Abs. 2 S. 1**, dass das **Recht des Nacherben** auf dessen Erben übergeht. Dieses Recht des Nacherben ist als **Nacherbenanwartschaft** anerkannt[34]. Die **Vererblichkeit** dieses Rechts macht § 2108 Abs. 2 aber vom **Willen des Erblassers**

34 Z. B. BGHZ 37, 319, 325 f.; 87, 367, 369.

abhängig. In **Fall 42** lässt sich ein ausdrücklicher Erblasserwille insoweit nicht ermitteln. Im Zweifel ist dann nach der Auslegungsregel des § 2108 Abs. 2 S. 1 von der Vererblichkeit auszugehen[35]. Hier ergeben sich zwei Möglichkeiten: Nach § 2108 Abs. 2 S. 1 **(Vererblichkeit der Nacherbenanwartschaft)** tritt mit dem Tod des S Witwe W als dessen testamentarische Alleinerbin in die Nacherbenstellung nach E ein. K ist von der Erbfolge nach E ausgeschlossen. Ob E dies wollte, ist fraglich, denn zum Nacherben hatte er seinen Sohn S bestimmt. Fällt ein **eingesetzter Abkömmling** nach Errichtung des Testaments weg, so sieht **§ 2069** im Zweifel eine **Ersatzerbfolge** vor, und dies würde in **Fall 42** bedeuten, dass E das Anwartschaftsrecht des S nicht vererblich stellen wollte, sondern einen **Ersatznacherben** bestimmt hat. Ob eine der beiden Möglichkeiten Vorrang beanspruchen kann, ist in Judikatur und Schrifttum umstritten[36]. Richtigerweise ist davon auszugehen, dass weder § 2069 noch § 2108 Abs. 2 grundsätzlichen Vorrang genießt[37]. Entscheidend ist der (mutmaßliche) Erblasserwille: Wollte der Erblasser das Vermögen für die Familie erhalten, dann spricht dies für eine Ersatznacherbenberufung (§ 2069), kam es ihm darauf an, die Position des Nacherben zu stärken (z. B. dessen Kreditwürdigkeit), dann wird Vererblichkeit des Nacherbenrechts anzunehmen sein (§ 2108 Abs. 2). Bei diesen Überlegungen hat Gewicht, ob der Erblasser einen seiner Abkömmlinge als Nacherben benannt hat, denn darin liegt ein starkes Anzeichen dafür, dass er den Verbleib seines Vermögens innerhalb seiner Familie wünschte[38]. Für sich allein genügt die Einsetzung eines Abkömmlings allerdings nicht, um die gesetzliche Regel der Vererblichkeit des Nacherbenrechts allgemein auszuschließen[39].

In **Fall 42** wird weitere Sachaufklärung nötig sein: Gibt es – auch außerhalb des Testaments – Anzeichen dafür, dass E sein Vermögen innerhalb der Familie weitergeben wollte? Dieser Wille ist dann durch Einsetzung des Abkömmlings als Nacherbe auch „angedeutet“[40]. Wie war das Verhältnis des E zu seiner Schwiegertochter W?, etc. – Lässt sich nach allen erreichbaren Umständen kein mutmaßlicher Erblasserwille ermitteln, dann ist nach der Auslegungsregel des § 2108 Abs. 2 S. 1 von der Vererblichkeit der Nacherbenanwartschaft auszugehen.

b) Aufschiebend bedingte Nacherbschaft

Nach § 2108 Abs. 2 S. 2 bewendet es sich bei der **Vorschrift des § 2074**, wenn der Nach- **328**
erbe unter einer **aufschiebenden Bedingung** eingesetzt ist. Das bedeutet, dass die angeordnete Nacherbschaft im Zweifel hinfällig wird, wenn der eingesetzte Nacherbe den Eintritt der Bedingung nicht erlebt. Hat beispielsweise E seine Frau F zur Alleinerbin bestimmt und für den Fall ihrer Wiederverheiratung seinen Sohn S als Nacherben benannt, so fällt für dessen Kind K die Nacherbenstellung (Anwartschaftsrecht) weg, wenn der eingesetzte S zwar den Erbfall erlebt (§ 2108 Abs. 2 S. 1), aber vor Wiederverheiratung der F verstirbt.

35 Soergel-*Harder/Wegmann* § 2108 Rdnr. 5.
36 Zum Meinungsstand etwa MünchKomm-*Grunsky* § 2102 Rdnr. 9.
37 BGH FamRZ 1963, 290, 291 li. Sp. (kein Vorrang des § 2069); Soergel-*Harder/Wegmann* § 2108 Rdnr. 6.
38 Die Möglichkeit einer (konkludenten) Ersatznacherbenberufung (§ 2069) ist deshalb in diesen Fällen in besonderer Weise zu prüfen, BGH FamRZ 1963, 290, 291 li. Sp.
39 BGH FamRZ 1963, 290, 291 re. Sp.
40 BGH FamRZ 1963, 290, 292 li. Sp.

c) Verfügung über die Nacherbenanwartschaft

329 Der eingesetzte Nacherbe kann über sein **Nacherbenanwartschaftsrecht verfügen** – in Analogie zu § 2033 (notarielle Beurkundung)[41]. Die Übertragbarkeit kann aber – ebenso wie die Vererblichkeit – **durch Erblasserwille ausgeschlossen** sein[42]. Auch in diesem Zusammenhang ist zu beachten, ob sich ein solcher Ausschluss insbesondere aus angeordneter **Ersatznacherbschaft** oder einer **Nachnacherbschaft** ergibt.

d) Ersatz von Aufwendungen

330 Wer im **Innenverhältnis** zwischen **Vorerben** und **Nacherben** die auf den Nachlass gemachten Aufwendungen zu tragen hat, regeln die §§ 2124 bis 2126.

331 Danach treffen den **Vorerben** die **gewöhnlichen Erhaltungskosten** (§ 2124 Abs. 1), denen die gewöhnlichen Lasten (z. B. Grundsteuer) gleichgestellt sind. Andere Aufwendungen, die der Vorerbe zur Erhaltung von Erbschaftsgegenständen für erforderlich hält, kann er mit Mitteln der Erbschaft bestreiten (§ 2124 Abs. 2 S. 1). „Andere Aufwendungen" im Sinne dieser Vorschrift sind solche, die zu einer langfristigen Wertsteigerung des Nachlassgegenstandes führen **(außergewöhnliche Erhaltungskosten)**. Kommt der Vorerbe für diese Kosten mit dem eigenen Vermögen auf, hat er bei Eintritt des Nacherbfalls einen Ersatzanspruch gegen den Nacherben (§ 2124 Abs. 2 S. 2). Dieser Ersatzanspruch hängt nicht davon ab, ob die außergewöhnlichen Kosten dem (mutmaßlichen) Willen des Nacherben entsprechen oder nicht.

332 **Verwendungen**, die der Vorerbe auf den Nachlass macht und die nicht unter § 2124 fallen, z. B. weil sie nicht der Erhaltung eines Nachlassgegenstandes dienen (Neuanlagen), hat der **Nacherbe** bei Eintritt des Nacherbfalls nach den Vorschriften über die **Geschäftsführung ohne Auftrag** zu erstatten (§ 2125 Abs. 1). Die Vorschrift ist eine **Rechtsgrundverweisung**. Die Voraussetzungen des § 683 müssen vorliegen, d. h. insbesondere, dass der wirkliche beziehungsweise mutmaßliche Wille des Nacherben entscheidend ist.

333 **Außerordentliche Lasten**, die als auf den Nachlassstamm geleistet anzusehen sind, fallen nicht dem Vorerben zur Last (§ 2126 S. 1). Außerordentliche Lasten sind regelmäßig einmalige (privatrechtliche oder öffentlichrechtliche Lasten). Zu ihnen zählen etwa die Erfüllung von Vermächtnissen. Diese Kosten sollen aus der Erbschaft bestritten werden. Kommt der Vorerbe mit eigenen Mitteln dafür auf, steht ihm ein Ersatzanspruch gegen den Nacherben zu (§§ 2126 S. 2, 2124 Abs. 2).

41 MünchKomm-*Grunsky* § 2100 Rdnr. 37.
42 MünchKomm-*Grunsky* § 2100 Rdnr. 34 mit weit. Nachweisen.

§ 11 Beschwerungen und Beschränkungen des Erben (Vermächtnis, Auflage, Testamentsvollstreckung)

Der Erblasser kann durch Testament (oder durch Erbvertrag, § 1941 Abs. 1) einem anderen einen **Vermögensvorteil zuwenden, ohne** ihn zum **Erben** zu bestimmen (**Vermächtnis**, §§ 1939, 2147 ff.). Mit dem **Erbfall**[1] fällt dem Bedachten automatisch ein **schuldrechtlicher Anspruch** auf Erfüllung dieser Zuwendung an (§§ 2174, 2176). Zur Erfüllung verpflichtet können der Erbe oder ein anderer Vermächtnisnehmer sein (§ 2147 S. 1). Hat der Erblasser nichts Näheres bestimmt, ist der Erbe beschwert (§ 2147 S. 2). Gesetzliche Vermächtnisse sind der so genannte Voraus (§ 1932 Abs. 2)[2] und der Dreißigste (§ 1969 Abs. 2)[3]. 334

Erbe oder Vermächtnisnehmer können aber auch in **anderer Weise** vom Erblasser **beschwert** sein, nämlich durch eine **Auflage** (§§ 1940, 2192 ff.). Der Unterschied zum Vermächtnis besteht darin, dass bei der Auflage der **Verpflichtung des Beschwerten kein Anspruchsberechtigter** gegenübersteht. Der Erblasser wendet hier dem anderen gerade keinen Vermögensvorteil zu (vgl. § 1940: „[...] ohne einem anderen ein Recht auf die Leistung zuzuwenden [...]“). Dementsprechend gibt es bei der Auflage einen **Begünstigten**, der in den Genuss der Leistung kommen soll (aber kein eigenes Forderungsrecht hat), und einen **Vollziehungsberechtigten**, der (im Wege eines klagbaren, vollstreckungsfähigen Anspruchs) die Erfüllung der Auflage verlangen kann (§ 2194), aber selbst nicht Adressat der Leistung ist[4]. 335

I. Vermächtnis

1. Vermächtnisnehmer

Der Vermächtnisnehmer erlangt mit dem Erbfall einen **Anspruch auf Leistung** (§ 2174), er ist nicht dinglich am Nachlass und seiner Abwicklung (als Erbe) beteiligt[5]. Das BGB kennt kein (dingliches) Vindikationslegat, sondern nur ein (schuldrechtliches) **Damnationslegat**. Dementsprechend sind die Bestimmungsbefugnisse des Erblassers hinsichtlich der Person des Vermächtnisnehmers weiter gezogen als bei einer Erbeinsetzung. Das zeigt 336

Fall 43: Das wesentliche Vermögen des Unternehmers U steckt in dessen Betrieb (drei Viertel seines Vermögens). Einem seiner beiden minderjährigen Kinder möchte er den Betrieb vermachen, weiß aber nicht, welches sich als das dafür fähigere erweisen wird. U testiert

1 Deshalb vorher kein vormerkungsfähiger Anspruch des Vermächtnisnehmers, BGHZ 12, 115.
2 Zum Voraus vgl. oben § 5 Rdnr. 126 f., 143.
3 Zum Dreißigsten vgl. oben § 5 Rdnr. 128.
4 Gehört der Begünstigte zum Kreis der vollziehungsberechtigten Personen, so ist er selbst nicht vollziehungsbefugt, vgl. Soergel-*Dieckmann* § 2194 Rdnr. 7 (**str.**, vgl. dort Fußn. 7).
5 Vgl. oben § 10 Rdnr. 285, 287.

daher folgendermaßen: „Meine beiden Kinder setze ich als Erben ein. Wer den Betrieb bekommt, der für meine sonstigen Verbindlichkeiten nicht haften darf und der dem Betreffenden ohne Ausgleichspflicht zukommen muss, bestimmt nach meinem Tod mein Prokurist P.“ Wie ist die Rechtslage nach dem Tode des U?

a) Teilungsanordnung, Anordnung unterschiedlicher Erbquoten und Vorausvermächtnis

337 Die Anordnung des U **(Fall 43)**, wonach P den Betriebsnachfolger bestimmen soll, wäre nichtig (§ 134), müsste man darin eine Anordnung zur Erbenbestimmung sehen (§ 2065 Abs. 2)[6]. Diese Konsequenz vor Augen ist die Verfügung jedoch auszulegen (§§ 133, 2084).

338 Denkbar ist zunächst eine Erbeinsetzung der Kinder **je zur Hälfte** verbunden mit einer **Teilungsanordnung**, die auch durch einen Dritten getroffen werden kann (§ 2048 S. 2)[7]. Eine Teilungsanordnung lässt die Erbteile unberührt, sie bestimmt lediglich, wie sich die Miterben im Rahmen ihrer vom Erblasser bestimmten Erbquote **gegenständlich** (schuldrechtlich) auseinander zu setzen haben. Die Teilungsanordnung bewirkt also **keine Wertverschiebung**. Was einem Erben durch Teilungsanordnung zukommen soll, soll ihm deshalb nicht vor seinem erbrechtlichen Anteil, sondern innerhalb, d. h. **in Anrechnung auf seinen Anteil** zukommen. Ein Erbe, der im Wege der Teilungsanordnung Gegenstände erhält, die wertmäßig seine Erbquote übersteigen, hat deshalb den übrigen Erben aus seinem Vermögen einen **Ausgleich zu leisten** (keine „wertverschiebende“ Teilungsanordnung[8]). Das hat U in **Fall 43** aber nicht gewollt, denn den späteren Betriebsinhaber soll nach ausdrücklichem Wunsch des E gerade keine Ausgleichspflicht treffen.

339 Denkbar ist auch, dass die Zuteilung unterschiedlicher Vermögens- und Sachwerte eine **Erbeinsetzung** der Bedachten auf **unterschiedliche Erbquoten** (entsprechend dem wirtschaftlichen Wertverhältnis der zugesprochenen Vermögensgegenstände) darstellt[9]. Dies würde in **Fall 43** die Erbeinsetzung der beiden Kinder zu ¾ und ¼ bedeuten mit der Maßgabe, dass P mit der Zuweisung des Betriebes über die jeweilige Erbquote der Beteiligten bestimmen würde. Eine solche Auslegung verstieße hier allerdings einmal gegen § 2065 Abs. 2. Zum Zweiten entspricht sie aber auch nicht dem Willen des U. Er wollte den Betrieb vom übrigen Nachlass offenbar getrennt behandelt wissen, weil für die Begleichung von (außerbetrieblichen) Nachlassverbindlichkeiten keine Betriebsmittel verwendet werden dürfen. Das bedeutet, dass das Kind, das später den Betrieb erhält, ihn ohne Rücksicht auf erbrechtliche Verpflichtungen gegebenenfalls neben solchen erhalten soll.

340 **In Fall 43** wird noch einmal deutlich[10], dass die Zuwendung des Hauptteils des Vermögens nicht *eo ipso* Erbeinsetzung bedeuten muss und dass insoweit auch kein Raum für die Anwendung der Auslegungsregel des § 2087 Abs. 1 ist. Zwar ist als Zuwendung eines „Bruchteils“ des Ver-

6 Vgl. oben § 8 Rdnr. 212 ff.
7 Vgl. oben § 3 Rdnr. 56, § 8 Rdnr. 219.
8 Palandt-*Weidlich* § 2048 Rdnr. 1, 5; Soergel-*Wolf* § 2048 Rdnr. 6.
9 BGH NJW 1997, 392, 393; OLG München FamRZ 2010, 758 ff.
10 Vgl. schon oben § 10 Rdnr. 288 ff.

mögens auch die Zuwendung von Vermögensgruppen anzunehmen[11], aber in **Fall 43** soll der „Betrieb" gerade nicht die typisch erbrechtliche Nachlassabwicklung tragen. Der Erblasser will mit dieser Zuwendung den künftigen Betriebsinhaber demnach nicht zum Erben, zum Herrn des Nachlasses, bestimmen.

Will der Erblasser einem Erben wertmäßig etwas **vor seinem Erbteil zukommen lassen**, d. h. ohne (gänzliche) Anrechnung auf den Erbteil, so handelt es sich nicht um eine Teilungsanordnung, sondern um ein **Vorausvermächtnis** (§ 2150). Die Rechtsprechung hat diese Abgrenzung früher allein unter dem Gesichtspunkt einer Anrechnung auf den Erbteil vorgenommen (dann Teilungsanordnung), später ein Vorausvermächtnis auch dann bejaht, wenn die Anrechnung unter dem Wert der Zuwendung zurückblieb (so vor allem bei einem Übernahmerecht unterhalb des Wertes des zugewendeten Vermögensgegenstandes)[12]. Nunmehr stellt der BGH ausschließlich auf einen **Begünstigungswillen** des Erblassers ab, der sich auf die Zuwendung eines **zusätzlichen Vermögensgegenstandes**, aber auch auf sonstige (Vermögens-)Vorteile beziehen kann[13]. Danach wird man in **Fall 43** sagen müssen: Die Verfügung des U enthält eine Erbeinsetzung beider Kinder je zur Hälfte (§ 2032) und die Bestimmung eines **Vorausvermächtnisses** zugunsten desjenigen Kindes, das den Betrieb bekommen soll (§ 2150). 341

Weil es dabei um keine Erbeinsetzung geht, gestattet **§ 2151 Abs. 1** dem Erblasser, mehrere derart mit einem Vermächtnis zu bedenken, dass ein **Dritter bestimmen kann**, wer von diesen das Vermächtnis erhalten soll. Die Anordnung des U in **Fall 43** ist deshalb wirksam[14]. 342

b) Noch nicht gezeugter, unbestimmter, aufschiebend bedingter Vermächtnisnehmer

Einen wesentlichen Unterschied zur Erbeinsetzung sieht das Vermächtnisrecht auch insoweit vor, als der Vermächtnisnehmer **zur Zeit des Erbfalls noch nicht gezeugt** sein muss oder seiner Person nach **noch unbestimmt** sein kann. Das Vermächtnis fällt dem Begünstigten dann mit dessen Geburt oder in dem Zeitpunkt an, in dem seine Persönlichkeit bestimmt ist (§ 2178)[15]. Gleiches gilt, wenn ein Vermächtnisnehmer unter einer **aufschiebenden Bedingung** oder unter Bestimmung eines **Anfangstermins** eingesetzt ist. Ist die Bedingung zur Zeit des Erbfalls noch nicht eingetreten oder tritt der Erbfall vor der benannten Frist ein, so fällt das Vermächtnis mit Bedingungseintritt oder Erreichen des Termins an (§ 2177)[16]. Während der Zeit zwischen Erbfall und Anfall des Vermächtnisses gelten die Vorschriften über eine unter einer aufschiebenden Bedingung geschuldeten Leistung (§§ 2179, 158 Abs. 1, 160 ff.). Während dieser Schwebezeit (nach Erbfall; vorher: § 2174) steht dem Bedachten ein **Anwartschafts-** 343

11 Palandt-*Weidlich* § 2087 Rdnr. 6.
12 RGZ 170, 163, 170.
13 BGH NJW 1998, 682 li. Sp.
14 Zur damit weiter verbundenen Problematik vgl. oben § 8 Rdnr. 212 ff.
15 Vgl. dagegen § 1923. Auch die als Nacherbe eingesetzte, noch nicht gezeugte Person (§ 2101 Abs. 1) muss den Nacherbfall erleben bzw. zu diesem Zeitpunkt gezeugt sein (§ 1923).
16 Auch für ein Vermächtnis gilt grundsätzlich § 2074. Greift diese Auslegungsregel („im Zweifel") nach dem Erblasserwillen aber nicht ein, fällt das Vermächtnis mit Eintritt der Bedingung an die **Erben des Bedachten**.

recht zu, das übertragen und gepfändet werden kann[17]. Die herrschende Meinung wendet zugunsten des Bedachten § 160 Abs. 1 und § 162 an – dagegen **nicht § 161**[18]. Denn insoweit geht es um die Schutzwirkung aus einer aufschiebend bedingten Verfügung, die nicht für eine Anwartschaft auf einen schuldrechtlichen Anspruch gelten kann. Tritt die Bedingung nicht innerhalb von 30 Jahren ein, wird das Vermächtnis unwirksam (§ 2162 Abs. 1).

2. Vermögensvorteil

344 Der Vorteil, der dem Vermächtnisnehmer zukommen soll (§ 1939), kann jeder **Vermögensvorteil** sein, der Gegenstand eines Anspruchs sein kann (§ 194 Abs. 1). Das Gesetz geht dabei grundsätzlich davon aus, dass der Vermögensgegenstand, der als Vermächtnis zugewendet ist, im Augenblick des Erbfalls zum Nachlass gehört, widrigenfalls das Vermächtnis unwirksam ist (§ 2169 Abs. 1). Wollte der Erblasser die Zuwendung auch für diesen Fall, so hat der Beschwerte dem Begünstigten den Gegenstand zu verschaffen (**Verschaffungsvermächtnis**, § 2170). Seinem Inhalt nach ist weiter zu unterscheiden zwischen **Wahlvermächtnis** (der Begünstigte hat die Wahl, von mehreren Gegenständen einen zu verlangen, § 2154), **Gattungsvermächtnis** (ist der vermachte Gegenstand nur seiner Gattung nach bestimmt, richtet sich die geschuldete Konkretisierung nach den Verhältnissen des Bedachten, § 2155), und **Zweckvermächtnis** (bestimmt der Erblasser das Vermächtnis lediglich seinem Zweck nach, z. B. „Ausbildungsfinanzierung", so kann er die Konkretisierung der Leistung dem billigen Ermessen des Beschwerten oder eines Dritten überlassen, § 2156)[19].

3. Gesetzliches Schuldverhältnis

345 Das Vermächtnis begründet einen schuldrechtlichen Anspruch des Bedachten gegen den Beschwerten (§ 2174). Auf diesen Anspruch finden, soweit das Vermächtnisrecht keine Sondervorschriften kennt, die **allgemeinen Regeln des Schuldrechts** Anwendung.

346 Der Anspruch des Vermächtnisnehmers wird nach § 271 Abs. 1 grundsätzlich mit Entstehung der Verbindlichkeit, d. h. mit Erbfall (§ 2176) **fällig** (Ausnahme: § 2181, Fälligkeit bei Beliebigkeit). Erfüllungsort ist nach § 269 Abs. 1 der Wohnsitz des Schuldners. Allerdings ist das Vermächtnis eine Nachlassverbindlichkeit (keine persönliche Schuld des Beschwerten), weshalb **Erfüllungsort** in der Regel **der letzte Wohnsitz des Erblassers** als Mittelpunkt des Nachlasses ist (vgl. auch § 27 ZPO: Gerichtsstand der Erbschaft). Die Vermächtnisschuld ist **Holschuld**.

347 Die **Haftung** des Beschwerten richtet sich nach den **allgemeinen Grundsätzen der §§ 280 ff.**, soweit Sondervorschriften nicht bestehen. Der Beschwerte haftet im Rahmen der §§ 276, 278 für Unmöglichkeit (§§ 275, 280, 283), für andere Pflichtverletzungen (§§ 280, 281, 282), für Verzug (§ 286). An die Stelle eines vermachten Gegenstandes treten nach § 285 entsprechende Surrogate.

17 Nähere Hinweise z. B. Palandt-*Weidlich* § 2179 Rdnr. 1.

18 Palandt-*Weidlich* § 2179 Rdnr. 2; *Zawar* NJW 2007, 2353, 2354. Str., z.T. abweichend Soergel-*Wolf* § 2177 Rdnr. 2 (Ausschluss von § 162).

19 Im Hinblick auf die Person des mit einem Vermächtnis Bedachten sind ferner **Ersatzvermächtnis** (§ 2190) und **Nachvermächtnis** (§ 2191) möglich.

II. Auflage

Die Auflage verpflichtet den Beschwerten (Erben oder Vermächtnisnehmer), ohne **348**
dem gegebenenfalls Begünstigten ein Recht auf Leistung einzuräumen (§ 1940)[20]. Einen Begünstigten muss es allerdings nicht geben (z. B. Pflicht zur Grabpflege). Damit die Erfüllung der Auflage nicht ins Belieben des Beschwerten gestellt bleibt, kann der **Vollziehungsberechtigte** auf Durchführung der Auflage bestehen (§ 2194)[21]. Vollziehungsberechtigte sind der **Erbe** (gegenüber dem beschwerten Vermächtnisnehmer), jeder **Miterbe** und der, welchem der **Wegfall des zunächst Beschwerten zustatten käme**. Über den Wortlaut des § 2194 hinaus ist auch der **Testamentsvollstrecker** (§ 2203) vollziehungsberechtigt.

Im Gegensatz zum Vermächtnis muss sich der **Inhalt** der Auflage **nicht** auf einen **349**
Vermögensvorteil beschränken. Gegenstand der Auflage kann jedes Tun und Unterlassen sein, das schuldrechtlich vereinbart werden kann (vgl. § 1939 einerseits, § 1940 andererseits).

Die **Haftung** des Auflageverpflichteten richtet sich grundsätzlich nach den Regeln des **350**
allgemeinen Schuldrechts. Wird die Erfüllung der Auflage **nach dem Erbfall** ohne Verschulden des Verpflichteten unmöglich, wird er von seiner Leistungspflicht frei (§ 275). Den Fall **verschuldeter Unmöglichkeit** regelt § 2196. Hintergrund der Regelung ist, dass im Falle einer vom Beschwerten verschuldeten Unmöglichkeit der Auflagenvollziehung weder der Begünstigte noch der Vollziehungsberechtigte einen Anspruch auf Schadensersatz wegen Nichterfüllung (§ 280) oder einen Anspruch auf Leistung des Surrogats (§ 285) haben. Dann soll dem Beschwerten wenigstens nicht die Bereicherung verbleiben.

Fall 44: E hinterlässt seine beiden Söhne S1 und S2 sowie einen Bruder (B). Im Testament steht: „[…] Nachdem meine Söhne ohnehin alles erben, müssen sie wenigstens dafür sorgen, dass die Sammlung meiner Jagdwaffen nach meinem Tod in ein Jagdmuseum kommt." Wie ist die Rechtslage, wenn durch einen fahrlässig von S1 verursachten Brand die Sammlung (Wert: 50 000 €) zerstört wird?

In **Fall 44** hat E seine beiden Söhne als Erben eingesetzt, beschwert mit der Auflage, die Sammlung seiner Jagdwaffen einem Museum zukommen zu lassen (vgl. §§ 2192, 2148)[22]. Ein Vermächtnis scheidet aus, weil E den Kreis der Berechtigten auch nicht in der von § 2151 Abs. 1 genannten Weise hinreichend deutlich bestimmt hat. Er hat aber den **Zweck seiner Verfügung** (museale Ausstellung) mitgeteilt und das nähere Bestimmungsrecht im Rahmen des § 2193 Abs. 1 den beschwerten Miterben überlassen[23].

Während eine im Zeitpunkt des Erbfalls auf eine objektiv unmögliche Leistung ge- **351**
richtete Auflage unwirksam ist (§§ 2192, 2171 Abs. 1), bestimmt § 2196 Abs. 1 für den

20 Vgl. schon oben Rdnr. 335.
21 Vgl. schon oben Rdnr. 335.
22 Die Vorschrift des § 2148 regelt nur das Innenverhältnis. Im Außenverhältnis besteht Gesamtschuld (§ 421).
23 Jeder Miterbe kann das Bestimmungsrecht wahrnehmen; es wirkt gem. § 422 dann auch für die anderen Auflagenschuldner.

Fall einer nachträglichen, vom Beschwerten zu vertretenden Unmöglichkeit, dass der Beschwerte **die Zuwendung insoweit** nach **Bereicherungsrecht herauszugeben** hat, als er sie zur Erfüllung der Auflage hätte verwenden müssen. Zu beachten ist, dass der Herausgabeanspruch nur besteht, wenn die Erfüllung der Auflage dem Verpflichteten **schuldhaft** unmöglich geworden ist (anderenfalls gilt § 275 Abs. 1). Verpflichtet ist (von mehreren) also nur derjenige, der die Unmöglichkeit zu vertreten hat. Die Herausgabepflicht erstreckt sich auf Nutzungen und Surrogate (§ 818 Abs. 1) ebenso wie auf Wertersatz (§ 818 Abs. 2). Auf einen Wegfall der Bereicherung (§ 818 Abs. 3) kann sich der Beschwerte nicht berufen, wenn er im Wissen um die Auflage schuldhaft Nachlassgegenstände vernichtet hat (§§ 818 Abs. 4, 819 Abs. 1). Nach § 2196 Abs. 1 kann **nicht jeder Vollziehungsberechtigte** Herausgabe der Zuwendung verlangen, sondern nur derjenige, welchem der **Wegfall** des zunächst Beschwerten **unmittelbar zustatten** kommen würde.

352 In **Fall 44** kommt, geht man davon aus, dass E seine Söhne unter Ausschluss der gesetzlichen Erbfolge eingesetzt hat, allenfalls ein Anspruch des S2 in Betracht (nicht des B). Umstritten ist die Lösung, wenn, wie hier (Jagdwaffen), die Auflage nur durch Leistung bestimmter Gegenstände erfüllt werden kann, weil mit dem Untergang der Gegenstände zugleich eine Entreicherung des Beschwerten eingetreten ist. Während ein Teil der Literatur auch in diesem Fall zu einer Haftung auf Wertersatz über §§ 819 Abs. 1, 818 Abs. 4 gelangt[24], wird von anderer Seite ein solcher Anspruch verneint. § 819 Abs. 1 setze einen Bereicherungsanspruch voraus und nimmt ab Kenntnis des fehlenden Rechtsgrundes dem Schuldner die Möglichkeit, sich auf den Wegfall der Bereicherung (§ 818 Abs. 3) zu berufen. Im vorliegenden Fall wird aber durch die schuldhafte Zerstörung der Jagdwaffen dieser Anspruch erst ausgelöst. Erst ab diesem Zeitpunkt kommt eine verschärfte Haftung in Betracht. Das bedeute, dass sich eine erweiterte Haftung nach §§ 819 Abs. 1, 818 Abs. 4 in den genannten Fällen nie auf den zerstörten Gegenstand selbst (Wertersatz, § 818 Abs. 2) beziehen könne. Erfasst würden vielmehr nur Surrogate, die an die Stelle des Gegenstandes getreten sind. Hätte S1 also etwa einen Versicherungssumme erlangt und nun im Wissen um seine Herausgabepflicht gem. § 2196, § 818 Abs. 1 dieses Geld für eine Luxusreise ausgegeben, wäre ihm die Berufung auf § 818 Abs. 3 versagt[25]. Diese Auffassung trifft aber nicht den Sinn und Zweck der Vorschrift, der es darum geht, die schuldhafte Vereitelung der Auflage zu sanktionieren. Aus diesem Grunde ist für die herrschende Meinung der Bezugspunkt für eine „Bereicherung" die „Zuwendung", mit der die Auflage zu vollziehen gewesen wäre (§ 2196 Abs. 1), und dementsprechend richtet sich die Frage nach einem Wegfall dieser Bereicherung darauf, ob der Beschwerte im Wissen um die Auflage die dafür einzusetzenden Gegenstände schuldhaft vernichtet hat (vgl. oben Rdnr. 351).

Strittig ist, ob beim Bestehen eines Anspruchs gem. § 2196 der Anspruchsberechtigte diesen Betrag zur Durchführung der Auflage verwenden muss. Ein Teil der Literatur verneint dies mit dem Argument, dass anderenfalls jeder Anreiz für eine Klage nach

24 Vgl. Soergel-*Dieckmann* § 2196 Rdnr. 8.

25 In diesem Sinne z. B. MünchKomm-*Rudy* § 2196 Rdnr. 7; Staudinger-*Otte* 2013 § 2196 Rdnr. 5.

§ 2196 verloren gehen müsste[26]. Ein anderer Teil bejaht eine derartige Verwendungspflicht unter Hinweis auf den Erblasserwillen und den Sinn der Auflage[27].

III. Testamentsvollstreckung

1. Aufgaben des Testamentsvollstreckers

Der Erblasser kann durch Testamentsvollstreckung (§§ 2197 ff.) sicherstellen, dass seine letztwilligen Verfügungen tatsächlich zur Ausführung gelangen und dadurch Streit unter Miterben bei der **Auseinandersetzung einer Erbengemeinschaft** vermieden wird (§§ 2203, 2204). Testamentsvollstreckung kann auch dazu dienen, die **Nachlassverwaltung** durch eine Person, die das Vertrauen des Erblassers genießt, bis auf Weiteres sicherzustellen, um sie zu gegebener Zeit (etwa bei Minderjährigkeit von Unternehmenserben) in die Eigenverantwortung der oder des Erben zu übergeben (§ 2209). Dementsprechend unterscheidet man zwischen der **Auseinandersetzungs- oder Abwicklungsvollstreckung** (§§ 2203 ff., gesetzlicher Regelfall) und der **Verwaltungs- oder Dauervollstreckung** (§ 2209) mit regelmäßiger Höchstdauer von 30 Jahren (§ 2210). 353

2. Anordnung und Ernennung des Testamentsvollstreckers, Beginn und Ende des Amtes

a) Anordnung und Ernennung des Testamentsvollstreckers

Testamentsvollstreckung kann **nur vom Erblasser** angeordnet werden, und zwar **durch Testament** (§ 2197 Abs. 1) oder durch **einseitige Verfügung im Erbvertrag** (§§ 2299 Abs. 1, 2278 Abs. 2). Die Anordnung der Testamentsvollstreckung ist also **jederzeit widerruflich**. Mit der Anordnung verbunden sein kann (so regelmäßig) die **Ernennung eines Testamentsvollstreckers** (§ 2197 Abs. 1). Der Erblasser kann sich aber auch auf die Anordnung beschränken und die Ernennung einem **Dritten** (§ 2198) oder dem **Nachlassgericht** (§ 2200) überlassen. Ohne Anordnung durch den Erblasser gibt es keine Testamentsvollstreckung. 354

b) Beginn und Ende des Amtes

Von der Anordnung der Testamentsvollstreckung (und der Ernennung des Testamentsvollstreckers) scharf zu trennen ist der **Beginn des Testamentsvollstreckeramtes**. Das Amt des Testamentsvollstreckers (mit den dazu gehörigen Befugnissen) **beginnt erst mit dem Zeitpunkt**, in dem der Ernannte gegenüber dem Nachlassgericht **das Amt annimmt** (§ 2202 Abs. 1, Abs. 2). **Unabhängig** davon entfalten sich die **rechtlichen Wirkungen der Testamentsvollstreckung** aber bereits **mit dem Erbfall**. Die Verfügungsbeschränkung des Erben über Nachlassgegenstände (§ 2211) wirkt bei angeordneter Testamentsvollstreckung also bereits mit dem Erbfall, nicht erst mit Ernennung des Testamentsvollstreckers oder Antritt des Amtes. – Das Amt des Testa- 355

---

26 Vgl. Soergel-*Dieckmann* § 2196 Rdnr. 8; ebenso MünchKomm-*Rudy* § 2196 Rdnr. 8.
27 *Brox/Walker* Rdnr. 466; Palandt-*Weidlich* § 2196 Rdnr. 2.

mentsvollstreckers **endet** mit dessen Tod (§ 2225), dessen Kündigung (§ 2226) oder dessen Entlassung durch das Nachlassgericht (§ 2227). Damit endet aber **noch nicht die Testamentsvollstreckung**. Es endet (ohne besondere Entlassung) auch mit der Erledigung der mit ihm verbundenen Aufgaben[28].

3. Rechtsstellung des Testamentsvollstreckers

a) Rechtsnatur des Amtes

356 Nach heute nahezu einhelliger Ansicht im Schrifttum und insbesondere nach der ständigen höchstrichterlichen Rechtsprechung[29] wird der Testamentsvollstrecker kraft eines **privaten Amtes**, das ihm vom Erblasser übertragen wurde, tätig **(Amtstheorie)** – vgl. den Wortlaut z.B. in § 2197 Abs. 2: „Amt". Er ist weder Vertreter des Erblassers noch der Erben noch des Nachlasses. Er wird in **eigenem Namen** und kraft **eigenen Rechts** tätig (vgl. §§ 2212, 2213), wenn auch **im Interesse anderer** (insbesondere der Erben) und gebunden durch die letztwilligen Verfügungen des Erblassers. Allerdings wird sachorientiert zur Lösung einzelner Fragen auf die Grundsätze des **Vertretungsrechts entsprechend** zurückgegriffen[30].

b) Verfügungen

aa) Verfügungsmacht des Testamentsvollstreckers

357 Der Testamentsvollstrecker hat den Nachlass zu verwalten. In diesem Rahmen steht ihm insbesondere das Recht zu, den Nachlass **in Besitz zu nehmen** und über die Nachlassgegenstände zu **verfügen** (§ 2205 S. 2). Das ändert nichts daran, dass der dinglich Berechtigte (Inhaber der Rechte, Eigentümer der Sachen) der Erbe ist und bleibt. Von der Verfügungsbefugnis des Testamentsvollstreckers ausgenommen sind lediglich unentgeltliche Verfügungen, soweit es sich dabei nicht um Anstandsschenkungen handelt oder sie einer sittlichen Pflicht entsprechen (§ 2205 S. 3). Diese **Verfügungsbefugnis** des Testamentsvollstreckers ist **grundsätzlich unbeschränkt**; eine **(dingliche)** Grenze zieht nur der **Wille des Erblassers** (§ 2208 Abs. 1 S. 1).

358 Soweit die Verfügungsmacht des Testamentsvollstreckers reicht, ist allerdings zwischen dem **Außen-** und **Innenverhältnis** zu unterscheiden. Veräußert der Testamentsvollstrecker (entgeltlich) einen Nachlassgegenstand, obwohl dies der geforderten Nachlassverwaltung nicht entspricht, so wirkt die Verfügung im Außenverhältnis gleichwohl unmittelbar für den Erben. Die Verfügungsbefugnis ist aber Teil der Verwalterbefugnis (vgl. § 2205) und entlässt den Testamentsvollstrecker nicht von seiner **Pflicht zu** einer **ordnungsmäßigen Verwaltung** (§ 2216 Abs. 1). Entspricht die Verfügung dem nicht, so haftet der Testamentsvollstrecker (bei Verschulden) dafür dem Erben auf Schadensersatz (§ 2219 Abs. 1). Von dieser Verpflichtung zu ordnungsmäßiger Verwaltung des Nachlasses und der widrigenfalls den Testamentsvollstrecker treffenden Haftung kann auch der **Erblasser nicht befreien** (§ 2220).

28 BGHZ 41, 23, 25.
29 Nachweise etwa bei Soergel-*Damrau* Vor § 2197 Rdnr. 3.
30 Vgl. Soergel-*Damrau* Vor § 2197 Rdnr. 5.

bb) Missbrauch der Verfügungsmacht

Die grundsätzlich bestehende Verfügungsmacht des Testamentsvollstreckers hat die höchstrichterliche Rechtsprechung in Anlehnung an die Grundsätze des **Missbrauchs der Vertretungsmacht eingeschränkt**, wenn der Testamentsvollstrecker **sein Amt missbraucht**[31]. Ein Missbrauch des Testamentsvollstreckeramtes liegt vor, wenn der Testamentsvollstrecker **wissentlich** zum **Nachteil des Erben entgegen ordnungsmäßiger Verwaltung** verfügt und der **Dritte** die Verletzung der Verwaltungsbefugnisse **erkannt hat** oder **hätte erkennen müssen**[32]. In diesem Fall ist die Verfügung **schwebend unwirksam**, der Erbe kann also genehmigen (entsprechend § 177 Abs. 1). Lediglich im Falle des kollusiven Zusammenwirkens ist die Verfügung nichtig. **359**

cc) Fehlende Verfügungsmacht

Verfügungsmacht fehlt dem Testamentsvollstrecker für **unentgeltliche Verfügungen** (§ 2205 S. 3) und dort, wo ihm nach dem **Willen des Erblassers** eine solche nicht zustehen soll (§ 2208 Abs. 1 S. 1). In diesem Zusammenhang treten zwei grundsätzliche Fragen auf. **Erstens:** Ist bei fehlender Verfügungsbefugnis ein **gutgläubiger Erwerb** des Dritten möglich? **Zweitens:** Kann sich der Testamentsvollstrecker über die fehlende Verfügungsbefugnis mit **Zustimmung des Erben** hinwegsetzen? **360**

Das Problem des gutgläubigen Erwerbs eines Dritten verdeutlicht **361**

Fall 45: Testamentsvollstrecker T veräußert einen Nachlassgegenstand an D, dem er **Alt. 1**: wahrheitswidrig vorträgt, der Erbe habe der unentgeltlichen Verfügung zugestimmt, **Alt. 2**: wahrheitswidrig vorträgt, er sei als Testamentsvollstrecker zu einer entgeltlichen Verfügung befugt (obwohl ein Verfügungsverbot i. S. d. § 2208 Abs. 1 S. 1 besteht), **Alt. 3**: wahrheitswidrig vorträgt, er sei Eigentümer des geschenkten Gegenstandes. Hat D gutgläubig Eigentum erworben?

Die ältere Rechtsprechung ging bei einer **unentgeltlichen** Verfügung des Testamentsvollstreckers von der **Unwirksamkeit** des Rechtsgeschäfts gem. **§ 2205 S. 3** aus. Nach dieser Auffassung konnte auch die **Zustimmung des Erben** an diesem Ergebnis nichts ändern, weil diesem kein Verfügungsrecht zusteht (§ 2211)[33]. Der **BGH** hat, gestützt auf eine **teleologische Reduktion** des **§ 2205 S. 3**, diese strenge Ansicht **aufgegeben**: § 2205 S. 3 sei eine Schutzvorschrift zugunsten der Erben gegenüber dem Testamentsvollstrecker (nicht der Nachlassgläubiger). Die Erben könnten sich dieses gesetzlichen Schutzes auch begeben, so dass der Testamentsvollstrecker mit ihrer **Zustimmung** (und der Zustimmung etwaiger noch nicht befriedigter Vermächtnisnehmer) **über die Grenze des § 2205 S. 3 hinaus** wirksame unentgeltliche Verfügungen treffen kann[34]. Unentgeltliche Verfügungen des Testamentsvollstreckers sind demnach **schwebend unwirksam** und hängen von der Genehmigung durch die Erben (und Vermächtnisnehmer) ab. In **Fall 45 Alt. 1** hängt die Wirksamkeit der Verfügung deshalb von einer Genehmigung des Erben ab. Liegt **endgültige Unwirksamkeit** vor, wirkt sie nicht

31 RGZ 130, 131, 134; BGHZ 30, 67, 71.
32 BGH NJW-RR 1989, 642, 643.
33 RGZ 105, 246, 249, 250.
34 BGHZ 57, 84 ff.

nur zwischen Erbe und Drittem (relativ), sondern **absolut** gegenüber jedermann. Ein Gutglaubensschutz ist in diesem Falle ausgeschlossen. Der gute Glaube des Erwerbers richtet sich hier nicht auf die Eigentümerstellung des Testamentsvollstreckers, sondern auf dessen **Verfügungsbefugnis**, die grundsätzlich nicht Gegenstand des Gutglaubensschutzes ist. Eine auf die entsprechende Anwendung der Gutglaubensregeln verweisende Vorschrift, wie etwa § 2211 Abs. 2, fehlt bei unentgeltlichen Verfügungen des Testamentsvollstreckers. In **Alt. 1 (Fall 45)** hat D (bei ausbleibender Genehmigung des Erben) kein Eigentum erworben.

Von der gesetzlichen Beschränkung der Verfügungsbefugnis (§ 2205 S. 3) ist die durch den **Erblasser verfügte rechtsgeschäftliche Einschränkung** nach **§ 2208 Abs. 1 S. 1** zu unterscheiden. Der Rechtsverkehr vertraut hier auf das gesetzliche Leitbild einer umfassenden Verfügungsbefugnis des Testamentsvollstreckers (§ 2205 S. 2). Eine Verfügungsbeschränkung des § 2208 Abs. 1 S. 1 ist deshalb (§ 2368) in das **Testamentsvollstreckerzeugnis** (§ 2368) aufzunehmen (§ 354 Abs. 2 FamFG). Unterbleibt dies, schützt der **öffentliche Glaube des Testamentsvollstreckerzeugnisses** (§§ 2368 S. 2, 2366, 2367) den guten Glauben des Dritten an die uneingeschränkte Verfügungsmacht des Testamentsvollstreckers. In **Fall 45 Alt. 2** hat D den Nachlassgegenstand erworben, wenn die Verfügungsbeschränkung nicht ins Testamentsvollstreckerzeugnis aufgenommen wurde.

Unabhängig vom Vertrauen auf die **Verfügungsbefugnis** ist der gute Glaube an die **Eigentümerstellung des Verfügenden** zu beurteilen (unmittelbare Anwendung der §§ 892, 932 ff.). In **Alt. 3** richtet sich der gute Glaube des D auf das Eigentum des T. D erwirbt deshalb den Gegenstand.

362 Auch bei der Frage, ob sich der Testamentsvollstrecker über seine fehlende Verfügungsbefugnis mit Hilfe der **Zustimmung der Erben** hinwegsetzen kann[35], ist zwischen unentgeltlicher Verfügung (§ 2205 S. 3) und rechtsgeschäftlicher Verfügungsbeschränkung (§ 2208 Abs. 1 S. 1) zu unterscheiden.

Fall 46: Alt. 1: Im Einverständnis mit den Erben will Testamentsvollstrecker T dem D einen wertvollen Nachlassgegenstand schenken. Ist das möglich?

Alt. 2: Erblasser E hat Testamentsvollstreckung angeordnet und zugleich bestimmt, dass Testamentsvollstrecker T über Nachlassgegenstände nicht verfügen darf.

Nach der oben (Rdnr. 361) wiedergegebenen neueren höchstrichterlichen Rechtsprechung steht in **Alt. 1 (Fall 46)** § 2205 S. 3 der Wirksamkeit einer Schenkung nicht entgegen. D hat den Nachlassgegenstand erworben.

Eine andere Schwierigkeit stellt sich bei einer **rechtsgeschäftlichen Verfügungsbeschränkung** durch den Erblasser. Er kann nach § 2208 Abs. 1 S. 1 dem Testamentsvollstrecker die Verfügungsbefugnis mit dinglicher Wirkung **nehmen**, **ohne sie dem Erben zuzugestehen**, dem seinerseits die Verfügungsmacht fehlt (§ 2211 Abs. 1). Die Folge wäre, dass über Nachlassgegenstände dann generell nicht mehr verfügt werden könn-

35 Vgl. soeben Rdnr. 361.

te und so umlaufunfähige Gegenstände geschaffen würden *(res extra commercium)*. Dieses Ergebnis kollidiert mit der Regel des § 137, wonach die Verfügungsbefugnis nicht kraft Rechtsgeschäfts mit dinglicher Wirkung beschränkt werden kann. Der BGH nimmt daher (im Ergebnis allgemein gebilligt) an, dass jedenfalls **Testamentsvollstrecker und Erbe gemeinschaftlich** sich auch über Anordnungen des Erblassers hinwegsetzen können[36].

c) Verpflichtungen

Zur Wahrnehmung einer ordnungsmäßigen Nachlassverwaltung kann der Testamentsvollstrecker **Verbindlichkeiten für den Nachlass** eingehen (§ 2206 Abs. 1 S. 1). Das bedeutet, er begründet für den Erben eine Nachlassverbindlichkeit (§ 1967), für die dieser mit seinem gesamten Vermögen haftet, wenn er keine Haftungsbeschränkung herbeiführt (§ 1975). Voraussetzung einer solchen Verbindlichkeit ist, dass der Testamentsvollstrecker als solcher handelt und dies auch zu erkennen gibt. Ist das nicht der Fall, verpflichtet er sich selbst (entsprechend § 164 Abs. 2)[37]. Dass **objektiv** ein **ordnungsmäßiges** Verwaltungsgeschäft für den Nachlass getätigt wird, genügt allerdings noch nicht für die Begründung einer Nachlassverbindlichkeit[38]. **363**

Von einer **ordnungsmäßigen Verwaltung** ist, abweichend vom objektiv gefassten Wortlaut des § 2206 Abs. 1 S. 1, im Interesse des Verkehrsschutzes dann auszugehen, wenn der Vertragsgegner annehmen durfte, der Abschluss der Verpflichtung geschehe im Interesse einer ordnungsmäßigen Nachlassverwaltung. Überschreitet der Testamentsvollstrecker seine Verpflichtungsbefugnis, schützt den Dritten sein guter Glaube, wenn er ohne Fahrlässigkeit davon ausgehen konnte, ein ordnungsmäßiges Handeln des Testamentsvollstreckers liege vor. In diesem Fall wird eine Nachlassverbindlichkeit begründet. – Hätte der Dritte den Missbrauch erkennen müssen, ist das Rechtsgeschäft zunächst entsprechend § 177 schwebend unwirksam, und es bewendet sich bei Ablehnung der Genehmigung durch den Erben bei einer persönlichen Haftung des Testamentsvollstreckers (entsprechend § 179)[39]. **364**

Auf den ersten Blick wenig verständlich erscheint die Vorschrift des **§ 2206 Abs. 1 S. 2**, wonach dem Testamentsvollstrecker die Begründung von Verbindlichkeiten zu einer Verfügung auch dann möglich ist, wenn er zur Verfügung berechtigt ist. Hintergrund dieser Regelung ist die **unterschiedlich ausgestaltete Rechtsmacht** des Testamentsvollstreckers, Verfügungen einerseits (§ 2205 S. 2) und Verpflichtungen andererseits (§ 2206 Abs. 1 S. 1) abzuschließen. Während die Wirksamkeit einer Verpflichtung von der kausalen Bindung an eine ordnungsmäßige Verwaltung abhängt, ist die Verfügungsbefugnis unbeschränkt[40]. Eine Verfügung, die der Testamentsvollstrecker jenseits ordnungsmäßiger Verwaltung, aber dennoch rechtswirksam trifft, wäre stets, weil das zugrunde liegende Kausalgeschäft an § 2206 Abs. 1 S. 1 scheitert, sofortiger Kondiktion ausgesetzt. Dies will § 2206 Abs. 1 S. 2 verhindern, indem er eine Verpflichtungsmacht bejaht, soweit der Testamentsvollstrecker rechtswirksam verfügen kann. Die Vorschrift betrifft also nur die Fälle der Verpflichtung zu einer Verfügung, in denen die Verfügung nicht einem ordnungsmäßigen Verwalterhandeln entspricht. **365**

36 BGHZ 56, 275, 281.
37 Soergel-*Damrau* § 2206 Rdnr. 4; *Brox/Walker* Rdnr. 410.
38 Soergel-*Damrau* § 2206 Rdnr. 4.
39 Vgl. bereits oben Rdnr. 359.
40 Vgl. oben Rdnr. 357.

4. Rechtsstellung des Erben

366 Die Anordnung der Testamentsvollstreckung ändert nichts daran, dass der **Erbe dinglich Berechtigter** des Nachlasses ist. Allerdings fehlt ihm die Verwaltungsbefugnis, die Verfügungs- und Verpflichtungsmacht mitumfasst (§§ 2205 ff.). Während der Dauer der Testamentsvollstreckung richtet sich das Rechtsverhältnis **zwischen Erben** und **Testamentsvollstrecker** nach den Regeln des **Auftragsrechts** (§ 2218 Abs. 1). Bei schuldhaften Verstößen gegen die Pflicht zur ordnungsmäßigen Verwaltung (§ 2216 Abs. 1) haftet der Testamentsvollstrecker dem Erben auf Schadensersatz (§ 2219 Abs. 1).

a) Verfügungen des Erben

367 Auch wenn dem Erben die **Verfügungsbefugnis** über die **Nachlassgegenstände fehlt** (§ 2211 Abs. 1)[41], ist nicht ausgeschlossen, dass er solche Verfügungen gleichwohl vornimmt.

Fall 47: Erblasser E hat A als Erben eingesetzt und Testamentsvollstreckung angeordnet (Einsetzung durch Nachlassgericht, § 2200). Noch bevor ein Testamentsvollstrecker ernannt ist, veräußert A als Erbe einen wertvollen Ring an D, der von der Testamentsvollstreckung nichts ahnt. Später verlangt Testamentsvollstrecker T von D Herausgabe des Ringes.

Testamentsvollstrecker T kann in **Fall 47** gem. § 985 (im eigenen Namen und als eigene Partei)[42] Herausgabe des Ringes verlangen, wenn A noch dessen Eigentümer ist (§ 1922 Abs. 1). Sein Eigentum könnte A aber durch die Verfügung zugunsten des D an diesen verloren haben. A hat als Berechtigter (Eigentümer, § 1922 Abs. 1) verfügt, aber ohne die erforderliche Verfügungsbefugnis (§ 2211 Abs. 1), weil Testamentsvollstreckung angeordnet war und ihre Rechtswirkungen nicht von der Ernennung oder dem Amtsantritt des Testamentsvollstreckers abhängig sind. Für D kommt deshalb nur ein Rechtserwerb entsprechend den Gutglaubensvorschriften in Betracht (§ 2211 Abs. 2), d. h. er hat den Ring erworben, wenn ihm ohne grobe Fahrlässigkeit die Anordnung der Testamentsvollstreckung unbekannt war (§ 932 Abs. 2 entsprechend). D wusste zwar nichts von der Testamentsvollstreckung. Gleichwohl handelte er grob fahrlässig, wenn er wusste, dass **A als Erbe verfügte**, und **sich nicht den Erbschein vorlegen ließ**. Denn im Erbschein ist die Anordnung der Testamentsvollstreckung anzugeben (§ 352b Abs. 2 FamFG).

b) Gläubiger des Erben

368 **Eigengläubiger des Erben** können auf die der Testamentsvollstreckung unterliegenden Gegenstände **nicht Zugriff nehmen** (§ 2214). Diese Vorschrift spielt eine wichtige Rolle beim so genannten „Behindertentestament"[43].

41 **Nicht** die Verfügungsbefugnis über den **Erbteil**.
42 Vgl. oben Rdnr. 356.
43 Vgl. dazu ausführlich auch unten § 12 Rdnr. 386 ff

Fall 48[44]: Erblasser E hinterlässt eine schwer behinderte Tochter T und einen Sohn S. T ist im Pflegeheim und bezieht Sozialhilfe. In seinem Testament hat E die T knapp über der Pflichtteilsquote zur Erbin eingesetzt, im Übrigen erbt S. Hinsichtlich des Erbteils der T ist Testamentsvollstreckung angeordnet.

Die Frage ging im hiesigen Zusammenhang darum, ob der Sozialhilfeträger wegen der Leistungen, die er gegenüber T erbrachte, auf den Nachlassteil der T zugreifen konnte. Das ist zu verneinen, weil dieser Nachlass infolge der Testamentsvollstreckung für den Sozialhilfeträger als Eigengläubiger der T verschlossen war (§ 2214).

§ 12 Grenzen der Testierfreiheit

I. Grundsatz der Testierfreiheit

Die verfassungsrechtliche Gewährleistung des Erbrechts durch Art. 14 Abs. 1 S. 1 GG schließt insbesondere die **Testierfreiheit des Erblassers** ein[1]. Er ist frei darin zu entscheiden, **ob er eine letztwillige Verfügung trifft** oder nicht (und so der gesetzlichen Erbfolge Vorrang einräumt). Er ist grundsätzlich auch frei darüber zu entscheiden, ob er eine letztwillige Verfügung **aufheben** oder **abändern** will[2]. Eine Verpflichtung, eine Verfügung von Todes wegen zu errichten oder nicht zu errichten, ist nichtig (§ 2302). Die Testierfreiheit gewährt dem Erblasser auch **inhaltlich größtmöglichen Gestaltungsspielraum**. Ohne Begründung kann er nächste Angehörige von der Erbfolge ausschließen. Indem das Gesetz ihnen ein grundsätzlich unentziehbares Pflichtteilsrecht zuerkennt (§ 2303), bestätigt es die weit gezogene Testierfreiheit des Erblassers. 369

Eine Verfügung von Todes wegen unterliegt als **Willenserklärung** aber den **allgemeinen Vorschriften** der §§ 116 ff. Grenzen werden der Testierfreiheit insbesondere durch die Rechtsfolge der Nichtigkeit im Fall eines Verstoßes gegen ein **Verbotsgesetz** (§ 134) und bei **Verstoß gegen die guten Sitten** (§ 138 Abs. 1) gezogen. 370

II. Bewusstes Abweichen von Wille und Erklärung

1. Geheimer Vorbehalt

Behält sich der Erklärende insgeheim vor, seine Willenserklärung nicht zu wollen, so ist sie deshalb nicht unwirksam (§ 116 S. 1). Etwas anderes gilt nur, wenn bei einer empfangsbedürftigen Willenserklärung der Empfänger den Vorbehalt kennt. Ein Teil des Schrifttums will, weil das Gesetz in § 116 für die Frage der Nichtigkeit auf den Vertrauensschutz abstelle, für ein unter einem geheimen Vorbehalt errichtetes oder 371

44 Vgl. BGHZ 123, 368 ff.

1 Vgl. oben § 2 Rdnr. 15 ff.

2 Ausnahmen bestehen beim gemeinschaftlichen Ehegattentestament und beim Erbvertrag; dazu unten § 13 Rdnr. 420 ff. und § 14 Rdnr. 435 ff.

widerrufenes Testament stets Nichtigkeit annehmen. Denn das Testament schaffe als nicht empfangsbedürftige Erklärung nie einen Vertrauenstatbestand[3]. Zu Recht wendet dagegen die herrschende Lehre § 116 S. 1 auch auf das Testament an[4] mit der Folge der Unbeachtlichkeit des geheimen Vorbehalts. Denn geheim ist ein Vorbehalt, wenn er demjenigen gegenüber gefasst wird, für den die Willenserklärung bestimmt ist. Dabei muss es sich nicht um den Erklärungsempfänger im rechtsgeschäftlichen Sinn handeln. Die Vorschrift des § 116 S. 2 ist auf Testamente wegen fehlender Empfangsbedürftigkeit nicht anwendbar, wohl aber auf erbvertragliche Verfügungen[5].

2. Scheinerklärung

372 Nach herrschender Auffassung ist die Anwendbarkeit des § 117 auf Testamente, weil nicht empfangsbedürftig, ausgeschlossen. Ein Scheintestament ist deshalb wirksam[6]. Anwendung findet die Vorschrift dagegen beim Erbvertrag.

3. Mangelnde Ernstlichkeit

373 Eine nicht ernst gemeinte Willenserklärung, die in der Erwartung abgegeben wird, dass der Mangel ihrer Ernstlichkeit erkannt werde, ist nichtig (§ 118). Nach allgemeiner Meinung gilt die Vorschrift, weil sie jede Willenserklärung umfasst, auch für Testamente. Es fehlt in diesem Fall der notwendige Testamentserrichtungswille.

III. Verstoß gegen ein gesetzliches Verbot

374 Ein Rechtsgeschäft, das gegen ein gesetzliches Verbot verstößt, ist nichtig, wenn sich aus dem Gesetz nichts anderes ergibt (§ 134). Die Vorschrift gilt auch für letztwillige Verfügungen. Für Vermächtnisse und Auflagen ist dies ausdrücklich gesetzlich geregelt (§§ 2171 Abs. 1, 2192). In jüngerer Zeit sind unter dem Gesichtspunkt des Verstoßes gegen ein Verbotsgesetz insbesondere die „Heimfälle" in den Vordergrund getreten.

375 **Fall 49[7]:** Heimbewohner E hat zugunsten des Heimträgers (juristische Person) ein notarielles Testament errichtet. Heimleiter H hatte auf Wunsch des E den Notar bestellt und war bei Niederlegung des Testaments anwesend. Handelt es sich um ein wirksames Testament?

Die Vorschrift des **§ 14 Abs. 1 HeimG** bestimmt: „Dem Träger" (sc.: eines Heimes im Sinne des § 1 HeimG) „ist es untersagt, sich von […] Bewohnern […] Geld- oder geldwerte Leistungen über das nach § 5 vereinbarte Entgelt hinaus versprechen oder gewähren zu lassen."

In dem **Fall 49** zugrunde liegenden Rechtsstreit ging es um die Frage, ob das von E zugunsten des Heimträgers errichtete Testament wegen Verstoßes gegen ein Verbotsgesetz (§ 14 Abs. 1 HeimG) nichtig war (§ 134).

3 Etwa *Brox/Walker* Rdnr. 257.
4 MünchKomm-*Leipold* Vor § 2064 Rdnr. 8 mit weit. Nachweisen.
5 Dazu unten § 14.
6 BayObLG FamRZ 1977, 347, 348 re. Sp.; Palandt-*Ellenberger* § 117 Rdnr. 2; a. A. *Brox/Walker* Rdnr. 259.
7 Vgl. BayObLG FamRZ 1993, 479 ff.

Zos. ✓

Die Vorschrift des § 14 Abs. 1 HeimG stellt ein **Verbotsgesetz** im Sinne des § 134 dar[8]. Heimbewohner sind hinsichtlich ihrer Versorgung und ihrer Pflegebedürftigkeit auf den Heimträger angewiesen. Die Vorschrift will verhindern, dass diese Abhängigkeit Anlass ist, einzelnen Bewohnern die Heimleistungen in größerem Umfang als anderen zuzuwenden und es so zu Bevorzugungen oder Benachteiligungen kommt. Aus diesem Grunde ist es dem Heimträger untersagt, über das vereinbarte, allgemeine Entgelt hinaus sich geldwerte Leistungen versprechen oder gewähren zu lassen. **376**

Die Anwendung des § 14 HeimG als **Verbotsnorm** im Sinne des § 134 auch für den Fall des **Testaments** (einseitige, nicht empfangsbedürftige Willenserklärung) wird in der Literatur mit beachtlichen Gründen bestritten. Denn das Verbot des § 14 HeimG richtet sich gegen den **Heimträger, nicht** gegen den **Testierenden.** Im Fall des Testaments gibt es also keine Adressaten eines Verbotsgesetzes[9]. Gleichwohl wird man angesichts der landesrechtlichen Neuregelungen in Kenntnis der ständigen BGH-Rechtsprechung heute von Verbotsnormen auch bei Testamenten auszugehen haben[10].

Eine Verfügung von Todes wegen stellt zwar keinen aktuellen Vermögenswert dar. Nach Sinn und Zweck des § 14 Abs. 1 HeimG bedeutet sie gleichwohl einen Vermögensvorteil **(geldwerte Leistung)**, der geeignet ist, der vom Gesetz bekämpften unterschiedlichen Behandlung von Heimbewohnern Vorschub zu leisten[11]. **377**

Ein **„Sich-gewähren-lassen"** im Sinne des § 14 Abs. 1 HeimG liegt vor, wenn die Zuwendungshandlung **im Einverständnis** mit dem Empfänger der Leistung geschieht; bloß einseitiges Tätigwerden des Zuwendenden genügt nicht. Deshalb fällt nicht jede Verfügung von Todes wegen unter § 14 Abs. 1 HeimG. In jedem Fall erfasst werden Erbverträge. Bei Testamenten ist die **Kenntnis des Heimträgers** von der ihn begünstigenden Verfügung **zu Lebzeiten des Erblassers** notwendig. Eine solche Kenntnis liegt vor, wenn Mitarbeiter des Heimes, die aus der Sicht des Bewohners maßgeblichen Einfluss auf die Alltagssituation und die Betreuung haben, von der Verfügung wissen. Erforderlich ist zugleich das **Wissen des testierenden Heimbewohners** von der Kenntnis des Bedachten über die Zuwendung. Dieses Einvernehmen kann sich konkludent aus den Gesamtumständen ergeben[12]. In **Fall 49** war eine solche Kenntnis in der Person des Heimleiters gegeben. Das notarielle Testament war wegen Verstoßes gegen ein Verbotsgesetz nichtig (§ 134)[13]. **378**

---

8 BGHZ 110, 235, 240, zur Vorgängervorschrift § 14 Abs. 2 HeimG a. F.; BGH NJW 2012, 155 re. Sp. Tz. 15. – Mit Inkrafttreten der **Föderalismusreform** zum 1.9.2006 wurde die Gesetzgebungskompetenz für das Heimrecht auf die Länder übertragen. Das vom Bund vor diesem Datum erlassene Recht gilt gem. Art. 125 a Abs. 1 GG fort, solange die Länder von ihrer Gesetzgebungskompetenz keinen Gebrauch gemacht haben; dem Text dieser Darstellung liegt paradigmatisch das HeimG des Bundes zugrunde; die hiesige Problematik stellt sich aber gleichermaßen aus Sicht der landesrechtlichen Bestimmungen. – Inzwischen haben alle Länder heimrechtliche Vorschriften erlassen; Zusammenstellung der Landesgesetze bei MünchKomm-*Leipold* Vor § 2064 Rdnr. 32.

9 *Leipold* Testierverbote am Beispiel des § 14 HeimG und seiner landesrechtlichen Nachfolger, in: Hereditare-Jahrbuch für Erbrecht und Schenkungsrecht, 2013, S. 1, 2, 4 f. mit weit. Nachweisen.

10 *Leipold* ebenda, S. 9.

11 Vgl. BayObLG FamRZ 2005, 142, 143 re. Sp. mit weit. Nachweisen.

12 BayObLG FamRZ 2005, 142, 143 re. Sp., für den Fall des § 14 Abs. 5 HeimG (Leitung, Beschäftigte und sonstige Mitarbeiter des Heims).

13 Bestätigt in BVerfG FamRZ 1998, 1498 ff.

379 Der **Zeitpunkt** des **Todes des Erblassers** für die **Kenntnis des Heimträgers** von der ihn begünstigenden Verfügung – Unwirksamkeit des Testaments bei vorheriger, Wirksamkeit bei nachfolgender Kenntnis – ist auch maßgebend, wenn die letztwillige Verfügung von einem **Dritten** (z. B. Angehöriger des Heimbewohners) stammt. Das hat der BGH für einen Fall entschieden, in dem der Vater eines schwerbehinderten Sohnes diesen zum Vorerben, das ihn pflegende Heim zum Nacherben bestimmt und der Heimträger von diesem Testament erst nach dem Tod des Erblassers (aber vor Eintritt des Nacherbfalles) erfahren hat[14].

380 In der Literatur wird die Rechtsprechung zu § 14 HeimG zum Teil zurückgewiesen[15]. Sie verletze den Erblasser in seinem nach Art. 14 Abs. 1 GG geschützten Erbrecht (Testierfreiheit), weil sie gegen den Verhältnismäßigkeitsgrundsatz verstoße. Der Erblasser habe es in der Hand, durch jederzeit möglichen Widerruf des Testaments (Vernichtung der Urkunde) die Erbchance des Heimes zunichte zu machen. Die Gefahr einer Abhängigkeit bestehe daher hier nicht.

381 **Nicht einschlägig** und daher nicht als Verbotsgesetze in Betracht kommen die Vorschriften des **AGG**; vgl. auch § 19 Abs. 4 AGG: „Die Vorschriften dieses Abschnitts (sc.: Benachteiligungsschutz) finden keine Anwendung auf familien- und erbrechtliche Schuldverhältnisse.

IV. Verstoß gegen die guten Sitten

382 Eine Verfügung von Todes wegen, die gegen die guten Sitten verstößt, ist nichtig (§ 138 Abs. 1). Die Frage der Nichtigkeit wegen Sittenverstoßes hat die Rechtsprechung früher vor allem im Zusammenhang mit dem so genannten „Geliebtentestament“ beschäftigt. Hingegen sind in letzter Zeit vor allem zwei Fragen in den Vordergrund getreten: die **Einwirkung der Grundrechte** auf die Gestaltungsfreiheit des Erblassers in Konkretisierung der Generalklausel des § 138 Abs. 1 und die Frage, ob **kautelarjuristische Konstruktionen**, die das Erblasservermögen dem Zugriff der Sozialbehörden entziehen, Bestand haben können.

1. Grundsatz

383 Die Verfügungsfreiheit des Erblassers über sein Vermögen schließt ein, unter Zurücksetzung von Ehepartner und Kindern den Gesamtnachlass einem Dritten zu vermachen. Familiäre Bindungen setzen der Testierfreiheit keine Grenzen, auch nicht unter dem Gesichtspunkt des § 138 Abs. 1[16].

2. Sittenwidrige Verfügungen

384 Die Grenze zur Sittenwidrigkeit kann nach dem **objektiven Inhalt** der Verfügung überschritten sein. Hierher rechnen Fälle, in denen der Erblasser einen nicht mehr

14 BGH NJW 2012, 155 f. – A.A. war das OLG München NJW 2006, 2642, das auf den Todeszeitpunkt des Heimbewohners abstellte. Denn die Gefahr, der § 14 HeimG vorbeugen wolle – Beeinträchtigung des Heimfriedens durch Bevorzugung einzelner Bewohner – könne sich auch nach dem Tod des zuwendenden Dritten verwirklichen.

15 Vgl. *Brox* Festschr. für E. Benda, 1995, 17 ff.; ebenso mit weit. Argumenten u. Nachweisen *Leipold*, oben Fußn. 9, S. 12 ff., 17.

16 Etwa BayObLG NJW 1998, 2369, 2371 (Kinder des Lebensgefährten als Erben unter Zurücksetzung des eigenen Kindes).

hinnehmbaren Druck auf die Entscheidungs- und Entschließungsfreiheit des Bedachten ausübt, so wenn er die Erbeinsetzung von der Unterlassung einer Wiederheirat[17], Konversion, Ehelosigkeit oder Priesterweihe des Bedachten abhängig macht[18], oder etwa die Erbeinsetzung an die Bedingung der Ehescheidung des Bedachten knüpft[19].

Sittenwidrig kann eine letztwillige Verfügung auch durch das mit ihr **erstrebte Ziel** und die **tragenden Motive des Erblassers** sein. Zu dieser Fallgruppe zählt das so genannte **„Geliebtentestament“**, in dem ein verheirateter Mann unter Übergehung seiner Familie sein Vermögen (teilweise) der früheren Geliebten vermacht. Nach der seit Beginn der siebziger Jahre geänderten höchstrichterlichen Rechtsprechung setzt das Verdikt der Sittenwidrigkeit in diesen Fällen aber voraus, dass der **ausschließliche**, in jedem Fall aber der **die Verfügung tragende Zweck** die Belohnung für oder die Förderung des ehebrecherischen Geschlechtsverkehrs sein muss[20]. Wer sich auf die Sittenwidrigkeit beruft, ist hierfür beweispflichtig[21, 22]. 385

Zum Teil wird heute unter Hinweis auf § 1 ProstG diese Rechtsprechung für überholt angesehen: Weil § 1 ProstG eine rechtswirksame Forderung begründe, wenn gegen ein vorher vereinbartes Entgelt sexuelle Handlungen und Dienstleistungen vorgenommen worden sind[23], könne auch im Rahmen des Testamentsrechts eine Verfügung mit sachlich paralleler Zweckbestimmung nicht mehr als sittenwidrig angesehen werden. Aber der unmittelbare Schluss von § 1 ProstG auf eine Verfügung von Todes wegen überzeugt nicht, denn § 1 ProstG lässt die Frage nach der Sittenwidrigkeit des vorangehenden „Freiervertrages“ unberührt (rechtsgeschäftlich begründeter Anspruch des Freiers auf Vornahme der vereinbarten Dienstleistungen?). In § 1 ProstG wird man also entweder einen gesetzlichen Anspruch unter den dort genannten Voraussetzungen sehen müssen oder einen erst an die Erbringung der Dienstleistungen anknüpfenden – dem BGB grundsätzlich nicht mehr bekannten – Realvertrag. Für die Qualifizierung eines rein rechtsgeschäftlichen Tatbestandes (Testament) folgen daraus keine zwingenden Konsequenzen.

3. Einzelfälle

a) So genanntes Behindertentestament

Mehrfach hatte die Rechtsprechung über letztwillige Verfügungen zu entscheiden, die das Erblasservermögen dem Erstattungszugriff der Sozialbehörden, die einem behinderten Kind des Erblassers Hilfeleistungen erbringen, auf Dauer entziehen. Die dogmatisch-kautelarjuristische Gestaltung solcher Verfügungen zeigt 386

17 OLG Zweibrücken ZEV 2011, 661 f. (für den Fall einer **Wiederverheiratungsklausel** in einem gemeinschaftlichen Ehegattentestament).

18 Nachweise aus der Rechtspr. bei Palandt-*Ellenberger* § 138 Rdnr. 49 und unten Rdnr. 394 ff.

19 Anders BGH FamRZ 1956, 130 f. – aus heutiger Sicht bedenklich, freilich einen sehr spezifischen Fall betreffend (Einsetzung der sich im Feld bzw. in Kriegsgefangenschaft befindenden Söhne als bäuerliche Hoferben unter der Bedingung, dass sie sich von ihren während ihrer Abwesenheit untreuen Ehefrauen scheiden lassen).

20 BGHZ 53, 369, 375; 112, 259, 262; OLG Düsseldorf FamRZ 2009, 545 ff.

21 BGHZ 53, 369, 379.

22 Zur Frage des maßgeblichen Zeitpunkts für die Feststellung der Sittenwidrigkeit (Testamentserrichtung oder Erbfall) vgl. unten Rdnr. 397 ff.

23 Dazu BGH NJW 2008, 140 (Telefonsexdienstleistungen).

Fall 50[24]**:** Erblasser E hinterlässt eine schwer behinderte Tochter T sowie seinen Sohn S. Bislang ist E für den Unterhalt der T aufgekommen. Nach seinem Tod befindet sie sich in einem Pflegeheim und erhält Sozialhilfe. Der Nachlass des E beträgt 250 000 €. In seinem Testament hat E die T zu einer knapp über dem Pflichtteil liegenden Quote als nicht befreite Vorerbin (mit S als Nacherben), im Übrigen den S als Erben eingesetzt. Hinsichtlich des Erbteils der T ist bis zu deren Tod Testamentsvollstreckung angeordnet. Der Träger der Sozialhilfe versucht, zunächst zu Lebzeiten der T, dann nach ihrem Tode Erstattung seiner Aufwendungen aus dem Vermögen der T zu erlangen.

387 Der Sozialhilfeträger versuchte zunächst, auf den Erbteil der T zuzugreifen. Das war ihm durch die erbrechtliche Regelung verwehrt. E hatte T knapp über der Pflichtteilsquote zur Erbin eingesetzt. Damit entfielen schuldrechtliche Pflichtteilsansprüche der T gegen den Erben, die gem. § 93 Abs. 1 SGB XII auf den Sozialhilfeträger hätten übergehen können. Nur wenn T die Erbschaft ausgeschlagen hätte, wäre sie (ausnahmsweise: Anordnung der Testamentsvollstreckung) Pflichtteilsgläubigerin geworden (§ 2306 Abs. 1 S. 2 a. F.; heute § 2306 Abs. 1 Halbs. 1)[25]. – Das Nachlassvermögen der T selbst war haftungsrechtlich nicht erreichbar. Denn E hatte Testamentsvollstreckung angeordnet, die, da der Erbteil etwas größer als der Pflichtteil war, Bestand hatte (§ 2306 Abs. 1 S. 1 a. F.; diese Differenzierung ist heute beseitigt). Die Anordnung der **Testamentsvollstreckung** (Dauervollstreckung) bewirkt, dass der Nachlass für **Eigengläubiger des Erben** nicht als Haftungsmasse **zur Verfügung steht** (§ 2214)[26] und auch die T selbst über die dazu gehörenden Gegenstände nicht verfügen kann (§ 2211 Abs. 1). Vom Erblasser dem Testamentsvollstrecker auferlegte Verwaltungsmaßnahmen – regelmäßig: Geldleistungen an den Behinderten zur Deckung eines (nur) über den bereits vom Sozialhilfeträger übernommenen Bedarf hinaus – haben Verbindlichkeit und können vom Betroffenen rechtlich eingefordert werden, § 2216 Abs. 2. Für den Sozialhilfeträger war der hinterlassene Erbteil deshalb kein „verwertbares Vermögen“ (§ 90 Abs. 1 SGB XII). Solange T lebte, war für den Sozialhilfeträger eine Erstattung seiner Kosten nicht möglich. Auch der Versuch, nach dem Tode der T **gegenüber dem Nacherben S** einen Erstattungsanspruch aus dem Erblasservermögen zu realisieren (§ 102 Abs. 1 SGB XII), scheiterte. Denn S war als Nacherbe nicht Erbe nach T, sondern **Erbe nach E**. – Der Sozialhilfeträger hielt diese erbrechtliche Testamentsgestaltung für **sittenwidrig** (§ 138 Abs. 1), weil sie die behinderte Tochter gegenüber dem nicht behinderten Abkömmling S in nicht hinnehmbarer Weise zurücksetze und benachteilige. Des Weiteren deshalb, weil das Testament auf eine Aushebelung des sozialhilferechtlichen Prinzips der Subsidiarität öffentlicher Hilfe (§ 2 SGB XII, Nachrangprinzip) hinauslaufe und der Allgemeinheit zu Unrecht Lasten überbürde.

388 Die **Grundrechte** wirken als Schutz- und Abwehrrechte gegenüber dem Staat unmittelbar nur gegenüber staatlichem Handeln. **Zwischen** den einzelnen **Privatpersonen** wirken sie **mittelbar**, indem sie die inhaltliche Konkretisierung der privatrechtlichen **Generalklauseln** maßgeblich mitbestimmen (mittelbare Drittwirkung der Grundrech-

24 Vgl. BGHZ 111, 36 ff.; 123, 368 ff. und schon oben § 11 Rdnr. 368.
25 Dazu unten § 20 Rdnr. 575.
26 Vgl. oben § 11 Rdnr. 368.

te im Privatrechtsverkehr)[27]. Die Vorschrift des **Art. 3 Abs. 3 S. 2 GG**, wonach niemand wegen seiner Behinderung benachteiligt werden darf, ist danach bei der Frage der Sittenwidrigkeit der Testamentsverfügung des E (§ 138 Abs. 1) zu berücksichtigen. Der BGH betont in diesem Zusammenhang erneut die Bedeutung der Testierfreiheit, die dem Erbrechtsschutz des Art. 14 Abs. 1 unterfalle, und deren Grenzen der Gesetzgeber durch das nicht entziehbare Pflichtteilsrecht wirksam bestimmt habe. Eine erbrechtliche Zurücksetzung nächster Angehöriger auf die Pflichtteilsgrenze könne die **daneben geltende Schranke des § 138 Abs. 1** nur in **besonders schwerwiegenden Ausnahmefällen** „abwehren"[28]. Im konkreten Fall habe der Erblasser durch die lebzeitige Versorgung der T seine elterliche Verantwortung (Art. 6 Abs. 2 S. 1 GG) aber in besonderer Weise wahrgenommen und zum Ausdruck gebracht. Von einer Sittenwidrigkeit wegen Verstoßes gegen Grundrechtsprinzipien (insbesondere Art. 3 GG) wird man, abgesehen von der oben genannten objektiven Koppelung (Bedingung) von Vermögenszuwendungen durch letztwillige Verfügung und Einflussnahme im Bereich höchstpersönlicher Entscheidungsspielräume[29], erst dann sprechen können, wenn die Motivation des Erblassers nicht mehr von der Steuerung seines Nachlassvermögens getragen wird, sondern darin unter den Wertungsgesichtspunkten der Grundrechte nicht gerechtfertigte **subjektive Diskriminierungsvorstellungen** zum Ausdruck kommen. Im Ergebnis werden das Fälle sein, in denen der Erblasser zwar auf die Willensentscheidung des Betroffenen keinen Einfluss mehr nehmen kann, weil sich dieser zu Lebzeiten des Erblassers entgegen dessen Vorstellungen entschlossen hat, nun aber für diese Entscheidung im höchstpersönlichen Bereich „bestraft" werden soll.

In Fällen des Behindertentestaments **(Fall 50)** ist eine Sittenwidrigkeit nach § 138 **389**
Abs. 1 auch **nicht** unter dem Gesichtspunkt des **Nachrangs der Sozialhilfe** (§ 2 SGB XII) zu bejahen. Zu Recht nimmt der BGH an, dass es Eltern, denen die Sorge für ihr Kind als eine ihnen zuvörderst aufgetragene Pflicht obliegt (Art. 6 Abs. 2 S. 1 GG), nicht zum Vorwurf der Sittenwidrigkeit gereichen kann, wenn sie über ihren Tod hinaus für das Kind neben den staatlichen Sozialleistungen auch das hinterlassene Vermögen sichern wollen. Dieses Vermögen im Interesse der Allgemeinheit dem Zugriff der Sozialbehörden zu öffnen, kann ihnen nicht zugemutet werden – zumal das Subsidiaritätsprinzip durch die einschlägigen Regelungen des Sozialgesetzbuchs selbst „in erheblichem Maße durchbrochen ist"[30].

Auch soweit Eltern über den Tod des behinderten Kindes hinaus den Nachlass so **390**
steuern, dass er etwaigen Ersatzansprüchen des Sozialhilfeträgers verschlossen bleibt **(Nacherbfolge)**, begründet dies keine Unwirksamkeit der Verfügung[31]. Die Vorschrift des **§ 102 SGB XII** (Kostenersatz durch Erben) stellt eine **abschließende Sonderregelung** für die Fälle dar, in denen eine begrenzte Inanspruchnahme auf das durch Erbgang übergegangene Vermögen eröffnet wird. Eine Ausdehnung auf Umgehungsversuche kommt angesichts des eng begrenzten Anwendungsbereichs weder unter dem

27 BVerfG FamRZ 2004, 765, 766 re. Sp.
28 BGHZ 111, 36, 39 f.
29 Vgl. oben Rdnr. 384 und unten Rdnr. 394 ff.
30 BGHZ 111, 36, 42; 123, 368, 376.
31 BGHZ 123, 368, 375.

Gesichtspunkt des gesetzlichen Verbots (§ 134) noch der Sittenwidrigkeit der Verfügung (§ 138 Abs. 1) in Betracht[32].

391 Der BGH hatte zunächst dahingestellt sein lassen, ob bei **erheblichem Nachlassvermögen** etwas anderes gelten könne, dies aber inzwischen verneint. Auch bei größerem Vermögen könne den Eltern nicht angesonnen werden, zumindest eine Teildeckung der öffentlichen Lasten zu ermöglichen. Es bestehe eine herausgehobene Pflicht des Staates, Eltern behinderter Kinder zur Seite zu stehen (Prinzip des Familienlastenausgleichs)[33].

392 Weitere Fragen im Zusammenhang mit der erbrechtlichen Stellung **behinderter** oder sonst **hilfsbedürftiger Nachkommen** haben in jüngster Zeit ein **Pflichtteilsverzichtsvertrag** und die **Ausschlagung der Erbschaft** durch die hilfsbedürftige Person aufgeworfen.

Einen unmittelbar **vor dem Tod des Erblassers** erklärten **Pflichtteilsverzicht** einer Leistungen nach SGB XII empfangenden Tochter hat das OLG Köln für rechtmäßig erklärt[34]. Die zu der oben dargestellten Testamentsgestaltung (vgl. Rdnr. 387) **hinzutretende Besonderheit** liegt darin, dass die bei Vornahme des Verzichtsvertrages und bei Eintritt des Erbfalls hilfsbedürftige und Leistungen nach sozialgesetzlichen Regeln in Anspruch nehmende Person quasi „sehenden Auges" auf eine Vermögensquelle verzichtet und damit weiterhin die staatliche Gemeinschaft belastet. Das Gericht hat mit der wohl überwiegenden Meinung[35] die Sittenwidrigkeit eines solchen Vertrages jedenfalls dann verneint, wenn der Vertrag vor Eintritt des Erbfalls abgeschlossen wurde. – Auf einen solchen Vertrag **nicht anzuwenden** sei die Rechtsprechung des BGH zu **Unterhaltsverzichtserklärungen eines Ehegatten**, wenn ein Unterhalt tatsächlich realisierbar wäre und erst der Verzicht zur Inanspruchnahme staatlicher Leistungen führe[36]; der seinem Umfang nach völlig unsichere Pflichtteilserwerb sei mit einem sicheren Unterhaltsanspruch nicht gleichzusetzen. Aus diesem Grunde hat das OLG Köln auch die Übernahme der vom BGH entwickelten Rechtsprechung zur **Wirksamkeits- und Ausübungskontrolle von Eheverträgen** abgelehnt[37]. Schließlich wurde der **zeitlichen Nähe zum Tod des Erblassers** keine ausschlaggebende Bedeutung beigemessen, denn aus Gründen der Rechtssicherheit müsse für das Urteil über die Sittenwidrigkeit solcher Verträge eine einheitliche Bewertung gefunden werden. Maßgeblich sei insofern allein die Frage, ob der Verzicht vor oder nach dem Erbfall erklärt werde.

Dagegen wurde die **Ausschlagung einer werthaltigen Erbschaft**, die zur anschließenden Sozialhilfebedürftigkeit des Ausschlagenden führt, als gegen die guten Sitten verstoßend (§ 138 Abs. 1) und daher nichtig angesehen[38].

32 BGHZ 123, 368, 375; diese Judikatur als „gefestigte Rechtsprechung" jüngst bestätigend BGH FamRZ 2017, 758, 759 Tz. 15.

33 BGHZ 123, 368, 377; offengelassen für den Fall, dass bereits der Pflichtteil eine lebenslange Versorgung sichert. – Das OLG Hamm hat auch für diesen Fall (Erbteil des Behinderten knapp über Pflichtteilswert in Höhe von über 960 000 € bei einem Gesamtnachlass von über 7 Mio.) eine Sittenwidrigkeit verneint, FamRZ 2017, 929, 931 re. Sp. f.

34 OLG Köln FamRZ 2010, 838 ff.

35 Zum Meinungsstand vgl. *Münch* FamRZ 2010, 1121, 1127.

36 Vgl. BGH FamRZ 2007, 197 ff.

37 Dazu *Lipp* Familienrecht § 12 Rdnr. 265 ff.

38 OLG Hamm FamRZ 2009, 2036 ff.

Zu diesem Fragenkomplex hat nunmehr auch der **BGH** Stellung genommen[39]. Er hat die Entscheidung des OLG Köln im Ergebnis gebilligt, jedoch wesentliche zusätzliche Aussagen getroffen. **393**

Auch eigenes **Handeln** des (behinderten) **Leistungsempfängers** – sei es im Sinne eines **Pflichtteilsverzichts** (§ 2346 Abs. 1, Abs. 2) oder einer **Erbausschlagung** (§§ 1943 ff.) – begründet **keine Sittenwidrigkeit**, wenn dadurch dem Leistungsträger der Zugriff auf den Pflichtteil oder die Erbschaft verwehrt wird. Der BGH stützt sich im Kern auf folgende Argumente: Der Erbrechtsgarantie des Art. 14 Abs. 1 GG sei auch eine **„negative Erbfreiheit"** zu entnehmen, die es jedem freistelle, erbrechtlichen Erwerb zu akzeptieren oder nicht (keine Pflicht zu erben). Ein Pflichtteilsverzicht nach dem erstversterbenden Elternteil entspreche typischerweise den Wünschen und Vorstellungen der Eltern und der Familiengemeinschaft. Würde man einem behinderten Kind im Interesse des Sozialhilfeträgers diese Möglichkeit nehmen (§ 138 Abs. 1), müsste dies dazu führen, das Verhalten eines Behinderten als sittenwidrig zu beurteilen, das für jede andere Person sogar verfassungsrechtlichen Schutz genieße (Art. 6 Abs. 1 GG). Das sozialrechtliche Nachrangprinzip verlange vom Betroffenen keinen Vermögensverzicht über die vom SGB getroffenen Regress- und Überleitungsvorschriften hinaus. Schließlich erklärt der BGH seine Rechtsprechung zur **Sittenwidrigkeit** von **Unterhaltsverzichten** in **Eheverträgen** ausdrücklich als **nicht übertragbar** auf die Problematik um das „Behindertentestament".

b) Erbunfähigkeitsklauseln

Unterschiedlich haben die Gerichte die Wirksamkeit so genannter **Erbunfähigkeitsklauseln** hochadeliger Häuser beurteilt. In einem Fall ging es um einen Erbvertrag aus den 1930er Jahren im Hause Hohenzollern auf der Grundlage von Hausverträgen, die bestimmten, dass die Erbschaft nur im Mannesstamme weitergegeben wird, und dass als Erbe ausscheide, wer in standesungemäßer Ehe lebe, d. h. mit einer Frau verheiratet sei, die nicht hochadelig geboren ist (fehlende Ebenbürtigkeit)[40, 41]. **394**

Die Instanzgerichte gingen von der Sittenwidrigkeit der Erbunfähigkeitsklausel aus. Die verfassungsrechtlich geschützte Eheschließungsfreiheit (Art. 6 Abs. 1 GG) garantiere die freie Partnerwahl. Die Klausel des Erbvertrages übe auf die Erbprätendenten in einem intim-höchstpersönlichen Bereich einen Druck aus, der unter dem Schutz des Grundgesetzes nicht mehr gerechtfertigt sei. Die hohen Anforderungen an die Ebenbürtigkeit einerseits und die inzwischen vollzogene geschichtliche Entwicklung, die der zu Zeiten einer monarchisch-ständestaatlichen Rechtsordnung möglicherweise gerechtfertigten Erbunfähigkeitsklausel ihre staatspolitische Bedeutung genommen haben, ließen die Testierfreiheit hinter die Eheschließungsfreiheit zurücktreten.

Der BGH bejahte die Wirksamkeit der Klauseln. Die Ungleichbehandlung (Erbfolge im Mannesstamm) sei Ausdruck der Testierfreiheit. Das Diskriminierungsverbot (Art. 3 Abs. 3 GG) gelte für letztwillige Verfügung im Sinne einer Gleichbehandlung aller Kinder gerade nicht. Die Diskriminierung nach Abstammung und Herkunft wie- **395**

39 **BGHZ 188, 96 ff.**
40 BGH FamRZ 1999, 580 ff.; BVerfG FamRZ 2004, 765 ff.
41 In einem anderen Fall ging es um eine sog. Konsensehe: Als Erbe schied aus, wer bei seiner Heirat nicht die Einwilligung des Fürsten als Hausherrn einholte, BayObLG FamRZ 1997, 705 ff.

ge schwer, überschreite aber nicht die Grenze zur Sittenwidrigkeit. Denn die Erbunfähigkeitsklausel (Kriterium der Ebenbürtigkeit) sei nicht darauf gerichtet und objektiv geeignet, den Betroffenen nachhaltig in seiner Würde herabzusetzen. Vielmehr komme hier die Familientradition eines Hauses zum Ausdruck, für den Nachlass einen würdigen, den Hausgesetzen entsprechenden Erben zu finden[42]. Nicht Diskriminierung und Verkümmerung der Eheschließungsfreiheit, sondern Nachlasssteuerung sei Zweck der Klausel.

396 Die Entscheidung des BGH wurde vom BVerfG aufgehoben, weil das Gericht die grundsätzliche Bedeutung der Reichweite des Art. 6 Abs. 1 GG (Eheschließungsfreiheit) verkannt habe[43]. Das lässt freilich kein generelles Verdikt von Erbunfähigkeitsklauseln zu. Das BVerfG betont, dass nur im Einzelfall unter Berücksichtigung der konkreten Verfügung entschieden werden könne, und bestätigt im Ausgangspunkt, dass es innerhalb der Testierfreiheit liege, Abkömmlinge entgegen dem Gleichbehandlungsgebot zu bedenken. In der konkreten Ausgestaltung der Erbunfähigkeitsklausel (Ebenbürtigkeitsklausel) sah es aber – entgegen dem BGH – einen mittelbaren und fortwirkenden Eingriff in die Eheschließungsfreiheit der Betroffenen, von dem ein **unzumutbarer Druck bei der Eingehung einer Ehe** ausgehen könne. Dem hätte der BGH insbesondere unter zwei Gesichtspunkten nachgehen müssen. Einmal vor dem Hintergrund des Nachlasswertes, der, je nach Vermögensverhältnissen und Lebensumständen, einen nachhaltigen Druck auf den Abkömmling ausüben könne. Sodann die Überlegung, dass das Hausgesetz der Hohenzollern (und mit ihm die Ebenbürtigkeitsklausel) vor Abschaffung der Monarchie über die Verfassungsurkunde für den Preußischen Staat eine nachhaltige staatsrechtliche Bedeutung (Thronfolge einer Erbmonarchie) hatte, die heute endgültig weggefallen ist. Dies verlange nach einer Prüfung, ob die Koppelung von Ebenbürtigkeit und Erbeinsetzung auch heute noch den damit verbundenen Eingriff in die Eheschließungsfreiheit rechtfertigen könne[44]

4. Beurteilungszeitpunkt

397 Umstritten ist, **welcher Zeitpunkt** für die **Bewertung einer letztwilligen Verfügung** als sittenwidrig ausschlaggebend ist: der Zeitpunkt der **Errichtung**, des **Erbfalls** oder der gerichtlichen **Entscheidung**?

398 Nach bislang oft bestätigter Rechtsprechung des BGH kommt es für die Beurteilung der Sittenwidrigkeit eines Rechtsgeschäfts auf seinen Gesamtcharakter (Inhalt, Beweggründe, Zweck) im Zeitpunkt seines **Entstehens** (Vertragsschluss, Errichtung des Testaments) an[45]. Die Sittenwidrigkeit eines solchen Rechtsgeschäfts sei irreversibel. Das kann im Testamentsrecht zu folgenschweren Konsequenzen führen. Ist etwa ein Testament zugunsten der Geliebten im Zeitpunkt seiner Errichtung sittenwidrig

42 BGH FamRZ 1999, 580, 583 re. Sp.f.
43 BVerfG FamRZ 2004, 765 ff. Die Entscheidung hat z. T. heftige Kritik erfahren, etwa *Gutmann* NJW 2004, 2347 ff.; ferner dazu monografisch *Gilbert* Unmoralische Angebote, Grundrechtskitsch und die kalte Hand des Erblassers. Sittenwidrige Potestativbedingungen in letztwilligen Verfügungen, 2009.
44 BVerfG FamRZ 2004, 765, 768; zur Thematik vgl. auch LG Hechingen FamRZ 2006, 1408, 1411 ff.
45 BGHZ 20, 71, 73; NJW 1995, 1886, 1887 re. Sp. (Bürgschaftsvertrag).

und deshalb nichtig, so ändert sich nach dieser Rechtsprechung daran auch dann nichts, wenn zwischen dem Erblasser und der Bedachten später eine Liebesbeziehung mit achtenswerten Motiven entsteht, und es verbleibt selbst dann bei der Nichtigkeit, wenn der Erblasser die Bedachte später heiratet[46]. Ist eine Verfügung umgekehrt im Zeitpunkt ihrer Errichtung rechtswirksam, aber aufgrund geänderter Umstände und Rechtsvorstellung beim Erbfall sittenwidrig, bleibt nur die Berufung auf den Einwand unzulässiger Rechtsausübung[47]. Allerdings hat der BGH in einer neueren Entscheidung die Frage nach dem maßgeblichen Zeitpunkt dahin gestellt sein lassen[48].

Demgegenüber stellt die Lehre überwiegend auf den **Zeitpunkt des Erbfalls** ab, weil es § 138 Abs. 1 nicht um die Bestrafung einer (früheren) Gesinnung des Erblassers gehe, sondern um die Vermeidung von sittenwidrigen Rechtsfolgen in der Gegenwart[49] Dieser Auffassung ist zu folgen. Für sie spricht vor allem, dass der Gesetzgeber dort, wo er dieses Problem anspricht, tatsächlich auf den Zeitpunkt des Erbfalls abstellt (vgl. für das Vermächtnis § 2171 Abs. 1; entsprechend für die Auflage § 2192). Auf den **Zeitpunkt der gerichtlichen Entscheidung** stellt (wenig überzeugend) der EGMR ab[50]. 399

§ 13 Gemeinschaftliches Ehegattentestament

I. Errichtung

Ein gemeinschaftliches Testament kann **nur von Ehegatten** (und nach § 10 Abs. 4 LPartG von Lebenspartnern) errichtet werden **(§ 2265)**. Auch Verlobten ist diese Testamentsform verschlossen. Eine spätere Heirat „heilt" nicht; denkbar ist, sofern die Formerfordernisse vorliegen, allenfalls eine Umdeutung in Einzeltestamente. 400

Ein gemeinschaftliches **Ehegattentestament** muss mindestens **eine** letztwillige Verfügung **jedes** Ehegatten enthalten. Anderenfalls liegt (bei Einhaltung der Form) eventuell ein wirksames Einzeltestament vor oder es ist insgesamt (wegen Formmangels) unwirksam (ein Ehegatte schreibt; die Urkunde enthält nur Verfügungen des anderen). 401

Die Errichtung eines gemeinschaftlichen Ehegattentestaments wird durch das **Formprivileg** des **§ 2267** stark erleichtert. Danach ist ausreichend, wenn **ein Ehegatte** das Testament in der **Form** des **§ 2247** errichtet[1] und der **andere Ehegatte** die Urkunde **eigenhändig mitunterschreibt**. Dabei soll er Zeit und Ort seiner Unterschriftsleistung angeben (§ 2267 S. 2). Es muss sich aber immer um eine **„gemeinschaftliche Erklärung"** (vgl. § 2267 S. 1) handeln. Die Rechtsprechung des BGH geht von der **subjektiven** Theorie aus[2]. Maßgeblich sei nicht, dass die Verfügungen der Ehegatten sich auf 402

46 Dem Erblasser bleibt in diesen Fällen nichts anderes, als neu zu testieren.
47 Dazu die eben genannten Fälle von Erbunfähigkeitsklauseln.
48 BGH FamRZ 1999, 580, 582 re. Sp.
49 *Brox/Walker* Rdnr. 263d; zum Nachweis der Literatur vgl. Palandt-*Ellenberger* § 138 Rdnr. 9, 10.
50 EGMR NJW 2005, 875 ff.

1 Dazu oben § 8 Rdnr. 222 ff.
2 BGHZ 9, 113, 115 f.

einer Urkunde befinden[3], sondern der **Wille der Gatten gemeinschaftlich zu verfügen**. Deshalb liegt ein gemeinschaftliches Testament auch dann vor, wenn die Ehegatten auf getrennten Bogen jeweils eigenständige testamentarische Erklärungen niederlegen (die dann aber auch je und je der Form des § 2247 entsprechen müssen) und der Wille einer gemeinschaftlichen Verfügung in beiden Erklärungen wenigstens im Sinne der Andeutungstheorie[4] zum Ausdruck kommt[5]. Der Wille zu einer gemeinschaftlichen Verfügung bedeutet nicht, dass die Ehegatten gleichzeitig testieren müssen, so dass auch bei einem zeitlich (weit) auseinander liegenden Handeln der Gatten ein gemeinschaftliches Testament vorliegen kann.

II. Inhalt

1. Übersicht

403 In einem gemeinschaftlichen Testament können Ehegatten die gleichen Verfügungen wie in Einzeltestamenten treffen. Darüber hinaus können sie ihren Verfügungen eine besondere rechtliche Bindungswirkung (Wechselbezüglichkeit, § 2270) verleihen. Dementsprechend unterscheidet man drei Kategorien des gemeinschaftlichen Testaments: *testamenta mere simultanea, testamenta reciproca, testamenta correspectiva.*

Gemeinschaftliches Ehegattentestament

Testamenta mere simultanea	**Testamenta reciproca**	**Testamenta correspectiva**
Äußerlich zusammengefasste Verfügungen ohne gegenseitiges Bedenken	Verfügungen, in denen sich Ehegatten gegenseitig oder einen Dritten mit Rücksicht auf den Partner bedenken	Gegenseitig abhängige, wechselbezügliche Verfügungen (§ 2270)
– Formprivileg	– Formprivileg	– Formprivileg – Wechselbezügliche Bindungswirkung

2. Berliner Testament

404 Oft setzen sich Ehegatten in einem gemeinschaftlichen Testament **gegenseitig zu Erben** ein und bestimmen einen **Dritten** (meist ihre Kinder) zum oder zu **Erben nach dem Letztversterbenden** (so genanntes **Berliner Testament**). Es können dann Zweifel auftreten, welche erbrechtlich-dogmatische Gestaltung hinter diesen Anordnungen steckt.

3 So die objektive Theorie, vertreten vom Reichsgericht, RGZ 72, 204, 205 f.

4 Vgl. oben § 9 Rdnr. 261 ff.

5 Z. B. durch Mitunterzeichnen der jeweils anderen Verfügung oder durch die Verwendung entsprechender Formulierungen („wir", „gemeinsam").

Fall 51: Eheleute F und M setzen sich in einem gemeinsamen Testament gegenseitig zu Erben ein und bestimmen ihre beiden Kinder K1 und K2 als Erben nach dem Längstlebenden. M stirbt. Wenig später verunglückt K1 tödlich und hinterlässt seine Witwe W als testamentarische Alleinerbin. Nach dem Tode von F fragt W nach der erbrechtlichen Situation.

a) Trennungsprinzip

405 W könnte in **Fall 51** mit dem Tod von K1 in dessen erbrechtliche Position nach seinem Vater M eingetreten sein. Denkbar ist, dass sich M und F in ihrem gemeinschaftlichen Testament **gegenseitig** zu **Vorerben** und ihre beiden **Kinder** als **Nacherben** eingesetzt haben (§ 2100). Mit dem Tod des Vorerben (F) ist der Nacherbfall eingetreten (§ 2106 Abs. 1) und die Erbschaft den Nacherben angefallen (§ 2139). Als Nacherben treten hier K2 und W in Erscheinung – W als Alleinerbin nach K1, die in dessen **Nacherbenanwartschaft** (§ 2108 Abs. 2 S. 1) eingetreten war[6]. Voraussetzung dafür ist, dass das gemeinschaftliche Testament die Anordnung einer Vor- und Nacherbschaft enthielt, derzufolge das **Vermögen des M** nach seinem Tod **getrennt** vom **Vermögen der F** blieb. Nach dem Testament sollte dann der jeweils überlebende Ehegatte **Vorerbe** des **Erstversterbenden** und die beiden Kinder hinsichtlich dieses Nachlasses **Nacherben** sein. Hinsichtlich des Nachlasses des **Letztversterbenden** sollten sie **Vollerben** sein – so genanntes **Trennungsprinzip**.

Trennungsprinzip

F ≙ **Vorerbin nach M**

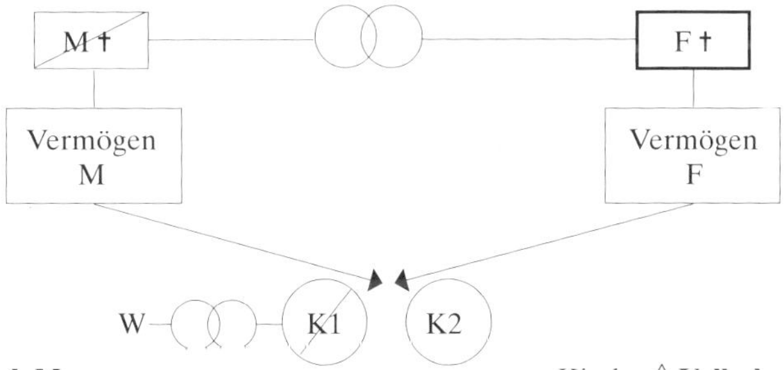

Kinder ≙ **Nacherben nach M** Kinder ≙ **Vollerben nach F**

⍁ ≙ vorverstorben

b) Einheitsprinzip

406 Denkbar ist auch, dass sich die **Eheleute gegenseitig zu Vollerben** einsetzen wollten mit der Folge, dass der Nachlass des Erstversterbenden mit dem Vermögen des überlebenden Ehegatten verschmilzt und eine **Einheit** bildet – so genanntes **Einheitsprinzip**. Die in **Fall 51** als Erben nach dem längstlebenden Ehegatten eingesetzten Kinder sind dann **Schlusserben**.

6 Vgl. dazu oben § 10 Rdnr. 326 ff.

Einheitsprinzip

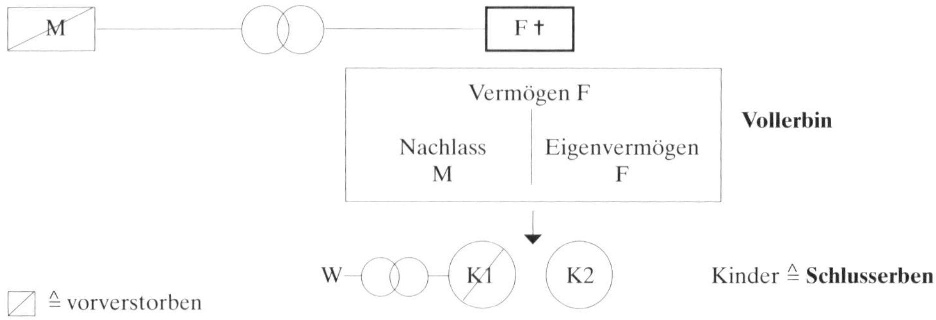

Legt man das Einheitsprinzip zugrunde, hat W in **Fall 51** kein Erbrecht erlangt, weil im Nachlass von K1 keine vererbliche Rechtsposition nach seinem Vater M enthalten war (keine Nacherbenanwartschaft).

c) Auslegungsregel des § 2269 Abs. 1

407 Ob die Ehegatten Vor- und Nacherbschaft **(Trennungsprinzip)** oder Voll- und Schlusserbfolge **(Einheitsprinzip)** wollen, ist durch **Auslegung** nach dem Willen **beider Partner** zum Zeitpunkt der Testamentserrichtung zu ermitteln[7]. Es ist also zu prüfen, ob der für die je einzelne Verfügung mögliche Inhalt (§§ 133, 2084) auch dem Willen des anderen entsprochen hat[8]. Kann keine derartige Übereinstimmung festgestellt werden, ist auf den Willen des Erblassers abzustellen, um dessen Verfügung es konkret geht – **mit der Besonderheit**, dass der **ermittelte Inhalt** gem. **§ 157** aus der Sicht des anderen Gatten beurteilt werden muss. Für diesen muss es möglich sein, sich bei der eigenen Verfügung auf den Inhalt der anderen einzustellen[9]. Erst wenn sich auf diese Weise ein wirklicher oder mutmaßlicher Erblasserwille nicht ermitteln lässt, ist nach der **Auslegungsregel des § 2269 Abs. 1** vom **Einheitsprinzip** auszugehen. In **Fall 51** bedeutet dies, dass eine Erbenstellung der W zu verneinen ist.

d) Pflichtteilsrechte, Sanktionsklauseln

408 Beim **Einheitsprinzip** ist der **Schlusserbe** nach dem **Tode des Erstversterbenden** (bei sonst gegebenem gesetzlichen Erbrecht) durch Verfügung von Todes wegen **enterbt**. Handelt es sich wie bei K1 (vgl. **Fall 51**) um einen Abkömmling des Erblassers, so erwirbt dieser mit dem Erbfall einen **Pflichtteilsanspruch** gem. §§ 2303 Abs. 1, 2317 Abs. 1[10]. Dieser Anspruch ist **vererblich** (§ 2317 Abs. 2) und deshalb mit dem Tode des K1 auf dessen Erbin W übergegangen (allerdings: dreijährige Verjährungsfrist, §§ 195, 199).

Auch beim **Trennungsprinzip** kann ein Pflichtteilsanspruch entstehen. Die Einsetzung des **Pflichtteilsberechtigten** als **Nacherbe** steht einer Beschränkung der Erbeinsetzung

7 BGHZ 112, 229, 233.
8 BGHZ 112, 229, 233.
9 BGH NJW 1993, 256 re. Sp.
10 Näher zum Pflichtteilsrecht unten § 20.

im Sinne des Pflichtteilsrechts gleich (§ 2306 Abs. 2). Der als Nacherbe eingesetzte Pflichtteilsberechtigte kann deshalb die **Nacherbschaft ausschlagen** und den Pflichtteil verlangen (§ 2306 Abs. 1 Halbs. 1).

Verlangt ein als Erbe (Nach- oder Schlusserbe) nach dem längstlebenden Ehegatten 409
eingesetzter pflichtteilsberechtigter Abkömmling nach dem Tode des Erstversterbenden seinen Pflichtteil, so führt das beim **Trennungsprinzip** zu einem wertungsmäßig akzeptablen Ergebnis: Der Pflichtteilsberechtigte verliert seine (Nach-)Erbenstellung nach dem erstversterbenden Gatten, erhält den Pflichtteil und ist nach dem Tode des Längstlebenden an dessen getrenntem Nachlassvermögen gegebenenfalls als Erbe beteiligt. Anders beim **Einheitsprinzip**: Hier erhält der nach dem Erstversterbenden Enterbte den Pflichtteil nach dessen Vermögen und partizipiert (als Erbe oder Pflichtteilsberechtigter) nach dem Tode des Längstlebenden daran ein zweites Mal, denn der Nachlass des Erstverstorbenen wird Eigenvermögen des überlebenden Ehegatten und geht als dessen Nachlass auf die Schlusserben über.

Zur **Abwehr von Pflichtteilsansprüchen** nach dem Tode des erstversterbenden Gatten und zum Ausgleich unter den eingesetzten Schlusserben hat die Rechtspraxis so genannte **Sanktionsklauseln** entwickelt: Wer nach dem Erstversterbenden den Pflichtteil verlangt, ist nach dem Zweitversterbenden enterbt. Rechtlich handelt es sich um eine durch Geltendmachung des Pflichtteils auflösend bedingte Schlusserbschaft[11]. Auch in diesem Fall erhält aber, sofern das Vermögen des erstverstorbenen Gatten noch im Nachlass des Längstlebenden vorhanden ist, der Pflichtteilsberechtigte den Pflichtteil nach dem erstverstorbenen Partner ein zweites Mal, nämlich jetzt als Teil des Vermögens des Längstlebenden. Um hier Ausgleich unter mehreren Schlusserben zu schaffen, werden, soweit der Pflichtteilsberechtigte wertmäßig ein weiteres Mal am Nachlass des Erstverstorbenen beteiligt ist, in Höhe des gesetzlichen Erbteils bedingte Vermächtnisse zugunsten der anderen Miterben aus dem Vermögen des Erstversterbenden ausgebracht, die beim Tod des Längerlebenden fällig werden (Jastrow'sche Klausel)[12]. Diese Vermächtnisse mindern nicht den Pflichtteil nach dem Erstversterbenden, belasten aber dessen Nachlass und mindern damit das Vermögen, das der überlebende Ehegatte erhält – und deshalb zugleich die Basis für den nach ihm zu bestimmenden Pflichtteil. Eine Bestimmung, wonach der Pflichtteil nach dem Erstversterbenden auf den Pflichtteilsanspruch nach dem Zweitversterbenden anzurechnen sei, ist unwirksam, weil sie gegen zwingendes Pflichtteilsrecht verstößt (jeder Erbfall ist pflichtteilsrechtlich gesondert zu behandeln).

3. Wiederverheiratungsklauseln

In der Rechtspraxis häufig anzutreffen, in dogmatischer Hinsicht aber zum Teil 410
schwierig zu bewältigen sind die so genannten **Wiederverheiratungsklauseln** in einem gemeinschaftlichen Ehegattentestament. Dabei geht es regelmäßig darum, dass dem überlebenden Ehegatten bei einer erneuten Heirat seine vom verstorbenen Partner eingeräumte erbrechtliche Position **genommen** oder doch **geschmälert** werden soll.

11 BayObLG NJW-RR 1988, 968.
12 *Jastrow* DNotZ 1904, 424 ff. Dazu und zur Problematik insgesamt *Kochendörfer* JA 1998, 713 ff.

Das kann nach dem gegenwärtigen Stand der verfassungsgerichtlichen Rechtsprechung eine solche Wiederverheiratungsklausel im Einzelfall auf den **Prüfstand** des **§ 138 Abs. 1** stellen[13] – vgl. dazu oben § 12 Rdnr. 384: Beeinträchtigung der Eheschließungsfreiheit.

In konstruktiv-dogmatischer Hinsicht spielt auch hier die Unterscheidung zwischen **Trennungs**- und **Einheitsprinzip** eine maßgebliche Rolle. Das zeigt

> **Fall 52:** Die Eheleute M und F setzen sich gegenseitig zu Erben ein und bestimmen ihre beiden Kinder K1 und K2 als Erben nach dem Zweitversterbenden. Unter anderem hat das Testament folgende Klausel: „[…] Bei Wiederheirat soll der überlebende Ehegatte mit den Kindern K1 und K2 gesetzliche Erbfolge halten". Wie ist die Rechtslage, wenn F nach dem Tode des M erneut heiraten will?

a) Trennungsprinzip

411 Nach dem **Trennungsprinzip**[14] besteht eine **unbedingte Vor- und Nacherbschaft**. Die Anordnung, im Falle der Wiederheirat mit den Kindern gesetzliche Erbfolge zu halten **(Fall 52)**, oder den Nachlass an die Kinder (oder eingesetzte Dritte) herauszugeben, bedeutet in der Regel die **Vorverlagerung des Nacherbfalles**: Nicht erst mit dem Tod des überlebenden Ehegatten (§ 2106 Abs. 1), sondern schon bei Wiederverheiratung tritt der Nacherbfall ein, und die Erbschaft fällt den Nacherben an (§ 2139). Ist (wie in **Fall 52**) für diesen Fall **„gesetzliche Erbfolge"** bestimmt, so bezieht sich die Nacherbfolge auf den gesetzlichen Erbteil der Nacherben (**Fall 52:** gesetzlicher Erbteil von K1 und K2 nach M). Hinsichtlich des eigenen gesetzlichen Erbteils wird der überlebende Ehegatte Vollerbe[15].

412 Vor- und Nacherbschaft sind in diesem Fall **nicht bedingt** im Sinne des § 2108 Abs. 2 S. 2[16]. Stirbt der eingesetzte Nacherbe vor dem Nacherbfall, geht sein Anwartschaftsrecht auf seine Erben über.

b) Einheitsprinzip

413 Das **Einheitsprinzip** geht von der Vollerbschaft des überlebenden Gatten und der Schlusserbenstellung der eingesetzten Dritten aus. Wird es von einer Wiederverheiratungsklausel **(Fall 52)** ergänzt, so liegt darin die Anordnung einer durch **Wiederheirat bedingten Vor- und Nacherbfolge**. Auch hier kann sich die Nacherbfolge nur auf einen Teil des Nachlasses des Erstverstorbenen erstrecken (**Fall 52:** gesetzliche Erbteile von K1 und K2).

414 Vom **Eintritt der Bedingung** zu unterscheiden ist der **Eintritt des Nacherbfalls**. Denkbar ist also, dass mit Wiederheirat zwar **Nacherbfolge** eintritt, der überlebende Ehegatte aber bis zu seinem **Tod befristet** Vorerbe sein soll. In aller Regel wird aber die Wiederheirat nicht nur den Eintritt der Bedingung, sondern auch den Nacherbfall auslösen[17].

---

13 OLG Zweibrücken FamRZ 2011, 1902 re. Sp.
14 Vgl. oben Rdnr. 405.
15 Allgemeine Ansicht, vgl. z. B. MünchKomm-*Musielak* § 2269 Rdnr. 49.
16 Vgl. oben § 10 Rdnr. 328.
17 Etwa Soergel-*Wolf* § 2269 Rdnr. 26.

Umstritten ist, ob die Nacherbfolge **aufschiebend** oder **auflösend** bedingt ist. Im Kern geht es dabei um die Frage, welche Rechtsstellung der überlebende Ehegatte bis zum Eintritt beziehungsweise bis zum endgültigen Ausfall der Bedingung haben soll. Das ist, wie auch sonst, eine Frage der **Auslegung** des gemeinschaftlichen Testaments. Soll der überlebende Partner nach dem Willen der Ehegatten **Vollerbe** sein (Einheitsprinzip) und ist für den Fall seiner **Wiederheirat** etwa gesetzliche Erbteilung mit den eingesetzten Kindern oder Dritten vorgesehen **(Fall 52)**, so steht diese **Vollerbschaft** unter der **auflösenden Bedingung** der erneuten Heirat (§ 158 Abs. 2). Die Wiederheirat ist dann zugleich Bedingung dafür, dass Vor- und Nacherbfolge eintreten. Neben die auflösend bedingte Vollerbschaft treten also eine **aufschiebend bedingte Vor- und Nacherbfolge** (§ 158 Abs. 1). Der überlebende Ehegatte steht deshalb latent, d. h. **bedingt** durch **Wiederheirat**, unter den **Verfügungsbeschränkungen** der §§ 2113 ff. Fällt die Bedingung endgültig aus (Tod ohne Wiederheirat), hat er in jeder Hinsicht wirksam verfügt. Diese Rechtsfolge ergibt sich **automatisch**, § 161 Abs. 2 findet keine Anwendung. Tritt die Bedingung dagegen ein, steht fest, dass der überlebende Ehegatte lediglich Vorerbe war, und seine Verfügungen als auflösend bedingter Vollerbe sind gem. §§ 2113 ff., 161 Abs. 2 unwirksam[18]. 415

Ergibt sich aus dem Testament nichts anderes, wird man davon auszugehen haben, dass in diesem Fall der überlebende Ehegatte **befreiter Vorerbe** sein soll (§§ 2137, 2138)[19].

Im Schrifttum wird zum Teil angenommen, dass es für die Anwendung der §§ 2113 ff. belanglos sei, ob man von einer auflösend bedingten Vollerbenstellung, kombiniert mit aufschiebend bedingter Nacherbschaft ausgeht, oder annimmt, der überlebende Ehegatte sei durch **Nichtwiederheirat auflösend bedingter Vorerbe**, verbunden mit **aufschiebend bedingter Vollerbeneinsetzung**[20]. Das ist vom Ergebnis her gesehen richtig. Für die herrschende Meinung spricht allerdings der Ausgangspunkt des Einheitsprinzips, nämlich die grundsätzlich gewollte Vollerbenstellung des überlebenden Gatten. Diesem gemeinsamen Willen entspricht die auflösend bedingte Vollerbenstellung, die bei Ausfall der Bedingung automatisch zu dem von den Ehegatten gewollten Ziel führt, besser als die auflösend bedingte Vorerbenstellung, die erst im Wege der Rückwirkung (§ 161 Abs. 2: Eintritt der Bedingung durch Nichtwiederheirat) rechtlich das von den Partnern hauptsächlich Gewollte sicherstellen kann.

Mit der Rechtsprechung des BGH und der herrschenden Meinung ist deshalb in **Fall 52** davon auszugehen, dass sich M und F zu **Vollerben** eingesetzt haben (§ 2269 Abs. 1), **auflösend bedingt** durch die Wiederheirat des überlebenden Gatten. Zugleich ist eine **aufschiebend bedingte Nacherbenstellung** für K1 und K2 angeordnet. Tritt die Bedingung ein (Wiederheirat), wird man darin zugleich den **Nacherbfall** sehen müssen. Es ist davon auszugehen, dass dann F bis zum Nacherbfall **befreite** Vorerbin war. 416

c) *Auswirkungen auf wechselbezügliche Verfügungen*

Bei Wiederverheiratungsklauseln stellt sich im Falle der Wiederverheiratung des überlebenden Gatten für diesen das weitere Problem, ob und welche Auswirkungen 417

18 **Grundlegend BGHZ 96, 198 ff.**; ebenso die h. M., etwa *Olzen/Looschelders* Rdnr. 489.
19 So die h. M., zahlreiche Nachweise etwa bei Staudinger-*Kanzleiter* 2014, § 2269 Rdnr. 44; offen gelassen in BGHZ 96, 198, 204.
20 Etwa Staudinger-*Kanzleiter* 2014, § 2269 Rdnr. 43 mit weit. Nachweisen.

die erneute Heirat auf seine **eigenen wechselbezüglichen Verfügungen** hat (§ 2270), die in aller Regel die vorgesehenen Schlusserben begünstigen (**Fall 52:** K1 und K2); zu wechselbezüglichen Verfügungen sogleich bei Rdnr. 420. Ein **Anfechtungsgrund** (§§ 2078, 2079) liegt regelmäßig **nicht vor**, weil die Ehegatten die Wiederheirat bedacht und geregelt haben.

418 Zu Recht wird allgemein angenommen, dass regelmäßig die **Bindungswirkung entfällt**, weil insoweit für den überlebenden Ehegatten der Grund (Vollerbschaft nach dem Erstversterbenden) für die eigene Verfügung zugunsten des Dritten weggefallen ist[21]. Auch für den Fall einer Auflösung dieser neuen Ehe ändert sich am Fortfall der Bindungswirkung nichts (kein Wiederaufleben)[22]. **Verbleibt** ihm nach Wiederheirat ein **nicht unerheblicher Teil** des Nachlasses seines vorverstorbenen Gatten (**Fall 52:** gesetzliche Erbteilung) und lässt sich dem Testament kein anderer Wille entnehmen, so wird man den hypothetischen Willen der Ehegatten annehmen müssen, dass in **diesem Umfang** der überlebende Ehegatte an seine Verfügung **zugunsten des Schlusserben gebunden** bleibt. Hinsichtlich seines Eigenvermögens entfällt die Bindung[23].

419 Von der Frage fortgeltender Bindung zu unterscheiden ist jene, ob die **betroffenen Verfügungen** zugleich **gegenstandslos** werden oder als **widerrufliche Verfügungen** des Überlebenden **aufrecht erhalten** bleiben. Richtigerweise ist, soweit im Testament nichts anderes bestimmt ist und soweit die Testamentsauslegung nichts anderes ergibt, vom weiteren Bestand der Verfügung auszugehen. Der überlebende Ehegatte erhält seine Testierfreiheit zurück und kann nach eigenem Willen widerrufen oder neu verfügen[24]. Glaubt er, die eigene Verfügung sei mit Wiederheirat hinfällig geworden, kommt eine Anfechtung entsprechend §§ 2281, 2285 in Verbindung mit §§ 2078, 2079 in Betracht.

4. Wechselbezügliche Verfügungen

a) Wechselbezüglichkeit

420 In einem gemeinschaftlichen Testament können Ehegatten alle erbrechtlichen Bestimmungen als jeweils einseitige Verfügungen treffen[25]. Ein wesentliches Motiv für ein gemeinschaftliches Testament ist aber in aller Regel, dass die Ehegatten sich über die Verfügung des jeweils anderen bewusst in Kenntnis setzen, um die **eigene Verfügung in Abhängigkeit** von der des anderen zu treffen, so z. B. bei gegenseitiger Erbeinsetzung. Soll in diesem Sinne die Verfügung des einen nicht ohne die Verfügung des anderen Ehegatten Bestand haben, spricht man von **wechselbezüglichen Verfügungen**, die in besonderer rechtlicher Weise miteinander verklammert sind: Die **Nichtigkeit** oder der **Widerruf** der einen Verfügung **führt automatisch** zur **Unwirksamkeit** der anderen Verfügung (§ 2270 Abs. 1). In solch wechselbezüglicher Abhängigkeit können **nur Erbeinsetzung**, **Vermächtnis**, **Auflage** und (seit 2015) die **Wahl des anzuwendenden Erbrechts** getroffen werden (§ 2270 Abs. 3).

21 Statt vieler Palandt-*Weidlich* § 2269 Rdnr. 20.
22 KG FamRZ 2016, 1309 f.
23 Vgl. z. B. BayObLG NJW-RR 2002, 366, 367; näher Staudinger-*Kanzleiter* 2014, § 2269 Rdnr. 49.
24 Z. B. MünchKomm-*Musielak* § 2269 Rdnr. 62 mit weit. Nachweisen zur Gegenansicht.
25 Vgl. oben Rdnr. 403.

Wechselbezügliche Verfügungen im gemeinschaftlichen Ehegattentestament unterscheiden sich 421
in einem Punkt wesentlich von **vertragsmäßigen Verfügungen** im Erbvertrag (§ 2289): Während die wechselbezügliche Verfügung ihre **Bindung** erst mit dem **Tod eines Ehegatten** entfaltet (§ 2271 Abs. 2 S. 1), **bindet** der Erbvertrag bereits **zu Lebzeiten** (§ 2289 Abs. 1).

b) Auslegungsregel des § 2270 Abs. 2

Ob Verfügungen von Ehegatten im Verhältnis der Wechselbezüglichkeit stehen, ist 422
durch **Auslegung des Willens beider Gatten** zu ermitteln. Für zwei besonders typische Testamentsgestaltungen enthält § 2270 Abs. 2 eine **Auslegungsregel** („im Zweifel"). Lässt sich durch Auslegung kein bestimmtes Ergebnis gewinnen, ist **Wechselbezüglichkeit** von Verfügungen anzunehmen, wenn **sich Ehegatten gegenseitig** bedenken. Ferner, wenn ein Ehegatte dem **anderen** etwas vermacht und **dieser** für den Fall **seines Überlebens** einem **Dritten**, der mit dem **erstverstorbenen Gatten** verwandt ist oder ihm sonst nahesteht, eine **Zuwendung** gemacht hat. Ein Anwendungsbeispiel dieser Auslegungsregel zeigt

Fall 53: Die Ehegatten M und F setzen sich gegenseitig zu Erben ein. Für den Fall ihres Überlebens bestimmen sie je zur Hälfte den S (Sohn des M aus erster Ehe) und die X (Nichte der F) zu ihren Erben. Nach dem Tod des M verunglückt S tödlich. Wie ist die Rechtsstellung der F?

Abwandlung: S hat eine nichteheliche Tochter T.

In **Fall 53** stehen nach der Auslegungsregel des § 2270 Abs. 2 im Verhältnis der Wechselbezüglichkeit die gegenseitigen Erbeinsetzungen von M und F (§ 2270 Abs. 2 Alt. 1) sowie einerseits die jeweilige Erbeinsetzung eines Gatten durch den anderen und andererseits die für den Fall des eigenen Überlebens getroffene Erbeinsetzung zugunsten eines Verwandten des vorverstorbenen Partners (§ 2270 Abs. 2 Alt. 2). Für F ergibt sich somit eine Wechselbezüglichkeit zwischen der Verfügung des M, durch die er F als Erbin eingesetzt hat, und ihrer eigenen Verfügung zugunsten des S. Dann fragt sich, ob ihre Erbenstellung berührt ist, weil nunmehr die damit in wechselbezüglicher Abhängigkeit stehende Erbeinsetzung des S durch dessen Vorversterben hinfällig geworden ist (§ 2270 Abs. 1: „Nichtigkeit"). Das ist zu verneinen. Der Wegfall eines wechselbezüglich bedachten Erbprätendenten bedeutet keine automatische Nichtigkeit im Sinne des § 2270 Abs. 1[26]. Die Wirksamkeit der Verfügung entfällt nur dann, wenn sie unter der auflösenden Bedingung des Wegfalls des Bedachten stand.

Im Einzelfall kann zweifelhaft sein, wo die Grenze für eine Anwendung des § 2270 Abs. 2 zu 423
ziehen ist. In der **Abwandlung** des **Falles 53** könnte F weiterhin wechselbezüglich zugunsten der T gebunden sein, die nach **§ 2069** als Ersatzerbin für S eintritt. Die Auslegungsregel des § 2069 gilt auch bei Wegfall eines Schlusserben im gemeinschaftlichen Testament – allerdings nur, wenn die Abkömmlinge des vorverstorbenen Ehegatten auch die gesetzlichen Erben des überlebenden Erblassers wären[27]. Danach scheidet in **Fall 53** die Anwendung des § 2069 aus; T ist einseitiger Abkömmling des M. Unabhängig davon könnte T aber im Wege einer ergänzenden Testamentsauslegung zur Ersatzerbin berufen sein. Für diesen Fall (und für den Fall der Anwendung des § 2069) stellt sich dann die zusätzliche Frage, **ob diese Ersatzerbfolge** auch gem.

26 Z. B. MünchKomm-*Musielak* § 2270 Rdnr. 17; zur Nichtigkeit näher im Anschluss bei Rdnr. 424.
27 BayObLG FamRZ 1999, 1388, 1390 li. Sp.; Soergel-*Wolf* § 2270 Rdnr. 9.

§ 2270 Abs. 2 **wechselbezüglich** ist. Der BGH hat dies in Abweichung von seiner früheren Rechtsprechung verneint[28]. Wechselbezüglichkeit spiegele die Vorstellung der Testierenden wider, die Verfügung des einen geschehe als Gegenleistung für die Verfügung des anderen. Eine solche Interessenlage lasse sich aber nur dort unterstellen, wo wenigstens im Wege der ergänzenden Auslegung der Wille der Ehegatten fassbar wird, bestimmte Personen überhaupt als Schlusserben zu sehen. Eine Ersatzerbfolge allein aufgrund § 2069 genüge dafür nicht[29]. In der **Abwandlung** des **Falles 53** wird T demnach nicht Ersatzschlusserbin nach § 2069; allenfalls über eine ergänzende Testamentsauslegung. Dies kann jedoch dahinstehen, weil F auch dann nicht wechselbezüglich gebunden war und frei verfügen konnte

c) *Nichtigkeit und Widerruf*

424 Ist eine der wechselbezüglichen Verfügungen **nichtig**, so ist kraft Gesetzes auch die andere unwirksam, § 2270 Abs. 1. Auf die Gründe der Nichtigkeit (formelle, inhaltliche Mängel) kommt es ebenso wenig an wie auf die Frage, ob die Nichtigkeit von Anfang an vorlag oder später eintrat. Inwieweit einseitige Verfügungen von einer Nichtigkeitswirkung erfasst werden, ist nach § 2085 zu ermitteln.

425 Auch wechselbezügliche Verfügungen sind zu **Lebzeiten beider Ehegatten frei widerruflich**. Der Widerruf muss allerdings nach den Vorschriften über den **Rücktritt vom Erbvertrag** geschehen (§ 2271 Abs. 1 S. 1), d. h. er ist persönlich, notariell beurkundet und gegenüber dem anderen Gatten abzugeben (§ 2296 Abs. 1, Abs. 2). Durch eine neue einseitige Verfügung von Todes wegen kann eine wechselbezügliche Verfügung nicht aufgehoben werden (§ 2271 Abs. 1 S. 2).

Kommt es zur **Eheauflösung** vor dem Tod eines Ehegatten, so wird ein gemeinschaftliches Ehegattentestament gem. §§ 2268 Abs. 1, 2077 Abs. 1 grundsätzlich **seinem ganzen Inhalt nach unwirksam**. Eine Ausnahme davon macht § 2268 Abs. 2. Danach bleiben die Verfügungen der Ehegatten insoweit wirksam, als sie nach dem wirklichen oder hypothetischen Willen der Eheleute auch für den Fall der Auflösung gelten sollten. Sind davon **wechselbezügliche Verfügungen** betroffen, so nahm die bislang herrschende Auffassung an, dass sich die Fortgeltungsregelung des § 2268 Abs. 2 **lediglich** auf den **Inhalt der Verfügung**, nicht auf ihren Rechtscharakter (Wechselbezüglichkeit) beziehe. Mit Auflösung der Ehe falle die korrespektive Bindung automatisch fort. In Geltung blieben die Verfügungen als einseitige, durch Einzeltestament widerrufliche Bestimmungen[30]. Dem ist der BGH entgegengetreten[31]. Danach betreffe § 2268 Abs. 2 auch die **Rechtsnatur der Verfügung**. Lasse sich also nach dem wirklichen oder hypothetischen Willen des Erblassers feststellen, dass seine Verfügung über den Bestand der Ehe hinaus Gültigkeit haben solle, so behält eine als wechselbezügliche Verfügung niedergelegte Bestimmung auch über die Ehescheidung hinaus den korrespektiven Charakter. Es verbleibe deshalb auch hier ausschließlich bei der Widerrufsmöglichkeit des § 2271 Abs. 1 S. 1. Ein Widerruf durch Verfügung von Todes wegen (§ 2271 Abs. 1 S. 2) scheide aus. Diese Entscheidung des BGH hat berechtigte Kritik im Schrifttum jedenfalls insoweit erfahren, als aus § 2268 Abs. 2 strikt die Wechselbezüglichkeit für

28 BGHZ 149, 363 ff.
29 BGHZ 149, 363, 370.
30 Vgl. etwa *Muscheler* DNotZ 1994, 733 ff.
31 BGHZ 160, 33 ff.

die nacheheliche Zeit gefolgert wird. Es müsse möglich sein, nach dem Willen der Ehegatten die Fortgeltung wechselbezüglicher Verfügungen als einseitig widerrufbare letztwillige Anordnungen anzunehmen[32].

Das Recht **zum Widerruf erlischt** mit dem **Tode** des **anderen Gatten** (§ 2271 Abs. 2 S. 1 Halbs. 1). Nur wenn der überlebende Ehegatte die Zuwendung des Verstorbenen **ausschlägt**, kann er seine Verfügung aufheben. Dies bedeutet, dass eine Aufhebung grundsätzlich ausgeschlossen ist, sobald die Erbschaft angenommen wurde (§ 1943). Die Vorschrift des § 2271 Abs. 2 S. 2 gibt dann lediglich unter besonderen Voraussetzungen (Grund zur Pflichtteilsentziehung, §§ 2294, 2333, 2336) noch ein Recht zur Aufhebung.

d) Bindung und Zuwendungsverzicht

Denkbar bleibt, dass der an seine **wechselbezügliche Verfügung gebundene** Erblasser 426
durch eine **Verzichtsvereinbarung** mit dem Bedachten seine Verfügungsfreiheit wieder erlangt **(§ 2352)**. Das gilt aber nur dann, wenn durch diesen Verzicht sich die bindende Verfügung tatsächlich in vollem Umfang erledigt hat. Das ist nicht der Fall, wenn an die Stelle des Verzichtenden ein **Ersatzerbe** tritt.

Fall 54: In einem gemeinschaftlichen Ehegattentestament haben M und F in wechselbezüglichen Verfügungen sich gegenseitig als Alleinerben und ihren einzigen Sohn S als Schlusserben eingesetzt. Nach dem Tode der F wird M infolge eines Autounfalls pflegebedürftig. Da S selbst inzwischen verheiratet ist und drei Kinder hat, ist ihm die Versorgung des Vaters nicht möglich. Die Pflege übernimmt die ledige Schwester des M. Weil M aus vorhandenem Vermögen seine Schwester nicht angemessen entlohnen kann, möchte er sie für die lebenszeitlich fortdauernde Pflege als Erbin einsetzen. S, der in finanziell gesicherten Verhältnissen lebt, verzichtet gegen eine geringe Abfindung auf sein Erbe. M setzt daraufhin seine Schwester als Erbin ein. Ist sie nach dessen Tod Erbin geworden?

Die Schwester des M ist in **Fall 54** Erbin geworden, wenn dem nicht die bindend gewordene Schlusserbeneinsetzung des S entgegensteht (§ 2271 Abs. 2 S. 1). Zwar kann durch einen wirksamen Zuwendungsverzicht gem. § 2352 die Verfügungsfreiheit des Erblassers wieder hergestellt werden. Aber dies nur dann, wenn nicht bereits **in bindender Weise** ein **Ersatzerbe** bestimmt ist. Ausdrücklich war im Ehegattentestament (M, F) davon nicht die Rede, aber es könnten nach **§ 2069** die **Kinder des S** als **Ersatzerben** an seine Stelle getreten sein. Ein **Erbverzicht** (§ 2346) **wirkt** auch für die **Abkömmlinge** des Verzichtenden (§ 2349). Der Erbverzicht hat aber immer nur das **gesetzliche Erbrecht** (vgl. §§ 2346 Abs. 1, 2349) zum Gegenstand. In **Fall 54** geht es um eine testamentarische Erbeinsetzung, für die § 2352 gilt. Diese Vorschrift hat durch das **ErbVerjRÄndG**[33] eine **wichtige Änderung** erfahren. Bislang verwies **Satz 3** der Vorschrift lediglich auf die §§ 2347, 2348. Nunmehr nimmt er auch auf **§ 2349** Bezug und **erstreckt** damit die Wirkungen des **Zuwendungsverzichts** auch auf die **Abkömmlinge** des Verzichtenden. M's Schwester ist daher Erbin geworden[34].

32 Dazu und zu weiteren Kritikpunkten *Kanzleiter* ZEV 2005, 181 ff.

33 Mit Wirkung vom **1.1.2010** (Übergangsvorschrift: Art. 229 § 23 Abs. 4 EGBGB).

34 Achtung: Falls § 2069 tatsächlich eingreift, ist damit **noch nicht** über die **Wechselbezüglichkeit** dieser Ersatzerbschaft entschieden, vgl. dazu oben Rdnr. 423.

e) Änderungsvorbehalt

426a Die Konsequenz einer Bindung des überlebenden Ehegatten (§ 2271 Abs. 2) können die Ehegatten durch einen **Änderungsvorbehalt** (Widerrufsvorbehalt) einschränken. Vor allem bei Laientestamenten treten in diesem Zusammenhang häufig Auslegungsprobleme auf. In einem instruktiven Fall hatte das OLG Hamm[35] über folgende Regelung eines (notariellen) gemeinschaftlichen Ehegattentestaments zu entscheiden:

„Wir setzen uns gegenseitig zu Erben ein. Der Längstlebende von uns soll alleiniger Erbe des Zuerstversterbenden sein.

Der Überlebende soll aber verpflichtet sein, als Rechtsnachfolger in unser Vermögen nach seinem Tode nur eines oder beide Kinder aus unserer jetzigen Ehe zu bestimmen."

Die überlebende Erblasserin hatte später ihre Enkelin als Alleinerbin eingesetzt. Das war ihr möglich, wenn sie nicht durch das Ehegattentestament bereits hinsichtlich ihrer Kinder gebunden war (§ 2271 Abs. 2). Man könnte hier zweifeln, ob die Eheleute bei Abfassung des Testaments überhaupt einen aktuellen Testierwillen hinsichtlich einer Schlusserbenbestimmung (zugunsten ihrer Kinder) hatten. Denn der Überlebende sollte lediglich „verpflichtet" sein, eine Erbenbestimmung (in Zukunft) zu treffen. Es läge dann keine letztwillige Verfügung vor. Eine entsprechende „Verpflichtung" wäre nichtig (§ 2302), und die Erblasserin hätte über ihren Nachlass unbeschränkt testieren können. Die Auslegung (§§ 133, 2084) führte allerdings zu der Annahme, dass die Eheleute tatsächlich ihre Kinder zu Schlusserben bestimmen wollten und es dem überlebenden Ehegatten freistehen sollte, das eine oder das andere oder beide Kinder als eigene Erben zu berufen. Rechtlich ging es also um eine wechselbezügliche Schlusserbenbestimmung zugunsten der Kinder verbunden mit einem beschränkten Änderungsvorbehalt für den überlebenden Gatten (Auswahl unter den Kindern).

f) Verfügungen unter Lebenden

427 Auch **bindend** gewordene **wechselbezügliche** Verfügungen hindern **nicht**, **Verfügungen unter Lebenden** unbeschränkt vorzunehmen. Entsprechende Anwendung[36] finden insoweit die Vorschriften über den Erbvertrag (vgl. §§ 2286 ff.). **Schutz vor beeinträchtigenden Schenkungen** und Handlungen ergibt sich analog §§ 2287, 2288[37].

35 OLG Hamm FamRZ 2011, 2173 ff.
36 BGHZ 199, 123, 127 Tz. 11; st. Rechtspr., vgl. ferner z. B. BGHZ 82, 274, 276 f.; 87, 19, 23 f.
37 Dazu im Anschluss unten § 14 Rdnr. 458 ff.

 405. √

§ 14 Erbvertrag

I. Inhalt, Abschluss, Verwahrung

1. Inhalt

a) Einseitige und vertragsmäßige Verfügungen

Regelungen in einem **Erbvertrag** (§§ 1941, 2274 ff.) können als **einseitige** Verfügungen der Parteien (§ 2299) oder als **vertragsmäßige** Bestimmungen (§ 2278 Abs. 1) getroffen werden. Allerdings **muss**, damit überhaupt ein Erbvertrag vorliegt, mindestens **eine vertragsmäßige Verfügung** getroffen worden sein. Während den Parteien für die Regelung ihrer einseitigen Verfügungen inhaltlich der gesamte testamentarische Gestaltungsrahmen offen steht (§ 2299 Abs. 1), können **als vertragsmäßige Verfügungen** nur **Erbeinsetzung**, **Vermächtnis**, **Auflage** und **Wahl des anzuwendenden Erbrechts** bestimmt werden (§ 2278 Abs. 2). 428

b) Rechtsfolgen

Soweit die Vertragsschließenden **einseitige Verfügungen** treffen, gilt für diese nichts anderes als für einseitige testamentarische Verfügungen (§ 2299 Abs. 2). Sie können also in gleicher Weise wie ein Testament jederzeit und ohne Begründung widerrufen werden[1]. Das charakteristische Merkmal des Erbvertrages wird durch die Rechtswirkung der **vertragsmäßigen Verfügungen** bestimmt. Solche Verfügungen heben nicht nur, wie auch ein späteres Testament (§ 2258), eine frühere, widersprechende Verfügung auf (§ 2289 Abs. 1 S. 1). Die entscheidende Rechtsfolge ist, dass in gleichem Maße eine **spätere Verfügung** von Todes wegen **ausgeschlossen** ist **(§ 2289 Abs. 1 S. 2)**. Das heißt: Durch die erbvertragliche Bindung wird die **Testierfreiheit** für die **Zukunft eingeschränkt** (Ausschluss der jederzeitigen Widerrufbarkeit, § 2253). Eingeschränkt wird aber **nur die Testierfreiheit** (Verfügungen von Todes wegen). **Unberührt** bleibt die jederzeit mögliche **Verfügung unter Lebenden** (§ 2286)[2]. 429

c) Arten des Erbvertrages – Übersicht

Entsprechend den unterschiedlichen inhaltlichen und rechtlichen Gestaltungsmöglichkeiten kann man folgende Typen von Erbverträgen unterscheiden. 430

1 Zum Widerruf eines Testaments vgl. oben § 8 Rdnr. 236 ff.
2 Dazu unten Rdnr. 457 ff.

Erbverträge

Einseitiger Erbvertrag	**Zweiseitiger Erbvertrag**	**Gegenseitiger* Erbvertrag**	**Entgeltlicher Erbvertrag**
Nur **ein** Vertragspartner verfügt **vertragsmäßig**	**Beide** Vertragspartner verfügen **vertragsmäßig** (zugunsten Dritter)	**Beide** Vertragspartner verfügen **vertragsmäßig** (zu **gegenseitigen** Gunsten)	**Vertragsmäßige** Verfügung in **Abhängigkeit** zu **schuldrechtlicher Verpflichtung**
§§ 2278, 2289	§§ 2278, 2298 Abs. 1, 2289	§§ 2278, 2298 Abs. 1, Abs. 2, 2289	§§ 2278, 2295, 2289

* Der „gegenseitige" Erbvertrag im Sinne des § 2298 umfasst auch die Erscheinungsform des in der Rechtspraxis und hier so genannten „zweiseitigen" Erbvertrags.

2. Abschluss

431 Beim Abschluss des Erbvertrages ist zwischen dem **(Vertrags-)Erblasser** und dem **Vertragspartner** (der nicht Vertragserblasser ist) zu unterscheiden. „Erblasser" im Sinne der §§ 2274 ff. ist **nur** der Vertragsteil, der **selbst vertragsmäßige Verfügungen** trifft (§ 2278). Der **Erblasser** kann einen Erbvertrag **nur persönlich** abschließen (§ 2274). Er muss **unbeschränkt geschäftsfähig** sein (§ 2275 Abs. 1). Eine Ausnahme gilt für einen Erbvertrag zwischen **Ehegatten** und **Verlobten**: Der Erblasser kann hier beschränkt geschäftsfähig sein; er bedarf der Zustimmung seines gesetzlichen Vertreters (§ 2275 Abs. 2, Abs. 3)[3]. – Für den anderen Vertragsteil, der lediglich die Annahme des Vertrages erklärt, verbleibt es bei den allgemeinen Vorschriften der §§ 106 ff. (keine Einwilligung des gesetzlichen Vertreters nach § 107). Auch wenn dieser Vertragsteil seinerseits **einseitige Verfügungen** von Todes wegen trifft (§ 2299), ist er nicht „Erblasser" nach diesen Vorschriften. Für ihn gelten dann die allgemeinen Testamentsvorschriften (§§ 2299 Abs. 2 S. 1, 2229, 2233 Abs. 1, 2247 Abs. 4).

Ein Erbvertrag kann **nur** zur Niederschrift eines Notars geschlossen werden **(notarielle Beurkundung)**, und zwar bei **gleichzeitiger Anwesenheit** beider Teile (§ 2276 Abs. 1 S. 1; Abweichung von § 128). § 2276 Abs. 1 S. 2 verweist für die Formerfordernisse auf die Vorschriften über das öffentliche Testament, die im Falle des Erbvertrages nicht nur für den Erblasser (§ 2274), sondern für beide Teile gelten.

Wird zwischen Eheleuten oder Verlobten ein **Erbvertrag** geschlossen und mit einem **Ehevertrag verbunden**, so genügt nach § 2276 Abs. 2 die für den Ehevertrag vorgesehene Form des § 1410[4].

3. Verwahrung

432 Ein Erbvertrag kann (so regelmäßig) in **besondere amtliche Verwahrung** durch das **Nachlassgericht** oder in **einfache amtliche Verwahrung** durch den beurkundenden

3 Entsprechendes gilt für Lebenspartner i. S. d. LPartG, § 2275 Abs. 3 (§ 1 Abs. 4 LPartG).
4 Dazu ausf. *Lipp* Familienrecht § 12 Rdnr. 275 (§ 2274 gilt auch hier).

Notar genommen werden (§ 34 Abs. 2, Abs. 3 BeurkG). Wird er in amtliche Verwahrung genommen, so gelten § 2300 in Verbindung mit §§ 2259, 2263 und §§ 344 Abs. 3, 348 bis 351 FamFG. Die Vorschrift des § 349 FamFG (Besonderheiten bei Eröffnung des Erbvertrages, vgl. § 349 Abs. 4 FamFG) gilt **nur** für die besondere amtliche Verwahrung . Die Zuständigkeit des Nachlassgerichts ergibt sich aus §§ 23a Abs. 1 S. 1 Nr. 2, Abs. 2 Nr. 2 GVG; § 342 Abs. 1 Nr. 1 FamFG (sachliche Zuständigkeit) und § 344 FamFG (besondere örtliche Zuständigkeit).

Ein Erbvertrag, der **nur Verfügungen von Todes** wegen enthält, kann gem. § 2300 Abs. 2 S. 1, S. 2 aus der besonderen amtlichen oder notariellen Verwahrung an die **Vertragsparteien zurückgegeben** werden (ausgeschlossen, wenn er zusätzlich einen Ehevertrag oder Rechtsgeschäfte unter Lebenden beinhaltet). In diesem Fall gelten die **Verfügungen als widerrufen** (§ 2300 Abs. 2 S. 3 in Verbindung mit § 2256 Abs. 1).

II. Vertragsmäßige Bindung

1. Vertragsmäßigkeit

Jede Verfügung eines Erbvertrages kann eine **einseitige Verfügung** darstellen (§ 2299 Abs. 1). Es muss deshalb von Verfügung zu Verfügung entschieden werden, ob sie als **einseitige** oder als **vertragsmäßige** Bestimmung getroffen werden sollte. Lässt sich nicht wenigstens eine vertragsmäßige Verfügung feststellen, liegt kein Erbvertrag vor. In Betracht kommt dann, wenn die Formvorschriften erfüllt sind, eine **Umdeutung** (§ 140) in Einzeltestamente, bei Ehegatten in ein gemeinschaftliches Testament oder in eine Schenkung nach § 2301[5]. 433

Wann eine **vertragsmäßige** Verfügung vorliegt, ist **nicht gesetzlich** geregelt, auch nicht in Form einer Vermutung. Diese Feststellung unterliegt allein der **Auslegung**. Dem Vertragscharakter entsprechend ist auf den **Willen beider Vertragsschließender** im Zeitpunkt der **Vertragserrichtung** abzustellen (§ 133), gegebenenfalls unter Berücksichtigung von § 157[6]. Führt die Auslegung zu keiner Klärung des beiderseitigen Willens, ist das vom Erblasser mutmaßlich Gewollte maßgeblich[7]. Ein entscheidendes **Kriterium** für die Annahme einer vertragsmäßigen Verfügung ist das **Interesse des Vertragspartners** an der Verfügung des anderen. Vertragsmäßigkeit liegt deshalb regelmäßig vor, wenn Verfügungen zugunsten des Vertragspartners selbst oder von Personen, die mit ihm verwandt oder ihm sonst nahestehen, getroffen wurden. 434

2. Bindungswirkung

Eine vertragsmäßige Verfügung **bindet den Erblasser gem. § 2289 Abs. 1**, soweit das Recht des vertragsmäßig Bedachten **beeinträchtigt** sein würde. Worin eine solche „Beeinträchtigung" liegt und wie die Zustimmung des Bedachten zu einer Beeinträchtigung zu werten ist, zeigt 435

5 Dazu MünchKomm-*Musielak* Vorbem. zu § 2274 Rdnr. 5.
6 BGH FamRZ 1983, 380, 381; BayObLGZ 94, 313, 319.
7 BGH NJW 1993, 256 re. Sp.

Fall 55: Erblasser E hat testamentarisch den X als Erben eingesetzt, dem Y ein Vermächtnis ausgebracht und Testamentsvollstreckung angeordnet. Später bestimmt er Z erbvertraglich als Alleinerben. Wie ist die Rechtslage? – Als E erneut anderweitig testieren will, erteilt Z seine Zustimmung.

a) Beeinträchtigung des Bedachten

436 In **Fall 55** ist das frühere Testament des E aufgehoben, soweit dadurch **der Vertragserbe Z beeinträchtigt** ist. In jedem Fall wird durch den Erbvertrag die **Erbenstellung** des X hinfällig. Ob den nunmehrigen Vertragserben Z weiterhin die Beschwerung des Vermächtnisses zugunsten des Y und die Anordnung der Testamentsvollstreckung treffen, hängt davon ab, ob sich die **„Beeinträchtigung"** im Sinne des § 2289 Abs. 1 auf eine streng **rechtliche** beschränkt oder ob auch **wirtschaftliche** Beeinträchtigungen erfasst sind. Fest steht, dass § 2289 Abs. 1 (im Gegensatz zu § 2258) jedenfalls keine dem Erbvertrag widersprechende testamentarische Verfügung voraussetzt. Danach ist auch die angeordnete **Testamentsvollstreckung unwirksam**, denn sie beschränkt die erbrechtliche Verfügungsbefugnis (§ 2211 Abs. 1). Unterschiedliche Argumente werden für die (im Ergebnis zu bejahende) Aufhebung eines **Vermächtnisses** vorgebracht. Zum Teil wird dafür in Anspruch genommen, dass § 2289 Abs. 1 auch eine wirtschaftliche Beeinträchtigung umschließe, denn das Erbrecht des Bedachten bleibe durch die Vermächtnisanordnung unberührt[8]. Andererseits kommen auch die Vertreter einer rein rechtlichen Interpretation der „Beeinträchtigung" zur Unwirksamkeit eines Vermächtnisses[9]. Mit der zuletzt genannten Ansicht ist darauf abzustellen, dass eine bloß wirtschaftliche Beeinträchtigung nicht genügt, schon deshalb nicht, weil im Einzelfall oft nicht zu entscheiden ist, was für den Vertragserben tatsächlich wirtschaftlich günstiger ist[10]. Voraussetzung ist aber auch nicht, dass die dinglich-erbrechtliche Stellung des Vertragserben betroffen ist. **Notwendig** und **genügend** ist eine **rechtliche** (auch schuldrechtliche) Beeinträchtigung, die zu einer Minderung, Beschränkung oder Belastung der vertragsmäßigen Zuwendung führt. Danach ist in **Fall 55** auch das Vermächtnis zugunsten des Y gegenstandslos.

b) Zustimmung des Bedachten

437 Die **Zustimmung** des vertragsmäßig Bedachten neutralisiert die Beeinträchtigung im Sinne des § 2289 Abs. 1, denn es handelt sich um eine **Schutzvorschrift** zu dessen **Gunsten**. Allerdings muss die Zustimmung entsprechend der **Form** eines **Erbverzichts** (§ 2348: notarielle Beurkundung) erteilt werden[11]. In **Fall 55** sind erneute Verfügungen des E bei formgerechter Zustimmung des Z demnach möglich.

---

8 Soergel-*Wolf* § 2289 Rdnr. 3.

9 MünchKomm-*Musielak* § 2289 Rdnr. 10; *Brox/Walker* Rdnr. 157.

10 So zu Recht *Brox/Walker* Rdnr. 157. Im Sinne eines **rechtlichen Nachteils** nunmehr auch die höchstrichterliche Rechtspr., vgl. **BGHZ 189, 120, 126 Tz. 18, 129 Tz. 29**. – Ob die bloße Auswechslung eines Testamentsvollstreckers eine solche „Beeinträchtigung" darstellt, ist nur vor dem Hintergrund des maßgeblichen Erbvertrages zu entscheiden (ja, wenn die erbvertragliche Bestimmung die Rechtsstellung des Vertragserben auch in Bezug auf die Person des Testamentsvollstreckers festlegt, BGH a.a.O., 130 Tz. 30).

11 BGHZ 108, 252, 254.

3. Gegenseitigkeit (Wechselbezüglichkeit)

Von der **Bindung des Erblassers**, keine beeinträchtigenden Verfügungen vornehmen zu können (§ 2289 Abs. 1), zu **trennen** ist die (wechselbezügliche) **Verbundenheit** von **Verfügungen** im **zweiseitigen** und **gegenseitigen** Erbvertrag **(§ 2298 Abs. 1, Abs. 2)** – vgl. Übersicht oben Rdnr. 430. **438**

a) Vermutung des § 2298 Abs. 1, Abs. 2

Gemäß § 2298 Abs. 1 wird für einen Erbvertrag, in dem **beide** Vertragsschließenden **vertragsmäßige** Verfügungen getroffen haben, vermutet, dass die Nichtigkeit **einer Verfügung** die Nichtigkeit des **ganzen Vertrages** zur Folge hat. Das Gleiche gilt, wenn sich eine Partei den **Rücktritt** vorbehalten hat (§ 2293) und dieser ausgeübt wird (§ 2298 Abs. 2 S. 1). Diese Vermutung **setzt vertragsmäßige Verfügungen beider Teile voraus** und bestimmt ihre **wechselbezügliche Abhängigkeit**. Eine derartige rechtliche Abhängigkeit ist aber **nicht notwendig** in jedem Fall zu bejahen. Die Vermutung kann durch die Feststellung eines abweichenden Willens der Vertragsschließenden entkräftet werden (§ 2298 Abs. 3). **439**

b) Gegenseitigkeitsbindung, Rechtsfolgen

Die Tatsache, dass zweiseitige und gegenseitige Erbverträge sowohl mit Wechselbezüglichkeit wie ohne diese synallagmatische Verbindung denkbar sind (§ 2298 Abs. 3), wirft die Frage nach den **entscheidenden Beurteilungskriterien** auf. **440**

Fall 56[12]: Das kinderlose Ehepaar M und F hat erbvertraglich bindend vereinbart: M und F setzen sich gegenseitig zu Erben ein. Nach dem Tode des Längstlebenden soll dessen Nachlass je zur Hälfte an K1 (Neffe des M) und K2 (Nichte der F) fallen; F und M behalten sich hinsichtlich ihrer Verfügungen den Rücktritt vor. Als sich K1 in immer stärkerem Maße von M entfremdet, tritt M von der Schlusserbeneinsetzung zugunsten des K1 wirksam zurück. Wie ist die Rechtsfolge?

M und F **(Fall 56)** haben in **jeweils vertragsmäßigen** Verfügungen (§ 2278) sich gegenseitig als Erben sowie K1 und K2 als Schlusserben eingesetzt[13]. Dass in vertragsmäßiger Weise auch **Dritte** bedacht werden können, stellt § 1941 Abs. 2 ausdrücklich klar. Übt eine Vertragspartei den nach § 2293 **vorbehaltenen Rücktritt** aus, so führt dies nach § 2298 Abs. 2 S. 1 grundsätzlich zur Aufhebung aller **vertragsmäßigen** Verfügungen im Sinne des § 2298 Abs. 1[14], der (über die Vertragsmäßigkeit hinaus) die **Wechselbezüglichkeit** (aller) solcher Verfügungen vermutet. Wird der gesamte Erbvertrag durch Rücktritt aufgehoben, treten auch die **einseitigen** Verfügungen grundsätzlich außer Kraft, es sei denn, es ließe sich ein anderer Wille des Erblassers nachweisen (§ 2299 Abs. 3). Diese Rechtsfolge ist **nicht zwingend**. Entscheidend ist stets der **Wille** der Vertragsschließenden (§ 2298 Abs. 3). So kann die Rechtsfolge des § 2298 Abs. 1, Abs. 2 nur im Verhältnis einzelner Verfügungen gewollt sein, so dass der Rücktritt **441**

12 Vgl. BGH NJW 1961, 120.
13 Es gilt auch hier im Zweifel das **Einheitsprinzip**, §§ 2280, 2269.
14 Nur der nach § 2293 vorbehaltene Rücktritt führt zu § 2298 Abs. 2, nicht der Rücktritt nach §§ 2294, 2295.

andere vertragsmäßigen Verfügungen unberührt lässt. Für einseitige Verfügungen gelten dann die §§ 2299 Abs. 2, 2085.

442 Die **Nichtigkeit** einer **vertragsmäßigen** Verfügung (die Vertragsmäßigkeit muss gegebenenfalls durch Auslegung ermittelt werden) hat die Unwirksamkeit sämtlicher **vertragsmäßigen** Verfügungen zur Folge (§§ 2298 Abs. 1); Ausnahme: § 2298 Abs. 3. Sind sämtliche vertragsmäßigen Bestimmungen unwirksam, gilt dies auch für **einseitige** Verfügungen, sofern sie sich nach dem Willen des Erblassers nicht als Testament aufrecht erhalten lassen (§ 2299 Abs. 3). Sind die vertragsmäßigen Regelungen nicht in vollem Umfang unwirksam, richten sich die Folgen für einseitige Verfügungen nach § 2085 (vgl. § 2299 Abs. 2).

443 In **Fall 56** ist M zwar von einer vertragsmäßigen Verfügung zurückgetreten. Ob die Erbeinsetzung des K1 aber **auch wechselbezüglich** war, ist zweifelhaft. Die Rechtsfolgen des § 2298 Abs. 1 und des § 2298 Abs. 2 S. 1 können nach dem Willen der Parteien ausgeschlossen sein. Wechselbezüglichkeit bedeutet, dass die eine Verfügung nicht ohne die andere bestehen bleiben soll. Es ist deshalb zu fragen, ob nach dem Willen der Parteien die Existenz einer Verfügung des einen Teils (F) von der durch Rücktritt beseitigten Verfügung des anderen Teils (M) abhängig sein soll. Entscheidend ist das **Interesse der Parteien**, insbesondere der F, an der weggefallenen Verfügung. Hier gelten ähnliche Überlegungen wie für § 2270 Abs. 2. Aus Sicht der F hängt ihre Erbeinsetzung des M wesentlich davon ab, dass M auch sie zu seiner Erbin bestimmt hat und dass im Fall ihres Vorversterbens nach dem Tode des M ihre Nichte K2 am beiderseitigen Nachlass teilhat. Wen M (aus seiner Verwandtschaft) zum Miterben bestimmt, ist für F (soweit nichts anderes hervortritt) grundsätzlich belanglos[15].

In **Fall 56** ist davon auszugehen, dass vom Rücktritt des M die gegenseitige Erbeinsetzung von M und F und die Erbeinsetzung der K2 durch M ebenso wie durch F unberührt bleiben sollen. Dagegen wird man von einer Wechselbezüglichkeit der Erbeinsetzung des K1 durch M und F ausgehen können. Maßgeblich ist hier die Sicht des M: Wenn er K1 nicht mehr als seinen Erben sehen will, wird ihm daran gelegen sein, dass K1 auch nicht als Erbe der F (im Falle seines Vorversterbens) in den Genuss seines Vermögens kommt. Dieser Wille wird von F geteilt (§ 157), weil sie selbst kein gesteigertes persönliches Interesse an der Erbeinsetzung des K1 hat. Im Ergebnis wird durch den Rücktritt des M auch die Erbeinsetzung des K1 durch F beseitigt (§ 2298 Abs. 2 S. 1, Abs. 3).

4. Entgeltlicher Erbvertrag

444 Besondere Probleme verbinden sich mit dem so genannten entgeltlichen Erbvertrag, bei dem eine **letztwillige Verfügung** mit **Rücksicht** auf eine **schuldrechtliche Verpflichtung** eines anderen getroffen wird. Die Erbeinsetzung steht als Gegenleistung für bestimmte in Zukunft zu erbringende Leistungen des Bedachten, insbesondere Pflege, Verköstigung im Alter etc. (so genannte Abnähr- oder Verpfründungsverträge). Als Ausgangsüberlegung ist dabei festzuhalten, dass dem Erbvertrag eine **Doppelnatur** eigen ist: Er ist **Vertrag**, woraus die **Bindung des Erblassers resultiert** (§ 2289 Abs. 1), und er ist **Verfügung von Todes wegen.** Der Erbvertrag hat **keinerlei schuldrechtliche** Elemente oder Wirkungen. Von einem „entgeltlichen Erbvertrag" zu sprechen[16], ist

15 Diese Überlegungen können schon dazu führen, die Vertragsmäßigkeit einer Verfügung zu verneinen, so BGH NJW 1961, 120 re. Sp. – in **Fall 56** nach Sachverhaltsangabe ausgeschlossen.

16 Etwa Soergel-*Wolf* Vor § 2274 Rdnr. 4, § 2295 Rdnr. 1.

deshalb ungefährlich, solange klar ist, dass **Erbvertrag** und korrespondierende **Verpflichtung** des Bedachten stets **zwei unterschiedliche**, wenn auch mit Rücksicht aufeinander abgeschlossene **Verträge** sind, die auch in ihren Wirksamkeitsvoraussetzungen (Form) den jeweils eigenen Vorschriften folgen.

Die Hauptprobleme beim entgeltlichen Erbvertrag zeigt

Fall 57: Erblasser E hat den X als Vertragserben eingesetzt. Dieser hat sich nach näheren Bestimmungen zu Pflege und Unterhalt gegenüber E im Alter und bei Hilfsbedürftigkeit verpflichtet. Als diese Situation eintritt, hält X seine Verpflichtung nicht ein. Was kann E tun?

a) Verpflichtung des Bedachten

Hat sich der Bedachte als Gegenleistung für die erbrechtliche Zuwendung zu Leistungen verpflichtet, so hat der Erblasser als Vertragspartner **dieses schuldrechtlichen Vertrages** einen **Anspruch auf Erfüllung**. Diesen Anspruch kann er einklagen und gegebenenfalls vollstreckungsrechtlich durchsetzen. Aber abgesehen davon, dass der Erblasser bei einem solch gestörten persönlichen Verhältnis regelmäßig keinen Wert auf weitere Leistungserbringung legt, zieht das Vollstreckungsrecht für Dienstleistungen (Pflege) ohnehin eine Grenze zwangsweiser Durchsetzbarkeit (§ 888 Abs. 3 ZPO). Der Erblasser bleibt in diesen Fällen auf die Interessenklage verwiesen (§ 893 ZPO), die aber sicher nicht seinen Vorstellungen entspricht. Er wird, wenn möglich, auf die Dienste des Bedachten verzichten und anderweitig testieren wollen. Sein hauptsächliches erbrechtliches Interesse ist darauf gerichtet, wegen Nichterfüllung der Verpflichtung von seiner erbvertraglichen Verfügung frei zu werden. 445

b) Gegenseitiger Vertrag

Ein Rücktrittsrecht vom Erbvertrag gem. § 323 Abs. 1 scheidet aus. Der Erbvertrag ist mangels schuldrechtlicher Qualität **kein gegenseitiger Vertrag**. Die Vorschriften der §§ 320 ff. sind deshalb generell auf ihn nicht anwendbar[17]. 446

Möglicherweise ist zwar der mit Rücksicht auf den Erbvertrag abgeschlossene schuldrechtliche Vertrag, der den Bedachten verpflichtet, ein gegenseitiger Vertrag. – Davon ging der BGH etwa in einem Fall aus, in dem sich der Vertragserbe zu lebenszeitlicher Pflege im Alter und im Krankheitsfall verpflichtet und die Erblasserin andererseits die Verpflichtung übernommen hatte, ihr Hausgrundstück weder zu veräußern noch zu belasten[18]. Von **diesem** Vertrag kann der Erblasser unter den Voraussetzungen des § 323 Abs. 1 zurücktreten und zugleich dann auch vom Erbvertrag gem. § 2295 (vgl. unten Rdnr. 448). Inhalt eines solchen Vertrages kann auf Erblasserseite aber nicht die Verpflichtung zum Abschluss eines Erbvertrages sein (§ 2302).

Ein Teil des Schrifttums bejaht eine **analoge Anwendung** des **§ 323 Abs. 1** auf den Erbvertrag, wenn die erbvertragliche Verfügung bereits besteht und der schuldrechtliche Vertrag sich – ohne Verpflichtung zu einer Verfügung von Todes wegen – auf eine kausale Verknüpfung beider Rechtsgeschäfte beschränkt[19]. Aber diese Überle-

17 BGH NJW 2011, 224 re. Sp.
18 BGH NJW 2011, 224 ff.
19 Soergel-*Wolf* § 2295 Rdnr. 4; *Stürzebecher* NJW 1988, 2717, 2719 li. Sp.

gung überzeugt letztlich nicht. Zwar ist richtig, dass eine Verpflichtung im Sinne der §§ 320 ff. über ihre Erfüllung hinaus einen Behaltensgrund *(causa)* darstellt. Daraus lässt sich aber nicht im Gegenzug schließen, dass deshalb jeder kondiktionsrechtliche Behaltensgrund auch unter §§ 320 ff. gerechnet werden könnte. Hierunter fallen nur solche, die aus der Erfüllung einer Verpflichtung erwachsen sind. Richtigerweise kann deshalb § 323 weder direkt noch analog auf den Erbvertrag angewendet werden.

c) Erbrechtliche Sonderregeln

447 Nach herrschender Auffassung stehen für die Aufhebung eines entgeltlichen Erbvertrages wegen Nichterfüllung der Gegenleistung **nur** die **erbrechtlichen Vorschriften** als **Sonderregeln** zur Verfügung[20].

448 In Betracht kommt ein **Rücktritt** des Erblassers gem. § **2295** – allerdings nur unter den dort genannten (engen) Voraussetzungen. Der Bedachte muss sich durch **Rechtsgeschäft** zu **wiederkehrenden Leistungen** verpflichtet haben, und zwar auf **Lebenszeit** des Erblassers. Zeitlich begrenzte oder auf Gesetz beruhende Verpflichtungen fallen nicht unter die Vorschrift[21]. Diese Verpflichtung des Bedachten muss vor dem Tode des Erblassers **„aufgehoben"** worden sein. Aufhebung im Sinne des § 2295 bedeutet nicht notwendig beidseitige vertragliche Aufhebung, sondern **umfasst jede**, auch auf einseitige Initiative zurückgehende **Beendigung** der Verpflichtung[22]. Von einer Aufhebung ist deshalb auch auszugehen, wenn die Leistungserbringung dem Bedachten (subjektiv oder objektiv) unmöglich wird (§ 275 Abs. 1[23]), wenn sie durch den Eintritt einer Bedingung oder Rücktritt des Erblassers endet oder etwa aufgrund von Anfechtung von Anfang an nichtig ist.

In **Fall 57** muss E, um von seiner vertragsmäßigen Verfügung nach § 2295 zurücktreten zu können, zunächst die Verpflichtung des X zu Unterhalt und Pflege beseitigen. Ob und welche Möglichkeiten sich für den Erblasser hier ergeben (Kündigung, Rücktritt), hängt von dem konkret zugrunde liegenden Schuldverhältnis ab, das auch als gegenseitiger Vertrag ausgestaltet sein kann. Wo spezielle Beendigungsgründe nicht zur Verfügung stehen, wird bei Leistungsstörungen zum Teil auf eine Kündigung nach § 314 zurückgegriffen[24]. Zum Teil wird eine Beseitigung der erbvertraglichen Bindung auch über § 139 zu begründen versucht[25] oder (mit unterschiedlicher Begründung) als bereicherungsrechtlicher Aufhebungsanspruch hergeleitet[26].

449 Die überwiegende Meinung verweist in diesen Fällen, in denen die Voraussetzungen des § 2295 **nicht** vorliegen, etwa weil es sich um eine zeitlich begrenzte oder gesetzliche Verpflichtung des Bedachten handelt oder um **Leistungsstörungen**, die den Erfüllungsanspruch unberührt lassen und sich der Erblasser nicht den Rücktritt vorbehalten hat (§ 2293), hingegen auf die Möglichkeit einer **Anfechtung des Erbvertrages** nach §§ 2281, 2078 Abs. 2[27].

20 Etwa MünchKomm-*Musielak* § 2295 Rdnr. 1, Vor § 2274 Rdnr. 19.
21 Zur Regelung dieser Fallgestaltungen vgl. unten Rdnr. 449.
22 Z. B. MünchKomm-*Musielak* § 2295 Rdnr. 4.
23 BGH NJW 2011, 224, 225 re. Sp.
24 Nachweise bei MünchKomm-*Musielak* § 2295 Rdnr. 5.
25 *Lüke* Vertragliche Störungen beim „entgeltlichen" Erbvertrag, 1990, S. 29 f., 55.
26 *Knieper* DtNotZ 1968, 331, 333 mit weit. Nachweisen.
27 Soergel-*Wolf* § 2295 Rdnr. 3; MünchKomm-*Musielak* § 2295 Rdnr. 5; Palandt-*Weidlich* § 2295 Rdnr. 4.

d) Leistungen des Bedachten

450 Hat der Bedachte bereits Leistungen erbracht und fällt anschließend die Verpflichtung fort mit der Folge des Erblasser-Rücktritts, so steht ihm ein Ausgleich nach **bereicherungsrechtlichen** Grundsätzen gem. § 812 Abs. 1 S. 2 Alt. 1 *(condictio ob causam finitam)* zu.

5. Beseitigung der Bindungswirkung

451 Die Bindungswirkung des Erbvertrages kann durch **Aufhebung**, durch **Rücktritt** oder durch **Anfechtung** beseitigt werden.

a) Aufhebung

452 Ein Erbvertrag kann von den Vertragsschließenden durch **Vertrag** gem. § 2290 Abs. 1 S. 1 aufgehoben werden. Die näheren persönlichen und formellen Voraussetzungen sind in § 2290 Abs. 2 bis Abs. 4 geregelt. Ein Aufhebungsvertrag ist nach dem Tod eines Vertragsschließenden nicht mehr möglich (§ 2290 Abs. 1 S. 2).

Ein von Ehegatten oder Lebenspartnern abgeschlossener Erbvertrag kann auch durch ein **gemeinschaftliches Testament** der Ehegatten oder Lebenspartner aufgehoben werden (§ 2292).

Schließlich ist die Aufhebung einer vertragsmäßigen Verfügung, durch die ein **Vermächtnis** oder eine **Auflage** angeordnet oder eine Rechtswahl getroffen ist, durch **einseitiges Testament** möglich, wenn der andere Vertragspartner (notariell beurkundet) dem zustimmt (§ 2291).

b) Rücktritt

453 Der Erblasser kann vom Erbvertrag bei **Vorbehalt des Rücktritts** gem. § 2293 zurücktreten, ebenso bei **Aufhebung** einer **Gegenverpflichtung**, wenn es sich um einen entgeltlichen Erbvertrag handelt, § 2295[28]. Ein Rücktritt kommt ferner bei **Verfehlungen** des **Bedachten**, die Gründe für eine Pflichtteilsentziehung darstellen, in Betracht, § 2294.

Der Rücktritt erfolgt durch notariell beurkundete Erklärung gegenüber der anderen Vertragspartei. Er kann nur durch den Erblasser selbst erfolgen, § 2296.

Ist der Erblasser zum Rücktritt berechtigt, so kann er nach dem Tod der anderen Vertragspartei (vgl. § 2296 Abs. 2) die vertragsmäßige Verfügung durch **Testament** aufheben, § 2297.

454 **Rechtsfolgen** des Rücktritts sind die Aufhebung der **eigenen vertragsmäßigen Verfügung** und, soweit ein anderer Wille der Vertragschließenden nicht erkennbar ist (§ 2298 Abs. 3), bei **wechselbezüglichen** Verfügungen die **Unwirksamkeit** des **ganzen Vertrages** gem. § 2298 Abs. 2. Das Gleiche gilt nach § 2299 Abs. 3 auch für **einseitige** Verfügungen.

28 Vgl. oben Rdnr. 448 ff.

c) Anfechtung

455 Der Erbvertrag kann auch vom Erblasser selbst nach § 2281 Abs. 1 in Verbindung mit §§ 2078, 2079 angefochten werden. Die Anfechtung kann der Erblasser persönlich in einer notariell beurkundeten Erklärung (§ 2282 Abs. 1, Abs. 3) binnen Jahresfrist erklären (§ 2283). Für einen geschäftsunfähigen Erblasser handelt der gesetzliche Vertreter (§ 2282 Abs. 2). Der anfechtbare Erbvertrag kann (nur) durch den Erblasser bestätigt werden (§ 2284).

456 Ist das Anfechtungsrecht des Erblassers etwa durch Bestätigung oder Fristversäumnis im Zeitpunkt des Erbfalls erloschen, so haben nach seinem Tode die nach § 2080 Anfechtungsberechtigten ebenfalls kein Anfechtungsrecht mehr, § 2285.

III. Rechtsgeschäfte unter Lebenden

1. Wirksamkeit lebzeitiger Verfügungen

457 Der Erbvertrag schränkt als eine Verfügung von Todes wegen die Freiheit des Erblassers, über sein Vermögen durch **Rechtsgeschäft unter Lebenden** zu **verfügen**, **nicht ein**, § 2286. Derartige Verfügungen sind, soweit andere Unwirksamkeitsgründe nicht vorliegen, unbeschränkt wirksam.

2. Beeinträchtigende Schenkungen

458 **Schutz** des **Vertragserben** gegen **beeinträchtigende Verfügungen** gewährt **§ 2287 Abs. 1**. Danach kann der Vertragserbe, sobald ihm die Erbschaft angefallen ist, von einem Dritten, dem der Erblasser in der **Absicht**, den Vertragserben **zu beeinträchtigen**, eine **Schenkung** gemacht hat, **Herausgabe** dieses Gegenstandes nach den Vorschriften des **Bereicherungsrechts** verlangen.

459 Der **BGH** hat seine Rechtsprechung zu § 2287 im Laufe der Zeit **geändert**. Bis zu Beginn der 1970er Jahre ging der BGH von der so genannten **„Aushöhlungsnichtigkeit"** lebzeitiger Erblasserverfügungen aus. Hintergrund dieser Rechtsprechung war die Auffassung, dass § 2287 nur dann Anwendung finde, wenn die Beeinträchtigungsabsicht des Erblassers vorherrschendes Motiv seiner Verfügung sei[29]. Das führte zu einem eng begrenzten Anwendungsbereich der Vorschrift, der der BGH mit seiner Rechtsprechung zur Aushöhlungsnichtigkeit gegenzusteuern versuchte. Danach sollte, wo die Beeinträchtigungsabsicht nicht als vorherrschendes Motiv festgestellt werden konnte, die Schenkung wegen Verstoßes gegen die erbvertragliche Bindung gem. §§ 134, 138 nichtig sein[30]. Diese Judikatur rief heftigen Widerspruch im Schrifttum hervor[31], die den BGH schließlich bewog, seine bisherige Rechtsprechung aufzugeben[32].

460 Heute gehen Rechtsprechung[33] und Literatur[34] davon aus, dass eine **Beeinträchtigungsabsicht** des Erblassers **der Wirksamkeit** seiner Verfügung **in keinem Fall** entge-

29 BGH NJW 1968, 2052, 2053; 1971, 188.
30 BGH NJW 1968, 2052, 2053.
31 *Speckmann* NJW 1968, 2222 ff.; *Spellenberg* FamRZ 1972, 349 ff.
32 **Grundlegend BGHZ 59, 343 ff.**
33 BGHZ 59, 343, 350; BGH NJW 1991, 1952, 1953.
34 Z. B. *Leipold* Rdnr. 520.

 50s.√

gensteht. Auch kollusives Handeln lässt die Verfügung unberührt (kein Anspruch aus § 826). Das Gesetz regelt diesen Fall in § 2287 Abs. 1, der deutlich macht, dass eine Beeinträchtigungsabsicht die Verfügung gerade nicht hindert. Es bleibt deshalb die dort genannte Rechtsfolge eines **Herausgabeanspruchs** gegen den **Beschenkten**. Gleichwohl bietet die Anwendung der Vorschrift weitere Probleme.

Fall 58: Nach dem Tode seiner Frau hat M seine aus dieser Ehe stammende Tochter T erbvertraglich zu seiner Alleinerbin bestimmt. Nach Jahren heiratet er ein zweites Mal. Mit seiner jetzigen Ehefrau F, die deutlich jünger ist als er, vereinbart M Gütertrennung. Er überträgt der F ein wertvolles Grundstück (Hauptgegenstand seines Vermögens), um gemeinsam mit ihr und ihren Finanzmitteln ein altersgerechtes Wohnhaus zu bauen, in dem M bei altersbedingter Pflege- und Hilfsbedürftigkeit durch F versorgt werden soll. Als M kurze Zeit später tödlich verunglückt und T die Erbschaft angetreten hat, verlangt sie von F Herausgabe des Grundstücks.

a) Schenkung des Erblassers

Ein Herausgabeanspruch des Vertragserben nach § 2287 Abs. 1 setzt eine **Schenkung** **461**
des Erblassers voraus, d. h., es muss eine objektiv unentgeltliche Zuwendung vorliegen und die Parteien müssen sich über die Unentgeltlichkeit einig sein (§ 516). Auch eine **gemischte Schenkung** fällt unter § 2287 Abs. 1[35]. Ob die Zuwendung des Grundstücks an die F in **Fall 58** eine Schenkung darstellt, ist zweifelhaft. Der Schenkungscharakter würde (zumindest teilweise) entfallen, wenn die Grundstücksübertragung als Gegenleistung für bereits erbrachte Hilfs- und Pflegedienste gedacht war[36]. Im konkreten Fall sollte die Zuwendung in Kooperation mit der F dazu dienen, in Zukunft für die Ehegatten ein gemeinsames Wohnen auch bei altersbedingten Gesundheitsdefiziten so weit wie möglich sicherzustellen. Es handelt sich um eine so genannte **unbenannte Ehegattenzuwendung**, die als eine besondere familienrechtliche Zuwendungsart grundsätzlich **keine Schenkung** darstellt[37]. Für den **Bereich des Erbrechts** hat der BGH etwas anderes angenommen. Ehegattenzuwendungen seien **objektiv** eine **unentgeltliche** Bereicherung des Partners, lediglich im Innenverhältnis würden sie von den Ehegatten subjektiv nicht als Schenkung gewertet[38]. Der Schutz des Vertragserben[39] verlange, unbenannte Ehegattenzuwendungen im **Erbrecht** wie **Schenkungen** zu behandeln[40].

Im Ergebnis wird man die Rechtsprechung des BGH weithin billigen können. Dabei geht es um eine **teleologische Ausdehnung** erbrechtlicher Schutzvorschriften über „Schenkungen" hinaus. Allerdings liegt der tiefere Grund für diese Ausweitung in dem beinahe konturenlosen Begriff der Ehegattenzuwendung, wie ihn die Rechtsprechung formuliert hat[41].

In **Fall 58** ist die Grundstücksübertragung an F deshalb als Schenkung im Sinne des § 2287 Abs. 1 zu behandeln.

---

35 BGH FamRZ 1964, 429, 430.
36 BGH NJW-RR 1986, 1135 re. Sp.
37 BGHZ 82, 227 ff. = JuS 1983, 830; zum Problem insgesamt *Lipp* Familienrecht § 13 Rdnr. 283 ff.
38 **Grundlegend BGHZ 116, 167, 174 = JuS 1992, 611 f.**
39 Ähnliches gilt für Pflichtteilsberechtigte.
40 BGHZ 116, 167, 174 = JuS 1992, 611 f.
41 Zur Kritik vgl. *Lipp* Familienrecht § 13 Rdnr. 294 f.

Beschäftigt hat die Rechtsprechung auch die Frage, ob in der **Begründung einer Gütergemeinschaft** eine Schenkung liegen könne, die dann zu einem Anspruch nach § 2287 Abs. 1 führe[42]. Hier gilt: Auch wenn mit der Vereinbarung einer Gütergemeinschaft eine (steuerrechtlich relevante) Bereicherung des weniger vermögenden Gatten verbunden ist, so liegt darin doch grundsätzlich **keine Schenkung**. Die ehevertragliche Güterstandsregelung wird von einer **eigenen ehegüterrechtlichen causa** getragen (familienrechtlicher Vertrag), die die schuldrechtliche Schenkungsabrede verdrängt[43]. Nur dort, wo mit der (neuen) güterrechtlichen Zuordnung **ehefremde Zwecke** verfolgt werden[44], kann nach Lage des konkreten Einzelfalls eine Schenkung in Betracht kommen. Allein das Bewusstsein der Eheleute, dass die güterrechtliche Neuordnung „unentgeltlich" (§ 516) geschehe, reiche für eine solche Annahme nicht aus[45].

b) „Beeinträchtigungsabsicht"

462 Die Schenkung muss **„in der Absicht, den Vertragserben zu beeinträchtigen"** erfolgt sein (§ 2287 Abs. 1). Die nähere Konkretisierung dieses Tatbestandsmerkmals wirft Schwierigkeiten auf. Denn einerseits bedeutet „Beeinträchtigungsabsicht", dass es dem Erblasser darum geht, dem Vertragserben seine erbvertragliche Position zu schmälern oder sie ihm ganz zu nehmen. Andererseits ist eine solche Absicht aber im Grunde nur die Kehrseite jeder lebzeitigen Drittschenkung, liegt also „praktisch immer" vor und ist deshalb wenig geeignet, eine rechtlich folgenlose (§ 2286) von einer „beeinträchtigenden" Schenkung (§ 2287 Abs. 1) einigermaßen scharf zu trennen. Der BGH trifft diese Entscheidung in seiner jüngeren Judikatur deshalb anhand einer (über den Wortlaut der Vorschrift hinausgehenden) Missbrauchsprüfung[46]. Diese ist anhand einer **Interessenabwägung** nach **objektiven Gesichtspunkten** zu beantworten, die eine Bewertung der subjektiven Einstellung des Erblassers erlaubt: Geht es dem Erblasser der Sache nach um eine **Korrektur seiner erbvertraglichen Bindung** oder hat er an der Schenkung ein **beachtenswertes lebzeitiges Eigeninteresse**, so dass sie sich nicht als Missbrauch der Verfügungsfreiheit und als gegen den Vertragserben gerichtet darstellt. Aus objektiver Sicht müssen die Beweggründe des Erblassers für seine Schenkung so sein, dass sie der Vertragserbe nach den konkreten Umständen des Falles anerkennen und die Beeinträchtigung seiner Stellung hinnehmen muss[47].

Zu bejahen ist ein lebzeitiges Eigeninteresse des Erblassers bei Anstands- und Pflichtschenkungen. Ebenfalls dann, wenn es dem Erblasser darum geht, seine Altersversorgung zu verbessern, wobei mit zunehmendem Alter insoweit auch ein zunehmendes Interesse zu bejahen ist[48]. Ein beachtenswertes lebzeitiges Interesse hat der BGH auch anerkannt, wenn es dem Erblasser darum geht, seine jüngere Ehefrau im Hinblick auf die eigene Altersversorgung an sich zu

42 BGH NJW 1992, 558 f.; *in concreto* ging es um einen Pflichtteilsergänzungsanspruch (§ 2325).

43 BGH NJW 1992, 558, 559 li. Sp.

44 Der BGH verweist beispielhaft auf RGZ 87, 301 ff.: Die Eheleute hatten nach einheitlichem Plan ein Jahr vor dem Tod des begüterten Ehemannes allgemeine Gütergemeinschaft vereinbart und schon fünf Tage später Gütertrennung begründet, um die Rechte eines minderjährigen Kindes des Mannes aus einer früheren Ehe zu schmälern.

45 BGH NJW 1992, 558, 559 li. Sp.

46 BGHZ 82, 274, 282; 116, 167, 176.

47 BGHZ 83, 44, 45 mit weit. Nachweisen.

48 BGHZ 66, 8; 83, 44, 46; BGH FamRZ 2012, 28, 29 re. Sp.

binden[49]. Bei dieser Abwägung aller gegebenen Umstände können wirtschaftliche wie ideelle Gründe eine Rolle spielen[50]. Ein lebzeitiges Eigeninteresse des Erblassers setzt **keine rechtliche Bindung** des Bedachten (etwa zur Pflege im Alter und in Krankheitsfällen) voraus (bei einer verpflichtenden Gegenleistung fehlt bereits der Schenkungscharakter). Es genügt die tatsächliche Erbringung solcher Leistungen und der Wille, sie auch in Zukunft vorzunehmen[51].

Für M **(Fall 58)** wird ein billigenswertes lebzeitiges Interesse anzuerkennen sein. Die Verfügung ist nicht gegen die Vertragserbin T gerichtet, sondern dient der eigenen Altersversorgung des M unter Berücksichtigung seiner konkreten persönlichen Lebenssituation[52].

c) Rechtsfolge

Liegen die Voraussetzungen vor, hat der Vertragserbe einen Anspruch auf **Herausgabe** des **Geschenks**. Der Anspruch gehört nicht zum Nachlass. Hinsichtlich der weiteren Rechtsfolgen ist auf das Bereicherungsrecht verwiesen. Steht der Gegenstand nicht mehr zur Verfügung, ist Wertersatz zu leisten (§ 818 Abs. 2). Wegfall der Bereicherung kann der Beschenkte geltend machen, wenn er die Beeinträchtigungsabsicht des Erblassers nicht gekannt hat oder der Anspruch vor Wegfall nicht rechtshängig war (§§ 819, 818 Abs. 4). Für die Wertberechnung ist der Zeitpunkt des Erbfalls maßgebend[53, 54]. – § 2287 ist eine **Rechtsfolgenverweisung**. Umstritten ist deshalb, ob die Vorschrift auch den **Zugriff auf** § **822** eröffnet, denn dieser stelle, so ein Teil der Literatur[55], eine eigene Anspruchsgrundlage dar. Der **BGH** hat jüngst dahin entschieden, dass § **822** – ungeachtet seines dogmatischen Charakters – im **Rahmen des** § **2287** aus teleologischen Gründen (jedenfalls analog) anwendbar ist[56]. **463**

49 BGH NJW 1992, 2630, 2631 re. Sp.

50 BGHZ 97, 188, 196.

51 BGH FamRZ 2012, 28, 29 re. Sp.

52 **Nicht ausreichend** ist ein (wenn auch nachvollziehbares) Interesse des Erblassers, für den neuen Ehegatten (nach dem eigenen Tod) Vorsorge zu treffen **(ausschließlich Fremdinteresse)**, OLG Celle FamRZ 2006, 1876 f., oder etwa die Absicht des Erblassers, durch lebzeitige Verfügung eine Gleichbehandlung seiner Abkömmlinge sichern zu wollen, BGH NJW-RR 2005, 1462 f. (ebenfalls lediglich Interesse des Bedachten).

53 BGHZ 88, 269, 273.

54 Zur entsprechenden Anwendung des § 2287 auf **bindend** gewordene **wechselbezügliche Verfügungen** im **gemeinschaftlichen Ehegattentestament** vgl. oben § 13 Rdnr. 427.

55 Staudinger/*Lorenz* 2007, § 822 Rdnr. 2; offen gelassen in der Rechtspr., vgl. BGHZ 158, 63, 67.

56 BGHZ 199, 123, 130 Tz. 17 ff.

Vierter Teil

Rechtsstellung des Erben

§ 15 Anfall und Ausschlagung der Erbschaft

I. Anfall, Annahme und Ausschlagung der Erbschaft

464 Mit dem Erbfall geht die Erbschaft als Ganzes auf den oder die Erben über (§ 1922 Abs. 1). Dies geschieht ohne Rücksicht darauf, ob der Erbe vom Erbfall Kenntnis hat oder nicht. Das BGB kennt keinen „ruhenden Nachlass" *(hereditas iacens)*. Es macht den Übergang des Vermögens insbesondere nicht davon abhängig, dass der Erbe die Erbschaft annimmt **(Vonselbsterwerb)**. Man spricht insoweit vom **Anfall der Erbschaft**. Dieser Anfall erfolgt aber wegen seiner weitreichenden rechtlichen Konsequenzen (insbesondere der Erbenhaftung, §§ 1967 ff.) **vorbehaltlich** des **Rechts** des Erben, die **Erbschaft auszuschlagen**, § 1942 Abs. 1. Der Erbe wird mit **Anfall der Erbschaft** also lediglich **vorläufiger Erbe**.

465 Die vorläufige Erbenstellung wird zu einer **endgültigen** (Verlust des Ausschlagungsrechts), wenn der Erbe die Erbschaft **angenommen** hat oder die **Ausschlagungsfrist verstrichen** ist, § 1943 Halbs. 1. Im letzteren Fall gilt die Erbschaft als angenommen (Fiktion einer Willenserklärung), § 1943 Halbs. 2.

466 **Schlägt** der Erbe fristgerecht **aus**, gilt der **Anfall** der Erbschaft als **nicht erfolgt**, § 1953 Abs. 1 (gesetzliche Fiktion). Der Nachlass fällt demjenigen an, der als Erbe berufen sein würde, wenn der Ausschlagende im Zeitpunkt des Erbfalls nicht mehr gelebt hätte, § 1953 Abs. 2 Halbs. 1. Auch dann gibt es keine „ruhende Erbschaft", denn der Anfall wirkt auf den **Zeitpunkt des Erbfalls zurück**, § 1953 Abs. 2 Halbs. 2.

II. Annahme der Erbschaft

467 Die Annahme der Erbschaft macht den vorläufigen Erben zu einem **endgültigen Erben**. Sie kann erst **nach dem Erbfall** erfolgen (§ 1946). Die Annahme ist bedingungs- und befristungsfeindlich (§ 1947). Zur Unwirksamkeit der Erklärung führen aber nur „echte" Bedingungen, nicht auch Rechtsbedingungen.

468 Die Annahme der Erbschaft ist eine **rechtsgestaltende Willenserklärung**, die keiner besonderen Form unterliegt und nicht empfangsbedürftig ist. Sie kann ausdrücklich oder schlüssig erfolgen. Zumeist erfolgt die Annahme durch **konkludente Erklärung**, indem der Erbe etwa einen Antrag auf Erteilung eines Erbscheins stellt[1], den Erbschaftsanspruch geltend macht[2] oder über einen Nachlassgegenstand verfügt[3]. Die

1 BGH RdL 68, 99.
2 Palandt-*Weidlich* § 1943 Rdnr. 2.
3 BayObLG FamRZ 1988, 213, 214. Vgl. aber auch § 1959 Abs. 2.

Handlung muss Dritten gegenüber objektiv den Willen ausdrücken, als Erbe die Erbschaft behalten zu wollen[4]. Wollte der Erbe diese Rechtswirkungen nicht herbeiführen, ändert das nichts am Tatbestand der Annahmeerklärung. In Betracht kommt dann allerdings eine Anfechtung der Annahme[5]. – Von einer schlüssigen Annahmeerklärung abzugrenzen sind **bloße Fürsorgemaßnahmen** für den Nachlass während der Schwebezeit (z. B. Reparaturmaßnahmen am Haus, Antrag auf Testamentseröffnung, Begleichung der Beerdigungskosten). Für die Besorgung solcher erbrechtlicher Geschäfte ist der vorläufige Erbe dem späteren nach den Regeln über die **Geschäftsführung ohne Auftrag** berechtigt und verpflichtet (§ 1959 Abs. 1).

Die Annahme der Erbschaft setzt Geschäftsfähigkeit voraus. Der beschränkt Geschäftsfähige kann, weil mit der Erbschaft Verpflichtungen verbunden sind, nur mit Einwilligung seines gesetzlichen Vertreters (Genehmigung scheidet aus, § 111) annehmen. Im Übrigen handeln für den Geschäftsunfähigen wie den beschränkt Geschäftsfähigen der oder die gesetzlichen Vertreter. Für den *nasciturus* kann die Annahme vor Vollendung der Geburt nicht erklärt werden (anders die Ausschlagung der Erbschaft[6]). **469**

Die Erbschaft kann **nicht teilweise angenommen, teilweise ausgeschlagen** werden, § 1950. Ausnahmen kennt das Gesetz im (für die Praxis kaum relevanten) Fall des § 1948 (**mehrere** Berufungsgründe) und wenn der Erbe zu **mehreren Erbteilen**, z. B. im Falle des § 1927, berufen ist. Er kann dann, wenn die Berufung auf unterschiedlichen Gründen beruht, den einen Erbteil annehmen, den anderen ausschlagen, § 1951 Abs. 1. Dasselbe gilt bei testamentarischer Einsetzung auf mehrere Erbteile und der Gestattung durch den Erblasser, § 1951 Abs. 3. **470**

Als Annahme gilt das Verstreichenlassen der Ausschlagungsfrist (§ 1943 Halbs. 2) und die Anfechtung der Ausschlagung (§ 1957 Abs. 1). **471**

III. Ausschlagung der Erbschaft

Mit der Ausschlagung hört der vorläufige Erbe auf, Erbe zu sein. Der Anfall der Erbschaft gilt als nicht erfolgt (§ 1953 Abs. 1). Der Nachlass fällt mit Rückwirkung auf den Erbfall demjenigen an, der berufen sein würde, wenn der Ausschlagende zum Zeitpunkt des Erbfalls nicht gelebt hätte (§ 1953 Abs. 2). Die Ausschlagung kann wie die Annahme nicht vor Anfall der Erbschaft erfolgen (§ 1946). Zur Ermittlung des neuen Erben muss der Erblasserwille untersucht und nötigenfalls auf Auslegungsregeln zurückgegriffen werden. **472**

Hat der Erblasser beispielsweise seine drei Kinder (K1, K2, K3) testamentarisch als Erben eingesetzt, und schlägt K1, der selbst zwei Kinder hat (E1 und E2) aus, so wird, sofern nichts anderes ermittelt werden kann, nicht Anwachsung an K2 und K3 (§ 2094 Abs. 1), sondern Ersatzerbschaft zugunsten von E1 und E2 eintreten (§§ 2094 Abs. 3, 2096, 2069, 2099).

---

4 BayObLG FamRZ 1999, 1172, 1173.
5 Vgl. dazu unten Rdnr. 477 ff.
6 Vgl. unten Rdnr. 474.

473 Die Ausschlagung kann (anders als die Annahme) nach § 1945 Abs. 1 **nur** dem **Nachlassgericht gegenüber** erklärt werden. Die Erklärung ist zur Niederschrift des Nachlassgerichts oder in öffentlich beglaubigter Form abzugeben. Die Ausschlagung muss binnen einer **Frist** von **sechs Wochen** erfolgen (§ 1944 Abs. 1)[7]. Die Frist **beginnt** erst mit **Kenntnis** (zuverlässige Information aus amtlichen oder privaten Quellen) des **Anfalls der Erbschaft** (Tod des Erblassers, Wegfall vorangehender Verwandter) und dem **Grund der Berufung** (gesetzliche oder gewillkürte Erbfolge), § 1944 Abs. 2 S. 1. Bei gewillkürter Erbfolge beginnt sie nicht vor Bekanntgabe der Verfügung von Todes wegen durch das Nachlassgericht an die Bedachten (§ 1944 Abs. 2 S. 2), die mit oder nach der Eröffnung erfolgt (§ 348 FamFG).

474 Das Recht zur Ausschlagung steht **nur dem Erben** zu (nicht Testamentsvollstrecker oder Nachlassverwalter), der unbeschränkt geschäftsfähig sein muss. Möglich ist Stellvertretung (vgl. § 1945 Abs. 3). Beschränkt Geschäftsfähige schlagen mit Einwilligung des gesetzlichen Vertreters (§ 111) aus, oder es handelt für sie, wie für Geschäftsunfähige, der gesetzliche Vertreter. Eltern bedürfen als gesetzliche Vertreter ihrer minderjährigen Kinder regelmäßig der Genehmigung des Familiengerichts (§ 1643 Abs. 2 S. 1) ebenso wie der Vormund, Betreuer oder Pfleger (§§ 1822 Nr. 2, 1908i, 1915). Für den *nasciturus* können die Eltern nach herrschender Auffassung bereits vor der Geburt die Erbschaft ausschlagen[8].

475 Ebenso wenig wie eine Teilannahme ist eine Teilausschlagung möglich (§ 1950). Für die Ausschlagung bei mehreren Berufungsgründen und mehreren Erbteilen gilt das für die Annahme der Erbschaft Gesagte entsprechend (vgl. oben Rdnr. 470).

476 Das **Recht, die Erbschaft auszuschlagen, ist vererblich** (§ 1952 Abs. 1), aber als eine nur dem Erben zustehende Befugnis nicht auf Dritte übertragbar. Stirbt der Erbe vor Ablauf der Ausschlagungsfrist, geht das Ausschlagungsrecht als Teil des gesamten vorläufigen Erbennachlasses auf den **Erbeserben** über[9]. Der Erbeserbe findet also im Nachlass des Erben den Nachlass des Erblassers vor. Schlägt er den Erbennachlass aus, ist damit auch der Nachlass nach dem Erblasser ausgeschlagen. Nimmt er den Erbennachlass an, kann er, sofern die Frist noch nicht verstrichen ist, nur den Nachlass nach dem Erblasser ausschlagen. Dieser fällt erneut nach § 1953 Abs. 2 demjenigen an, der berufen sein würde, wenn der ausschlagende Erbeserbe den Erbfall nicht erlebt hätte. War für den Erben Fristbeginn bereits eingetreten, läuft die Frist ohne Rücksicht auf Kenntnis des Erbeserben (von diesem Erbfall) weiter, endet jedoch nicht vor Ablauf der für den Erbeserben im Hinblick auf den Erbennachlass geltenden Frist (§ 1952 Abs. 2).

7 **Sechs Monate** bei Erblasserwohnsitz oder Erbenaufenthalt im Ausland, § 1944 Abs. 3.

8 Vgl. Soergel-*Stein* § 1946 Rdnr. 2; Palandt-*Weidlich* § 1946 Rdnr. 1 – jeweils mit weit. Nachweisen zum Streitstand.

9 BGHZ 44, 152, 153 f.

IV. Anfechtung von Annahme und Ausschlagung

1. Erbrechtliche Sonderregeln

Annahme und Ausschlagung der Erbschaft sind (als Willenserklärungen[10]) **anfechtbar** (vgl. § 1954 Abs. 1). Das gilt auch für die Fiktion der Annahmeerklärung bei Fristversäumnis nach § 1943 Halbs. 2, § 1956[11]. **Soweit** das Erbrecht **Sonderregeln** enthält, gelten diese (§§ 1954 bis 1957). Im Übrigen gelten die **allgemeinen Vorschriften** (§§ 119 ff.). 477

Erbrechtliche Sonderregeln gelten für **Frist** und **Form** der Anfechtung. Gemäß § 1954 Abs. 1 muss die Anfechtung binnen einer **Frist** von **sechs Wochen** erfolgen (Fristbeginn: § 1954 Abs. 2). Sie beträgt sechs Monate, wenn der letzte Erblasserwohnsitz oder der Aufenthaltsort des Erben bei Fristbeginn im Ausland liegt (§ 1954 Abs. 3). Ausgeschlossen ist die Anfechtung, wenn seit Annahme oder Ausschlagung 30 Jahre vergangen sind (§ 1954 Abs. 4). 478

Die Anfechtung muss gegenüber dem **Nachlassgericht** in der Form des § 1945 Abs. 1 (zur **Niederschrift des Nachlassgerichts** oder in **öffentlich beglaubigter** Form) erklärt werden (§ 1955).

2. Anfechtungsgründe

Die **Anfechtungsgründe** ergeben sich aus den **§§ 119, 123**: Inhalts- und Erklärungsirrtum (§ 119 Abs. 1), Eigenschaftsirrtum (§ 119 Abs. 2), Täuschung, Drohung (§ 123 Abs. 1)[12]. Unsicher ist in diesem Zusammenhang vor allem, ob die **Überschuldung des Nachlasses** einen beachtlichen Eigenschaftsirrtum nach § 119 Abs. 2 darstellt und inwieweit **erbrechtliche Fehleinschätzungen** (Rechtsfolgenirrtum) zur Anfechtung berechtigen. 479

Fall 59: Erbe X hat die Erbschaft nach E angenommen. Später stellt sich heraus, dass E noch eine hohe Steuerschuld zu tilgen hatte und dass entgegen der Annahme des X das zum Nachlass gehörende Grundstück nicht Bauerwartungsland, sondern Ackerfläche darstellt. Bestehen Anfechtungsmöglichkeiten des X, wenn Überschuldung des Nachlasses eintritt? – Wie ist die Rechtslage, wenn trotz dieser Fehleinschätzungen ein nicht unerheblicher Reinnachlass anfällt? 480

Nach herrschender, richtiger Auffassung[13] kann die **Überschuldung** des Nachlasses einen **beachtlichen Eigenschaftsirrtum** darstellen, wenn es dabei um einen Irrtum über die **gegenständliche Zusammensetzung** des Nachlasses geht. Die Frage, welche Aktiva und Passiva der Nachlass umfasst, betrifft die Frage nach den **wertbildenden Faktoren** und damit verkehrswesentliche Eigenschaften der Erbschaft im Sinne des **§ 119**

10 Vgl. oben Rdnr. 468, 473.

11 Zu § 1943 vgl. oben Rdnr. 465.

12 Die Sondervorschriften der §§ 1954 ff. **ändern** oder **erweitern** die maßgeblichen **(allgemeinen)** Anfechtungsgründe **nicht**, BGH NJW 2006, 3353, 3355 Tz. 19.

13 BayObLG NJW 2003, 216, 221 li. Sp. mit weit. Nachweisen; OLG Hamburg FamRZ 2015, 749, 752 re. Sp. f.; Soergel-*Stein* § 1954 Rdnr. 3.

Abs. 2[14]. Der Irrtum über das Bestehen oder Nichtbestehen einer Nachlassforderung oder über die Zugehörigkeit oder Nichtzugehörigkeit einer Sache zur Erbschaft stellt deshalb einen relevanten Eigenschaftsirrtum dar[15]; ebenso der Irrtum über die Beschwerung eines Erbteils durch Vermächtnis oder Nacherbfolge. Als **unbeachtlicher Motivirrtum** erscheint dagegen die wertmäßige Fehlbewertung eines bekannten Nachlassgegenstandes[16]. In **Fall 59** ist der Irrtum des X über die Existenz einer ihm nicht bekannten Steuerschuld ein Eigenschaftsirrtum und Anfechtungsgrund gem. § 119 Abs. 2, nicht dagegen seine falsche Bewertung des Nachlassgrundstücks.

Zum Teil wird der Irrtum über öffentlichrechtliche Verbindlichkeiten (Steuerschulden in **Fall 59**) nicht als Eigenschaftsirrtum im Sinne des § 119 Abs. 2 anerkannt[17]. Dem wird zu Recht entgegen gehalten, dass es für die Frage des Irrtums nicht auf die Rechtsnatur der Forderung ankommt[18].

Die Vorschrift des § 119 Abs. 2 stellt den Eigenschaftsirrtum einem Inhaltsirrtum gleich, weshalb auch hier zu prüfen ist, ob der Erbe bei Kenntnis der Sachlage und **verständiger Würdigung** des Falles nicht angenommen beziehungsweise nicht ausgeschlagen hätte. Nach der Rechtsprechung ist die Anfechtung einer Annahme nur dann zu bejahen, wenn es nunmehr tatsächlich an einem wesentlichen Reinnachlass mangelt[19]. In **Fall 59** (Zusatz) wird deshalb eine Anfechtung ausscheiden.

481 Irrt sich der Erbe im Zusammenhang mit Annahme oder Ausschlagung der Erbschaft über **Rechtsfolgen**, so kann darin ein beachtlicher **Inhaltsirrtum** gem. § 119 Abs. 1 liegen. Es muss sich dann aber um eine Fehlvorstellung handeln, die den **rechtlichen Charakter von Annahme oder Ausschlagung** betrifft („unmittelbare und wesentliche Wirkungen der Erklärung")[20]. Ein Irrtum über fernere Rechtsfolgen und Konsequenzen, etwa über die Person, der nach der eigenen Ausschlagung die Erbschaft anfällt, ist unbeachtlich (mittelbare Rechtswirkungen)[21]. Ein relevanter Inhaltsirrtum ist (in der Praxis besonders häufig) etwa gegeben, wenn der Erbe durch sein **Verhalten** die Erbschaft **schlüssig annimmt**, ohne einen dahin gehenden Willen zu haben oder zu wissen, dass seine Handlungsweise den Verlust der Ausschlagungsmöglichkeit bedeutet (§ 1943 Halbs. 1)[22].

14 Erman-*J. Schmidt* § 1954 Rdnr. 5.
15 OLG Hamm FamRZ 2005, 306, 307 re. Sp. mit weit. Nachweisen.
16 *Olzen/Looschelders* Rdnr. 829.
17 Palandt-*Weidlich* § 1954 Rdnr. 6.
18 Soergel-*Stein* § 1954 Rdnr. 3; BayObLG FamRZ 1999, 1172, 1174 re. Sp. – Im Übrigen hat die für die allgemeine Formulierung in Fußn. 17 in Anspruch genommenen Entscheidung (OLG Zweibrükken FGPrax 1996, 113 ff.) die Frage eines beachtlichen Eigenschaftsirrtums (über Erbschaftssteuern) dahingestellt sein lassen u. die Kausalität zwischen (denkbarem) Irrtum u. Annahme der Erbschaft im Hinblick auf § 119 Abs. 2 i.V.m. Abs. 1 letzter Halbs. („verständige Würdigung": der Nachlass war gleichwohl nicht überschuldet) verneint; a.a.O., 114 re. Sp. – dazu sogleich im Anschluss.
19 BayObLG FamRZ 1999, 1172, 1175 li. Sp.; OLG Zweibrücken FGPrax 1996, 113 ff.
20 BGH NJW 2006, 3353, 3356 li. Sp. Tz. 22.
21 OLG Hamm NJW-Spezial 2011, 616; OLG München NJW 2010, 687.
22 BayObLG FamRZ 1988, 324, 325; Soergel-*Stein* § 1954 Rdnr. 2.

3. Anfechtungsfolgen

Die Rechtswirkungen der Anfechtung **reichen über die Nichtigkeitsfolge** des § 142 Abs. 1 **hinaus**. Es wird nicht nur die angefochtene Erklärung *ex tunc* unwirksam, sondern gem. § 1957 Abs. 1 wird darüber hinaus fingiert, dass die Anfechtung (z. B. der Annahme) zugleich als Gegenerklärung (Ausschlagung) gilt. **482**

V. Rechtsstellung des vorläufigen Erben

Der vorläufige Erbe sieht sich **drei Hauptfragen** gegenüber gestellt. Kann er von Nachlassgläubigern in Anspruch genommen werden? In welchem Umfang haftet er gegenüber dem späteren, endgültigen Erben? Kann er über Nachlassgegenstände verfügen? **483**

1. Haftung gegenüber Nachlassgläubigern

Der Erbe haftet für die Nachlassverbindlichkeiten grundsätzlich mit seinem gesamten Vermögen, bestehend aus Eigen- und Erblasservermögen (§ 1967 Abs. 1)[23]. Das gilt allerdings nur für den endgültigen Erben. Gegenüber dem vorläufigen Erben können **Nachlassgläubiger** ihre Ansprüche **nicht gerichtlich** geltend machen (§ 1958). Diese Regelung soll einerseits den vorläufigen Erben von den Unannehmlichkeiten einer Prozessführung befreien, andererseits aber auch Prozesse verhindern, die sich bei späterer Ausschlagung als nutzlos erweisen. Soll ein Anspruch gegen den Nachlass gerichtlich geltend gemacht werden, so hat das Nachlassgericht zu diesem Zwecke auf Antrag des Nachlassgläubigers einen **Nachlasspfleger** zu bestellen (§ 1961; für bereits bestehende Nachlasspflegschaft vgl. § 1960 Abs. 3). **484**

2. Rechtsverhältnis zwischen vorläufigem und endgültigem Erben

In der Zeit zwischen Anfall der Erbschaft und endgültiger Erbenfestlegung ist der **vorläufige Erbe berechtigt**, den **Nachlass zu verwalten**. Er ist dazu nicht verpflichtet. Nimmt er die Nachlassverwaltung nicht wahr, so hat das Nachlassgericht durch Anordnung einer Nachlasspflegschaft die Verwaltung sicherzustellen, soweit dafür ein Bedürfnis vorliegt (§ 1960 Abs. 1). **485**

Nimmt der vorläufige Erbe **„erbschaftliche Geschäfte"** (§ 1959 Abs. 1) wahr, d. h. tatsächliche oder rechtsgeschäftliche Handlungen im Zusammenhang mit dem Tod des Erblassers oder in Bezug auf den Nachlass, so erhält er im Verhältnis zum endgültigen Erben die Rechtsstellung eines **Geschäftsführers ohne Auftrag** (§ 1959 Abs. 1). Die Vorschrift regelt nur den Rechtskreis des **später ausschlagenden Erben**. Ein endgültiger Erbe war auch schon während der Schwebezeit „wahrer" Berechtigter. Auch wenn der vorläufige Erbe später ausschlägt, regelt sich das Verhältnis zum endgültigen Erben nicht nach den Vorschriften über den Erbschaftsbesitz.

23 Zur Erbenhaftung vgl. unten § 18.

Für den **vorläufigen Erben** als **berechtigten Geschäftsführer** kommt danach insbesondere ein Anspruch auf **Aufwendungsersatz** in Betracht (§§ 683, 677, 679 in Verbindung mit § 670)[24]. Auf einen Fremdgeschäftsführungswillen des vorläufigen Erben kommt es dabei allerdings nicht an. Umgekehrt hat er dem endgültigen Erben das durch die Geschäftsführung **Erlangte herauszugeben** (§§ 681, 667). Er hat ihm **Auskunft** zu erteilen und muss **Rechnung legen** (§§ 681, 666). Bei schuldhaften Pflichtverletzungen wird der vorläufige Erbe schadensersatzpflichtig. Soweit es um eine berechtigte Geschäftsbesorgung geht, scheiden delikts- und bereicherungsrechtliche Ansprüche (da Rechtfertigungs- und Rechtsgrund gegeben) aus.

3. Rechtsverhältnis zwischen Dritten und endgültigem Erben

486 Schlägt der vorläufige Erbe aus, verliert er rückwirkend seine Rechtsstellung (§ 1953 Abs. 1); er war nie Erbe. Seinen Rechtsgeschäften für den Nachlass ist die Grundlage entzogen. Dass § 1959 Abs. 1 das Rechtsverhältnis zum wahren Erben (Innenverhältnis) nach den Regeln über die auftragslose Geschäftsführung beurteilt, **bedeutet nicht**, dass deshalb die **mit Dritten als „Erbe" abgeschlossenen Rechtsgeschäfte** auch für den endgültigen Erben wirksam oder ihm zurechenbar wären. Der vorläufige Erbe ist weder Stellvertreter noch Erfüllungs- oder Verrichtungsgehilfe des wahren Erben.

a) Verfügungen

487 Um das **Außenverhältnis** zu Dritten geht es in § 1959 Abs. 2, der **unaufschiebbare Verfügungen** des vorläufigen Erben auch gegenüber dem wahren Erben für die Zeit nach Ausschlagung als wirksam erklärt. Die wichtigsten Rechtsfragen in diesem Zusammenhang zeigt

> **Fall 60:** E hat seine Freundin F durch wirksames Testament als Alleinerbin eingesetzt. Nach seinem Tod veräußert sie als Erbin eine wertvolle Vase aus dem Nachlass zu einem deutlich unter dem Marktwert liegenden Preis an Antiquar A. Später schlägt F die Erbschaft aus. T, Tochter des verstorbenen E und endgültige Erbin, verlangt die Vase von A zurück.

Ob eine Verfügung nicht „ohne Nachteil für den Nachlass" verschoben werden kann, richtet sich nach **objektiven** und **wirtschaftlichen** Gesichtspunkten[25]. Zu prüfen ist aber zunächst immer, ob in der **Veräußerung** nicht die **Annahme der Erbschaft** liegt; § 1959 ist dann unanwendbar. Unaufschiebbarkeit nach dieser Vorschrift liegt etwa vor bei Veräußerung von verderblicher Ware, bei Verfügungen im Rahmen der notwendigen Fortführung eines Handelsgeschäfts oder bei Veräußerung von kursgefährdeten Wertpapieren. Subjektive Fehleinschätzungen des Erben sind unbeachtlich. Nicht eilige Verfügungen sind grundsätzlich aufschiebbar und fallen nicht unter § 1959 Abs. 2. Die Veräußerung der Vase durch F an A **(Fall 60)** war unter objektiven und wirtschaftlichen Gesichtspunkten keine Dringlichkeitsverfügung und danach grundsätzlich **unwirksam**. Genehmigt sie die wahre Erbin T nicht (§ 185 Abs. 2), kommt für den Dritten allenfalls ein **gutgläubiger Erwerb** in Frage (§§ 932 ff.). Dafür **genügt** es **nicht**, dass der Erwerber den Verfügenden für den **Eigentümer** hält, der der vorläu-

---

24 Von **berechtigter** Geschäftsführung ist auszugehen, wenn das Handeln des vorläufigen Erben dem eines **verständigen** Erben entspricht. In diesem Rahmen ist nicht auf den wirklichen oder mutmaßlichen Willen des konkreten endgültigen Erben abzustellen; vgl. dazu etwa MünchKomm-*Leipold* § 1959 Rdnr. 4.

25 Z. B. Palandt-*Weidlich* § 1959 Rdnr. 3.

 605. √

fige Erbe in diesem Augenblick ja auch ist. **Hinzukommen** muss die Gutgläubigkeit hinsichtlich der **endgültigen Rechtsstellung** des Verfügenden. Weiß also der Erwerber, dass der Verfügende die Erbschaft noch ausschlagen kann oder verkennt er dies im Fall des § 932 Abs. 2 grob fahrlässig, scheidet ein gutgläubiger Erwerb aus. In **Fall 60** ist nichts dafür vorgetragen, dass dem A Kenntnis oder grob fahrlässige Unkenntnis über die noch mögliche Ausschlagung vorzuwerfen sei. Er hat die Vase deshalb gem. §§ 929, 932 gutgläubig erworben.

Ein gutgläubiger Erwerb scheitert hier **nicht** an **§ 935**, etwa mit der Überlegung, dass nach Ausschlagung der Besitz gem. § 857 auf den endgültigen Erben übergehe und dieser dann vom Erbfall an als Besitzer erscheine. Diese Schlussfolgerung gilt nicht, sofern der vorläufige Erbe die Sache bereits in Besitz genommen hatte. Erst mit tatsächlicher Herausgabe erlangt der endgültige Erbe Besitz. Aus diesem Grund liegt kein Abhandenkommen nach § 935 vor, wenn der vorläufige Erbe Besitz ergriffen hatte[26].

b) *Verpflichtungen*

Von § 1959 Abs. 2 **unberührt** bleiben **Verpflichtungen**, die der vorläufige Erbe eingegangen ist. Auch bei Dringlichkeitsverfügungen ist nur das Verfügungsgeschäft, nicht das zugrunde liegende Verpflichtungsgeschäft nach § 1959 Abs. 2 zu beurteilen. Es wirkt grundsätzlich **nicht gegen den endgültigen Erben**. Liegen die Voraussetzungen des § 1959 Abs. 2 aber vor, so entspricht das begleitende Verpflichtungsgeschäft einer **berechtigten Geschäftsbesorgung** im Sinne des § 1959 Abs. 1, und der vorläufige Erbe kann vom endgültigen Erben gem. § 683 in Verbindung mit § 670 **Aufwendungsersatz** beziehungsweise nach §§ 683, 670 in Verbindung mit § 257 **Freistellung** von der Verbindlichkeit verlangen. **488**

c) *Leistung an den vorläufigen Erben und einseitige Rechtsgeschäfte*

Umstritten ist, unter welchen Voraussetzungen eine **Leistung an den vorläufigen Erben** zur Erfüllung einer Nachlassforderung auch **gegenüber dem endgültigen Erben wirksam** ist. Ein Teil des Schrifttums stellt hier auf § 1959 Abs. 3 ab, weil eine solche Erfüllung gegenüber dem Erben als solchem bewirkt werden muss. Folge ist, dass die Erfüllung nach Ausschlagung des vorläufigen auch für den endgültigen Erben wirksam bleibt[27]. Demgegenüber stellt die überwiegende Ansicht den Verfügungscharakter des Erfüllungsgeschäfts in den Vordergrund und nimmt eine Wirksamkeit gegenüber dem Erben nur unter der Voraussetzung einer Dringlichkeitsverfügung gem. § 1959 Abs. 2 an[28]. Die Vorschrift des **§ 1959 Abs. 3** beschränkt sich danach auf **einseitige Rechtsgeschäfte** gegenüber dem vorläufigen Erben, die ohne Rücksicht auf Dringlichkeit auch dem endgültigen Erben gegenüber wirksam sind (z. B. Anfechtung, Kündigung, Rücktritt). – Wird an den vorläufigen Erben in Erfüllung einer Nachlassforderung geleistet, so fällt der geleistete Gegenstand oder die eingezogene Forderung nicht automatisch in den Nachlass (keine dingliche Surrogation wie bei § 2019[29]). Der Erbe hat hier einen Anspruch auf Herausgabe nach §§ 681, 667. **489**

---

26 Ganz h. M., z. B. MünchKomm-*Leipold* § 1959 Rdnr. 8 i. V. m. § 1953 Rdnr. 4; a. A. *Lange/Kuchinke* ⁵2001, § 5 III 4 (S. 101).
27 In diesem Sinne z. B. MünchKomm-*Leipold* § 1959 Rdnr. 11.
28 So *Brox/Walker* Rdnr. 318; Soergel-*Stein* § 1959 Rdnr. 9, 12.
29 Dazu unten § 16 Rdnr. 495.

§ 16 Erbschaftsanspruch

I. Bedeutung

490 Mit dem **Anfall der Erbschaft** (§ 1942 Abs. 1) wird der Erbe **Berechtigter am Nachlass.** Ihm stehen alle dem Nachlassvermögen entwachsenden **Ansprüche** und **Rechtsbehelfe** zur Verfügung: der Herausgabeanspruch des Eigentümers (§ 985), der Besitzentziehungsanspruch des Besitzers (§§ 861, 857), Schadensersatzansprüche (§ 823), Ansprüche nach dem Bereicherungsrecht (§§ 812 ff.) etc.

491 **Zusätzlich** zu diesen **Einzelansprüchen** gewährt **§ 2018** dem **Erben** einen **Gesamtanspruch auf Herausgabe** des aus der Erbschaft Erlangten, der es ihm erspart, die jeweiligen Einzelansprüche geltend machen zu müssen. Dieser **Erbschaftsanspruch** richtet sich **nur** gegen einen **Erbschaftsbesitzer**, d. h. gegen denjenigen, der **aufgrund einer Erbrechtsanmaßung** Nachlassvermögen erlangt hat (vgl. § 2018: „[...] auf Grund eines ihm in Wirklichkeit nicht zustehenden Erbrechts [...]"). Zweck des Erbschaftsanspruchs ist einerseits eine Begünstigung des Erben. Andererseits wollen die §§ 2018 ff. aber auch die Rechtsstellung des **gutgläubigen Erbschaftsbesitzers** im Vergleich zu den allgemeinen Regeln verbessern (z. B. hinsichtlich des Anspruchs auf Verwendungsersatz, § 2022). Das Gesetz stellt die in §§ 2018 ff. getroffene Wertung zugunsten des gutgläubigen Erbschaftsbesitzers dadurch sicher, dass es den **erbrechtlichen Haftungsmaßstab** auch auf die Haftung nach den **allgemeinen Einzelansprüchen ausdehnt** (§ 2029).

492 Der Erbschaftsanspruch kann je nach Inhalt **dinglichen** oder **schuldrechtlichen** Charakter haben. Einen dinglichen Charakter hat er, wenn der betreffende Gegenstand bereits zum Vermögen des Erben gehört, es also lediglich um die Herausgabe geht. Zählt der Gegenstand hingegen zum Vermögen des Erbschaftsbesitzers (z. B. § 2020 Halbs. 2 oder § 2021) ist der Anspruch schuldrechtlicher Natur. Die Unterscheidung hat vor allem im Vollstreckungsverfahren Bedeutung: Bei dinglichem Anspruch ist die Drittwiderspruchsklage (§ 771 ZPO) statthaft, und es besteht ein Aussonderungsrecht im Insolvenzverfahren (§ 47 InsO).

493 **Prozessrechtlich** ist zu beachten, dass der Anspruch sowohl im **allgemeinen** Gerichtsstand (§§ 13 ff. ZPO) wie im **besonderen** Gerichtsstand der **Erbschaft** (§ 27 ZPO) klagweise erhoben werden kann (vgl. § 35 ZPO). Der Charakter des Gesamtanspruchs ändert nichts daran, dass die **gerichtliche Geltendmachung** des Erbschaftsanspruchs die **Benennung** der **einzelnen Nachlassgegenstände** im Klageantrag voraussetzt (§ 253 Abs. 2 Nr. 2 ZPO). Dies ist notwendig aus Gründen der Rechtshängigkeit, der Rechtskraft und der Zwangsvollstreckung. Um dies zu erreichen, stehen dem Erben **Auskunftsansprüche** zur Verfügung (§§ 2027 f.). Auskunfts- und Herausgabeverlangen können in einer Stufenklage miteinander verbunden werden (§ 254 ZPO).

II. Herausgabepflicht und Haftung des Erbschaftsbesitzers

1. Herausgabepflicht des Erbschaftsbesitzers

a) Nachlassgegenstände

Die Herausgabepflicht des Erbschaftsbesitzers betrifft zunächst **alle Vermögensvorteile**, die er **„aus der Erbschaft“** erlangt hat (§ 2018). Das ist vor allem der **Besitz** (jeder Art) an den Nachlassgegenständen, aber auch an den Sachen, die der Erblasser lediglich aufgrund einer schuldrechtlichen Position (z. B. als Mieter) in Besitz hatte. Aus der Erbschaft erlangt sind auch bloße Buchstellungen (Eintragung des Erbschaftsbesitzers als Eigentümer im Grundbuch)[1]. 494

b) Dingliche Surrogation

Als aus der Erbschaft erlangt gilt auch, was der Erbschaftsbesitzer durch **Rechtsgeschäft** mit **Mitteln der Erbschaft** erlangt hat (§ 2019 Abs. 1). Dem Erben soll der wirtschaftliche Wert des Nachlasses möglichst ungeschmälert erhalten bleiben. Daher ordnet § 2019 Abs. 1 die **rechtsgeschäftlichen Surrogate**[2] ohne Rücksicht auf den Willen der Handelnden dinglich dem Erben zu, gleichgültig, ob der Erbschaftsbesitzer das Rechtsgeschäft für den Nachlass oder zu privaten Zwecken abschließt. Das entfaltet besondere Bedeutung in der Einzelvollstreckung gegen den Erbschaftsbesitzer (Drittwiderspruchsklage des Erben, § 771 ZPO) und bei dessen Insolvenz (Aussonderungsrecht, § 47 InsO). 495

c) Nutzungen

Nach § 2020 wird die Herausgabepflicht auf **sämtliche** vom Erbschaftsbesitzer gezogenen **Nutzungen** ausgedehnt – § 100: Sachfrüchte, Rechtsfrüchte, Gebrauchsvorteile. 496

2. Haftung des Erbschaftsbesitzers

Ist der Erbschaftsbesitzer nicht in der Lage, die ihm nach § 2018 bis § 2020 obliegende Herausgabepflicht zu erfüllen, stellt sich die Frage, in welchem Umfang er dem Erben hierfür haftet. Das Gesetz unterscheidet (ähnlich wie im Eigentümer-Besitzer-Verhältnis) zwischen dem **gutgläubigen** Erbschaftsbesitzer (§§ 2021, 2025 S. 2) und dem **verklagten**, **bösgläubigen** und **deliktischen** Erbschaftsbesitzer (§§ 2023, 2024, 2025 S. 1). 497

a) Haftung bei Gutgläubigkeit

Die Haftung des **gutgläubigen**, **unverklagten** Erbschaftsbesitzers wird gem. § 2021 umfangmäßig auf die **bereicherungsrechtliche Haftung** nach § 818 beschränkt (Rechtsfolgenverweisung). Das heißt: Ist dem Erbschaftsbesitzer die Herausgabe des nach 498

---

1 BGH FamRZ 2004, 537, 538 li. Sp.

2 Nicht geregelt ist in § 2019 die gesetzliche (einfache) Surrogation. Es ist aber allgemein anerkannt, dass dem Erben alle Ersatzvorteile zustehen, die infolge „[...] Zerstörung, Beschädigung oder Entziehung eines Erbschaftsgegenstands [...]“ (vgl. § 2111 Abs. 1 S. 1) an dessen Stelle treten, vgl. *Brox/Walker* Rdnr. 601 f.

den §§ 2018 bis 2020 Geschuldeten nicht möglich, hat er **Wertersatz** zu leisten (§ 818 Abs. 2) und kann sich bei Wegfall der Vermögensvorteile auf **Entreicherung** berufen (§ 818 Abs. 3). Solange der Erbschaftsbesitzer hinsichtlich seines Erbrechts gutgläubig und unverklagt ist, ist es gleichgültig, ob ihm die Herausgabe des Erlangten durch eigenes Verschulden oder durch Verschwendung unmöglich wird. Hat er das Erlangte unentgeltlich an einen Dritten zugewendet, trifft diesen die Herausgabepflicht (§ 822). Hat der Erbschaftsbesitzer in einem solchen Fall wirksam zu Lasten des Erben verfügt, kommt ein Herausgabeanspruch gegen den Dritten auch nach § 816 Abs. 1 S. 2 in Betracht[3].

b) Haftung bei Rechtshängigkeit und Bösgläubigkeit

499 Ist der Erbschaftsbesitzer **verklagt** (Eintritt der **Rechtshängigkeit**, §§ 261 Abs. 1, 253 Abs. 1 ZPO), so haftet er dem Erben gegenüber nach den Vorschriften des **Eigentümer-Besitzer-Verhältnisses**, die ab dem Zeitpunkt der Rechtshängigkeit gelten (§ 2023 Abs. 1). Er hat dem Erben wegen verschuldeter Verschlechterung, wegen Untergangs oder einer sonstigen Unmöglichkeit der Herausgabe eines Gegenstandes Schadensersatz zu leisten (§§ 2023 Abs. 1, 989). Das Gleiche gilt für den Anspruch des Erben auf Herausgabe oder Vergütung von Nutzungen und auf Verwendungsersatz (§ 2023 Abs. 2).

500 Ist der Erbschaftsbesitzer bei **Antritt** des Erbschaftsbesitzes **nicht in „gutem Glauben"** an sein Erbrecht (§ 2024 S. 1) oder **erfährt** er den Mangel **später** (§ 2024 S. 2), haftet er ab diesem Zeitpunkt in gleicher Weise. Während also bei Begründung des Erbschaftsbesitzes grob fahrlässige Unkenntnis (§ 932 Abs. 2) zur Haftung führt, ist später Kenntnis vom fehlenden Erbrecht erforderlich. Neben diese Haftung tritt gegebenenfalls eine **weitergehende Haftung** wegen Verzugs (§§ 2024 S. 3, 287 S. 2, § 288).

c) Haftung nach Deliktsrecht

501 Wegen **unerlaubter Handlung** (§§ 823 ff.) haftet der Erbschaftsbesitzer, wenn er eine Nachlasssache durch verbotene Eigenmacht oder einen Erbschaftsgegenstand (Sache oder Recht) durch eine Straftat erlangt hat (§ 2025 S. 1). Wegen des Verweises auf das Deliktsrecht muss, um die Haftung auszulösen, die verbotene Eigenmacht **schuldhaft** verübt worden sein. Weil gem. § 857 der Besitz auf den Erben übergeht, ohne dass dieser die tatsächliche Sachherrschaft erlangt hat, soll ein **gutgläubiger Erbschaftsbesitzer** wegen verbotener Eigenmacht **nur dann** haften, wenn der **Erbe** vorher die Sache tatsächlich **ergriffen** hatte (§ 2025 S. 2).

d) Haftung bei Einzelansprüchen des Erben

502 Die Haftungsmaßstäbe des Gesamtanspruchs (Erbschaftsanspruch, § 2018) gelten gem. **§ 2029** auch dann, wenn der Erbe **einzelne Ansprüche**, etwa nach § 985 oder § 861 geltend macht. Im Einzelfall ist zu prüfen, welches Vorgehen (Erbschaftsanspruch oder Einzelanspruch) den Erbeninteressen eher gerecht wird.

3 Das ist belangvoll, wenn wegen verschärfter Haftung des Erbschaftsbesitzers § 822 ausscheidet.

Fall 61: Im Jahre 1998 verstirbt E. Er hinterlässt seine Ehefrau F und als einzigen Verwandten seinen Bruder B. Zur Eröffnung kommt ein Testament aus dem Jahre 1988, dessen einziger Inhalt die Enterbung der F ist (§ 1938). B tritt die Erbschaft an. – Er schlägt eine zum Nachlass gehörende Briefmarkensammlung (Wert: 15 000 €) an den Philatelisten P für einen Liebhaberpreis von 20 000 € los. Die zur Erbschaft gehörende Jugendstilvilla lässt er aus eigenen Mitteln und nach eigenem Geschmack für 70 000 € „renovieren". Den Wert der Villa erhöht dies keineswegs. Im Jahre 2009 veräußert er einen Diamantring (Wert: 5000 €) für 3000 € an Juwelier J. – Im Jahre 2010 findet F ein formwirksames Testament des E aus dem Jahr 1993, das sie zur Alleinerbin bestimmt, und unterrichtet davon B. Dieser unternimmt daraufhin mit Nachlassmitteln, die er im Tresor des E vorgefunden hatte, eine Luxusreise für 20 000 €. Welche Ansprüche hat F?

F kann in **Fall 61** den B als Erbschaftsbesitzer gem. **§ 2018** in Anspruch nehmen oder aufgrund ihrer **Einzelansprüche** vorgehen.

Hinsichtlich der **Briefmarkensammlung** kann sie von P Herausgabe nach § 985 verlangen. Ein gutgläubiger Erwerb des P scheidet aus (§§ 935 Abs. 1, 857). Sie kann stattdessen aber auch gem. §§ 2018, 2019 Abs. 1 von B Herausgabe des Surrogats (20 000 €) verlangen. In diesem Fall genehmigt F zugleich die Verfügung des B (§ 185 Abs. 2) unter der Bedingung der tatsächlichen Herausgabe des Surrogats (Ausbezahlung des Geldbetrages)[4]. Die Bedingung verhindert, dass der Erbe gegebenenfalls sowohl Surrogat wie den hingegebenen Nachlassgegenstand verliert. Angesichts des erlösten Mehrwerts wird F gegen B den Erbschaftsanspruch geltend machen. **503**

Die **Jugendstilvilla** kann F **(Fall 61)** gleichermaßen nach § 2018 wie nach § 985 herausverlangen. Praktikabler dürfte allerdings der Erbschaftsanspruch sein, schon weil eine Klage gem. § 985 den ausschließlichen dinglichen Gerichtsstand (§ 24 ZPO) zu beachten hätte. Schadensersatzansprüche nach § 823 Abs. 1, weil die Villa etwa durch die „Renovierungsmaßnahmen" des B an Wert verloren hat, scheiden aus. Zwar hat B die Nachlasssache durch verbotene Eigenmacht erlangt (§§ 858 Abs. 1, 857), aber er war gutgläubiger Erbschaftsbesitzer, und F hatte von der Villa noch nicht tatsächlich Besitz ergriffen (§ 2025 S. 2)[5]. **504**

Den im Jahre 2009 an J veräußerten **Ring (Fall 61)** könnte dieser zu Eigentum erworben haben, so dass der F nur der Zugriff auf das Surrogat (3000 €) über §§ 2018, 2019 verbliebe. Ein gutgläubiger Erwerb des J (§§ 929, 932 Abs. 1) scheidet aufgrund der §§ 935 Abs. 1, 857 aus. Aber B hatte über zehn Jahre hinweg gutgläubigen Eigenbesitz, so dass eine Ersitzung nach § 937 in Betracht kommt. B hätte dann als Berechtigter verfügt. Gegenüber dem Erben kann sich der Erbschaftsbesitzer jedoch nicht auf Ersitzung einer Nachlasssache berufen, solange der Erbschaftsanspruch nicht verjährt ist (§ 2026)[6]. Deshalb kann F von J als Eigentümerin Herausgabe nach § 985 verlangen. Stattdessen könnte sie wiederum[7] den Ersatzgegenstand (3000 €) nach §§ 2018, 2019 von B verlangen, verbunden mit einer Genehmigung der Verfügung unter der auf- **505**

4 So die h. M., vgl. z. B. MünchKomm-*Helms* § 2019 Rdnr. 11.
5 Auch mittelbarer Besitz (§ 868) ist hier als Schutzgut anerkannt, Palandt-*Weidlich* § 2025 Rdnr. 2.
6 Der Erbschaftsanspruch verjährt nach § 197 Abs. 1 Nr. 2 in 30 Jahren.
7 Vgl. oben Rdnr. 503.

schiebenden Bedingung der Herausgabe des Surrogats. Im Ergebnis würde sie sich dadurch allerdings schlechter stellen. Denn B müsste nach den Regeln des Bereicherungsrechts (§ 818 Abs. 1, Abs. 2) lediglich den erlangten Betrag herausgeben (§ 2021). Zudem trägt F die Gefahr der Entreicherung des B, denn er war unverklagter, gutgläubiger Erbschaftsbesitzer. Ein den Differenzbetrag (2000 €) ausgleichender Schadensersatz wegen Eigentumsverletzung (§ 823 Abs. 1) entfällt trotz der von B geübten verbotenen Eigenmacht, denn F hatte die Sache noch nicht tatsächlich ergriffen (§ 2025 S. 2). Die Differenz könnte mangels Rechtshängigkeit beziehungsweise Bösgläubigkeit auch nicht über §§ 2023, 2024 in Verbindung mit §§ 989, 990 erlangt werden.

506 Dagegen haftet B für die Kosten der Luxusreise gleichermaßen aus dem Erbschaftsanspruch (§§ 2024, 2023 Abs. 1) wie aus dem Einzelanspruch gem. § 990.

3. Verwendungsanspruch des Erbschaftsbesitzers

507 Dem Erbschaftsanspruch gegenüber kann der Erbschaftsbesitzer einen Verwendungsanspruch geltend machen (§ 2022 Abs. 1 S. 1). Dieser Anspruch privilegiert den Erbschaftsbesitzer insoweit, als er auf **Ersatz aller Verwendungen** gerichtet ist, gleichgültig, ob sie notwendig, nützlich oder werterhöhend waren (im Unterschied zu §§ 994, 996). Seine Verwendungen auf die Jugendstilvilla kann B in **Fall 61** der F entgegensetzen, obwohl sie weder notwendig noch werterhöhend waren. Dabei ist es gleichgültig, ob F im Wege des Gesamtanspruchs (§§ 2018, 2022) oder des Einzelanspruchs (§ 2029 in Verbindung mit § 2022) vorgeht. Der Einzelanspruch (§§ 994, 996) richtet sich dabei gem. § 2029 in seinem Umfang nach den Vorschriften über den Erbschaftsanspruch, hier also nach § 2022 Abs. 1.

§ 17 Legitimation des Erben (Erbschein)

I. Zweck des Erbscheins

508 Tritt jemand als Erbe auf, besteht für den privaten wie amtlichen Rechtsverkehr ein hohes Interesse daran, Sicherheit über seine Person als wahrer Erbe zu haben. Das gilt für den Abschluss von **Rechtsgeschäften**, insbesondere von **Verfügungen des Erben**, ebenso wie für **Leistungen an den Erben** oder die Umschreibung **grundbuchlicher Rechte** vom Erblasser auf den Erben. Für den Rechtsverkehr ist nie auszuschließen, dass der Handelnde tatsächlich nicht Erbe, sondern lediglich **Scheinerbe** ist, etwa weil sich die Unwirksamkeit eines Testaments herausstellt oder sich eine bislang unbekannte (spätere) Verfügung von Todes wegen findet. Um das berechtigte Vertrauen Dritter zu schützen, stellt das Gesetz für den Erben eine **erbrechtliche Legitimation** zur Verfügung, den **Erbschein** (§ 2353). Der Erbschein genießt **öffentlichen Glauben** und schützt insbesondere denjenigen, der **vom Scheinerben erwirbt** (§ 2366) oder an ihn in Ansehung der Erbschaft **leistet** (§ 2367). Auch im **Grundbuchverkehr** wird der

Nachweis der Erbfolge durch einen Erbschein (oder ein Europäisches Nachlasszeugnis) erbracht (§ 35 Abs. 1 S. 1 GBO[1]).

II. Inhalt, Erteilung und Einziehung des Erbscheins

1. Inhalt des Erbscheins

Der Erbschein ist ein **Zeugnis** über das **Erbrecht**. Er bezeichnet den oder die **Erben** 509 (vgl. § 2353; § 352a FamFG), den erbrechtlichen **Berufungsgrund** (vgl. § 352 Abs 1 Nr. 5, Abs. 2 Nr. 1 FamFG) sowie den **Umfang des Erbrechts** (vgl. § 2353; § 352a Abs. 2 FamFG). Der Erbschein enthält ferner **Beschränkungen** des Erben, so die Anordnung einer Testamentsvollstreckung (§ 352b Abs. 2 FamFG)[2]. Der einem Vorerben erteilte Erbschein gibt die Anordnung der Nacherbfolge und die Person des Nacherben wieder sowie die Voraussetzungen, die den Nacherbfall auslösen (§ 352b Abs. 1 FamFG)[3].

Nicht in den Erbschein aufgenommen werden der Wert oder die Gegenstände des Nachlasses; 510 ebenso wenig Vermächtnisse, Auflagen, Teilungsanordnungen oder Pflichtteilsrechte.

2. Erteilung und Einziehung des Erbscheins

Der Erbschein wird vom **Nachlassgericht** (Amtsgericht, § 23a Abs. 1 S. 1 Nr. 2, Abs. 2 511 Nr. 2 GVG) auf **Antrag** des Erben erteilt (§ 2353), sofern es die zur Begründung des Erbrechts notwendigen Tatsachen für festgestellt hält (§ 352e Abs. 1 FamFG)[4]. Dazu hat der beantragende Erbe die erforderlichen Angaben zu machen (vgl. §§ 352 Abs. 1, Abs. 2 FamFG) und deren Richtigkeit nachzuweisen (§ 352 Abs. 3 FamFG). Soweit erforderlich, hat das Nachlassgericht selbst weitere Ermittlungen aufzunehmen (§§ 26, 29 FamFG).

Stellt sich die **Unrichtigkeit** eines Erbscheins heraus, hat ihn das Nachlassgericht **von** 512 **Amts wegen einzuziehen** (§ 2361 Abs. 1 S. 1). Mit der Einziehung wird der Erbschein kraftlos (§ 2361 Abs. 1 S. 2). Ist eine sofortige Einziehung nicht möglich, muss das Nachlassgericht den Erbschein für **kraftlos erklären**. Mit dem Ablauf eines Monats nach Bekanntgabe des Beschlusses in den öffentlichen Blättern wird dann die Kraftloserklärung wirksam (§ 353 Abs. 1 FamFG).

III. Öffentlicher Glaube des Erbscheins

1. Vermutung der Richtigkeit und öffentlicher Glaube

Der Erbschein entfaltet seine Rechtswirkung im Zusammenspiel der **Vermutung der** 513 **Richtigkeit** seines Inhalts **(§ 2365)** und des sich daran anschließenden **öffentlichen**

1 Zur Ausnahme (letztwillige Verfügung in öffentlicher Urkunde) ebenda S. 2.
2 Zur Testamentsvollstreckung vgl. § 11 Rdnr. 353 ff.
3 Zu Vor- und Nacherbfolge vgl. § 10 Rdnr. 303 ff.
4 Diese Aufgabe des Nachlassgerichts nimmt in Baden-Württemberg das staatliche Notariat wahr (Art. 147 EGBGB; §§ 1 Abs. 1, Abs. 2, 38 LFGG).

Glaubens (**§ 2366**: „[…] soweit die Vermutung des § 2365 reicht […]“). Diese Grundbedeutung des Erbscheins zeigt

Fall 62: Der durch Erbschein als Alleinerbe nach E ausgewiesene S veräußert ein zum Nachlass gehörendes wertvolles Bild an D. Nach etlicher Zeit wird ein von E später abgefasstes Testament gefunden, das A als Alleinerben bestimmt. A verlangt von D Herausgabe des Bildes.

Herausgabe des Bildes **(Fall 62)** kann A verlangen, wenn er Eigentümer desselben ist (§ 985). Aufgrund des späteren Testaments (§ 2258 Abs. 1) war A mit Erbfall Eigentümer des Bildes geworden (§ 1922 Abs. 1). An dieser materiellen Rechtslage hat die Erteilung des Erbscheins an S nichts geändert. Der Erbschein war unrichtig, S bloßer Scheinerbe. D kann deshalb nur gutgläubig vom Nichtberechtigten erworben haben. Hier schützt ihn der **öffentliche Glaube des Erbscheins** nach § 2366, nach dem der **Inhalt** des Erbscheins als **richtig** gilt, **soweit** die **Vermutung** des § 2365 reicht – es sei denn, er **kennt** die Unrichtigkeit des Erbscheins oder **weiß**, dass das Nachlassgericht die Rückgabe wegen Unrichtigkeit angeordnet hat. Die **Vermutung des § 2365** geht dahin, dass der im Erbschein als Erbe Ausgewiesene tatsächlich **Erbe** sei und keinen anderen als den angegebenen Beschränkungen unterliege. In **diesem Umfang** genießt der Erbschein **öffentlichen Glauben** und gilt als richtig **(§ 2366)**. Der verfügende S galt deshalb als **Erbe** (und damit als Eigentümer) und konnte gem. §§ 929, 2366 wirksam zu Lasten des wahren Erben verfügen.

Der Gutglaubenserwerb richtet sich hier also nicht nach § 932 mit der Hürde der §§ 935, 857, sondern vollzieht sich über die **erbrechtliche Spezialvorschrift** des § 2366.

2. Umfang des öffentlichen Glaubens

514 Der öffentliche Glaube des § 2366 richtet sich **ausschließlich** nach dem Umfang der Vermutung des § 2365. Die Vermutung des § 2365 betrifft aber nur die **erbrechtliche** Stellung des Erbscheininhabers. Welche Konsequenzen aus dieser erbrechtlichen Begrenzung folgen, zeigt

Fall 63: Scheinerbe S hat eine wertvolle Vase aus der Hinterlassenschaft des E an Antiquar A veräußert. Dort wird sie von X entdeckt, dem sie vor Monaten gestohlen wurde. X verlangt von A Herausgabe der Vase.

Das Herausgabeverlangen des X **(Fall 63)** setzt dessen Eigentümerstellung voraus (§ 985). Diese Rechtsposition hat X auch nie verloren. Gleichgültig wie die Vase in den Besitz des E kam, ein Eigentumserwerb in seiner Person war ausgeschlossen (§ 935)[5]. Auch durch den Erbgang (§ 1922 Abs. 1) hat sich an der Eigentümerstellung des X nichts geändert, denn die Vase zählt tatsächlich nicht zum Nachlass des E. Bei der Veräußerung des Scheinerben an A wirkt der öffentliche Glaube des § 2366 nur im Umfang der Vermutung des § 2365, d. h. er ersetzt **nur das fehlende Erbrecht** des S.

5 Ausnahme: Ersitzung, § 937.

Die Frage ist also: Hätte der wahre Erbe wirksam verfügen können? Das richtet sich nach §§ 932 ff. (Mangel des Eigentums). In **Fall 63** wäre auch die Verfügung des wahren Erben am nicht behebbaren Mangel des **fehlenden Eigentums** gescheitert (§ 935).

Ein gutgläubiger Erwerb von **Forderungen** ist grundsätzlich nicht möglich. Verfügt ein Nichtberechtigter über eine Forderung (§ 398), kann deshalb auch ein gutgläubiger Zessionar nicht Forderungsinhaber werden. Im Gegensatz dazu schützt der Erbschein auch hier den gutgläubigen Dritten: Tritt der Scheinerbe eine bestehende Nachlassforderung ab, so erwirbt sie ein gutgläubiger Zessionar gem. §§ 398, 2366 („**Erbschaftsgegenstand**"; nicht: Sache).

3. Grundstücksverfügungen

a) Sachenrechtlicher und erbrechtlicher Gutglaubenserwerb

Besondere Fragen ergeben sich bei Grundstücksverfügungen des Scheinerben. Das hängt mit der grundbuchrechtlichen Möglichkeit einer Verfügung des Erben ohne eigene Voreintragung zusammen (§ 40 GBO). 515

Fall 64: A ist Alleinerbe des im Grundbuch als Eigentümer eingetragenen E. Scheinerbe S veräußert das Nachlassgrundstück an den gutgläubigen X.

Zwei Möglichkeiten sind bei grundbuchlichen Verfügungen denkbar. S **(Fall 64)** kann zunächst die eigene Eintragung als Eigentümer im Grundbuch herbeiführen (§§ 13 Abs. 1, 22 Abs. 1 S. 1, 35 Abs. 1 S. 1 GBO). Verfügt er anschließend als **Bucheigentümer**, richtet sich der Erwerb des X ausschließlich nach Sachenrecht (§§ 873, 925 in Verbindung mit § 892). Diese so genannte Voreintragung sieht das Grundbuchrecht als die Regel an (§ 39 GBO).

S hat als „Erbe" aber auch die Möglichkeit, ohne eigene Voreintragung das Grundstück an X zu veräußern (§§ 40 Abs. 1, 35 Abs. 1 S. 1 GBO). War der eingetragene Erblasser Eigentümer des Grundstücks, erwirbt ein gutgläubiger Dritter nach §§ 873 Abs. 1, 925 in Verbindung mit § 2366. War der Erblasser lediglich Bucheigentümer, kommen § 2366 **(Mangel des Erbrechts)** und § 892 **(Mangel des Eigentums)** nebeneinander zur Anwendung; nach § 892 gilt der eingetragene Erblasser als Eigentümer.

b) Subjektive Voraussetzungen

Ob sachenrechtliche oder erbrechtliche oder beide Gutglaubenserwerbs-Vorschriften zur Anwendung kommen, hat auch Bedeutung für die Frage der **subjektiven Voraussetzungen** eines gutgläubigen Erwerbs. Ist der bloße Scheinerbe im Grundbuch eingetragen und findet deshalb lediglich § 892 Anwendung, so schadet dem Erwerber nur die positive Kenntnis vom fehlenden Eigentum des Scheinerben. Weiß der Erwerber, dass die Einziehung des Erbscheins angeordnet ist, schadet dies solange nicht, solange er daraus nicht den Schluss auf fehlendes Eigentum des Veräußerers zieht (anders § 2366). 516

Auch im maßgeblichen **Zeitpunkt** für die Kenntnis der Unrichtigkeit weichen § 892 und § 2366 voneinander ab. Während § 892 Abs. 2 bei Eintragungstatbeständen auf 517 die Zeit der Antragstellung abstellt, richtet sich § 2366 am Zeitpunkt der Vollendung des Erwerbs aus („erwirbt")[6].

4. Leistungen an den Scheinerben

518 Die Vorschrift des **§ 2367 Alt. 1** dehnt den Gutglaubensschutz des § 2366 auf denjenigen aus, der aufgrund eines zur Erbschaft gehörenden Rechts an den bloßen Erbscheinserben eine **Leistung bewirkt**. Leistet der Schuldner einer Nachlassforderung an den Scheinerben, wird er (trotz grob fahrlässiger Unkenntnis) gegenüber dem wahren Erben von seiner Verbindlichkeit frei. Der wahre Erbe hat einen Anspruch aus § 816 Abs. 2 gegen den Scheinerben.

519 Die Regelung des **§ 2367 Alt. 2** erstreckt den Gutglaubensschutz des § 2366 schließlich auf alle nicht unter § 2366 fallenden **Verfügungen** hinsichtlich eines zum Nachlass gehörenden Rechts, also auf jede Übertragung, Aufhebung oder Inhaltsänderung eines Erbschaftsrecht (unmittelbare Einwirkung)[7]. Trotz des Wortlauts („[…] zwischen ihm und einem anderen […]") fallen darunter auch einseitige Rechtsgeschäfte wie Kündigung, Anfechtung oder Genehmigung (§ 185 Abs. 2).

§ 18 Erbenhaftung

I. Grundlinien der Erbenhaftung

1. Interessenlage

520 Mit dem Erbfall geht nach dem Grundsatz der Universalsukzession das gesamte Vermögen des Erblassers **einschließlich** seiner **Schulden** und **Verbindlichkeiten** auf den Erben über (§ 1922 Abs. 1). Für diese Nachlassverbindlichkeiten **haftet der Erbe** mit seinem **gesamten**, aus **Eigen- und Erblasservermögen** bestehenden Vermögen (§ 1967 Abs. 1).

521 Mit dieser Vermögensverschmelzung und Haftung des Erben sind bei den Beteiligten **unterschiedliche Interessenlagen** verbunden. Dem **Erben** wird daran gelegen sein, eine durch den Erbfall ausgelöste Haftung mit dem Eigenvermögen (überschuldeter Nachlass) möglichst zu verhindern. Die **Nachlassgläubiger** werden im Fall eines bereits hoch verschuldeten Erben dessen Eigengläubiger daran zu hindern suchen, auf das bislang nur ihnen als Haftungsmasse dienende Nachlassvermögen zuzugreifen. Umgekehrt haben bei einem verschuldeten Nachlass die **Eigengläubiger** des Erben Interesse daran, den Kreis derer, denen das Eigenvermögen des Erben zur Verfügung steht, möglichst gering zu halten. Vor dem Hintergrund dieser unterschiedlichen Interessenlagen wird klar, dass es für das erbrechtliche Haftungssystem von entscheiden-

6 In der Literatur wird z. T. eine Anwendung des § 892 Abs. 2 (*lex specialis*) in den Fällen befürwortet, in denen sich der Rechtserwerb (auch) nach § 2366 richtet; vgl. etwa *Olzen/Looschelders* Rdnr. 964.

7 In § 2366 geht es um den **Erwerb** eines Erbschaftsgegenstandes durch einen Dritten.

 705.

der Bedeutung ist, wodurch eine **Nachlassverbindlichkeit begründet** wird, ob eine **Haftungsbeschränkung** für den Erben möglich ist und ob Nachlass- wie Eigengläubiger einen **Haftungsausschluss der jeweils anderen Personengruppe** für das bislang nur ihnen zur Verfügung stehende Vermögen erreichen können.

2. Unbeschränkte, aber beschränkbare Erbenhaftung

Der Erbe haftet grundsätzlich für die **Nachlassverbindlichkeiten unbeschränkt** mit **522** seinem **gesamten Vermögen**. Den Nachlassgläubigern haftet bei Erschöpfung des Nachlasses also auch das Eigenvermögen des Erben. Das Gesetz ermöglicht es jedoch, eine **Beschränkung der Erbenhaftung** auf den Nachlass **herbeizuführen**. Das geschieht durch Anordnung einer **Nachlassverwaltung** oder die Eröffnung eines **Nachlassinsolvenzverfahrens** (§ 1975). Nachlassverwaltung und Nachlassinsolvenz führen zur **Trennung** von **Eigen- und Nachlassvermögen** mit der Folge, dass den Eigengläubigern das Eigenvermögen, den Nachlassgläubigern das Nachlassvermögen als Haftungsmasse zur Verfügung steht.

3. Nachlassverbindlichkeiten

Die auf den Nachlass beschränkbare Erbenhaftung verlangt eine Klarstellung dessen, **523** wofür der „Erbe“ haftet, wann also eine **Nachlassverbindlichkeit** vorliegt (§ 1967 Abs. 1). Nach § 1967 Abs. 2 zählen zu den Nachlassverbindlichkeiten zunächst die Schulden des Erblassers, die so genannten **Erblasserschulden**.

Nachlassverbindlichkeiten sind nach dieser Vorschrift ferner die „den Erben als solchen treffenden Verbindlichkeiten“, also die Schulden, die mit und nach dem Erbfall für den Erben aus Anlass des Erbfalls in seiner Erbenstellung entstehen, so genannte **Erbfallschulden**. Das Gesetz (§ 1967 Abs. 2) führt beispielhaft die Verbindlichkeiten nach Pflichtteilsrecht, aus Vermächtnissen und Auflagen an. Eine weitere Erbfallschuld sind die Beerdigungskosten (§ 1968) oder etwa die Kosten einer Testamentseröffnung (Nachlasskostenschulden). Keine Erbfallschuld wäre z. B. der Kauf eines Traueranzugs. Anlass des Kaufs ist zwar auch hier der Erbfall, aber den Erben trifft die Kaufpreiszahlungspflicht nicht als rechtliche Konsequenz seiner erbrechtlichen Stellung.

Nicht im Gesetz geregelt sind die Verbindlichkeiten, die den Erben in **Ausübung der ordnungsmäßigen Abwicklung** und Verwaltung des Nachlasses treffen. In der Literatur hat sich dafür der Begriff **Nachlasserbenschulden** eingebürgert[1]. Beispiele solcher Nachlasserbenschulden sind eine Werklohnverbindlichkeit aus einer erforderlichen Reparatur eines Nachlassgegenstandes, auch die Verbindlichkeiten des Vorerben, die in Wahrnehmung einer ordnungsmäßigen Nachlassverwaltung entstehen[2]. Besonderheit dieser Nachlasserbenschulden ist, dass sie sowohl **Nachlassverbindlichkeit** als auch **Eigenverbindlichkeit** des Erben sind[3]. Schließt der Erbe bei solchen Geschäften die Haftung des Eigenvermögens nicht aus, stehen dem Gläubiger Nachlass- und

1 Teilweise wird auch von Nachlasseigenschulden gesprochen, vgl. *Leipold* Rdnr. 703.
2 BGHZ 110, 176, 179 f.
3 Einhellige Meinung seit RGZ 90, 91, 92 ff.

Eigenvermögen zur Befriedigung seiner Forderung (Zwangsvollstreckung) zur Verfügung.

II. Ausschluss von Nachlassgläubigern (Aufgebot)

524 Die Begrenzung der Haftungsmasse für Nachlassverbindlichkeiten auf das Nachlassvermögen tritt erst durch die Herbeiführung der Haftungsbeschränkung und die dadurch ausgelöste Sonderung von Nachlass- und Eigenvermögen des Erben ein (§§ 1975 ff.). Davon zu **trennen** sind der **Ausschluss von einzelnen Nachlassgläubigern** durch **Aufgebotsverfahren** und die dann dem Erben zur Verfügung stehende **Erschöpfungseinrede** (Verweis auf den Restnachlass).

525 Will der Erbe einen verlässlichen Überblick über die ihn treffenden Nachlassverbindlichkeiten gewinnen, um zu übersehen, ob und inwieweit sein Eigenvermögen durch die Erbenhaftung berührt sein kann, müssen ihm die Gläubiger des Nachlasses und die Höhe ihrer Forderungen bekannt sein. Dies kann er im Wege eines **Aufgebotsverfahrens** erreichen (§ 1970). Im Einzelnen richtet sich die Durchführung des Aufgebotsverfahrens nach den Vorschriften der §§ 433 ff. FamFG (Aufgebotsverfahren), §§ 454 ff. FamFG (Aufgebot von Nachlassgläubigern). Auf Antrag des Erben (§ 455 Abs. 1 FamFG) erfolgt durch das Nachlassgericht (§ 454 Abs. 2 FamFG) eine öffentliche Bekanntmachung des Aufgebots (§ 435 FamFG). Darin werden die Nachlassgläubiger aufgefordert, ihre Forderungen binnen einer Frist (§ 458 Abs. 2 FamFG) anzumelden (§ 459 FamFG), widrigenfalls sie Rechtsnachteile in Kauf nehmen müssen (§ 458 Abs. 1 FamFG). Das Aufgebotsverfahren endet mit einem **Ausschließungsbeschluss**, der die nicht angemeldeten Nachlassgläubiger auf den nach Befriedigung der angemeldeten Forderungen verbleibenden Rest des Nachlasses verweist (§§ 439, 458 Abs. 1 FamFG). Verlangt dann ein ausgeschlossener Nachlassgläubiger Befriedigung seiner Forderung, kann der Erbe dies verweigern, soweit nach Befriedigung der angemeldeten Gläubiger der Nachlass erschöpft ist (§ 1973 Abs. 1 S. 1), **Erschöpfungseinrede**.

526 Das Aufgebotsverfahren führt **keine Haftungsbeschränkung** des Erben herbei. Für die **angemeldeten** Forderungen haftet der Erbe mit seinem **Eigenvermögen**. Das Aufgebotsverfahren zieht lediglich für ausgeschlossene Nachlassgläubiger die beschriebenen Rechtsnachteile nach sich. Diese Rechtsfolge tritt auch dann ein, wenn (ohne Aufgebotsverfahren) die dem Erben unbekannte Forderung erst **fünf Jahre** nach dem Erbfall geltend gemacht wird (**Verschweigungseinrede**, § 1974 Abs. 1 S. 1).

527 Der Erbe ist berechtigt, die Erfüllung einer Nachlassverbindlichkeit bis zum Ablauf von drei Monaten nach Erbschaftsannahme zu verweigern (**Dreimonatseinrede**, § 2014), jedoch nicht über die Inventarerrichtung hinaus. Hat er innerhalb eines Jahres nach Annahme der Erbschaft den Antrag auf Einleitung des Aufgebotsverfahrens der Nachlassgläubiger gestellt und ist der Antrag zugelassen, so kann er die Berichtigung der Verbindlichkeit bis zur Beendigung des Aufgebotsverfahrens verweigern (**Einrede des Aufgebotsverfahrens**, § 2015 Abs. 1).

III. Beschränkung der Erbenhaftung

Eine Beschränkung der Erbenhaftung auf das Nachlassvermögen kann nur durch **Anordnung** einer **Nachlassverwaltung** oder durch Eröffnung eines **Nachlassinsolvenzverfahrens** herbeigeführt werden (§ 1975). 528

1. Nachlassverwaltung

a) Anordnung der Nachlassverwaltung

Auf **Antrag** des **Erben** ist vom **Nachlassgericht** die Nachlassverwaltung anzuordnen (§ 1981 Abs. 1). Das Antragsrecht des Erben ist zeitlich nicht beschränkt. Auf eine Überschuldung des Nachlasses kommt es nicht an. Mit der Nachlassverwaltung wehrt der Erbe die Zwangsvollstreckung in sein Eigenvermögen ab. **Voraussetzung** des Antrags auf Nachlassverwaltung ist allerdings, dass der Erbe **nicht** bereits **allen Nachlassgläubigern** gegenüber **unbeschränkt** haftet (§ 2013 Abs. 1). Das ist der Fall, wenn der Erbe gegenüber allen Nachlassgläubigern auf die Beschränkung verzichtet hat (vgl. § 2012 Abs. 1 S. 3). 529

Unbeschränkte Erbenhaftung kann auch im Zusammenhang mit einer Inventarerrichtung eintreten. Der Erbe kann gem. § 1993 beim Nachlassgericht ein Nachlassverzeichnis **(Inventar)** einreichen. Die fristgemäße Errichtung eines Inventars kann ihm auf Antrag eines Nachlassgläubigers auch durch das Nachlassgericht aufgetragen werden (§ 1994 Abs. 1 S. 1). Rechtsfolge der fristgemäßen und korrekten Inventarerrichtung ist die Vermutung, dass andere als die aufgeführten Gegenstände nicht zum Nachlass zählen (§ 2009). Bei absichtlich herbeigeführter erheblicher Unvollständigkeit des Inventars oder bei **Versäumung der Inventarfrist** haftet der Erbe **unbeschränkt** (§§ 1994 Abs. 1 S. 2, 2005 Abs. 1).

Die **Rechtsfolgen** der Anordnung der Nachlassverwaltung beschreibt § 1984. Der Erbe **verliert** die **Verwaltungs-** und **Verfügungsbefugnis** über den Nachlass (§ 1984 Abs. 1 S. 1). Nachlass und Eigenvermögen des Erben werden getrennt. Nachlassgläubiger können ihre Ansprüche nur gegen den **Nachlassverwalter** geltend machen (§ 1984 Abs. 1 S. 3), der die Nachlassverbindlichkeiten aus dem Nachlass berichtigt (§ 1985 Abs. 1). Den **Eigengläubigern** ist die Zwangsvollstreckung in das Nachlassvermögen nicht mehr möglich (§ 1984 Abs. 2). Ihnen steht nur das Eigenvermögen des Erben zur Verfügung. 530

Die **Trennung** der beiden Vermögen infolge der Anordnung der Nachlassverwaltung zeigt sich auch in ihrer Wirkung auf die durch **Vereinigung** von **Recht** und **Verbindlichkeit** (Konfusion)[4] oder von **Recht** und **Belastung** (Konsolidation)[5] erloschenen beziehungsweise umgewandelten Rechte[6]. Gemäß § 1976 gelten diese Rechtsverhältnisse rückwirkend als **nicht** erloschen.

Dieselbe Wirkung hat die Anordnung der Nachlassverwaltung für eine **Aufrechnung** eines **Nachlassgläubigers** gegen eine nicht zum Nachlass gehörende Eigenforderung des Erben, sofern dieser der Aufrechnung nicht zugestimmt hat: Die Aufrechnung ist als **nicht** erfolgt anzu-

4 Der Erbe hatte etwa einen Darlehensrückzahlungsanspruch gegen den Erblasser.
5 Zugunsten des Erben war eine Hypothek an einem Nachlassgrundstück eingetragen.
6 Im Falle der Konsolidation (Beispiel Fußn. 5) verhindert § 1976 die hypothekenrechtlichen Folgen der §§ 1177, 1197, so dass wegen der Hypothek die Zwangsvollstreckung betrieben werden kann.

sehen (§ 1977 Abs. 1). Dasselbe Ergebnis (ohne dass es jedoch auf eine Zustimmung des Erben ankommt) bestimmt § 1977 Abs. 2 für die Aufrechnung eines **Eigengläubigers** gegen eine Nachlassforderung.

531 Auch auf Antrag eines **Nachlassgläubigers** ist die Nachlassverwaltung anzuordnen. Wenn Verhalten oder Vermögenssituation des Erben befürchten lassen, es bestehe Gefahr für eine Befriedigung der Nachlassgläubiger aus dem Nachlass (§ 1981 Abs. 2 S. 1). Dieser Antrag kann (anders der Antrag des Erben selbst) nicht mehr gestellt werden, wenn seit Annahme der Erbschaft zwei Jahre vergangen sind[7].

b) Bisherige Verwaltung des Erben

532 Die bis zur Anordnung der Nachlassverwaltung vom Erben getätigten Verwaltungsmaßnahmen beurteilen sich nach den §§ 1978, 1979. Für das **vor Annahme** der Erbschaft liegende Verwaltungshandeln ist der Erbe den Nachlassgläubigern nach den Regeln über die **Geschäftsführung ohne Auftrag** (§ 1978 Abs. 1 S. 2), für die **zwischen Annahme** der Erbschaft und **Anordnung der Nachlassverwaltung** liegende Verwaltung nach **Auftragsrecht** verantwortlich (§ 1978 Abs. 1 S. 1).

Wurden vom Erben **Nachlassverbindlichkeiten berichtigt**, müssen die Nachlassgläubiger eine Leistung für Rechnung des Nachlasses hinnehmen, wenn der Erbe nach den Umständen davon ausgehen durfte, der Nachlass werde für die Berichtigung sämtlicher Nachlassverbindlichkeiten ausreichen (§ 1979).

c) Abgelehnte Nachlassverwaltung

533 Die Anordnung einer Nachlassverwaltung kann abgelehnt werden, wenn kein kostendeckendes Nachlassvermögen vorhanden ist (§ 1982; vgl. auch § 1988 Abs. 2). Der Erbe kann dann gegenüber einer Nachlassforderung die so genannte **Dürftigkeitseinrede** erheben und die Befriedigung insoweit verweigern, als der Nachlass nicht ausreicht (§ 1990 Abs. 1 S. 1). Die Folgen der Dürftigkeitseinrede im Einzelnen regelt § 1991 in Anlehnung an die Vorschriften zur Nachlassverwaltung.

534 Ist die **Überschuldung** des Nachlasses ausschließlich die Folge der Anordnung von **Vermächtnissen** und **Auflagen** durch den Erblasser, so kann der Erbe die **Dürftigkeitseinrede** nach § 1990 auch dann erheben, wenn die Voraussetzungen dieser Vorschrift nicht vorliegen (§ 1992).

2. Nachlassinsolvenz

535 Während für den Antrag auf Nachlassverwaltung die **Überschuldung** des Nachlasses belanglos ist[8], ist sie **Grundlage** des **Nachlassinsolvenzverfahrens**. Erlangt der Erbe von der Zahlungsunfähigkeit oder Überschuldung des Nachlasses **Kenntnis**, hat er **unverzüglich** die Eröffnung des **Nachlassinsolvenzverfahrens** zu beantragen (§ 1980 Abs. 1 S. 1). Der Kenntnis steht die **fahrlässige Unkenntnis** gleich (§ 1980 Abs. 2 S. 1). Als Fahrlässigkeit sieht das Gesetz insbesondere an, wenn der Erbe den Antrag auf Aufgebot der Nachlassgläubiger unterlässt, obwohl er Grund zur Annahme unbe-

7 Für den Erben vgl. oben Rdnr. 529.
8 Vgl. oben Rdnr. 529.

kannter Nachlassverbindlichkeiten hat (§ 1980 Abs. 2 S. 2 Halbs. 1). Zuständigkeit, Antragsrecht, Eröffnung und Durchführung des Nachlassinsolvenzverfahrens richten sich nach den allgemeinen Vorschriften der **Insolvenzordnung**, soweit die §§ 315 ff. InsO (Nachlassinsolvenzverfahren) keine Besonderheiten enthalten. Antragsberechtigt sind gem. § 317 Abs. 1 InsO neben den Erben der Testamentsvollstrecker, der Nachlassverwalter und die Nachlassgläubiger.

Die Rechtsfolgen des Nachlassinsolvenzverfahrens entsprechen denen der Nachlass- 536
verwaltung. Der Erbe (Schuldner) **verliert** mit Eröffnung des Verfahrens sein **Verwaltungs- und Verfügungsrecht** (§ 80 Abs. 1 InsO). Nachlass- und Eigenvermögen des Erben werden **getrennt**. Seine **Haftung** für Nachlassverbindlichkeiten **beschränkt** sich auf den Nachlass (§ 1975). Für Aufrechnung und die durch Vereinigung erloschenen Rechte gelten §§ 1976, 1977[9], für die bisherige Verwaltung des Erben §§ 1978, 1979[10].

Ist das Insolvenzverfahren durch Verteilung des Nachlasses (Masse) oder durch den 537
Insolvenzplan **beendet**, so kann der Erbe in entsprechender Anwendung des § 1973 Befriedigung verweigern und auf den Restnachlass verweisen, so genannte **Erschöpfungseinrede** (§ 1989).

Wird die Eröffnung des Nachlassinsolvenzverfahrens mangels kostendeckender Mas- 538
se **abgelehnt** oder aus diesem Grund das Insolvenzverfahren **eingestellt**, steht dem Erben die **Dürftigkeitseinrede** nach § 1990 zu[11].

§ 19 Erbengemeinschaft

I. Rechtsnatur

1. Erbengemeinschaft als Gesamthandsgemeinschaft

Hinterlässt der Erblasser **mehrere Erben**, geht mit dem Erbfall der Nachlass als **Gan-** 539
zes unmittelbar durch Gesetz auf die Erben **(Miterben)** über (§§ 1922 Abs. 1, 2032 Abs. 1). Sie bilden eine **Erbengemeinschaft**. Auch bei mehreren Erben herrscht das Prinzip der Universalsukzession. Sind einem Miterben einzelne Gegenstände zugewiesen, so handelt es sich um ein Vorausvermächtnis (§ 2150) oder eine Teilungsanordnung (§ 2048)[1]. Es erfolgt also **keine reale Aufteilung** des Nachlasses an die einzelnen Miterben derart, dass sie im Verhältnis ihrer Erbteile etwa Bruchteilseigentümer der Nachlassgegenstände würden (§§ 741 ff.). Vielmehr geht die gesamte Erbschaft auf alle Erben gleichermaßen über. Die Erbengemeinschaft stellt neben der Gesellschaft (§§ 718, 719) und der ehelichen Gütergemeinschaft (§§ 1416, 1419) die dritte **Gesamthandsgemeinschaft** des BGB dar. Rechtsträger sind die einzelnen Miterben in

9 Vgl. oben Rdnr. 530.
10 Vgl. oben Rdnr. 532.
11 Vgl. oben Rdnr. 533.
1 Zu dieser Unterscheidung und zur gegenseitigen Abgrenzung vgl. oben § 11 Rdnr. 337 ff.

ihrer gesamthänderischen Verbundenheit. Die Erbengemeinschaft hält den Nachlass als **Sondervermögen**, getrennt vom Eigenvermögen der einzelnen Miterben.

540 Mit dieser Regelung bezweckt das Gesetz, den Nachlass in seiner Gesamtheit als Haftungsgrundlage für die Nachlassgläubiger zu erhalten. Der einzelne Miterbe kann zwar über seinen Anteil **(Erbteil)** am Nachlass **verfügen** (§ 2033 Abs. 1 S. 1). Dadurch ändert sich am Charakter der Gesamthandsgemeinschaft nichts. Der Erwerber tritt an die Stelle des Veräußerers in dessen vermögensrechtliche Position ein. Ihm wächst die gesamthänderische Stellung zu. In die Erbenstellung selbst rückt der Erwerber dagegen nicht ein, weil sie durch Rechtsgeschäft unter Lebenden nicht erworben werden kann. Den Miterben steht im Verkaufsfalle gegenüber dem Verkäufer beziehungsweise gegenüber dem Käufer ein Vorkaufsrecht zu (§§ 2034 f.). **Nicht verfügen** kann der einzelne Miterbe über seinen „Anteil" an den einzelnen Nachlassgegenständen (§ 2033 Abs. 2). Das ist insofern missverständlich, als es solche Anteile an den Einzelgegenständen nicht gibt. Der Miterbe hat hier kein irgendwie geartetes Teilrecht, vielmehr sind ihm die Nachlassgegenstände in gesamthänderischer Verbundenheit mit den übrigen Miterben ganz zugewiesen (Theorie der **ungeteilten Gesamtberechtigung**)[2]. Über einzelne Nachlassgegenstände können die Miterben nur gemeinschaftlich verfügen **(§ 2040 Abs. 1)**[3]. Der Erhaltung des Nachlasses als Haftungsgrundlage entspricht die unmittelbare Ersetzung **(dingliche Surrogation)** des § 2041: Was aufgrund eines Nachlassrechts, als dessen Ersatz oder durch ein auf den Nachlass bezogenes Rechtsgeschäft erworben wird, fällt kraft Gesetzes in den Nachlass.

2. Erbengemeinschaft als Liquidationsgemeinschaft

541 Eine Besonderheit der Erbengemeinschaft als Gesamthandsgemeinschaft ist es, dass sie (anders als BGB-Gesellschaft und Gütergemeinschaft) kraft **zwingenden Gesetzesrechts** entsteht (§§ 1922 Abs. 1, 2032). Ihrem Ziel nach ist sie auf **Auseinandersetzung** des Nachlasses gerichtet; jeder Miterbe kann **jederzeit** ihre **Auseinandersetzung verlangen** (§ 2042 Abs. 1). Sie ist keine werbende Gemeinschaft, sondern von Anfang an lediglich **Liquidationsgemeinschaft**. Das hat Konsequenzen für ihr Auftreten im Rechtsverkehr und für ihre Rechtsnatur.

Fall 65: A, B und C sind zu gleichen Teilen Erben nach E. Zum Nachlass gehört ein Hausgrundstück. A, B und C wollen sich als Eigentümer zu je einem Drittel ins Grundbuch eintragen lassen. – In Verwaltung des Nachlasses werden umfangreiche Reparaturen am Haus durchgeführt. Als diesbezüglich ein Rechtsstreit zu führen ist, will die „Erbengemeinschaft" Klage erheben.

542 Gehört zum Nachlass einer Erbengemeinschaft ein Grundstück, wird das Grundbuch (mit dem voreingetragenen Erblasser) unrichtig. Die Erben sind dann verpflichtet, eine Berichtigung des Grundbuchs nach Maßgabe der §§ 22 Abs. 1 S. 1, 35 Abs. 1 S. 1 GBO herbeizuführen (§ 82 GBO). Auch wenn A, B und C **(Fall 65)** im Erbschein als

2 Vgl. BGH NJW 2001, 2396, 2397 li. Sp.; MünchKomm-*Gergen* § 2032 Rdnr. 10 (dort auch zur überwundenen Gegenansicht, Rdnr. 10a).

3 Auch gemeinschaftlich können sie über keinen „Anteil" am Nachlassgegenstand verfügen.

Miterben zu je ⅓ ausgewiesen sind, wird sie das Grundbuchamt nicht als Eigentümer zu je ⅓ eintragen. Der Ausweis der Erbenstellung zu ⅓ bezeichnet den Anteil des Miterben am Gesamtnachlass im Sinne des § 2033 Abs. 1 S. 1. Er bezeichnet nicht einen ideellen Bruchteil am je einzelnen Nachlassgegenstand als ein gemeinschaftliches Recht (§ 741). Eine solche Bruchteilsgemeinschaft liegt nicht vor[4]. Das Grundbuchamt wird A, B und C also nur „in Erbengemeinschaft" als Eigentümer eintragen (§ 47 Abs. 1 Alt. 2 GBO).

Strittig ist, ob diese „Erbengemeinschaft" **rechts-** und **parteifähig** ist, also selbst als Trägerin von Rechten und Pflichten im Rechts- und Gerichtsverkehr auftreten kann. **543**

Eine Mindermeinung nimmt in Anlehnung an die neuere Rechtsprechung des BGH zur Rechts- und Parteifähigkeit einer Gesellschaft bürgerlichen Rechts[5] und zur Gemeinschaft von Wohnungseigentümern an[6], auch die Erbengemeinschaft sei als Gesamthand sowohl Inhaberin der Nachlassrechte wie Schuldnerin der Nachlassverbindlichkeiten. Sie sei deshalb rechts- und parteifähig[7].

Diese Rechtsprechung lässt sich aber nicht auf die Erbengemeinschaft übertragen. Sie betrifft eine werbende (Außen-)Gesellschaft, soweit von ihr im Rechtsverkehr Rechte erworben und Pflichten begründet werden können (vgl. auch § 14 Abs. 2). Demgegenüber ist die Erbengemeinschaft von vorneherein kraft Gesetzes auf Auseinandersetzung angelegt (§§ 2032 Abs. 2, 2042 Abs. 1). Ihr fehlt ein auf Dauer begründeter Handlungszweck und demgemäß auch die dafür notwendige Organisations- und Handlungsstruktur (Geschäftsführung). Die Erbengemeinschaft ist deshalb weder rechts- noch teilrechtsfähig. Sie ist nicht parteifähig[8].

In **Fall 65** kann also nicht die „Erbengemeinschaft", vertreten durch einen Miterben als Prozesspartei auftreten (§ 50 ZPO). Vielmehr sind A, B und C in ihrer gesamthänderischen Verbundenheit selbst die Träger der Rechte und Pflichten. Sie müssen als Miterben zur gesamten Hand, und zwar als notwendige Streitgenossen klagen (§ 62 ZPO)[9].

II. Verwaltung des Nachlasses

1. Nachlassverwaltung

a) Begriff

Die Miterben verwalten den Nachlass gem. § 2038 Abs. 1 S. 1 gemeinschaftlich. Die **544**
Willensbildung unter den Erben wird durch **Beschluss** herbeigeführt (vgl. §§ 2038 Abs. 2 S. 1, 745). Das Gesetz regelt allerdings nicht näher, was inhaltlich unter der

4 Vgl. oben Rdnr. 539, 540.
5 BGHZ 146, 341 ff.
6 BGHZ 163, 154 ff.
7 Soergel-*Wolf* § 2032 Rdnr. 1 a. E.
8 In diesem Sinne BGH NJW 2002, 3389, 3390; bestätigend BGH NJW 2006, 3715 f.; MünchKomm-*Gergen* § 2032 Rdnr. 12 mit weit. Nachweisen; ebenso BSG FamRZ 2010, 1077.
9 Davon zu unterscheiden sind die Fälle des § 2039; näher hierzu unten Rdnr. 550.

„Verwaltung" des Nachlasses zu verstehen ist. Es ist aber allgemein anerkannt, dass unter den Begriff alle **tatsächlichen** und **rechtlichen Maßnahmen** fallen, die der Verwahrung, Sicherung, Erhaltung und Vermehrung des Nachlasses sowie der Verwertung von Nachlassgegenständen dienen, einschließlich Verfügungen. Diese Definition umfasst sowohl das Innen- als auch das Außenverhältnis. **Nicht** unter die Verwaltung fällt insbesondere die Auseinandersetzung des Nachlasses.

b) Wahrnehmung (Innenverhältnis)

545 Die Vorschrift des § 2038 geht von einem **dreistufigen Verwaltungsmodell** aus und durchbricht dabei den Grundsatz und die Notwendigkeit gemeinschaftlichen Handelns (Abs. 1 S. 1) nicht unerheblich. So kann **jeder** Miterbe **ohne Mitwirkung** der anderen die zur **Erhaltung** des Nachlasses **notwendigen** Maßnahmen **allein** treffen (§ 2038 Abs. 1 S. 2 Halbs. 2). Maßregelungen, die zu einer **ordnungsmäßigen** Verwaltung **erforderlich** sind, können die Miterben mit **Stimmenmehrheit** beschließen und durchführen (§§ 2038 Abs. 2, 745 Abs. 1 S. 1). Die Stimmenmehrheit bestimmt sich dabei nicht nach Zahl der Köpfe, sondern nach der Größe des Erbanteils (§ 745 Abs. 1 S. 2). Findet sich eine solche Mehrheit nicht, kann jeder Miterbe die anderen aufgrund ihrer **Mitwirkungspflicht** zu ordnungsmäßigem Verwaltungshandeln (§ 2038 Abs. 1 S. 2 Halbs. 1), notfalls auf Abgabe einer entsprechenden Willenserklärung, verklagen. In diesem Falle gilt mit Rechtskraft eines obsiegenden Urteils die Willenserklärung als abgegeben (§ 894 ZPO). Allein Maßnahmen, die den Rahmen ordnungsmäßiger Verwaltung **übersteigen**, bedürfen somit der notwendigen freiwilligen Mitwirkung **aller** Miterben (§ 2038 Abs. 1 S. 1). Kommt es darüber zu Streit, bleibt nur, die Auseinandersetzung der Erbengemeinschaft zu betreiben (§ 2042 Abs. 1).

c) Außenverhältnis (Vertretungsmacht)

546 Soweit der oder die Miterben die Verwaltung des Nachlasses nach Maßgabe des § 2038 Abs. 1 wahrnehmen (Geschäftsführung), haben sie, soweit nötig, im **Außenverhältnis** auch **Vertretungsmacht**.

Ein Miterbe, der nach § 2038 Abs. 1 S. 2 Halbs. 2 erhaltungsnotwendige Maßnahmen trifft (z. B. Verkauf vom Verderb bedrohter Ware), hat insoweit gem. § 2038 Abs. 1 S. 2 Halbs. 2 auch eine **gesetzliche Vertretungsmacht** zum Abschluss von **Notverpflichtungsgeschäften**[10]. Werden Maßnahmen der **ordnungsmäßigen Verwaltung** mit **Mehrheit** beschlossen, so liegt darin nicht nur ein Akt interner Willensbildung. Der **Beschluss** verleiht der Mehrheit der Miterben auch die **Vertretungsmacht** im Sinne einer Bevollmächtigung, um die erforderlichen **Verpflichtungsgeschäfte** für den Nachlass abzuschließen[11].

2. Verfügungen

a) Die Problematik

547 Die gezeigte Dreistufung des § 2038 wirft Probleme auf, wenn die Verwaltung des Nachlasses auch Verfügungen umfasst.

10 Soergel-*Wolf* § 2038 Rdnr. 12.
11 BGHZ 56, 47, 49; Soergel-*Wolf* § 2038 Rdnr. 11.

Fall 66: A, B und C sind je zu gleichen Teilen Erben nach E. Zum Nachlass gehört eine Lagerhalle, deren Keller stark durchfeuchtet sind; ohne alsbaldige Abhilfe drohen erhebliche Schäden. Weil B und C sich nicht darum kümmern, gibt A entsprechende Reparaturaufträge und veräußert in der Halle lagernde, vom Verderb bedrohte Ware. Im weiteren Verlauf schlagen A und B dem C vor, die Halle an den Interessenten I zu vermieten und zu diesem Zweck veraltete Gerätschaften zu veräußern. C will die Lagerhalle dagegen beseitigen und auf dem Gesamtgelände eine Golfanlage anlegen.

Während § 2038 Abs. 1 für die Verwaltung des Nachlasses ein differenziertes Handlungsmodell vorsieht, bestimmt § 2040 Abs. 1 für **Verfügungen** generell **gemeinschaftliches Handeln** der Miterben. Dass Miterben stets nur gemeinschaftlich verfügen können, ist unbestritten für Verfügungen, die keinen Verwaltungscharakter haben, z. B. Verfügungen in Auseinandersetzung der Miterbengemeinschaft. Wo Verfügungen dagegen im Rahmen der **Nachlassverwaltung** notwendig werden oder bei ordnungsmäßigem Verwaltungshandeln erforderlich sind, stellt sich die Frage, ob § 2040 Abs. 1 gegenüber § 2038 Abs. 1 *lex specialis* ist.

In **Fall 66** könnte A – weil es sich um Notmaßnahmen handelt, § 2038 Abs. 1 S. 2 Halbs. 2 – zwar die erforderlichen Reparaturaufträge erteilen, er könnte auch die vom Verderb bedrohte Ware rechtswirksam verkaufen[12]; er könnte sie aber nicht übereignen. Ebenso könnten A und B – weil es um ordnungsmäßige Verwaltung geht, § 2038 Abs. 1 S. 2 Halbs. 1, in Ausführung eines wirksamen Beschlusses zwar die Halle an I vermieten und die veralteten Gerätschaften verkaufen[13]; veräußern könnten sie sie nicht. Im einen wie im anderen Fall wäre eine Klage von A gegen B und C beziehungsweise von A und B gegen C auf Abgabe einer (dinglichen) Einigungserklärung notwendig, die mit Rechtskraft des Urteils als erteilt gelten würde (§ 894 ZPO). Ein nicht nur aufwendiges, sondern von Sinn und Zweck des § 2038 Abs. 1 her betrachtet auch fragwürdiges Verfahren und Ergebnis.

b) Begriff

Unter einer **Verfügung** nach § 2040 Abs. 1 ist jede unmittelbare Einwirkung auf ein bestehendes Recht zu verstehen, also die Übertragung, Aufhebung, Belastung oder eine inhaltliche Änderung des Rechts. Auch die Ausübung von Gestaltungsrechten, wie Rücktritt, Anfechtung oder Kündigung eines Rechtsverhältnisses sind Verfügungen im Sinne der Vorschrift[14]. **Keine Verfügungen** sind Erwerbsgeschäfte für den Nachlass. **548**

c) Verwaltung und Verfügung

Ein Großteil des Schrifttums[15] nimmt an, dass § 2040 Abs. 1 eine **Spezialvorschrift** für Verfügungen im Rahmen einer **ordnungsmäßigen** und **erforderlichen** Verwaltung gem. § 2038 Abs. 1 S. 2 Halbs. 1 darstelle. Demzufolge soll aus Gründen der Rechtssicherheit auch bei Mehrheitsbeschlüssen und für den Nachlass bereits wirksam vorgenommen Verpflichtungsgeschäften deren Erfüllung nur durch Zusammenwirken aller (Zustimmung, Genehmigung) möglich sein. Bei der Notverwaltung eines einzelnen **549**

12 Vgl. oben Rdnr. 546.

13 Vgl. oben Rdnr. 546.

14 So für die Kündigung eines Pachtvertrages BGH FamRZ 2006, 1026 ff. (unter Aufgabe seiner früheren Rechtspr.) und für eine Kündigung allgemein BGHZ 183, 131, 134 Tz. 13 f. – Der Abschluss eines Miet- oder Pachtvertrages hat dagegen ausschließlich schuldrechtlichen Charakter.

15 Vgl. *Brox/Walker* Rdnr. 507 mit weit. Nachweisen. In diesem Sinne auch BGHZ 164, 181, 183 f.

Miterben soll dagegen § 2038 Abs. 1 S. 2 Halbs. 2 auch für die Verfügungsgeschäfte die maßgebliche Norm sein.

Diese Auffassung wird zu Recht kritisch betrachtet. Nicht nur für Verfügungen als **Notverwaltungsmaßnahmen**, sondern auch für die Umsetzung von Mehrheitsbeschlüssen bei einer **ordnungsmäßigen Verwaltung** ist nach Sinn und Zweck auf § 2038 Abs. 1 als **Ausnahmeregelung** (Spezialnorm) gegenüber § 2040 Abs. 1 abzustellen. Im Rahmen solcher Verwaltungsmaßnahmen bedarf es deshalb auch für Verfügungen nicht der Einstimmigkeit der Miterben[16]. Schützenswerte Belange der sich sträubenden Miterben sind bei ordnungsmäßiger Verwaltung nicht gegeben. Die Rechtssicherheit für den Geschäftsverkehr legt es sogar nahe, im Außenverhältnis nicht zwischen Verpflichtung und Verfügung zu differenzieren. In **Fall 66** können A bei seiner Notmaßnahme ebenso wie A und B bei den Beschlüssen der ordnungsmäßigen Verwaltung in Vertretung des Nachlasses, d. h. mit Außenwirkung für alle Erben, die vorgesehenen Veräußerungsgeschäfte vornehmen.

3. Nachlassforderungen

550 Eine Sonderregelung gegenüber §§ 2038, 2040 enthält § 2039 S. 1 für die Geltendmachung von Nachlassforderungen. Jeder Miterbe kann allein Nachlassforderungen (gerichtlich und außergerichtlich) im eigenen Namen geltend machen **(gesetzliche Prozessstandschaft)**. Leistung kann er allerdings nur an alle Miterben fordern. Der Schuldner seinerseits muss, um befreiend zu leisten, an alle Erben gemeinschaftlich die Leistung bewirken. Diese Sonderregelung verfolgt zweierlei Ziele: Die Geltendmachung von Nachlassforderungen gegenüber Dritten soll nicht durch Untätigkeit und Interesselosigkeit von Miterben erschwert werden. Darüber hinaus soll gewährleistet sein, dass Ansprüche der Erbengemeinschaft gegen einen Miterben (der dann zugleich Schuldner und Gläubiger ist) realisiert werden können.

III. Auseinandersetzung

1. Art und Formen der Auseinandersetzung

551 Die kraft Gesetzes (§§ 1922 Abs. 1, 2032 Abs. 1) und ohne den Willen der Beteiligten zustande gekommene Erbengemeinschaft ist ihrem Zweck nach von Anbeginn an auf **Abwicklung** ausgerichtet. Sie verfolgt keinen darüber hinausgehenden Zweck, ist keine werbende Gesamthandsgemeinschaft[17]. Diese Auseinandersetzung der Erbengemeinschaft vollzieht sich in **zwei Schritten**: der Festlegung eines **schuldrechtlichen Auseinandersetzungsplans** (Teilungsplan) und dem **dinglichen Vollzug** dieser Verpflichtungen.

552 Die unterschiedlichen **Formen** der Auseinandersetzung knüpfen an die Festlegung des **schuldrechtlichen Auseinandersetzungsplans** an.

16 Soergel-*Wolf* § 2038 Rdnr. 5; *Eberl-Borges* NJW 2006, 1313 f. – So jetzt **auch** („jedenfalls für den […] Fall der **Kündigung**") **BGHZ 183, 131 ff.**; bestätigend BGH NJW 2013, 166 f. Tz. 10-14.
17 Vgl. oben Rdnr. 541.

 80 S. ✓

Wurde **Testamentsvollstreckung** angeordnet[18], so obliegt die Auseinandersetzung dem Testamentsvollstrecker, soweit kein anderer Wille des Erblassers anzunehmen ist (§§ 2204 Abs. 1, 2208 Abs. 1 S. 1). In diesem Fall hat der Testamentsvollstrecker den Auseinandersetzungsplan zu erstellen (vgl. § 2204 Abs. 2) und dabei die Anordnungen des Erblassers zu beachten. Hat der Erblasser von solchen Bestimmungen abgesehen und den Teilungsplan nicht dem Ermessen des Testamentsvollstreckers überlassen, muss dieser die gesetzlichen Teilungsregeln nach § 2042 Abs. 2 in Verbindung mit §§ 749 ff. beachten. Mit Zustimmung aller Miterben kann sich der Testamentsvollstrecker über Anordnungen des Erblassers hinwegsetzen[19].

Die Erstellung eines Auseinandersetzungsplans scheidet aus, wo einen solchen der **Erblasser selbst** dadurch festgelegt hat, dass er über den Gesamtnachlass im Wege einer schuldrechtlich wirkenden **Teilungsanordnung** (§ 2048) bestimmt hat[20]. Über derartige Teilungsanordnungen können sich die Erben jedoch gemeinschaftlich (und ohne Folgen) hinwegsetzen. Denn der Erblasser kann ihre Verfügungsmacht nicht durch Rechtsgeschäfte beschränken (§ 137).

Fehlen Testamentsvollstreckung und Teilungsanordnungen, liegt es in den Händen der **Miterben, freiwillig** einen gemeinsamen Auseinandersetzungsplan abzuschließen. Auf Antrag hat der Notar die Auseinandersetzung des Nachlasses zu vermitteln (§§ 363 ff. FamFG). Bei der Festlegung dieses Teilungsplanes sind die Miterben nicht an die vom Gesetz vorgesehenen Modalitäten (§ 2042 Abs. 2) gebunden.

Erst wenn eine freiwillige Auseinandersetzung unter den Miterben scheitert, kommen **subsidiär** die **gesetzlichen Teilungsvorschriften** zur Anwendung (§ 2042 Abs. 2 in Verbindung mit §§ 749 ff.). Sie haben den Nachteil, dass es dann durch Teilung oder Pfandverkauf zur Zerschlagung der wirtschaftlichen Nachlasswerte kommt (§§ 752 ff.).

2. Auseinandersetzungsanspruch

a) Anspruch auf Auseinandersetzung

Der Anspruch jedes Miterben, gem. § 2042 Abs. 1 jederzeit die Auseinandersetzung verlangen zu können, richtet sich auf die **Auflösung der Miterbengemeinschaft** als Ganzes (Liquidation der Gesamthandsgemeinschaft). Er vermittelt nicht das Recht, eine individuelle Teilauflösung derart verlangen zu können, dass ein Miterbe einen Anspruch auf Ausscheiden aus der Gemeinschaft und Zuweisung bestimmter Gegenstände hätte. 553

Ein **Ausscheiden eines Miterben** bei Fortbestehen der Erbengemeinschaft unter den übrigen ist nur auf der Grundlage einer einvernehmlichen Regelung unter den Miterben möglich. Das geschieht durch **Übertragung des Anteils** am Nachlass auf die anderen Miterben gem. § 2033 Abs. 1 oder durch (formfreie) **Abschichtung**. Danach scheidet ein Miterbe gegen Bezahlung einer Abfindung aus der Gesamthandsgemeinschaft aus und sein Anteil wächst den übrigen Miterben (ähnlich § 738 Abs. 1) an[21]. 554

b) Gesetzliche Bestimmung des schuldrechtlichen Auseinandersetzungsvertrages

Dem Anspruch auf Auseinandersetzung nach § 2042 Abs. 1 liegt **kein** gesetzlicher Auseinandersetzungsplan zugrunde. Vielmehr bestimmt das Gesetz über § 2042 Abs. 2 in Verbindung mit §§ 752 ff. lediglich die Art und Weise, in der sich die Miterben 555

18 Zur Testamentsvollstreckung näher oben § 11 Rdnr. 353 ff.
19 BGHZ 56, 275, 278.
20 Zur Teilungsanordnung vgl. oben § 11 Rdnr. 338.
21 BGH NJW 1998, 1557, 1558 re. Sp.

schuldrechtlich über die Auseinandersetzung ihrer Gemeinschaft **einigen müssen**, wenn sie zu keiner einvernehmlichen Lösung kommen. Man kann deshalb insoweit von einem Kontrahierungszwang sprechen. Das Gesetz sieht vor, dass zunächst die Nachlassverbindlichkeiten berichtigt werden (§ 2046). Darüber können sich die Erben hinwegsetzen mit der Folge ihrer individuellen Haftung nach Teilung des Nachlasses und Auflösung der Erbengemeinschaft[22]. Im Anschluss daran soll der Überschuss im Verhältnis ihrer Erbquoten unter den Miterben aufgeteilt werden. Kommt eine Einigung über einen Teilungsplan nicht zustande, kann gem. § 2042 Abs. 1 **Erbteilungsklage** erhoben werden, die sich auf Zustimmung zu einem von einem Miterben nach Maßgabe der §§ 752 ff. erstellten Auseinandersetzungsplan richtet (vgl. § 2042 Abs. 2).

556 Der Inhalt der Auseinandersetzung wird durch § 2042 Abs. 2 in Verbindung mit §§ 749 ff. vorgegeben. Soweit **Teilung in Natur** möglich ist (z. B. bei Geldvermögen), geschieht die Auseinandersetzung durch Teilung des Gegenstandes und Übertragung der Anteile an die einzelnen Miterben (§ 752). Ist dies **ausgeschlossen**, erfolgt die Aufhebung nach § 753 durch Verkauf beweglicher Nachlassgegenstände entsprechend den Vorschriften über den Pfandverkauf (§§ 1233 ff.) und durch Versteigerung von Grundstücken nach den Regeln über die Durchführung der Zwangsversteigerung (§§ 180 ff. ZVG).

557 Der Anspruch auf Auseinandersetzung der Erbengemeinschaft ist gem. § 2042 Abs. 2 in Verbindung mit § 758 **unverjährbar**.

c) *Ausgleichungspflicht unter Abkömmlingen*

558 Bilden **Abkömmlinge** als **gesetzliche Erben** eine Erbengemeinschaft, so müssen sie bestimmte **Vorempfänge** zur Ausgleichung bringen (§ 2050). Bei gewillkürter Erbfolge gilt das im Zweifel dann, wenn der Erblasser die Abkömmlinge auf die gesetzlichen Erbteile eingesetzt hat oder die Erbteile zueinander im Verhältnis der gesetzlichen Erbteile stehen (§ 2052). Die Ausgleichungspflicht hat keine Auswirkung auf die Erbquote. Sie beeinflusst lediglich die einzelne Teilungsquote. Worum es bei der Ausgleichungspflicht geht, zeigt

> **Fall 67:** E wird im Wege gesetzlicher Erbfolge von seiner Witwe F zu ½ und seinen drei Kindern K1, K2 und K3 zu je ⅙ beerbt. Der Nachlasswert beträgt 300 000 €. K1 hatte zu Lebzeiten des E von diesem 100 000 € zum Aufbau seiner Anwaltskanzlei erhalten, K2 anlässlich seiner Heirat 20 000 €. Was können die Miterben verlangen?

aa) *Ausgleichungspflichtige Vorempfänge*

559 Ausgleichungspflichtige Vorempfänge sind nach § 2050 Abs. 1, was Abkömmlinge als **Ausstattung** erhalten haben. Als Ausstattung bestimmt § 1624 Abs. 1 die Zuwendungen, die ein Kind mit Rücksicht auf seine Heirat oder auf die Erlangung einer selbstständigen Lebensstellung zur Erhaltung oder Begründung der Wirtschaft oder Lebensstellung erlangt hat. Danach sind in **Fall 67** die Zuwendungen an K1 (100 000 €) und K2 (20 000 €) ausgleichungspflichtige Vorempfänge. Ausgleichungspflichtig sind nach § 2050 Abs. 2 ferner Zuschüsse, die als **Einkünfte** verwendet werden sollen, so-

22 Vgl. zur Erbenhaftung allgemein oben § 18 und zur Haftung der Miterben unten Rdnr. 561 ff.

wie Kosten der **Berufsausbildung**, soweit sie das den Vermögensverhältnissen des Erblassers entsprechende Maß übersteigen, sowie alle **anderen Zuwendungen** zu Lebzeiten, für die der Erblasser die Ausgleichung bestimmt hat (§ 2050 Abs. 3).

Nicht wegen Vorempfängen, sondern als **Ausgleich für besondere Leistungen**, weil ein Miterbe durch Mitarbeit in **Haushalt**, **Beruf** oder **Geschäft des Erblassers**, durch erhebliche **Geldleistungen** oder in **anderer Weise** das Vermögen des Erblassers erheblich gefördert hat, kann nach § 2057a Abs. 1 S. 1, Abs. 3 eine billige Ausgleichung verlangt werden. Einen solchen Anspruch hat auch ein **Abkömmling**, der den **Erblasser** über einen längeren Zeitraum hinweg **gepflegt hat** (häusliche Pflege), § 2057a Abs. 1 S. 2[23].

bb) Durchführung der Ausgleichung

560 Die Durchführung der Ausgleichung geschieht nach §§ 2055, 2056. Gemäß § 2055 Abs. 1 S. 2 ist der Wert sämtlicher auszugleichender Zuwendungen dem Teil des Nachlasses hinzuzurechnen, der auf die **untereinander ausgleichspflichtigen Miterben fällt**. Danach erhält in **Fall 67** die F als Erbin zu ½ 150 000 €. In Höhe von 150 000 € fällt der Nachlass an die ausgleichspflichtigen Kinder K1, K2 und K3. Zu diesem Betrag sind die lebzeitigen Zuwendungen hinzuzurechnen (150 000 € + 100 000 € + 20 000 € = 270 000 €). Nach diesem rechnerischen Betrag von 270 000 € bestimmt sich die Teilungsquote; das sind 90 000 € pro Kind. Auf den so ermittelten Erbteil (90 000 €) sind nach § 2055 Abs. 1 S. 1 die erhaltenen Vorempfänge anzurechnen (K1: 90 000 € – 100 000 €; K2: 90 000 € – 20 000 €). Für K1 ergibt sich, dass es durch Zuwendung unter Lebenden mehr erhalten hat als ihm nach Erbrecht zustünde (10 000 €). Gemäß § 2056 S. 1 bleibt es bei dieser Sachlage; K1 ist zur Herauszahlung des überschießenden Betrages nicht verpflichtet. Für die weitere Durchführung bleiben nach § 2056 S. 2 sowohl Erbteil wie Zuwendung an K1 außer Betracht, d. h. die Ausgleichung gem. § 2055 Abs. 1 ist ausschließlich zwischen K2 und K3 durchzuführen. Danach trifft auf beide eine Teilungsquote von 85 000 € (150 000 € + 20 000 € = 170 000 € : 2 = 85 000 €). Auf diese Quote muss sich K2 die erhaltenen 20 000 € anrechnen lassen, es bekommt also 65 000 €. K3 erhält 85 000 €.

IV. Haftung der Miterben

1. Gesetzliche Systematik und Regelungsanliegen

561 Auch die Haftung von Miterben für Nachlassverbindlichkeiten richtet sich **grundsätzlich** nach den **allgemeinen Bestimmungen** der **§§ 1967 ff.**[24]. Sie wird **ergänzt** durch die Vorschriften der §§ 2058 ff. Die unterschiedlichen Regelungsanliegen der §§ 1967 ff. einerseits und der §§ 2058 ff. andererseits sind strikt auseinanderzuhalten. Im Kern lässt sich sagen: Die **allgemeinen Vorschriften** regeln die Frage, ob ein (Mit-)Erbe **beschränkt** auf das, was er aus dem Nachlass erhält, haftet oder ob er für die Nachlass-

23 Entfallen ist seit Inkrafttreten des ErbVerjRÄndG (1.1.2010), dass die Pflege „unter Verzicht auf berufliches Einkommen" erfolgt sein muss.
24 Vgl. oben § 18.

verbindlichkeit auch mit seinem **Eigenvermögen** (unbeschränkt) einstehen muss (vgl. §§ 1973 bis 1975, 1989, 1990). Die **Sondervorschriften** über die **Miterbenhaftung** bestimmen dagegen, ob der einzelne Miterbe für die gesamte Schuld haftet **(Gesamtschuldner)** oder nur für den Teil der Schuld aufkommen muss, der seiner erbrechtlichen Beteiligung entspricht **(anteilige Haftung)**.

Denkbar ist sonach, dass ein Miterbe (als Gesamtschuldner) für die **ganze Nachlassschuld** haftet (z. B. Darlehensschuld des Erblassers in Höhe von 50 000 €), aber beschränkt, d. h. nur soweit die Nachlassmittel reichen. Scheidet die Möglichkeit der Haftungsbeschränkung aus, haftet er für die Erfüllung dieser Schuld auch mit seinem Eigenvermögen. Umgekehrt kann ein Miterbe nur **anteilig** haften (z. B. in Höhe von ½, also im Beispielsfall auf 25 000 €). Auch insoweit ist eine auf sein Nachlassvermögen **beschränkte** oder eine auch das Eigenvermögen beanspruchende, unbeschränkte Haftung denkbar.

2. Haftungsgrundsätze

562 Für das Haftungsmodell der Erbengemeinschaft ist der **Zeitpunkt der Nachlassteilung** von maßgeblicher Bedeutung. Das Gesetz unterscheidet zwischen Haftung vor und Haftung nach Teilung des Nachlasses (§§ 2058 ff.).

a) Haftung vor Nachlassteilung

aa) Gesamthandsklage

563 Vor Teilung des Nachlasses kann ein Nachlassgläubiger die **Erbengemeinschaft** als **Gesamthand**, d. h. sämtliche Miterben in Anspruch nehmen (§ 2059 Abs. 2, so genannte **Gesamthandsklage**, die auf Duldung der Zwangsvollstreckung in den Nachlass gerichtet ist). Eine Gesamthandsklage ist erforderlich, wenn in Erfüllung der Nachlassverbindlichkeit eine Verfügung sämtlicher Miterben über einen Nachlassgegenstand (z. B. Übereignung eines Nachlassgrundstücks) notwendig ist (§ 2040 Abs. 1). In einem solchen Fall ist auch aus **vollstreckungsrechtlichen** Gründen ein Gesamthandstitel erforderlich. Denn die Zwangsvollstreckung in einen Gegenstand des ungeteilten Nachlasses setzt nach § 747 ZPO ein gegen alle Erben ergangenes Urteil voraus. Andererseits kann mit einem Gesamthandstitel **nur in den Nachlass**, nie in das Eigenvermögen eines Miterben vollstreckt werden.

bb) Gesamtschuldklage

564 Ein Nachlassgläubiger kann wahlweise neben oder mit der Gesamthandsklage auch gegen einen einzelnen oder mehrere oder alle Miterben im Wege der **Gesamtschuldklage** vorgehen. Nach § 2058 haftet jeder Miterbe für eine gemeinschaftliche Nachlassverbindlichkeit persönlich auf das Ganze als **Gesamtschuldner** (§ 421).

565 Nicht beantwortet ist damit die Frage, ob er für diese Gesamtschuld auch mit seinem Eigenvermögen, also **unbeschränkt** haftet. Wird ein Miterbe als Gesamtschuldner in Anspruch genommen, kann er für sich alleine keine Nachlassverwaltung und damit Haftungsbeschränkung auf den Nachlass erreichen (§ 2062). Das Gesetz billigt ihm deshalb in **§ 2059 Abs. 1 S. 1** eine besondere, **aufschiebende Einrede** zu, mit der er **bis zur Teilung** des Nachlasses den Zugriff auf sein Eigenvermögen abwehren kann. Der

Nachlassgläubiger kann, wird vom Miterben die Einrede geltend gemacht und im **Urteil vorbehalten** (§ 780 ZPO), im Wege der Zwangsvollstreckung nur den **Anteil** des Miterben **am Nachlass** pfänden und verwerten lassen (§ 2059 Abs. 1 S. 1).

Haftet der Miterbe vor Teilung des Nachlasses bereits **unbeschränkt**, kann der Nachlassgläubiger zwar auch das Eigenvermögen in Anspruch nehmen, allerdings entfällt insoweit eine Gesamtschuld. Nach § 2059 Abs. 1 S. 2 haftet der Miterbe mit dem Eigenvermögen nur **anteilig**, also in Höhe seiner Erbquote. **566**

b) Haftung nach Nachlassteilung

Ist der Nachlass aufgeteilt und die Erbengemeinschaft durch Auseinandersetzung **erloschen**, ist eine **Gesamthandsklage** nicht mehr möglich[25]. Es verbleibt dann die **gesamtschuldnerische** Haftung jedes Miterben nach § 2058. Nur **ausnahmsweise** haftet ein Miterbe **anteilig** in Höhe seiner Erbquote. Nach § 2060 Nr. 1 ist dies der Fall, wenn der Gläubiger im Aufgebotsverfahren nach §§ 1970 ff. ausgeschlossen ist. Die anteilige Haftung gilt dann auch für den unbeschränkt haftenden Erben, d. h. er haftet in Höhe des Anteils mit Nachlass- und Eigenvermögen. Anteilige Haftung findet nach § 2060 Nr. 2 ferner bei verspäteter Geltendmachung der Nachlassverbindlichkeit und nach § 2060 Nr. 3 im Falle der Beendigung einer (vor Teilung) eröffneten Nachlassinsolvenz durch Verteilung der Masse oder durch einen Insolvenzplan statt. **567**

Eine zusätzliche Möglichkeit, Teilschuld herbeizuführen, sieht § 2061 vor. Im Gegensatz zu § 2060 Nr. 1 in Verbindung mit §§ 1970 ff. geht es hier nicht um ein gerichtliches, sondern ein jedem Miterben mögliches öffentliches **Privataufgebot** der Nachlassgläubiger. **568**

25 Unter Umständen besteht aber auch nach Teilung eine Gesamthand an bestimmten Gegenständen fort. Insoweit verbleibt dann auch die Möglichkeit der Gesamthandsklage.

Fünfter Teil

Pflichtteilsrecht

§ 20 Verwandtenpflichtteil

I. Grundlagen

1. Funktion des Pflichtteilsrechts

569 Die **Testierfreiheit** garantiert dem Erblasser, nach eigenem Willen und ohne nähere inhaltliche Begründung über sein Vermögen auch für die Zeit nach seinem Tod zu verfügen[1]. Es bleibt ihm unbenommen, nächste Verwandte (Kinder) und Ehegatten durch Verfügung von Todes wegen von der gesetzlichen Erbfolge (§§ 1924 ff., 1931; §§ 1937, 1938) auszuschließen[2]. Als Ausgleich gewährt das **Pflichtteilsrecht** dieser, dem Erblasser am nächsten stehenden Personengruppe (Abkömmlingen, Eltern, Ehegatten, Lebenspartnern) eine grundsätzlich **unentziehbare Teilhabe** am Nachlass, den **Pflichtteil** (§ 2303 Abs. 1, Abs. 2; § 10 Abs. 6 LPartG)[3]. Diese Teilhabe verschafft dem Pflichtteilsberechtigten **keine erbrechtlich-dingliche** Stellung (§ 1922 Abs. 1), sondern einen **schuldrechtlichen Anspruch** gegenüber dem Erben auf **Auszahlung** eines **Geldbetrages** in Höhe der **Hälfte des gesetzlichen Erbteils** (§ 2303 Abs. 1 S. 2).

570 In dieser Weise soll das Pflichtteilsrecht bestimmte **Funktionen** erfüllen. Es soll, auch wenn es bedarfsunabhängig ausgestaltet ist, der **Unterhaltssicherung** des Berechtigten dienen, die Ansammlung großer Vermögen **verhindern** und als Ausdruck der **Familienbindung** eine nicht entziehbare Nachlassteilhabe gewährleisten[4]. Dass im einzelnen Erbfall nicht jede dieser Funktion ihre tatsächliche Erfüllung erfährt, hindert die **institutionelle** Begründung des Pflichtteilsrechts durch diese Zwecke nicht[5].

2. Verfassungsrechtliche Gewährleistung

571 Ob und inwieweit das Pflichtteilsrecht auch von Verfassungs wegen geschützt sei, war in jüngster Zeit zunehmend strittig geworden[6]. Nachdem bereits der BGH von einer in bestimmtem Umfang grundrechtlich geschützten Gewährleistung einer Nachlassteilhabe nächster Angehöriger ausgegangen ist[7], hat auch das **BVerfG** das Pflichtteilsrecht ausdrücklich als durch Art. 14 Abs. 1 S. 1 in Verbindung mit Art. 6 Abs. 1 GG

1 Zur verfassungsrechtlichen Qualität der Testierfreiheit vgl. oben § 2 Rdnr. 15 f.
2 Zur inhaltlichen Grenze von letztwilligen Verfügungen vgl. oben § 12 Rdnr. 374 ff.
3 Zu den Pflichtteilsentziehungs- und Pflichtteilsunwürdigkeitsgründen vgl. unten Rdnr. 584 ff.
4 Dazu und zu weit. wirtschaftlichen Funktionen vgl. etwa *Schöpflin* FamRZ 2005, 2025 ff. mit weit. Nachweisen.
5 Zur gegenwärtigen Kritik am Pflichtteilsrecht vgl. etwa *Otte* AcP 202 (2002), 317 ff. mit umfangreichen Literaturnachweisen.
6 Soergel-*Stein* Einl. Erbrecht Rdnr. 5 (zu Art. 14 GG), Rdnr. 7 (zu Art. 6 GG).
7 BGHZ 109, 306, 313.

gewährleistet anerkannt[8]. Danach wird eine grundsätzlich **unentziehbare, bedarfsunabhängige** wirtschaftliche Mindestbeteiligung der Kinder des Erblassers an dessen Nachlass durch die **Erbrechtsgarantie** des Art. 14 Abs. 1 S. 1 GG gewährleistet[9]. Das Pflichtteilsrecht habe einen strukturprägenden Charakter für die grundgesetzliche Erbrechtsgarantie. Darüber hinaus steht eine derartige Mindestbeteiligung der Kinder unter dem Schutz des Art. 6 Abs. 1 GG, der als wertentscheidende Grundsatznorm dem Gesetzgeber auferlegt, bei der einfachgesetzlichen Ausgestaltung der Erbrechtsgarantie (Art. 14 Abs. 1 S. 2 GG) dem Grundsatz der **Familiensolidarität** als einer **lebenslangen Verpflichtung** zwischen den Familienmitgliedern hinreichend Rechnung zu tragen[10]. Gerade in Situationen der Entfremdung oder Zerrüttung des Verhältnisses zwischen Eltern und Kindern setze das Pflichtteilsrecht die von Verfassungs wegen gegenüber der Testierfreiheit des Erblassers geforderte Grenze. Denn dem Pflichtteilsrecht komme die Funktion zu, „die Fortsetzung des ideellen und wirtschaftlichen Zusammenhangs von Vermögen und Familie – unabhängig von einem konkreten Bedarf des Kindes – über den Tod des Vermögensinhabers hinaus zu ermöglichen“[11]. Diesen Anforderungen werde das geltende Pflichtteilsrecht in der Ausprägung des § 2303 Abs. 1 gerecht.

II. Die Pflichtteilsberechtigung

1. Pflichtteilsberechtigte

Unter den **Verwandten** zählen die **Abkömmlinge des Erblassers** (§ 2303 Abs. 1 S. 1) und seine **Eltern** (§ 2303 Abs. 2 S. 1) zum Kreis der Pflichtteilsberechtigten. Pflichtteilsberechtigt ist daneben auch der **Ehegatte** beziehungsweise der **Lebenspartner** (dazu im Anschluss unter § 21). Der konkrete **Anspruch** auf den Pflichtteil setzt allerdings voraus, dass die betroffenen Personen durch **Verfügung von Todes wegen** von der gesetzlichen Erbfolge **ausgeschlossen** sind (§ 2303 Abs. 1 S. 1). 572

In diesem Zusammenhang ist § 2304 zu beachten. Ordnet der Erblasser an, dass ein Pflichtteilsberechtigter „den Pflichtteil“ erhalten soll, kann dies Dreierlei bedeuten: Erbeinsetzung in Höhe der Pflichtteilsquote, Enterbung mit Verweis auf das gesetzliche Pflichtteilsrecht oder Vermächtnis in Höhe des Pflichtteilsanspruchs. Was der Erblasser wollte, ist nach §§ 133, 2084 zu ermitteln. Die Vorschrift des § 2304 sagt lediglich negativ, dass im Zweifel (Auslegungsregel) keine Erbeinsetzung anzunehmen ist.

2. Ausschluss durch letztwillige Verfügung

Fall 68: E, dessen Ehefrau vorverstorben ist, setzt seinen einzigen Sohn S und seinen Freund D als Erben zu je ½ ein und bestimmt beide jeweils als Ersatzerben. Nach dem Tode des E schlägt S die Erbschaft (aus jedem Grund, vgl. § 1948) aus. Welche Pflichtteilsrechte bestehen, wenn S seinerseits ein Kind K hat und auch die Eltern des E noch leben?

8 **BVerfGE 112, 332 ff.**
9 BVerfGE 112, 332, 349.
10 BVerfGE 112, 332, 352 f.
11 BVerfGE 112, 332, 353.

573 In **Fall 68** gehören zu den (abstrakt) Pflichtteilsberechtigten nach § 2303 Abs. 1 S. 1 Sohn S, Enkelkind K (Abkömmlinge) sowie nach § 2303 Abs. 2 S. 1 die Eltern des E. Die **konkrete** Pflichtteilsberechtigung (Anspruch auf den Pflichtteil) setzt für diesen Personenkreis den **Ausschluss** der **gesetzlichen Erbfolge** durch **letztwillige Verfügung** des Erblassers voraus.

574 Die **Eltern** des E sind nach § 1925 Abs. 1 zwar gesetzliche Erben. Sie sind im konkreten Fall aber **nicht** durch Verfügung von Todes wegen von der Erbfolge ausgeschlossen, sondern durch den Grundsatz der **Rangfolge der Erbordnungen** (§ 1930), weil mit den Abkömmlingen S und K Angehörige der ersten Ordnung (§ 1924 Abs. 1) vorhanden sind.

575 Auch S wurde nicht durch letztwillige Verfügung von seinem gesetzlichen Erbrecht ausgeschlossen, sondern hat die testamentarische Erbeinsetzung wie sein gesetzliches Erbrecht **ausgeschlagen**. Der Anfall der Erbschaft gilt als nicht erfolgt (§ 1953 Abs. 1). S könnte aber **trotz Ausschlagung** seines Erbteils den Pflichtteil verlangen, wenn der Erbteil mit **Beschränkungen** oder **Beschwerungen** belastet war, **§ 2306 Abs. 1 Halbs. 1**. Da der Erbteil des S in **Fall 68** in jeder Hinsicht unbeschwert war, hat er auch nach dieser Vorschrift keinen Pflichtteilsanspruch[12].

576 Schlägt ein Erbe die Erbschaft aus, so fällt sie demjenigen an, der berufen sein würde, hätte der Ausschlagende zur Zeit des Erbfalls nicht gelebt (§ 1953 Abs. 2). Das wäre angesichts der testamentarischen Erbeinsetzung des S in **Fall 68** dessen Kind als Ersatzerbe (§ 2069) gewesen. Aber E hat selbst einen Ersatzerben bestimmt, nämlich seinen Freund D, so dass nach dem Wegfall von S testamentarischer Alleinerbe D wird (§ 2096). Die testamentarische Ersatzerbenbestimmung des E zugunsten des D hat K damit nicht nur als möglichen Ersatzerben (§ 2069) ausgeschlossen, sondern auch von seinem gesetzlichen Erbrecht (§ 1924 Abs. 3). Ein Ausschluss von der Erbfolge liegt vor; K hat gegen D einen Anspruch auf den Pflichtteil in Höhe der Hälfte des Nachlasswertes, § 2303 Abs. 1 (§ 2309 geht hier dem § 2310 S. 1 vor).

3. Entferntere Abkömmlinge und Eltern

577 **Fall 69:** Angenommen, in **Fall 68** hat E den S zugleich mit einem Vermächtnis beschwert. S schlägt aus; besteht ein Pflichtteilsrecht des K?

Durch die Ausschlagung des S (§ 1953 Abs. 1, Abs. 2) wird dem K grundsätzlich der Zugang zum Erbrecht eröffnet (§ 1924 Abs. 1, Abs. 3), wovon ihn aber die von E verfügte Ersatzerbschaft zugunsten des D ausschließt. Damit scheint K pflichtteilsberechtigt gem. § 2303 Abs. 1. Als ein entfernterer Abkömmling des E ist er nach § 2309 aber insoweit nicht pflichtteilsberechtigt, als ein näherer Abkömmling den Pflichtteil verlangen kann oder das Hinterlassene annimmt. In **Fall 69** kann S bei Ausschlagung wegen der Beschwerung mit einem Vermächtnis den Pflichtteil verlangen (§ 2306 Abs. 1 Halbs. 1), so dass dem K kein Pflichtteil zusteht.

12 Durch das **ErbVerjRÄndG aufgehoben** ist seit **1.1.2010** die differenzierte Regelung des § 2306 Abs. 1 a. F., wonach zu unterscheiden war, ob der hinterlassene Erbteil größer als der Pflichtteil war oder nicht. War er es nicht, so galt die Beschränkung als nicht angeordnet. Nur wenn der hinterlassene Erbteil größer war, konnte der Pflichtteilsberechtigte ausschlagen und den Pflichtteil verlangen. – Die **Neufassung** gilt **nur** für **Erbfälle**, die **seit 1.1.2010** eingetreten sind; zeitlich früher liegende Fälle richten sich weiterhin nach § 2306 Abs. 1 a. F.; **Art. 229 § 23 Abs. 4 EGBGB**.

Die Vorschrift des § 2309 begründet **kein eigenständiges** Pflichtteilsrecht des entfernteren Abkömmlings oder der Eltern, sondern setzt ein solches nach den allgemeinen Bestimmungen voraus. Sie **schränkt** lediglich den „an sich" gegebenen Pflichtteilsanspruch des entfernteren Abkömmlings ein, soweit der weggefallene nähere Abkömmling etwas aus dem Nachlass erhält (z. B. Vermächtnis) oder den Pflichtteil verlangen kann. Hinter der Vorschrift steht also der Grundsatz: **Jedem Stamm nur ein Pflichtteil**[13].

Umstritten ist, ob dem entfernteren Abkömmling auch dann ein gesetzliches Erbrecht – und damit im Falle der **eigenen Enterbung** ein Pflichtteilsanspruch – zusteht, wenn der **nähere Abkömmling** durch eine **Verfügung von Todes wegen** von der **Erbfolge ausgeschlossen** wurde. Denn zu einem Eintritt in die erbrechtliche Stellung des näher verwandten Abkömmlings komme es nach § 1924 Abs. 3 nur, wenn dieser zur Zeit des Erbfalls tatsächlich nicht mehr lebt oder eine Vorversterbensfiktion eingreife. Im Falle der **Enterbung** kenne das Gesetz aber keine derartige Vorversterbensfiktion (für die Ausschlagung vgl. oben Rdnr. 576; für den Erbverzicht vgl. § 2346 Abs. 1 S. 2). Ein zur Zeit des Erbfalls zwar enterbter, aber lebender Abkömmling schließe daher gem. § 1924 Abs. 2 die durch ihn mit dem Erblasser verwandten entfernteren Abkömmlinge vom (gesetzlichen) Erbrecht aus[14]. 578

Dem ist der BGH zu Recht entgegengetreten[15]. Nach der Entstehungsgeschichte der einschlägigen Normen wollte der Gesetzgeber einen Gleichlauf der Rechtsfolgen bei Enterbung durch Verfügung von Todes wegen und der Ausschlagung[16]. **Auch** im Falle **der Enterbung** des näheren Abkömmlings durch eine Verfügung von Todes wegen steht dem entfernteren Abkömmling deshalb ein Pflichtteilsanspruch zu, wenn sein gesetzliches Erbrecht (§ 1924 Abs. 3) selbst durch Verfügung von Todes wegen ausgeschlossen wurde.

Umstritten ist ferner, was unter dem Begriff des **„Hinterlassenen"** im Sinne des § 2309 zu verstehen ist. Die herrschende Meinung rechnet darunter auch letztwillige Zuwendungen. Sie sieht angesichts des Normzwecks (keine Mehrfachbegünstigung eines Stammes; keine Vervielfältigung von Pflichtteilslasten für den Nachlass) keinen Grund, den Wortlaut einschränkend zu interpretieren und dehnt die Vorschrift auch auf lebzeitige Zuwendungen (z. B. Abfindung für Erbverzicht) aus[17]. 579

Unter maßgeblichem Hinweis auf diesen **Gesetzeszweck** hat der **BGH** für einen **besonderen Fall** eine **einschränkende Auslegung** vorgenommen: Hinterlässt der Erblasser lediglich einen **einzigen Stamm**, so findet § 2309 Alt. 2 keine Anwendung (also **keine Schmälerung** des Pflichtteils), wenn der durch Erb- und Pflichtteilsverzicht ausgeschiedene nähere Abkömmling später gleichwohl durch Verfügung von Todes wegen zum Alleinerben eingesetzt und so dem entfernteren Abkömmling das durch den (nur in eigener Person erklärten, vgl. § 2349) Erbverzicht geschaffene Erbrecht (§ 1924 Abs. 3) genommen wird. Denn die Gefahr einer Benachteiligung anderer Stämme und einer Vervielfältigung von Pflichtteilslasten bestehe in diesem Falle nicht[18].

13 Ausf. dazu vor dem Hintergrund der Entstehungsgeschichte der Vorschrift BGH FamRZ 2012, 1379, 1380 f.
14 *Bestelmeyer* FamRZ 1997, 1124, 1130 f.
15 BGHZ 189, 171 ff.
16 BGHZ 189, 171, 177 Tz. 26 ff.
17 MünchKomm-*Lange* § 2309 Rdnr. 16 ff.
18 **BGHZ 193, 369 ff.**; kritisch MünchKomm-*Lange* § 2309 Rdnr. 16 a.E.

4. Pflichtteilsrecht des Vermächtnisnehmers

580 Ist einem Pflichtteilsberechtigten, der nicht Erbe geworden ist, ein Vermächtnis zugewendet worden, so soll ihm die Möglichkeit, den Pflichtteil zu verlangen, stets offen stehen. Er kann nach § 2307 Abs. 1 S. 1 das Vermächtnis ausschlagen und den Pflichtteil verlangen. Schlägt er nicht aus, steht ihm ein Pflichtteilsrecht zu, soweit der Wert des Vermächtnisses die Höhe des Pflichtteils nicht erreicht (§ 2307 Abs. 1 S. 2). Schlägt ein als Erbe bedachter Vermächtnisnehmer das Vermächtnis aus, kommt allenfalls ein Zusatzpflichtteil (Pflichtteilsrestanspruch) nach § 2305 in Betracht[19].

III. Entstehung und Ausschluss des Pflichtteilsanspruchs

1. Entstehung des Anspruchs

581 Der Anspruch auf den Pflichtteil entsteht mit dem Erbfall (§ 2317 Abs. 1). Der Anspruch ist vererblich und übertragbar (§ 2317 Abs. 2). Bereits vor dem Erbfall ist es künftigen gesetzlichen Erben möglich, untereinander Verträge über den Pflichtteil eines von ihnen abzuschließen (§ 311b Abs. 5, so genannter Erbschaftsvertrag[20]).

582 Dem Pflichtteilsberechtigten ist auf sein Verlangen hin vom Erben **Auskunft** über den Bestand des Nachlasses zu erteilen (§ 2314 Abs. 1 S. 1). Dieser Auskunftsanspruch steht dem Pflichtteilsberechtigten, der **nicht Erbe geworden ist**[21], zu. Er findet auch Anwendung für den pflichtteilsberechtigten **Vermächtnisnehmer**, der das Vermächtnis nicht ausgeschlagen hat (§ 2307 Abs. 1)[22], und entsprechend gegenüber dem Beschenkten, wenn es um Pflichtteilsergänzung gem. § 2329 geht[23].

583 Der Pflichtteilsberechtigte kann ferner verlangen, dass er bei Aufnahme des Bestandsverzeichnisses (§ 260) zugezogen und dass der Wert des Bestandes ermittelt wird (§ 2314 Abs. 1 S. 2). Die dafür nötigen Kosten trägt der Nachlass (§ 2314 Abs. 2). Prozessual kann der Pflichtteilsberechtigte im Wege der Stufenklage (§ 254 ZPO) vorgehen.

2. Ausschluss des Anspruchs

584 Der Pflichtteilsanspruch ist die rechtliche Konsequenz einer nicht entziehbaren erbrechtlichen Teilhabe am Nachlassvermögen. Ein Pflichtteilsrecht fällt deshalb dort fort, wo dem Betreffenden (schon) ein Erbrecht nicht zusteht, so bei **Erbunwürdigkeit** (§ 2339; Pflichtteilsunwürdigkeit: § 2345 Abs. 2, Abs. 1, § 2339 Abs. 1), **Erbverzicht** (§ 2346 Abs. 1 S. 2 Halbs. 2) und **Verzicht auf das Pflichtteilsrecht** (§ 2346 Abs. 2) sowie bei **Ehescheidungsantrag** unter den Voraussetzungen des § 1933.

19 Zum Zusatzpflichtteil näher unten § 22 Rdnr. 616 ff.

20 Dazu oben § 1 Rdnr. 10.

21 Zu dieser Problematik und zu Auskunftsansprüchen von Pflichtteilsberechtigten darüber hinaus vgl. *Heidenreich* Auskunfts- und Wertermittlungsansprüche des Pflichtteilsberechtigten, 2010, mit ausf. Darstellung von Rechtspr. und Schrifttum.

22 BGHZ 28, 177, 179.

23 BGHZ 58, 237, 239. Zur Pflichtteilsergänzung näher unten § 22 Rdnr. 621 ff.

 90 S. √

Der Anspruch auf den Pflichtteil ist ferner ausgeschlossen, wenn der Erblasser dem Pflichtteilsberechtigten den **Pflichtteil entzogen** hat (§ 2333). 585

a) Entziehungsgründe

Die Anwendung der Vorschriften über den Ausschluss des Pflichtteilsanspruchs, sei es durch Pflichtteilsentziehung (§ 2333), sei es bei Vorliegen von Erbunwürdigkeit (§ 2339 Abs. 1) oder Pflichtteilsunwürdigkeit (§2345 Abs. 2), war in jüngerer Zeit heftig in die Diskussion geraten. Anlass dafür war (und dieser Grundsatz gilt nach wie vor) , dass nach allgemeiner Ansicht die Entziehungs- und Ausschlussgründe durch das Gesetz **erschöpfend** und **abschließend** geregelt sind, weshalb eine ausdehnende wie analoge Anwendung auf andere Sachverhalte ausgeschlossen ist[24]. Das hatte dazu geführt, dass die Pflichtteilsentziehungsgründe vielfach als zu eng, die Testierfreiheit als zu stark beschränkend und als insgesamt veraltet angesehen wurden. Der Gesetzgeber hat deshalb, angestoßen durch eine Entscheidung des BVerfG[25], mit dem ErbVerjRÄndG[26] die Pflichtteilsentziehungsgründe **neu gefasst**. 586

Entfallen ist die **frühere Differenzierung** zwischen den einzelnen **Gruppen von Pflichtteilsberechtigten** mit zum Teil unterschiedlichen Pflichtteilsentziehungsgründen (§ 2333 a. F.: Abkömmlinge; § 2334 a. F.: Eltern; § 2335 a. F.: Ehegatten). Heute sind die Entziehungsgründe für alle Berechtigten identisch (§ 2333 Abs. 1, Abs. 2). 587

Entfallen ist ferner der bisherige **Entziehungsgrund** einer **körperlichen Misshandlung** des Erblassers (§ 2333 Nr. 2 a. F.). Grund dafür war der fehlende originäre Anwendungsbereich der Vorschrift. Die insoweit relevanten Fälle werden von § 2333 Abs. 1 Nr. 2 (Verbrechen oder schweres Vergehen, vgl. § 223 StGB) umfasst. Des Weiteren **gestrichen** wurde die **Pflichtteilsentziehung** wegen **ehrlosen oder unsittlichen** Lebenswandels (§ 2333 Nr. 5 a. F.). Ursprünglich zum Schutz der Familienehre gedacht[27], fehlte der Vorschrift zuletzt die praktische Relevanz. Zudem wurde ihre Anwendung wegen des Wandels und der Pluralität gesellschaftlicher Wertvorstellungen zunehmend als problematisch empfunden. Regelungswürdige Fälle erfasst der neu geschaffene Entziehungsgrund des § 2333 Abs. 1 Nr. 4 (vgl. unten Rdnr. 590).

Der Sache nach **gleich geblieben** sind die Pflichtteilsentziehungsgründe wegen **Lebensnachstellung** (§ 2333 Abs. 1 Nr. 1; § 2333 Nr. 1 a. F.) und böswilliger **Verletzung der Unterhaltspflicht** (§ 2333 Abs. 1 Nr. 3; § 2333 Nr. 4 a. F.). 588

Neu ist die **Erweiterung** des vor dem Fehlverhalten des Pflichtteilsberechtigten **geschützten Personenkreises**. Betroffen sind die Entziehungsgründe der Nr. 1 (Lebensnachstellung) und Nr. 2 (Verbrechen und Vergehen). Über die schon bislang Genannten (Erblasser, Ehegatte, Abkömmlinge) dehnt die Neufassung den Schutz auch auf die dem Erblasser in **ähnlicher Weise nahe stehenden Personen** aus (vgl. § 2333 589

24 BGH NJW 1974, 1084 ff.; Palandt-*Weidlich* § 2333 Rdnr. 2.
25 Dazu unten Rdnr. 591.
26 In Kraft getreten mit Wirkung zum **1.1.2010** (vgl. oben Fußn. 12).
27 Als Beispiele wurden u. a. gewerbsmäßige Unzucht, fortgesetzter Ehebruch, unverbesserliche Rauschgift- und Trunksucht, gewerbsmäßiger Wucher oder Glücksspiel angeführt, vgl. MünchKomm-*Lange* ⁴2004, § 2333 Rdnr. 16 mit weit. Nachweisen.

Abs. 1 Nr. 1 und die Verweisung hierauf in Nr. 2). Der Gesetzgeber wollte damit gewandelten Familienstrukturen Rechnung tragen: Einbezogen sind Personen, mit denen der Erblasser in einer auf Dauer angelegten Lebensgemeinschaft zusammenlebt (z. B. nichteheliche Partner) oder zu denen er eine besondere und enge Verbindung hat (z. B. Stiefkinder, Pflegekinder).

590 Neu aufgenommen wurde der Pflichtteilsentziehungsgrund des § 2333 Abs. 1 Nr. 4. Die Vorschrift setzt zunächst das **objektive Merkmal** einer **rechtskräftigen Verurteilung** wegen einer **vorsätzlichen Straftat** zu einer **Freiheitsstrafe** von **mindestens einem Jahr** voraus. Diese Straftat muss sich nicht gegen den Erblasser, seine Familie oder sonstige Angehörige richten. Grund der Entziehung ist hier das in der Straftat zum Ausdruck kommende schwere **soziale Fehlverhalten** des Pflichtteilsberechtigten. Dieses (allgemeine) Fehlverhalten muss es zum Zweiten dem Erblasser **subjektiv unzumutbar** machen, den Berechtigten am Nachlass partizipieren zu lassen **(subjektives Merkmal)**. Das ist der Fall, wenn die Straftat der Lebens- und Wertvorstellung des Erblassers und seiner Familie in besonderem Maße widerspricht. Unzumutbarkeit scheidet deshalb aus, wenn der Erblasser etwa selbst an der Straftat in irgendeiner Form beteiligt war.

Die **Tat** muss zum **Zeitpunkt** der **Errichtung** der letztwilligen Verfügung (durch die die Entziehung erfolgt, vgl. unten Rdnr. 592) begangen sein und die Unzumutbarkeit ebenfalls zu diesem Zeitpunkt vorliegen. Straftat und Grund der Unzumutbarkeit müssen in der Verfügung angegeben sein. Rechtskraft der Verurteilung ist bei Abfassung der Verfügung hingegen nicht erforderlich.

Der Entziehungsgrund des § 2333 Abs. 1 Nr. 4 besteht auch dann, wenn der Täter mangels strafrechtlicher Schuld nicht verurteilt werden kann und die Unterbringung in einem **psychiatrischen Krankenhaus** oder in einer **Entziehungsanstalt** rechtskräftig angeordnet ist (§ 2333 Abs. 1 Nr. 4 S. 2). Der Gesetzgeber zog damit Konsequenzen aus einer Entscheidung des BVerfG, die auch nach der Novellierung für die Interpretation des § 2333 noch bedeutsam ist.

b) Form, Vorsatz, Schuld

591 Das BVerfG hatte über folgenden Sachverhalt zu entscheiden:

Fall 70[28]**:** Die Erblasserin setzte, nachdem sie ihr schwer psychisch kranker Sohn massiv misshandelt hatte, ihren zweiten Sohn als Alleinerben ein. Nach wiederholter Misshandlung bekräftigte sie in einem weiteren Testament diese Erbeinsetzung und „enterbte" ihren gewalttätigen Sohn unter Benennung der Misshandlungstatbestände. Aus Angst und Wut über die befürchtete Einweisung in ein psychiatrisches Krankenhaus erschlug der enterbte Sohn später seine Mutter, zerstückelte die Leiche und versteckte die Leichenteile im Wald. Später machte er – vertreten durch seinen Betreuer – gegenüber seinem zum Alleinerben eingesetzten Bruder den Pflichtteilsanspruch geltend. Die Instanzgerichte gaben ihm Recht. Mit seiner Verfassungsbeschwerde machte der Erbe die Verletzung seiner Grundrechte aus Art. 14 Abs. 1 und Art. 6 Abs. 1 GG geltend.

28 BVerfGE 112, 332 ff.

Die Form der Pflichtteilsentziehung regelt § 2336 Abs. 1, Abs. 2. Die Entziehung muss durch **letztwillige Verfügung erfolgen (Abs. 1)**, in der der zum Zeitpunkt der Errichtung bestehende Entziehungsgrund **angegeben** sein muss (Abs. 2 S. 1). Die Pflichtteilsentziehung geht über die Enterbung hinaus, aber auch insoweit ist die Verfügung im Sinne der Andeutungstheorie auslegungsfähig und auslegungsbedürftig (§§ 133, 2084). Wird die „Enterbung" mit Gründen, die eine Pflichtteilsentziehung rechtfertigen, versehen, ist zu ermitteln, ob es dem Erblasser nicht (auch) um eine solche ging. Davon gingen in **Fall 70** die Gerichte aus. **592**

Im Mittelpunkt der materiellrechtlichen und verfassungsrechtlichen Überprüfung stand der Pflichtteilsentziehungsgrund des § 2333 Nr. 1 a. F. (heute § 2333 Abs. 1 Nr. 1).

Die Instanzgerichte hatten das Vorliegen eines Entziehungsgrundes nach § 2333 Nr. 1 a. F. (§ 2333 Abs. 1 Nr. 1) und § 2333 Nr. 2 a. F. (vgl. oben Rdnr. 587) verneint, weil nach allgemeiner Auffassung diese Tatbestände ein Verschulden des Pflichtteilsberechtigten im strafrechtlichen Sinne voraussetzten. **593**

Nach den tatrichterlichen Feststellungen in **Fall 70** war der psychisch kranke Sohn im Sinne des Strafrechts schuldunfähig, wenngleich er die Lebensnachstellung (§ 2333 Abs. 1 Nr. 1, § 2333 Nr. 1 a. F.) gewollt und bewusst betrieben hatte. Aufgrund der **abschließend** und **erschöpfenden** Aufzählung der Pflichtteilsentziehungsgründe musste nach Auffassung der Zivilgerichte eine Pflichtteilsentziehung scheitern.

Das BVerfG sah die grundsätzliche Regelung des Katalogs der Pflichtteilsentziehungsgründe als mit der Verfassung vereinbar an und hat aus Gründen der Normenklarheit, Justiziabilität und Rechtssicherheit Bedenken gegen die rechtspolitische Forderung nach einer allgemeinen Zerrüttungs- oder Entfremdungsklausel erhoben[29]. Auch die Geltendmachung der Pflichtteilsentziehung nach Maßgabe des § 2336 Abs. 1, Abs. 2 (durch letztwillige Verfügung, die den Entziehungsgrund angibt) genügt der Verfassung. Danach konkretisieren die gesetzlichen Vorschriften der Pflichtteilsentziehung (§ 2333) und der Pflichtteilsunwürdigkeit (§§ 2345 Abs. 2, 2339 Abs. 1) in verfassungsrechtlich grundsätzlich nicht zu beanstandener Weise die Kollision zwischen dem Prinzip der **Testierfreiheit** des Erblassers einerseits und dem Grundsatz einer **unentziehbaren Nachlassteilhabe** im Falle eines besonders schwerwiegenden Fehlverhaltens des Berechtigten, das es für den Erblasser schlechthin unzumutbar mache, ihn am Nachlass partizipieren zu lassen[30]. Allerdings sei von den Instanzgerichten bei Abwägung der unterschiedlichen Schutzgüter die Tragweite der durch Art. 14 Abs. 1 GG garantierten Testierfreiheit insoweit verkannt worden, als sie von der Notwendigkeit einer strafrechtlichen Schuld auch für den Entziehungsgrund des § 2333 Nr. 1 a. F. ausgingen. Weder der Wortlaut der Vorschrift noch deren Entstehungsgeschichte sprächen dagegen, hier bereits ein im **natürlichen Sinne vorsätzliches Handeln** genügen zu lassen[31]. Inwieweit dasselbe für Gründe der Erbunwürdigkeit (§ 2339 Abs. 1 Nr. 1) und Gründe der Pflichtteilsunwürdigkeit (§§ 2345 Abs. 2, 2339 Abs. 1 Nr. 1) gelte, ließ das BVerfG ausdrücklich dahingestellt[32]. – Der BGH hat inzwischen dahin **594**

29 BVerfGE 112, 332, 356.
30 BVerfGE 112, 332, 355 ff.
31 BVerfGE 112, 332, 360 f.
32 BVerfGE 112, 332, 362 f.

entschieden, dass für den Erbunwürdigkeitsgrund des § 2339 Abs. 1 Nr. 1 Schuldfähigkeit im strafrechtlichen Sinne notwendig sei, vgl. dazu oben § 6 Rdnr. 154.

595 Für die Anwendung des **neuen Rechts** hat danach Folgendes zu gelten. Die **Lebensnachstellung** (§ 2333 Abs. 1 Nr. 1) setzt **Vorsatz** voraus, verlangt also ein wissentliches und willentliches Handeln des Täters. Allerdings genügt hier ein **„natürlicher"** Vorsatz, Zurechnungsfähigkeit im Sinne strafrechtlicher Schuld ist nicht erforderlich.

Anders wird man die Regelung des § 2333 Abs. 1 Nr. 2 **(Verbrechen, vorsätzliches Vergehen)** verstehen müssen. Anknüpfungspunkt des Tatbestandes sind hier die Begriffe des Strafrechts (§ 12 StGB). Dafür, dass hier insoweit ein **Vorsatz** im **natürlichen Sinne nicht genügt**, sondern strafrechtliche Verantwortung erforderlich ist, spricht aber nicht so sehr die begriffliche Bezugnahme auf das StGB, sondern der Text der Vorschrift, der verlangt, dass sich der Pflichtteilsberechtigte eines „Verbrechens oder eines [...] vorsätzlichen Vergehens **schuldig macht**". Das Gesetz verlangt also neben „vorsätzlichem" Handeln auch Schuld des Täters[33].

Gespalten ist die Regelung des neu aufgenommenen Entziehungsgrundes des **sozialwidrigen Fehlverhaltens** (§ 2333 Abs. 1 Nr. 4). **Satz 1** der Vorschrift setzt mit der rechtskräftigen Verurteilung wegen einer vorsätzlichen Straftat auch **strafrechtliche Schuld** voraus. **Satz 2** (Unterbringung) sieht davon gerade ab und lässt bei einem schuldunfähigen Täter eine (natürlich) vorsätzliche Tat genügen. Allerdings muss diese Tat **ähnlich schwerwiegend** sein wie die in Satz 1 genannten Straftaten. Um diese Vergleichbarkeit zu gewährleisten, ist der Zivilrichter hier gezwungen, eine hypothetische Strafe zu bilden.

IV. Höhe und Berechnung des Pflichtteilsanspruchs

1. Feststellung der Pflichtteilsquote

596 Die Pflichtteilsquote beträgt die **Hälfte des gesetzlichen Erbteils** (§ 2303 Abs. 1 S. 2)[34]. Bei der Feststellung der Quote ist § 2310 zu berücksichtigen. Danach werden bei Festlegung des maßgeblichen Erbteils diejenigen **mitgezählt**, die durch Verfügung von Todes wegen von der Erbfolge **ausgeschlossen** sind, die Erbschaft **ausgeschlagen** haben oder für **erbunwürdig** erklärt worden sind (§ 2310 S. 1). **Nicht berücksichtigt** werden diejenigen, die durch **Erbverzicht** von der gesetzlichen Erbfolge ausgeschlossen sind (§ 2310 S. 2). Hinter dieser Regelung steht die Frage, ob die „gesetzliche" Erbfolge im Sinne des § 2303 Abs. 1 S. 2 konkret oder abstrakt bestimmt werden soll. Die Vorschrift des § 2310 führt zu einer **abstrakten Bestimmung** mit der Überlegung, dass der „gesetzliche Erbteil" nicht von Zufälligkeiten und dem Belieben der konkret Beteiligten abhängen soll.

Beispiel: Erblasser E hinterlässt vier Kinder (K1, K2, K3, K4). In einem Negativtestament (§ 1938) hat er K1 von der gesetzlichen Erbfolge ausgeschlossen. K2 hat die Erbschaft ausgeschlagen. Wenn K1 den Pflichtteil verlangt, wird nicht auf die konkrete gesetzliche Erbfolge (K3 und K4 zu je ½) abgestellt (mit einer Pflichtteilsquote für K1 von ¼), sondern es werden sowohl er wie K2 mitberücksichtigt. Maßgeblicher gesetzlicher Erbteil ist danach ¼ (§ 1924 Abs. 4). Die Pflichtteilsquote beträgt ⅛. – Deutlich wird, dass die Mitberücksichtigung von K1 (obwohl nicht gesetzlicher Erbe) und von K2 (obwohl weder Erbe noch Pflichtteilsberechtigter) nicht die konkrete Pflichtteilsquote erhöht und deshalb im Ergebnis den Erben zugute kommt.

33 A.A. Palandt-*Weidlich* § 2333 Rdnr. 8; wie hier *Hauck* NJW 2010, 903, 905: für den Regelfall schuldhaftes Handeln im strafrechtlichen Sinne fordernd MünchKomm-*Lange* § 2333 Rdnr. 27.

34 Zu den Besonderheiten des Ehegattenpflichtteils unten § 21.

2. Berechnung des Pflichtteils

Die Höhe des Pflichtteilsanspruchs berechnet sich nach dem Wert des Nachlasses im **Zeitpunkt des Erbfalls** (§ 2311 Abs. 1 S. 1, **Stichtagsprinzip**). Der Wert des Nachlassvermögens wird durch Aktiva und Passiva (Erblasser- und Erbfallschulden) bestimmt. Vom Aktivvermögen abzuziehen sind ferner der Zugewinnausgleich des überlebenden Ehegatten (§ 1378) sowie der ihm gebührende Voraus (§ 2311 Abs. 1 S. 2). Dagegen werden Vermächtnisse und Auflagen, die dem Pflichtteilsanspruch im Rang nachgehen (§ 327 Abs. 1 Nr. 1, 2 InsO), nicht mindernd berücksichtigt. **597**

3. Anrechnung und Ausgleichung

Alle Pflichtteilsberechtigten, d. h. nicht nur die Abkömmlinge, haben sich **auf den Pflichtteil anrechnen** zu lassen, was ihnen der Erblasser durch Rechtsgeschäft unter Lebenden mit der Bestimmung der **Anrechnung** zugewendet hat (§ 2315 Abs. 1). Von dieser Anrechnungspflicht abzugrenzen ist die **Ausgleichungspflicht** von mehreren pflichtteilsberechtigten Abkömmlingen (§ 2316 Abs. 1 S. 1), wenn einem oder mehreren von ihnen vom Erblasser Ausstattungen im Sinne der §§ 2050 Abs. 1, 1624 Abs. 1 gemacht wurden. Hier erfolgt keine Anrechnung auf den Pflichtteil, sondern die Bestimmung des **gesetzlichen Erbteils** (der dann für den Pflichtteil ausschlaggebend ist) geschieht nach Maßgabe der Ausgleichung (§ 2055)[35]. Während die Anrechnung den einzelnen Pflichtteilsanspruch mindert, führt die Ausgleichung zu einer Umverteilung des Gesamtpflichtteilsbetrages. **598**

Ob eine Anrechnung (§ 2315 Abs. 1) oder eine Ausgleichung (§ 2316 Abs. 1) oder kumulativ Anrechnung und Ausgleichung (§ 2316 Abs. 4) stattfinden sollen, richtet sich nach dem durch Auslegung zu ermittelnden Erblasserwillen. Ausschlaggebend ist dabei die Frage, ob mit der Zuwendung auch eine Enterbung verbunden war, die dann zu einer Kürzung der daraus folgenden Pflichtteilsberechtigung führen soll (Anrechnung) oder ob der Empfänger die Zuwendung lediglich zeitlich vor dem Erbfall erhalten, im Übrigen aber als Erbe bedacht sein sollte (Ausgleichung)[36].

Einzelheiten und Unterschiede zeigt

Fall 71: Erblasser E hinterlässt drei pflichtteilsberechtigte Kinder, K1, K2 und K3. K1 erhielt anlässlich seiner Heirat einen Geldbetrag von 20 000 €, K2 zur Eröffnung seiner Arztpraxis 40 000 €, und K3 hatte zu Lebzeiten von E mit der Bestimmung, sie auf den Pflichtteil anrechnen zu lassen, 15 000 € erhalten. Welche Höhe haben die einzelnen Pflichtteilsansprüche, wenn der Nachlasswert 120 000 € beträgt?

35 Dazu oben § 19 Rdnr. 558 ff.
36 BGHZ 183, 376 ff., für den Fall einer Zuwendung „im Wege vorweggenommener Erbfolge unentgeltlich“.

a) Rechnerischer Gesamtnachlass

599 In **Fall 71** haben K1 und K2 vom Erblasser Zuwendungen nach §§ 2050 Abs. 1, 1624 Abs. 1 (Ausstattungen) erhalten, die gem. § 2316 Abs. 1 S. 1 ausgleichungspflichtig sind. K3 hat eine auf den Pflichtteil anzurechnende Zuwendung im Sinne von § 2315 Abs. 1 erhalten. Die Ausstattungen sind gem. § 2055 Abs. 1 S. 2 dem Realnachlass hinzuzurechnen. Das Gleiche gilt für die Zuwendung an K3. Allerdings ist für den Fall der Ausgleichung und den Fall der Anrechnung der rechnerische Gesamtnachlass jeweils gesondert festzustellen. Die anrechnungspflichtigen 15 000 €, die K3 erhalten hat, dürfen nur bei der Ermittlung seines Pflichtteils berücksichtigt werden.

b) Ausgleichung

600 Damit ergibt sich für die Frage der Ausgleichung (K1, K2) ein rechnerischer Gesamtnachlass von 180 000 € (120 000 € + 20 000 € + 40 000 €). Der danach für die Pflichtteilsberechnung maßgebliche fiktive Erbteil beträgt 60 000 €. Die Ausgleichung erfolgt dadurch, dass die Zuwendungen auf den **jeweiligen Erbteil** angerechnet werden (§ 2055 Abs. 1 S. 1). Danach ergibt sich in **Fall 71** für K1 ein rechnerischer Erbteil von 40 000 € (60 000 € – 20 000 €) und für K2 ein Erbteil von 20 000 € (60 000 € – 40 000 €). Der Pflichtteil beträgt die Hälfte des Wertes des gesetzlichen Erbteils (§ 2303 Abs. 1 S. 2), d. h. K1 kann 20 000 € (40 000 € : 2), K2 10 000 € (20 000 € : 2) verlangen.

c) Anrechnung

601 Für die Durchführung der Anrechnung ergibt sich ein rechnerischer Gesamtnachlass von 195 000 € (120 000 € + 20 000 € + 40 000 € + 15 000 €). Der fiktive Erbteil des K3 beträgt 65 000 €. Die Anrechnung geschieht gem. § 2315 Abs. 1 auf den **Pflichtteil**. Für K3 ergibt sich deshalb ein Pflichtteilswert von 32 500 € (65 000 € : 2), die um die erhaltenen 15 000 € zu mindern sind. Sein Pflichtteilsanspruch beträgt somit 17 500 € (32 500 € – 15 000 €).

602 Weil die Ausgleichung lediglich die Pflichtteilssumme umverteilt, wird die **Pflichtteilslast** für den Erben davon nicht berührt. Sie beträgt in **Fall 71** 47 500 €. Die gleiche Summe ergibt sich, wenn allein die Anrechnung bei K3 berücksichtigt wird. Dann gilt bei diesem ein rechnerischer Gesamtnachlass von 135 000 €. Als gesetzlicher Erbteil ergeben sich 45 000 €, was für K3 zu einem Pflichtteilsanspruch von 22 500 € führt. Er muss sich auf diesen Pflichtteil 15 000 € anrechnen lassen, erhält also 7500 €. Bei der Berechnung der Pflichtteilsansprüche von K1 und K2 ist vom realen Nachlass von 120 000 € auszugehen. Dann ergibt sich ein Pflichtteilswert von je 20 000 € (40 000 € : 2). Die Pflichtteilslast beträgt also auch hier insgesamt 47 500 €.

V. Pflichtteilslast

1. Außenverhältnis

603 Die Pflichtteilslast trägt **im Außenverhältnis** zum Pflichtteilsberechtigten **der Erbe** (§ 2303 Abs. 1 S. 1) oder **die Miterben** als Gesamtschuldner (§ 2058). Eine Ausnahme davon bestimmt § 2319 S. 1 für einen **selbst pflichtteilsberechtigten** Miterben. Nach Teilung des Nachlasses kann er gegenüber einem anderen Pflichtteilsgläubiger Erfüllung verweigern, soweit sein eigener Pflichtteil dadurch berührt würde. Für den Ausfall haften die übrigen Miterben, wiederum als Gesamtschuldner (§ 2319 S. 2; §§ 421,

2058, 426). Insoweit kann der Erblasser auch durch Verfügung von Todes wegen keine andere Anordnung treffen (vgl. § 2324)[37].

2. Innenverhältnis

a) Grundsatz

Davon zu unterscheiden ist das **Innenverhältnis der Miterben** zueinander und das Innenverhältnis zwischen **Erbe** und **Vermächtnisnehmer** beziehungsweise **Auflagenbegünstigtem**. **604**

Nach den §§ 2038 Abs. 2 S. 1, 748 tragen Miterben in ihrem Verhältnis zueinander die Pflichtteilslast entsprechend der Höhe ihrer Erbquoten. Auch wenn der Erbe zusätzlich mit einem Vermächtnis (Auflage) belastet ist, muss er gegenüber dem Pflichtteilsgläubiger (Außenverhältnis) den Anspruch voll erfüllen. Im Innenverhältnis zum Vermächtnisnehmer beziehungsweise Auflagenbegünstigten kann er deren Ansprüche aber entsprechend ihrer Beteiligung am Nachlass verweigern **(§ 2318 Abs. 1)**[38].

b) Modifikationen

Modifikationen von diesen Grundsätzen können sich nach §§ 2320 ff. ergeben. Das wichtigste Beispiel zeigt **605**

Fall 72: Erblasser E hat von seinen beiden Söhnen S1 und S2 den S2 wegen eines persönlichen Zerwürfnisses enterbt (§ 1938). Daraufhin tritt K, Kind des S2, als gesetzlicher Erbe nach E zu ½ ein (§ 1924 Abs. 3). Wer trägt die Pflichtteilslast?

Im Außenverhältnis gegenüber S2 haften in **Fall 72** S1 und K gesamtschuldnerisch nach Maßgabe der §§ 2058 ff.[39]. Im **Innenverhältnis** tritt an die Stelle der quotalen Pflichtteilslast (§§ 2038 Abs. 2 S. 1, 748) die (durch den Erblasser abdingbare, § 2324) **Ausnahmeregelung** des § 2320 Abs. 1: Wer an Stelle eines Pflichtteilsberechtigten gesetzlicher Erbe wird (so hier K an Stelle des S2), hat im Innenverhältnis die Pflichtteilslast allein zu tragen, d. h. in Höhe des erlangten Vorteils (Wert des gewonnenen Erbteils). **606**

Das gilt nach § 2320 Abs. 1 Alt. 2 auch für die Verteilung der **Vermächtnislast**. Soweit dem weggefallenen Pflichtteilsberechtigten ein **Vermächtnis** zugedacht ist, soll, die Grundregel des § 2148 durchbrechend (Vermächtnislast nach dem Verhältnis der Erbteile), der „Ersatzmann" in Höhe des erlangten Vorteils die Vermächtnislast allein tragen. Diese Vorschrift, die das Innenverhältnis zwischen den Miterben regelt, lässt § 2318 (Verhältnis zum Vermächtnisnehmer) unberührt. **607**

Das Gleiche gilt nach § 2320 Abs. 2 im Zweifel auch dann, wenn der Erblasser durch Verfügung von Todes wegen den Erbteil des Pflichtteilsberechtigten einem anderen zugewendet hat. **608**

37 Für die Zeit **vor Teilung** kann der pflichtteilsberechtigte Miterbe zwar den Zugriff auf sein Eigenvermögen abwehren (§ 2059 Abs. 1), dem Gläubiger bleibt aber die Möglichkeit, aus dem ungeteilten Nachlass Befriedigung zu verlangen (§ 2059 Abs. 2). Aus § 2319 wird deshalb geschlossen, dass bei dann folgender Nachlassteilung ein Miterbe die Pflichtteilslast nur soweit zu tragen hat, dass ihm sein eigener Pflichtteil verbleibt.

38 Zum erweiterten Kürzungsrecht des selbst pflichtteilsberechtigten Erben vgl. § 2318 Abs. 3.

39 Vgl. oben Rdnr. 603.

609 Ist die Pflichtteilslast nach den §§ 2320 ff. **modifiziert** (vgl. **Fall 72**), **ändert** sich auch das **Kürzungsrecht** des Erben gegenüber einem Vermächtnisnehmer oder Auflagebegünstigten. Vermächtnisnehmer und Erbe sollen nach § 2318 Abs. 1 die Pflichtteilslast verhältnismäßig tragen. Deshalb gibt die Vorschrift dem Erben **insoweit** ein Kürzungsrecht. Trägt der Erbe infolge der Ausnahmeregelungen der §§ 2320 ff. die Pflichtteilslast aber tatsächlich **nicht**, dann gibt es dem Vermächtnisnehmer gegenüber auch keinen Grund zu einer anteiligen Kürzung. Das stellt die (wiederum durch Erblasserverfügung abänderbare, § 2324) Vorschrift des § 2323 klar.

§ 21 Ehegattenpflichtteil

610 Hinterlässt der Erblasser einen Ehegatten, ist für die Bestimmung des gesetzlichen Erbteils von Verwandten das Erbrecht dieses Gatten mitzuberücksichtigen (§ 1931 Abs. 1, Abs. 2). Für die Zugewinngemeinschaft ist dabei die Verweisung des § 1931 Abs. 3 auf § 1371 zu beachten[1]. Die Vorschrift des **§ 1371** findet auch im **Pflichtteilsrecht Anwendung (§ 2303 Abs. 2 S. 2)**. Dementsprechend ist bei Feststellung der Pflichtteilsquote zu unterscheiden, ob der **überlebende Ehegatte Erbe** geworden ist (§ 1371 Abs. 1) oder ihm ein **Vermächtnis** zusteht (vgl. § 1371 Abs. 2) oder ob der Ehegatte die Erbschaft **ausgeschlagen** hat (§ 1371 Abs. 3). – Die Vorschriften über den Ehegattenpflichtteil gelten gem. § 10 Abs. 6 S. 2 LPartG für den nach § 10 Abs. 6 S. 1 LPartG pflichtteilsberechtigten Lebenspartner entsprechend.

I. Ehegatte als Erbe oder Vermächtnisnehmer

611 Wird der überlebende Ehegatte Erbe, so war früher umstritten, ob und in welchem Umfang für die Berechnung der Pflichtteilsquote von Abkömmlingen die Regelung des § 1371 Abs. 1 zu beachten ist, nach der sich der **gesetzliche Erbteil** des Ehegatten um ein **Viertel** erhöht. Ein Teil der Literatur bestritt jeden Einfluss des § 1371 Abs. 1 auf das Pflichtteilsrecht[2]. Teilweise wurde der erhöhte Ehegattenerbteil nur bei **gesetzlicher** Erbfolge des überlebenden Gatten der Pflichtteilsberechnung zugrunde gelegt[3]. Nach heute herrschender Meinung[4] und nach höchstrichterlicher Rechtsprechung[5] findet § 1371 Abs. 1 dagegen immer Anwendung, sofern der überlebende Ehegatte gesetzlicher oder durch Verfügung von Todes wegen eingesetzter Erbe wird: Die Vorschrift des § 2303 Abs. 2 S. 2 verweist für das Pflichtteilsrecht insgesamt auf § 1371 Abs. 1. Die dort genannte Erhöhung des „gesetzlichen“ Erbteils stellt lediglich eine Berechnungsgrundlage dar, dagegen ist gesetzliche Erbfolge nicht Voraussetzung für die Anwendung der Regelung.

1 Vgl. zum Ganzen oben § 5 Rdnr. 118 ff.
2 *Niederländer* NJW 1960, 1737, 1740.
3 *Bärmann* AcP 157, 145, 209.
4 MünchKomm-*Lange* § 2303 Rndr. 35; Palandt-*Weidlich* § 2303 Rdnr. 16.
5 BGHZ 37, 58 ff.

Mithin ist festzuhalten: Wird der Ehegatte Erbe oder steht ihm ein Vermächtnis zu (Gegenschluss aus § 1371 Abs. 2), berechnet sich die Pflichtteilsquote von Abkömmlingen oder Eltern nach dem **erhöhten** Ehegattenerbteil – so genannter „**großer**" Pflichtteil. Für den überlebenden Ehegatten selbst wird der große Pflichtteil allenfalls relevant, wenn er neben seiner Erbenstellung oder als Vermächtnisnehmer auch einen Pflichtteilsanspruch hat, z.B. nach §§ 2305, 2325. 612

II. Ehegatte ist weder Erbe noch Vermächtnisnehmer

Nach § 1371 Abs. 2 Halbs. 1 **„kann"** der überlebende Ehegatte den Ausgleich des Zugewinns nach den güterrechtlichen Vorschriften (§§ 1373 ff.) verlangen. Der Pflichtteil für den Ehegatten oder andere Pflichtteilsberechtigte bestimmt sich gem. § 1371 Abs. 2 Halbs. 2 **„in diesem Falle"** nach dem **nicht erhöhten** Ehegattenerbteil – so genannter **„kleiner"** Pflichtteil. 613

Teilweise wurde der Textfassung des § 1371 Abs. 2 die **Wahlmöglichkeit** des überlebenden Ehegatten entnommen („kann"), entweder Ausgleich des Zugewinns nach Güterrecht und „kleinen" Pflichtteil (nach dem nicht erhöhten Erbteil) zu verlangen oder den „großen" Pflichtteil (nach dem erhöhten Erbteil) geltend zu machen, so genannte **Wahltheorie**[6].

Nach inzwischen gefestigter Rechtsprechung des BGH[7] und nach überwiegender Meinung im Schrifttum[8] eröffnet § 1371 Abs. 2 dem überlebenden Gatten **keine Wahlmöglichkeit**. Für die dort genannten Fälle, in denen der Ehegatte weder Erbe noch Vermächtnisnehmer wird, lege die Vorschrift einheitlich die Rechtsfolge von güterrechtlichem Zugewinnausgleich und „kleinem" Pflichtteil für den Ehegatten fest **(Einheitstheorie)**. Nach diesem nicht erhöhten Ehegattenerbteil richten sich dann auch die Pflichtteile der übrigen Berechtigten. Für diese Meinung spricht insbesondere, dass im Gesetzgebungsverfahren nie eine Wahlmöglichkeit des Ehegatten erwogen wurde und dass das Gesetz mit der Pauschalierung des Zugewinns (§ 1371 Abs. 1) einen schematischen Ausgleich verfolgt hat[9].

III. Ehegatte schlägt aus

Der Pflichtteilsanspruch setzt voraus, dass der Berechtigte durch eine Verfügung von Todes wegen von der Erbfolge ausgeschlossen wurde. Das gilt für Abkömmlinge, Eltern und Ehegatten des Erblassers (§ 2303 Abs. 1 S. 1, Abs. 2 S. 1). Schlägt der Pflichtteilsberechtigte sein Erbe aus, steht ihm ein Pflichtteilsanspruch deshalb nicht zu. Eine **Ausnahme** davon bestimmt **§ 1371 Abs. 3 Halbs. 1**: Der Ehegatte soll den Pflichtteil erhalten, auch wenn er ihm nach den erbrechtlichen Regeln nicht zustehen würde. Er erhält dann den Zugewinnausgleich nach den §§ 1373 ff. und daneben den **„kleinen" Pflichtteil**. Das gilt nicht, wenn der Ehegatte durch Vertrag mit dem Erblasser auf sein Erbrecht oder Pflichtteilsrecht verzichtet hat (§ 1371 Abs. 3 Halbs. 2). – Die Regelung 614

6 *Lange* NJW 1965, 369 ff.
7 BGHZ 42, 182, 185 f.
8 Soergel-*Dieckmann* § 2303 Rdnr. 44.
9 Gleichwohl verbleiben im Einzelfall Härten für den überlebenden Ehegatten und z. T. nicht durchgehend überzeugende Konsequenzen, vgl. hierzu *Brox/Walker* Rdnr. 552.

des § 1371 Abs. 3 Halbs. 1 hat wichtige Bedeutung auch für die Beurteilung eines **Zusatzpflichtteils (§ 2305)** des überlebenden Ehegatten[10].

§ 22 Zusatzpflichtteil und Pflichtteilsergänzungsanspruch

I. Überblick

615 Als grundsätzlich unentziehbare Teilhabe am Nachlassvermögen soll der Pflichtteil dem Berechtigten **ungeschmälert** zugute kommen. Zum Schutz des Pflichtteilsberechtigten trifft das Gesetz neben den bereits oben dargestellten Instituten der Anrechnung (§ 2315) und Ausgleichspflicht (§ 2316) deshalb drei wesentliche Bestimmungen.

Erstens:
Der Erblasser soll nicht durch Erbeinsetzung unterhalb der Pflichtteilsquote den Anspruch des Berechtigten mindern können. In Höhe der Wertdifferenz zwischen Erbeinsetzung und Pflichtteilsquote verbleibt ihm deshalb ein **Zusatzpflichtteil** (auch Pflichtteilsrestanspruch; § 2305). Pflichtteil (§ 2303) und Zusatzpflichtteil (§ 2305) bilden zusammen den so genannten **ordentlichen Pflichtteil**.

Zweitens:
Nach dem bisherigen Recht sollte dem bis zur Höhe der Pflichtteilsquote als Erbe eingesetzten Pflichtteilsberechtigten dieser Erbteil unbeschränkt und unbeschwert zur Verfügung stehen – wie ein bis zu dieser Höhe bestehender Pflichtteilsanspruch. **Beschränkungen** und **Beschwerungen** galten deshalb nach § 2306 Abs. 1 S. 1 a. F. als nicht angeordnet, wenn der Erbteil die Pflichtteilsquote nicht überstieg. Diese Rechtslage hat sich seit dem **1.1.2010** geändert[1]. Das in § 2306 Abs. 1 neu gefasste Wahlrecht zwischen Erb- und Pflichtteilsrecht besteht nunmehr **ohne Rücksicht** auf die **Größe des Erbteils**.

Nimmt ein (auch nur bis zur Pflichtteilsquote als Erbe eingesetzter) Pflichtteilsberechtigter dieses Erbe an, bleiben nach **neuer Rechtslage** etwaige **Beschränkungen** und **Beschwerungen** (z. B. Vermächtnis) erhalten (§ 2306 Abs. 1). Zwar bestimmt der ebenfalls neu angefügte **§ 2305 S. 2**, dass diesenfalls für die Berechnung eines allfälligen Zusatzpflichtteils diese Beschränkungen und Beschwerungen **außer Betracht** bleiben. Das hindert aber nicht, dass sich der erbende Pflichtteilsberechtigte **im Vergleich zu früher schlechter** stellen kann[2]. Um sich auch heute eine bis zur Pflichtteilsgrenze ungeschmälerte Nachlassbeteiligung **zu sichern**, muss der pflichtteilsberechtigte Erbe in diesen Fällen von seinem (wahlweise bestehenden, erweiterten) **Ausschlagungsrecht** gem. § 2306 Abs. 1 Gebrauch machen und den Pflichtteil verlangen.

---

10 Vgl. dazu unten § 22 Rdnr. 620.

1 Durch das **ErbVerjRÄndG**; Übergangsregelung in Art. 229 § 23 Abs. 4 EGBGB.

2 Dazu genauer unten Rdnr. 617 ff.

Drittens:
Schließlich soll der Pflichtteilsanspruch **nicht** dadurch **ausgehöhlt** werden, dass der Erblasser **zu Lebzeiten** an Dritte Vermögen **verschenkt** und dadurch den Wert des Nachlasses schmälert (vgl. § 2311). Eine Schenkung, die innerhalb eines Zeitraums von zehn Jahren vor dem Erbfall liegt, löst deshalb gem. § 2325 Abs. 1, Abs. 3 einen **Pflichtteilsergänzungsanspruch** aus, so genannter **außerordentliche Pflichtteil**.

II. Zusatzpflichtteil

Der Erblasser soll die verfassungsrechtlich garantierte Mindestteilhabe eines Pflichtteilsberechtigten am Erblasservermögen nicht dadurch umgehen können, dass er den Berechtigten auf einen unterhalb der Pflichtteilsquote liegenden Erbteil verweist. In einem solchen Fall kann der pflichtteilsberechtigte Erbe gegenüber den Miterben den bis zur Hälfte des gesetzlichen Erbteils **fehlenden Teil** als **Pflichtteil** verlangen, § 2305 S. 1 **(Zusatzpflichtteil)**. Bei der Bestimmung von Quote und Höhe dieses Anspruchs ist insbesondere auf die Verbindung zum Ehegattenerbrecht und Ehegattenpflichtteilsrecht zu achten. 616

Fall 73: Bei einem Nachlasswert von 60 000 € hat Erblasser E seine Frau F zu ⅙, seine Kinder K1 und K2 zu gleichen Teilen auf den Rest eingesetzt und zugleich zulasten der F ein Vermächtnis von 2000 € angeordnet. Erbost über die geringe Erbquote überlegt F, ob sie die Erbschaft ausschlagen soll. Was ist ihr zu raten?

1. Annahme der Erbschaft und Zusatzpflichtteil

Nimmt F in **Fall 73** die Erbschaft an, wird sie zu ⅙ (10 000 €) Erbin nach E. Als Erbin steht ihr ein Pflichtteilsanspruch nach § 2303 Abs. 2 S. 1 nicht zu. Nach § 2305 S. 1 kann sie aber eventuell von den Miterben K1 und K2 als Zusatzpflichtteil den Wert bis zur Grenze des vollen Pflichtteils verlangen. 617

Die Pflichtteilsquote beläuft sich auf die Hälfte des Wertes des gesetzlichen Erbteils, bei dessen Festlegung die Vorschrift des § 1371 zu berücksichtigen ist (§ 2303 Abs. 1 S. 2, Abs. 2). Nachdem F Erbin geworden ist, erhöht sich ihr gesetzlicher Erbteil (§ 1931 Abs. 1: ¼) um ein Viertel (§ 1371 Abs. 1) auf ½, so dass die Pflichtteilsquote ¼ beträgt (15 000 €).

Da der der F hinterlassene Erbteil (10 000 €) tatsächlich geringer ist als die Hälfte des gesetzlichen Erbteils (15 000 €), hat sie gegen K1 und K2 einen Anspruch auf einen Zusatzpflichtteil. Für die Berechnung dieses Zusatzpflichtteils bleiben nach § 2305 S. 2 Beschränkungen und Beschwerungen der in § 2306 bezeichneten Art (hier: **Vermächtnis** im Wert von 2000 €) außer Betracht. F kann daher zusätzlich zu ihrem Erbteil 5000 € (nach § 2305 S. 1) verlangen. Damit würde sich F aber schlechter stellen als nach bisherigem Recht. Denn im Ergebnis würde sie (real) am Nachlassvermögen des E nicht bis zur Grenze ihres Pflichtteilsanspruchs ungeschmälert partizipieren. Denn die Annahme der Erbschaft führt (anders § 2306 Abs. 1 S. 1 a. F.) dazu, dass damit auch die auf dem Erbteil lastenden Beschwerungen übernommen werden (Vermächtnis in Höhe von 2000 €). Das bedeutet, dass für F ihr Erbteil lediglich 8000 € wert ist (10 000 € - 2000 €). **Insgesamt** erhält sie also nur einen Nachlasswert von **13 000 €** (an- 618 statt 15 000 €). – Damit stellt sich die Frage, ob F nicht günstiger den ihr hinterlassenen Erbteil ausschlägt.

2. Unabhängigkeit von Pflichtteil und Zusatzpflichtteil

619 Schlägt ein Erbe den ihm vermachten Erbteil aus, verliert er seinen Erbteil (§ 1953 Abs. 1). Auch wenn er infolge der Ausschlagung seinen Pflichtteilsanspruch nach § 2303 Abs. 1 S. 1 verliert, wird davon der Zusatzpflichtteil **nicht berührt**. Pflichtteilsanspruch und Zusatzpflichtteil sind ihrem Bestand nach **voneinander unabhängig**. Der Zusatzpflichtteil steht einem Angehörigen des Erblassers zu, wenn er zum Kreis der in § 2303 Abs. 1, Abs. 2 genannten Personen **zählt** und im Falle seiner Enterbung pflichtteilsberechtigt wäre. Er setzt aber **nicht voraus**, dass ihm der Pflichtteilsanspruch tatsächlich **zusteht**[3]. Dieser Grundsatz gilt auch nach geltendem Recht. **Geändert** hat sich die **Rechtslage** allerdings für einen **beschränkten** oder **beschwerten Erbteil** (§ 2306). Während es nach bisherigem Recht für die Erhaltung des vollen Pflichtteilsanspruchs bei einer Ausschlagung entscheidend darauf ankam, ob der beschwerte Erbteil die Grenze des Pflichtteils erreichte – nur wenn der hinterlassene (beschwerte) Erbteil größer als der Pflichtteil war, konnte trotz Ausschlagung der Pflichtteil verlangt werden; anderenfalls blieb lediglich der Zusatzpflichtteil – spielt dies seit dem **1.1.2010** keine Rolle mehr. In **Fall 73** könnte F deshalb den hinterlassenen Erbteil **ausschlagen** und nach § 2306 Abs. 1 den **unbeschwerten Pflichtteil** (§ 2303 Abs. 2) verlangen.

3. Ehegattenpflichtteil

620 Bei diesen Überlegungen der F **(Fall 73)** ist die **Verweisung auf § 1371** (§ 2303 Abs. 2 S. 2) zu beachten. Nach § 1371 Abs. 3 Halbs. 1 kann die F den Pflichtteil neben dem Ausgleich des Zugewinns (§§ 1373 ff.) auch dann verlangen, wenn er ihr nach den **erbrechtlichen** Vorschriften der §§ 2303 ff. **nicht zustünde**.

Insoweit ist der Anwendungsbereich des § **1371 Abs. 3 Halbs. 1** mit der Novellierung des § 2306 erheblich **kleiner geworden**. Wichtig ist diese Ausdehnung der Pflichtteilsberechtigung nunmehr nur noch, wenn ein Ehegatte einen unbeschwerten und unbelasteten Erbteil ausschlägt.

Gefordert werden kann im Falle einer Ausschlagung aber allein der **„kleine" Pflichtteil**[4] (so in **Fall 73**: in Höhe von 1/8, d. h. 7500 €). Was F also zu raten ist – Annahme der Erbschaft und Zusatzpflichtteil, aber verbunden mit Vermächtnislast (reale Beteiligung: 13 000 €) oder Ausschlagung mit Pflichtteil über 7500 € und Zugewinnausgleich – hängt maßgeblich davon ab, ob und in welcher Höhe für sie ein Zugewinnausgleichsanspruch besteht.

3 BGH NJW 1973, 995, 996 li. Sp.
4 Vgl. oben § 21 Rdnr. 614.

III. Pflichtteilsergänzungsanspruch

Der Erblasser soll die Pflichtteilsrechte seiner Angehörigen nicht durch **Schenkungen** an Dritte **zu Lebzeiten entwerten** können. Deshalb bestimmt § 2325 Abs. 1, dass in einem solchen Fall der Pflichtteilsberechtigte Ergänzung seines Pflichtteils um den Betrag verlangen kann, um den sich sein Pflichtteilsanspruch erhöhen würde, befände sich der verschenkte Gegenstand noch im Nachlass. Dabei wird der Wert des Geschenks für die Berechnung des Pflichtteils umso geringer veranschlagt, je länger die Schenkung zurückliegt **(pro-rata-Jahresregelung)**[5]. Ausgeschlossen ist die Ergänzung schließlich, wenn die Schenkung bereits länger als **zehn Jahre** vor dem Erbfall zurückliegt. 621

Fall 74: Erblasser E hat seine Frau F sowie seine beiden Kinder K1 und K2 als Erben eingesetzt. Die Erbeinsetzung von K1 und K2 entspricht dem ordentlichen Pflichtteil (§§ 2303, 2305). Fünf Jahre vor seinem Tod hat E dem D 45 000 € und K1 15 000 € geschenkt. Vor fünfzehn Jahren hatte E seiner weitgehend vermögenslosen, nicht berufstätigen Frau zum Erwerb eines Hauses, in dem E und F dann lebten, 200 000 € (ohne Rückzahlungspflicht) zur Verfügung gestellt. Welche pflichtteilsrechtlichen Ansprüche bestehen bei einem Nachlasswert von 80 000 €?

1. Pflichtteilsergänzung

Ein als Erbe eingesetzter Pflichtteilsberechtigter, dessen Erbteil die Hälfte des gesetzlichen Erbteils erreicht **(ordentlicher Pflichtteil)**, hat weder einen Pflichtteilsanspruch nach § 2303 Abs. 1 (da nicht durch Verfügung von Todes wegen von der Erbfolge ausgeschlossen) noch einen Anspruch auf den Zusatzpflichtteil nach § 2305 (da die Erbeinsetzung der Pflichtteilsquote entspricht). Unabhängig davon kann sich aber ein **Pflichtteilsergänzungsanspruch** nach § 2325 Abs. 1 ergeben, der auch demjenigen zusteht, dessen Erbeinsetzung die Hälfte des gesetzlichen Erbteils erreicht (§ 2326 S. 1). Ist ihm mehr hinterlassen, ist der Anspruch ausgeschlossen, soweit der Wert dieser Zuwendung reicht (§ 2326 S. 2). 622

Wie der Zusatzpflichtteil[6] ist auch der Pflichtteilsergänzungsanspruch **unabhängig** von einem konkreten Pflichtteilsanspruch im Sinne des § 2303 Abs. 1. Voraussetzung ist lediglich, dass der Betreffende zum Personenkreis der Pflichtteilsberechtigten zählt und im Falle seiner Enterbung pflichtteilsberechtigt wäre. Ein Pflichtteilsergänzungsanspruch besteht demnach auch dann, wenn die Erbschaft unter Verlust der Pflichtteilsberechtigung ausgeschlagen wurde[7]. 623

Nach früherer Auffassung des BGH konnte Gläubiger des Anspruchs allerdings nur sein, wer im Sinne einer **Doppelberechtigung** sowohl im **Zeitpunkt** des **Erbfalls** als auch bereits im **Zeitpunkt** der **Schenkung** zum Kreis der Pflichtteilsberechtigten gezählt hat[8]. Nicht dazu rechnete der BGH danach Ehegatten oder Kinder des Erblassers, sofern die Schenkung bereits vor Eheschließung, Geburt oder Zeugung erfolgt war (§ 1923 Abs. 2). Dieser dem Wortlaut des § 2325 nicht zu entnehmenden

5 **Neu eingeführt** durch das ErbVerjRÄndG mit Wirkung zum **1.1.2010**.
6 Vgl. oben Rdnr. 619.
7 BGH NJW 1973, 995 re. Sp.
8 BGH NJW 1973, 40 ff.; NJW 1997, 2676 f.

Beschränkung der pflichtteilsberechtigten Personen (über § 2325 Abs. 3 hinaus) stand das überwiegende Schrifttum stets kritisch gegenüber[9]. **Diese Rechtsprechung** hat der **BGH** unlängst **aufgegeben**. Nach der **geänderten** höchstrichterlichen Judikatur **setzt** der Pflichtteilsergänzungsanspruch **nicht** (mehr) **voraus**, dass die Pflichtteilsberechtigung **bereits** im **Zeitpunkt der Schenkung bestand**[10].

2. Drittschenkung

624 Der Pflichtteilsergänzungsanspruch setzt nach § 2325 Abs. 1 voraus, dass der Erblasser an einen **Dritten** eine **Schenkung** gemacht hat, die zur Zeit des Erbfalls noch **keine zehn Jahre** zurückliegt[11]. Anderenfalls bleibt sie **unberücksichtigt** (§ 2325 Abs. 3 S. 2). Der Begriff der Schenkung entspricht dem des § 516 Abs. 1. Es muss sich um eine Zuwendung aus dem Vermögen des Schenkers handeln, die zu einer Bereicherung des Beschenkten führt und im Konsens der Unentgeltlichkeit erfolgt. **Keine Berücksichtigung** finden Anstandsschenkungen und Schenkungen, die einer sittlichen Pflicht entsprechen (§ 2330). In **Fall 74** hat E dem D eine ergänzungsrelevante Schenkung in Höhe von 45 000 € gemacht.

625 Eine seit langem umstrittene Rechtsfrage ist in jüngster Zeit erneut in die Diskussion geraten. Vordergründig geht es (lediglich) um die **Bewertung** des Schenkungsgegenstandes (vgl. § 2325 Abs. 2), tatsächlich aber ist der Kern des Problems die Bestimmung des **Gegenstandes** der Schenkung selbst (§ 2325 Abs. 1): die schenkweise Zuwendung der Todesfallleistung aus einer **Lebensversicherung** des Erblassers mit einem (durch den Erblasser bis zu seinem Tod) **widerruflichen Bezugsrecht**[12]. Der **BGH** hat in dieser Entscheidung seine frühere Ansicht, wonach in einem solchen Fall die **Pflichtteilsergänzung** nach der **Summe der einbezahlten Prämien** zu berechnen sei, **aufgegeben** und hält **jetzt** den vom Erblasser in der „letzten juristischen Sekunde seines Lebens" realisierbaren Wert (in aller Regel den **Rückkaufswert**) für **maßgeblich**.

Die tragenden rechtlichen Erwägungen des BGH sind folgende: Vor dem Tod des Erblassers bestehe lediglich ein Vertrag, nämlich der Versicherungsvertrag, der vom Erblasser mit Prämien bedient wird. Die bis zu seinem Tod bestehende Widerrufbarkeit des Bezugsrechts des Dritten bewirke, dass diesem vor Ableben des Erblassers weder ein Anspruch auf die Versicherungssumme noch eine Anwartschaft zustehe, sondern lediglich eine Erwerbshoffnung[13]. Erst mit Eintritt des Todes entstehe ein Anspruch des Dritten gegen den Versicherer auf Auszahlung der Versicherungssumme – in Konsequenz dessen, dass die bis dahin widerrufliche Bezugsberechtigung mit dem Tod des Erblassers jetzt einen **Vertrag zugunsten Dritter** auf den Todesfall darstelle (§§ 328, 331). Mit dem „automatisierten" Erwerb des Anspruchs (§ 331 Abs. 1) sind etwaige **Formmängel** des Schenkungsvertrages (Valutaverhältnis) **geheilt** (§ 518 Abs. 2). Da es sich bei dieser rechtlichen Gestaltung nach ständiger Rechtsprechung des BGH um ein Rechtsgeschäft unter Lebenden handelt, kommt es auch auf die **Form des § 2301** nicht an[14].

---

9 Etwa *Siebert* NJW 2006, 2948 ff. mit weit. Nachweisen.

10 **BGHZ 193, 260 ff.**

11 Die Frist beginnt mit der wirtschaftlichen Ausgliederung des Geschenks aus dem Vermögen des Schenkers, BGH NJW 1994, 1791, 1792. – Zum **Schenkungscharakter** von Zuwendungen an **Stiftungen** („Spenden") vgl. BGHZ 157, 178, 184 ff. (Stiftung Dresdner Frauenkirche).

12 BGHZ 185, 252 ff.

13 BGHZ 185, 252, 257 Tz. 17.

14 Vgl. ausf. oben § 7 Rdnr. 198; BGHZ 157, 79, 82.

Allerdings hat der Dritte niemals unmittelbar vom Erblasser eine Zuwendung erhalten. Zu Lebzeiten hat dieser nur an den Versicherer geleistet (Prämien), und im Zeitpunkt seines Todes ist der Anspruch des Dritten in dessen Person originär entstanden; dieser Anspruch auf Leistung der Versicherungssumme hat also nie zum Erblasservermögen gerechnet.

Gleichwohl sei von einer Schenkung des Erblassers an den Dritten auszugehen, nämlich von einer **mittelbaren Schenkung**: Der Erblasser „erkauft" mit seinen Prämien den davon sachlich und rechtlich zu unterscheidenden Anspruch des Dritten auf die gesamte Versicherungsleistung, der den **Schenkungsgegenstand** im **Valutaverhältnis** (Erblasser/Dritter) kennzeichnet[15]. Entreicherungsgegenstand (beim Erblasser: Prämien) und Bereicherungsgegenstand (beim Dritten: Anspruch auf Versicherungssumme) sind also nicht identisch. – Der BGH unterscheidet für die Bestimmung des **Pflichtteilsergänzungsanspruchs** zwischen der dem Dritten gemachten „Schenkung" (§ 2325 Abs. 1: Schenkungsgegenstand im Valutaverhältnis) und dem „verschenkten Gegenstand", d. h. dem Entreicherungsgegenstand auf Seiten des Erblassers. Der Pflichtteilsergänzungsanspruch richte sich allein nach diesem **Entreicherungsgegenstand**, der aus dem **Erblasservermögen** stammt[16]. Das sei bei einer widerruflichen Bezugsberechtigung der Wert, den der Erblasser in der letzten juristischen Sekunde seines Lebens aus dem Versicherungsvertrag realisieren könnte, in aller Regel also der **Rückkaufswert**. Begründet wird dies mit dem Sinn und Zweck des § 2325, der den Pflichtteilsberechtigten davor schützen will, dass der Erblasser seine Position durch lebzeitige Rechtsgeschäfte aushöhlt. Dies könne aber nur für solche Vermögensgegenstände in Betracht kommen, die dem Erblasservermögen auch zugehörig waren (Entreicherungsgegenstand)[17].

3. Schenkung an Pflichtteilsberechtigte

Auch die Schenkung an einen Pflichtteilsberechtigten selbst löst Ergänzungsansprü- 626
che aus. Wie eine Drittschenkung ist sie dem Nachlass hinzuzurechnen und zugleich dem beschenkten Pflichtteilsberechtigten auf die **Ergänzung anzurechnen** (§ 2327 Abs. 1 S. 1). – In **Fall 74** ist auch die Schenkung an K1 (15 000 €) bei der Ergänzung zu berücksichtigen. Wurde die Schenkung mit der Bestimmung getroffen, dass sie auf den **Pflichtteil anzurechnen** sei (§ 2315 Abs. 1)[18], erfolgt die Anrechnung auf den Gesamtbetrag von **Pflichtteil und Ergänzung** (§ 2327 Abs. 1 S. 2). Handelt es sich beim Pflichtteilsberechtigten um einen Abkömmling des Erblassers, so findet § 2051 Abs. 1 (Ausgleichungspflicht bei Wegfall eines Abkömmlings) entsprechende Anwendung (§ 2327 Abs. 2).

4. Ehegattenzuwendungen

Eine lebzeitige Schenkung des Erblassers an seinen Ehegatten löst wie jede andere 627
Schenkung an einen Pflichtteilsberechtigten den Ergänzungsanspruch aus. Schwierigkeiten bereiten hier die so genannten **unbenannten Ehegattenzuwendungen**, also Vermögenszuwendungen an den Partner, die nicht in der Absicht erfolgen, der Beschenkte könne und solle mit der Zuwendung nach Belieben verfahren, sondern die in dem beidseitigen Bewusstsein geschehen, dass sie der gemeinschaftlichen Verwirklichung der Ehe zu dienen bestimmt sind. Solche Ehegattenzuwendungen sind nach Auffassung des BGH und des überwiegenden Schrifttums keine Schenkungen, sondern fa-

15 BGHZ 185, 252, 259 f. Tz. 21 f.
16 BGHZ 185, 252, 260 ff. Tz. 25 ff.
17 Kritisch zu dieser Entscheidung *Walker* FamRZ 2010, 1249 f. (Versicherungssumme).
18 Vgl. oben § 20 Rdnr. 598, 601 f.

milienrechtliche Zuwendungen eigener Art, die von einem Vertrag *sui generis* getragen werden[19]. – Eine solche Ehegattenzuwendung wird man in **Fall 74** in den ohne Rückzahlungspflicht der F für den Hauserwerb zur Verfügung gestellten 200 000 € zu sehen haben.

628 Nach der höchstrichterlichen Rechtsprechung ist eine unbenannte Ehegattenzuwendung im **Erbrecht** grundsätzlich **wie eine Schenkung** zu behandeln[20]. Auch wenn den Gatten subjektiv die Vorstellung der Unentgeltlichkeit fehle, ändere dies nichts daran, dass es sich dabei in der Regel um eine **objektiv unentgeltliche** Leistung handle[21]. Der Zweck der erbrechtlichen Schutzvorschriften, nämlich zu verhindern, dass zu Lasten von Pflichtteilsberechtigten (erhebliche) Vermögensteile am Nachlass vorbei gesteuert werden, verlange, sie erbrechtlich als Schenkung im Sinne des § 2325 zu behandeln.

629 Diese Rechtsprechung des BGH macht eine Prüfung des konkreten Einzelfalls nicht entbehrlich. Die schenkungsgleiche Behandlung der unbenannten Ehegattenzuwendung als eine ebenfalls objektiv unentgeltlichen Zuwendung erwächst zu einem Großteil der nicht überzeugenden Weite, die die Rechtsprechung dem Begriff der „unbenannten Ehegattenzuwendung" beigemessen hat[22]. Auch der BGH räumt ein, dass eine unbenannte Zuwendung unter Ehegatten im Einzelfall als objektiv entgeltlich anzusehen sei, so etwa, wenn sich die Zuwendung als Vergütung für langjährige Dienste des anderen Gatten vor und nach der Eheschließung darstelle und ökonomisch den Vermögensverhältnissen der Ehegatten angemessen erscheine[23]. Es ist deshalb im konkreten Fall zu prüfen, ob nicht eine (zumindest teilweise) Entgeltlichkeit vorliegt und die Regelungen über die gemischte Schenkung entsprechend anzuwenden sind.

630 In **Fall 74** wird man Folgendes sagen können: Die Zuwendung des E an F diente dazu, das von F erworbene Haus als Familienwohnheim zu gewinnen. Indem F ihr Haus dafür tatsächlich zur Verfügung stellt, liegt ihrerseits eine der Zuwendung des E korrespondierende Leistung vor. Auch unter Berücksichtigung der gegenseitigen Unterhaltspflicht (§ 1360) war die vermögenslose, nicht berufstätige F zu dieser (Art der) Unterhaltsleistung nicht bereits familienrechtlich verpflichtet. Bedenkt man weiterhin, dass es Sache der Parteien ist, den Wert der Gegenleistung zu bestimmen, die vereinbarte Vergütung eventuell auch nachträglich neu festzulegen und dass es möglich ist, ein zunächst unentgeltliches Geschäft sogar durch einseitige Bestimmung des Zuwendenden (auch in einer Verfügung von Todes wegen) im Nachhinein zu einem entgeltlichen umzugestalten[24], wird man eine Schenkung zumindest in der Höhe einer entsprechenden Mietzinsersparnis auf Seiten des E zu verneinen haben. Nach den Grundsätzen über eine gemischte Schenkung müsste eine entsprechende, teils entgeltliche, teils unentgeltliche Zuwendung angenommen werden. Unterstellt, der entsprechend monatliche Mietzins habe bei 500 € gelegen, so wäre jedenfalls in Höhe von 90 000 € Entgeltcharakter zu bejahen. Die der Schenkung gleich zu stellende Ehegattenzuwendung beliefe sich dann auf 110 000 €[25].

19 Zum Ganzen vgl. *Lipp* Familienrecht § 13 Rdnr. 283 ff.
20 **Grundlegend BGH 116, 167 ff.**; vgl. auch oben § 14 Rdnr. 461 zu § 2287.
21 BGHZ 116, 167, 174.
22 Zur Kritik vgl. *Lipp* Familienrecht § 13 Rdnr. 291, 294 f.
23 BGHZ 116, 167, 173.
24 BGH NJW-RR 1986, 164; NJW-RR 1989, 706, 707.
25 Ob darüber hinaus eine angemessene Altersvorsorge angenommen werden kann, bleibe dahingestellt.

Schenkungen, die länger als **zehn Jahre vor dem Erbfall** zurückliegen, bleiben nach 631
§ 2325 Abs. 3 S. 2 unberücksichtigt. Etwas **anderes** gilt für **Ehegattenschenkungen.** Die Zehnjahres-Frist beginnt für sie **nicht vor Auflösung der Ehe** (§ 2325 Abs. 3 S. 3). In **Fall 74** muss die Zuwendung an F demnach berücksichtigt werden.

5. Durchführung der Ergänzung

Zur Durchführung der Pflichtteilsergänzung werden die zu berücksichtigenden 632
Schenkungen zunächst dem Nachlass hinzugerechnet (§ 2327 Abs. 1 S. 1). Das bedeutet für **Fall 74**: Der Nachlass beträgt 80 000 €. Die Schenkungen an D und K1 erfolgten fünf Jahre vor dem Tod des E, so dass nur der noch nicht „abgeschmolzene" Wert (§ 2325 Abs. 3 S. 1) von $5/10$, mithin 22 500 € und 7500 € hinzugerechnet werden. Außerdem sind die 110 000 € Ehegattenzuwendung zu berücksichtigen, so dass sich ein rechnerischer Gesamtnachlass von 220 000 € ergibt. Sodann sind auf der Grundlage dieses Nachlasswertes die einzelnen Pflichtteile zu ermitteln.

Der F steht in **Fall 74** unter Berücksichtigung des gesetzlichen Güterstandes ein rechnerischer Pflichtteilsanspruch in Höhe von $1/4$ zu (§§ 2303 Abs. 1 S. 2, 1931 Abs. 1, 1371 Abs. 1). Dies ergibt einen fiktiven Pflichtteilsanspruch in Höhe von 55 000 €. Ihr Pflichtteilsanspruch, gemessen am Reinnachlass, beträgt 20 000 €, so dass eine Ergänzung in Höhe von 35 000 € besteht. Auf diese Ergänzung muss sie sich die Zuwendung (110 000 €) anrechnen lassen (§ 2327 Abs. 1 S. 1). Damit steht ihr ein Ergänzungsanspruch nicht zu.

K1 hat einen rechnerischen Pflichtteilsanspruch in Höhe von 27 500 € (220 000 € : 8; §§ 2303 Abs. 1 S. 2, 1924 Abs. 1, Abs. 4). Der Pflichtteil nach dem Reinnachlass beträgt 10 000 €; danach ergibt sich eine Ergänzung in Höhe von 17 500 €, auf die die Zuwendung (15 000 €) nach § 2327 Abs. 1 S. 1 anzurechnen ist. Da K1 nicht mehr als die Hälfte des gesetzlichen Erbteils hinterlassen ist (§ 2326 S. 1), verbleibt es bei einem Ergänzungsanspruch in Höhe von 2500 €.

Für K2 ergibt sich ein ergänzter Pflichtteil von ebenfalls 27 500 € und damit wie für K1 eine Ergänzung in Höhe von 17 500 €. Da K2 von E keine lebzeitige Schenkung erhalten hat, bemisst sich sein Pflichtteilsergänzungsanspruch auf 17 500 €.

6. Schuldner des Anspruchs

Schuldner des Pflichtteilsergänzungsanspruchs ist der **Erbe**, hier die F, die sich Ergän- 633
zungsansprüchen von insgesamt 20 000 € gegenüber sieht. Als **selbst pflichtteilsberechtigte** Erbin muss ihr aber gem. § 2328 jedenfalls die Erbschaft in Höhe ihres ergänzten Pflichtteils verbleiben (55 000 €). Der Wert ihres Erbteils beträgt 60 000 € (80 000 € × $3/4$), so dass sie in Höhe von 5000 € die Leistung nicht verweigern könnte.

Soweit der Erbe zur Ergänzung des Pflichtteils nicht verpflichtet ist, kann der Pflicht- 634
teilsberechtigte vom **Beschenkten** nach den Vorschriften über die ungerechtfertigte Bereicherung zur Befriedigung des Ergänzungsanspruchs **Herausgabe des Geschenks** verlangen (§ 2329 Abs. 1 S. 1). In **Fall 74** bleibt für K1 und K2 gegebenenfalls (§ 818 Abs. 3) die Möglichkeit, von D zur Befriedigung der Ergänzungsansprüche Herausgabe der Schenkung zu verlangen.

Sachverzeichnis

Die Zahlen verweisen auf die Randnummern des Buches.

Abfindung(sanspruch)
- Erbengemeinschaft 554
- Erbverzicht 8
- gesellschaftsrechtlich 59

Abkömmling 70 ff.
- Auslegungsregeln 292
- Enterbung 144
- Erbrecht 78
- Pflichtteil 572, 577

Adoption 72, 93 ff.

Allgemeines Gleichbehandlungsgesetz (AGG) 381

Andeutungstheorie (siehe Auslegung)

Änderungsvorbehalt (siehe Gemeinschaftliches Ehegattentestament)

Anfall 464 ff.
- der Erbschaft 464
- der Nacherbschaft 334
- des Vermächtnisses 334

Anfechtung der Annahme/Ausschlagung 477 ff.
- Adressat 478
- Frist 478
- Gründe 479 ff.

Anfechtung der letztwilligen Verfügung 269 ff.
- Adressat 282
- Auslegung, Verhältnis zur 264
- Berechtigte 281
- des Erbvertrages 455
- Erklärung 282
- Frist 283
- Gründe 271
- Motivirrtum 274

Anfechtungsklage (Erbunwürdigkeit) 153

Annahme der Erbschaft 467 ff.

Anrechnung
- auf den Erbteil 338 ff.
- auf den Pflichtteil 598 ff.

Anwachsung 292 ff.

Anwartschaftsrecht
- des Nacherben 326 ff.
- Vererblichkeit 327

Aufgebot der Nachlassgläubiger 524

Aufhebung
- der Ehe 109
- des Erbvertrages 452
- der Lebenspartnerschaft 132
- des Testaments 236 ff.

Auflage 348

Aufwendungen
- des Erbschaftsbesitzers 504
- des vorläufigen Erben 468

Auseinandersetzung 551 ff.
- Anordnung 552
- der Erbengemeinschaft 551
- Plan 552

Ausgleichspflicht
- der Miterben 558
- der Pflichtteilsberechtigten 598

Aushöhlungsnichtigkeit 459

Auskunftsanspruch
- gegen Erbschaftsbesitzer 493
- gegen Pflichtteilsberechtigten 582

Auskunftspflicht des vorläufigen Erben 485

Auslegung
- Andeutungstheorie 261
- Anfechtung (Verhältnis zu) 264
- von Erbverträgen 434
- Ergänzende 260
- Erläuternde 258
- Testament 253 ff.
- Wohlwollende Auslegung 264

Auslegungsregeln 255, 264 ff., 286, 300, 407, 422

Ausschlagung der Erbschaft 472 ff.
- Anfechtung 477 ff.
- Frist 473
- Rechtslage vor 464

Außerordentliche Testamente 201

Aussicht (auf Erbenstellung) 4

Ausstattung 559

Bedingung 210
- Potestativbedingung 210
- Wollensbedingung 210

Beeinträchtigungsabsicht 459

Beerdigungskosten 523

Behindertentestament 386 ff.

Berliner Testament 404

Beschwerter
- bei Auflage 348
- bei Vermächtnis 334

Besitz 57
Bestätigung des Erbvertrages 456
Bestattung 30 ff.
Bestimmung
– des Auflageberechtigten 219
– Dritter über Testamentsgültigkeit 210
– über Testamentsinhalt 212
– des Testamentsvollstreckers 354
– des Vermächtnisnehmers 219
Bindung(swirkung)
– Ehegattentestament 420 ff.
– Erbvertrag 435 ff.
Brieftestament 224
Bote 164, 178 ff.
Bruchteil 291 ff.
Bürgermeistertestament 201

Damnationslegat 336
Dauervollstreckung 353
Deckungsverhältnis 189
Digitaler Nachlass (siehe Nachlass)
Dreimonatseinrede 527
Dreißigster 128
Dreizeugentestament 201
Drohung 277, 479
Dürftigkeitseinrede 533

Ehebezogene Zuwendung 316, 461, 627 ff.
Ehegatte
– Erbrecht 106 ff.
– Gemeinschaftliches Ehegattentestament 400 ff. (siehe dort)
– Güterstand 119
– Pflichtteil 610 ff.
Ehescheidung 108 ff.
Eigenhändiges Testament 225, 228
Eigeninteresse, lebzeitiges 462
Eingetragene Lebenspartnerschaft 106 ff.
Einheitsprinzip 406
Einrede
– Erschöpfungseinrede 524 f., 537
– Dürftigkeitseinrede 533
Eintrittsklausel, gesellschaftsvertragliche 61
Eintrittsrecht 87
Elternerbrecht 89 ff.
Enterbung 144
Entwurf eines Testamentes 223 ff.
Erbe (vorläufiger) 468 ff.
Erbenbestimmung
– alternative 220
– durch Dritte 213 ff.
– durch Los 221
Erbengemeinschaft 539 ff.
Erbenhaftung 520 ff.
Erbersatzanspruch 85
Erbeserbe 476
Erbfähigkeit 50
Erbfall 23
Erbfallschulden 523
Erbfolge
– gesetzliche 67
– gewillkürte 67
– nach Linien 81
– nach Ordnungen 78
– nach Stämmen 83
Erblasserschulden 523
Erbrecht
– des Adoptierten 72, 93
– des Ehegatten 106 ff.
– der Eltern 89 ff.
– der Geschwister 91
– der Großeltern 97
– der Kinder 70
– des Lebenspartners 130 ff.
– des nasciturus 52 ff.
– nichtehelicher Kinder 85
– des Staates 68
– der Urgroßeltern 82
Erbschaft 29 ff. (siehe auch Nachlass)
– Familienrechte 44 f.
– Immaterialgüterrechte 43 f.
– Persönlichkeitsrechte 30 ff.
– Vermögensrechte 46
Erbschaftsanspruch 490 ff.
Erbschaftsbesitzer
– Bösgläubigkeit 499
– Delikt 501
– dingliche Surrogation 495
– Haftung 497
– Herausgabe 494
– Nutzungen 496
– Verwendungen 507
– Wertersatz 498
Erbschaftskauf 7
Erbschaftssteuer 14
Erbschaftsvertrag 10
Erbschein
– Antrag 511
– Einziehung 512
– Gutglaubensschutz 514
– Inhalt 509
– Kraftloserklärung 512
– Rechtswirkungen 513

– Unrichtiger 512
– Verfahren 511
Erbteil
– Anwachsung 292
– Erhöhung bei mehrfacher Verwandtschaft 104 ff.
Erbunwürdigkeit 153 ff.
Erbvertrag 428 ff.
– Arten 430
– beeinträchtigende Schenkung 458 ff.
– Beeinträchtigung des Bedachten 436
– Bindungswirkung 435
– entgeltlicher 444
– Wechselbezüglichkeit 438 ff.
Erbverzicht 8, 145 ff.
Erhöhung des Erbteils 104 ff.
Ersatzerbe 297 ff.
Erschöpfungseinrede 524

Familienerbfolge 17

Gattungsvermächtnis 344
Geliebtentestament 385
Gemeinschaftliches Ehegattentestament 400 ff.
– Änderungsvorbehalt 426a
– Auslegung 407, 422
– Berliner Testament 404
– Errichtung 400
– Form 402
– Inhalt 403
– Nichtigkeit 424
– Sanktionsklausel 409
– Wechselbezügliche Verfügungen 420 ff.
– Widerruf 425
– Wiederverheiratungsklausel 410 ff.
Gesamthandsgemeinschaft 539
Gesamthandsklage 563
Gesamt(rechts)nachfolge 55
Gesamtschuldklage 564
Gesellschafter, Tod des
– Auflösung der Gesellschaft 60
– Fortsetzung 60
Gesellschaftsanteil
– Übertragung 60
– Vererblichkeit 60
Gesetzliche Erbfolge
– der Verwandten 67 ff.
– des Ehegatten, des Lebenspartners 106 ff.
Gradualprinzip 82
Großelternerbrecht 100
Großer Pflichtteil 611
Gütergemeinschaft 124 f.
Güterrecht und Erbrecht 118 ff.
Gütertrennung 123
Gutgläubiger Erwerb
– Erbschein 514 ff.
– Testamentsvollstreckung 361 ff., 367 ff.
– vom Vorerben 319

Haftung
– des Erben 520
– des Erbschaftsbesitzers 497
– des Testamentsvollstreckers 358
Haftungsbeschränkung 522
Handzeichen 229
Heimgesetz 375
Höchstpersönlichkeit 209
Hoferbenrecht 65
Hypothetischer Wille 260

Institutsgarantie 12
Immaterialgüterrechte 43
Inventaruntreue 529
Irrtum über Rechtsfolgen 481

Kleiner Pflichtteil 611
Kommanditgesellschaft 47, 59
Kommorientenvermutung 27
Konfusion 530
Konsolidation 530
Konversion 267

Lebenspartnerschaft 130 ff.
Lebzeitiges Eigeninteresse 462
Letztwillige Verfügung 67, 200 ff., 400 ff., 428 ff.
Linienprinzip 81

Mehrfacherbrecht 102 ff.
Minderjährige, Testierfähigkeit 203
Miterbengemeinschaft 539 ff.
Motivirrtum 274

Nacherbenvermerk 319
Nacherbschaft
– Anordnung der Nacherbfolge 304
– Anwartschaft 326
– Auslegungsregeln 308 ff.
– Nacherbfall 323
– Nutzungen 324
– Rechtsstellung 326 ff.
Nachfolgeklausel 59
Nachfolgeklausel, qualifizierte 63

Nachlass (siehe Erbschaft)
– digitaler 43a
Nachlasserbenschulden 523
Nachlassgericht
– Erbscheinsverfahren 511
Nachlassgläubiger 521
Nachlassinsolvenzverfahren 535
Nachlasspflegschaft 54, 484 f.
Nachlassverbindlichkeiten 523
Nachlassverwaltung 529
Nachvermächtnis 344
Nebenschrift (siehe Unterschrift)
Nichteheliche Kinder 75, 85
Nichtigkeit
– von Erbverträgen 439
– von Testamenten 371 ff.
Notar
– Erbvertrag 431
– Erbverzicht 145

Öffentlicher Glaube des Erbscheins 513
Öffentliches Testament 201
OHG 59 ff.
Ordnungssystem 78

Paraphe 229
Parentelsystem 78
Patientenverfügung 159
Persönlichkeitsrecht, postmortales 36 ff.
Pflichtteil
– außerordentlicher 615
– Ausschluss 584
– Berechnung 597
– des Ehegatten 610 ff.
– des Lebenspartner 610
– kleiner und großer Pflichtteil 611 ff.
– ordentlicher 615
– Schutz vor Beeinträchtigungen 615 ff.
Pflichtteilsberechtigter 572 ff.
Pflichtteilsentziehung 585
Pflichtteilsergänzungsanspruch 615
– Doppelberechtigung 623
– Schenkungsgegenstand (Lebensversicherung, widerrufliches Bezugsrecht) 625
Pflichtteilsklausel 409
Pflichtteilslast 603 ff.
Pflichtteilsrestanspruch (siehe Zusatzpflichtteil) 615
Pflichtteilsunwürdigkeit 584
Postmortale Vollmacht 185
Potestativbedingung (siehe Bedingung)
Privatautonomie 67

Rechtsgeschäfte unter Lebenden (auf den Todesfall) 160 ff.
Repräsentationsprinzip 80
Rücknahme aus amtlicher Verwahrung 244
Rücktritt vom Erbvertrag 453 ff.
Rücktrittsvorbehalt 453

Seetestament 201
Singularsukzession 55 ff., 62
Sittenwidrigkeit 382 ff.
– Behindertentestament 386
– Beurteilungszeitpunkt 397
– Geliebtentestament 382, 385
– Grundrechte 388
Sondergut 125
Sonderrechtsnachfolge 65
Sparbuch (zugunsten Dritter) 189 ff.

Scheidung 107
Schenkung
– betagte 163
– beeinträchtigende beim Erbvertrag 458
– beeinträchtigende beim gemeinschaftlichen Testament 427
Schenkung auf den Todesfall
– Bedingung, Befristung 168, 172
– Vertragsschluss nach dem Todesfall 166
– Vollzug durch Mittler 178 ff.
Schreib- und Sprechunfähigkeit 20

Staatserbrecht 13 ff., 68
Stammeserbfolge (-system) 80
Stiftung 48
Surrogation, dingliche 495

Teilungsanordnung 56
– und unterschiedliche Erbquoten 339
– und Vorausvermächtnis 341
– „wertverschiebende“ 338
Testament
– Anfechtung 269 ff.
– Auslegung 257 ff.
– außerordentliches 201
– Brieftestament 224
– eigenhändiges 222, 225
– Entwurf 223 ff.
– handgeschrieben 228
– Handzeichen 229
– Nachträge 231
– Paraphe 229

– Unterschrift 229 ff.
– Verweisungen 235
Testamentsformen 201
Testamentsvollstrecker
– Annahme des Amtes 355
– Aufgaben 353
– Ernennung 355
– Rechtsstellung 356 ff.
– Verfügungen 357
– Verhältnis zum Erben 366
– Verpflichtungsgeschäfte 363
– Verwaltung 363
– Zeugnis 361
Testamentsvollstreckung
– Abwicklungsvollstreckung 353
– Verwaltungsvollstreckung 353
Testamentum mysticum 235
Testierfähigkeit 202 ff.
Testierfreiheit 15
– Grenzen 369 ff.
Todeserklärung 110
Trennungsprinzip 405
Typen(zwang) 155

Übergehung eines Pflichtteilsberechtigten 278
Überlebensbedingung 169
Überschuldung des Nachlasses
– als Anfechtungsgrund 479 ff.
– Nachlassinsolvenz 522
Umdeutung 267
Unbenannte Zuwendung 316, 461, 627 ff.
Unbeschränkte Erbenhaftung 522 ff.
Universalsukzession 55
Unterhaltsanspruch der werdenden Mutter 129
Unterschrift 229 ff.
– Nebenschrift 231

Valutaverhältnis 189 ff.
Verfassungsrechtliche Grundlagen 12 ff.
Verfügung
– letztwillige 67
– persönliche Errichtung 209
Verlobte 400
Vermächtnis 336 ff.
– Anfall 334
– Anordnung 334
– Anwartschaftsrecht 343
– Arten 344
– Bedachter 336
– Beschwerter 334
– Gegenstand 344
– Haftung 347
Vernichtung des Testaments 245
Verschaffungsvermächtnis 344
Vertrag zugunsten Dritter auf den Todesfall
– Deckungsverhältnis 190 ff.
– Valutaverhältnis 194 ff.
Vertragsmäßig bindende Verfügungen 433 ff.
Verwahrung des Erbvertrages 432
Verwandtenerbrecht 67
Vindikationslegat 336
Vollmacht 184
Vonselbsterwerb 464
Voraus
– des Ehegatten 126
– Lebenspartners 143
Vorausvermächtnis 337
Vorbehalt 453
Vorempfänge 558 ff.
Vorerbe 313 ff.
– Aufwendungen 330 ff.
– befreiter 321
– Haftung 322, 324
– Verfügungen 315
– Verpflichtungsgeschäfte 322
– Verwaltung 322
Vorerbschaft
– Auslegungsregeln 308
– befreite 321
Vorläufiger Erbe 483

Wechselbezügliche Verfügungen 420
Widerruf
– des Testaments 236 ff.
– wechselbezüglicher Verfügungen 424
– des Widerrufs 242, 251
Widerrufsvorbehalt (siehe Änderungsvorbehalt)
Wiederverheiratungsklausel 410 ff.
Wohlwollende Auslegung 264
Wollensbedingung (siehe Bedingung)

Zehnjahresfrist 621
Zugewinnausgleich
– erbrechtlich 119
– güterrechtlich 119
Zusatzpflichtteil 615 ff.
Zuwendungen, lebzeitige auf den Todesfall 160
Zuwendungsverzicht 145 f.
Zweckvermächtnis 344